하워드 가드너의 마음의 발달과 교육

Howard Gardner 저 | 함정현 역

The Development and Education of the Mind
The Selected Works of HOWARD GARDNER

학지사

역자 서문

　2005년에 출간된 이 책은 하워드 가드너(Howard Gardner) 박사님의 생애와 발달심리학자로서 30여 년간 축적해 온 연구들을 집대성해 놓은 것이라 할 수 있다. 홀로코스트와 얼굴도 본 적 없는 형의 죽음 등 태어나기도 전에 일어났던 일들이 마음을 움직여 삶의 향방을 결정해 왔던 것처럼, 가드너 박사님의 연구는 그의 삶의 궤적과 밀접한 관계를 이루기에 그의 생애가 함께 담겨 있는 이 책이 더욱더 특별하게 다가온다. 그리고 이는 결과적으로 이 책에서 말하고자 하는 바와도 맞닿아 있는 것으로서, 어떠한 방향에서 교육을 실천해야 할 것인가에 대해 고민하며 이 책을 선택한 모든 사람에게 깊은 울림을 줄 수 있을 것이라 생각한다.

　번역을 마치고 이 글을 준비하면서 9년 전에 번역해 한국에 소개했던 하워드 가드너 박사님의 책 『굿워크 굿워커: 책임감을 즐기는 굿워커가 되어라[Responsibility at work: How leading professionals act(or don't act) responsibly]』(2010)의 서문을 다시 읽어 보았다. 『Frame of Mind』로 처음 박사님의 이론을 접하게 되면서 받았던 신선한 지적 자극, 남달랐던 첫 만남, 그리고 이후 스승과 제자이자 공통의 관심 분야를 연구하는 학자로서 그와 맺어 온 관계 속에서 그가 나에게 물려준 유산들이 그 안에 고스란히 담겨 있었다. 이 책의 첫 장에서 하워드 가드너 박사님이 장 피아제(Jean Piaget), 제롬 브루너(Jerome Bruner), 넬슨 굿맨(Nelson Goodman), 노만 게슈윈드(Norman Geschwind) 등에게 영향을 받아 학문적 영역 확장을 꾀할 수 있었던 것을 살펴볼 수 있는 것처럼, 나 역시 아이들과 교육을 대하는 가드너 박사님의 열정적 자세와 다중지능을 비롯한 다양한 연구에 빚진 바가 크다.

이 책은 크게 다섯 부분으로 구분된다. 첫 번째는 앞서 언급한 것처럼 그의 연구가 오늘에 이르기까지의 과정에서 만났던 연구자들과 관련한 이야기이다. 그들과의 만남 속에서 가드너 박사님의 연구가 이루어질 수 있었기에 그의 연구의 흐름을 이해하는 데 큰 도움이 될 것이라 믿는다. 두 번째는 다중지능의 어제와 오늘 그리고 내일에 대한 이야기이다. 하워드 가드너가 우리 사회에 일으킨 반향은 지금껏 우리 모두가 유일한 지능이라 믿어 왔던 IQ에 대해 문제를 제기하고 지능에 대한 새로운 정의를 내린 데 있다. 여기에서는 그 배경에서부터 출발하여 다중지능이론의 전반적 개념과 그것이 우리 사회에 미친 영향, 그리고 앞으로의 변화 가능성에 대한 이야기로 다중지능이론에 이제 막 입문한 사람들에게는 개괄적 이해를 가능하게 할 것이다. 세 번째는 가드너 박사님이 예술의 창의성과 인지에 관심을 가지고 하버드 프로젝트 제로의 실험을 통해 얻게 된 예술교육과 지능에 관련한 이야기이다. 가드너 박사님은 지능을 인간이 삶을 영위해 나가는 데 있어 요구되는 모든 능력이라고 이야기하면서 이를 개발하는 데 있어 예술이 지닌 중요성에 대해 강조한다. 이와 같은 견해는 지금까지 예체능교육을 지능보다는 재능의 영역으로 여겨 정규교육에서 등한시해 왔던 한국 사회에 시사하는 바가 크다. 네 번째와 다섯 번째에서는 오늘날의 교육제도, 그 가운데서도 획일화된 교육 방식과 평가제도에 대해 문제 제기를 한다. 인간은 다양한 방식으로 이해할 수 있고 저마다 자신에게 뛰어난 이해 방식이 있음에도 불구하고, 동일한 방식으로 교육하고 그것에 맞추어 평가하는 것은 옳지 않다는 것이다. 그러면서 미래의 교육이 어떠한 방향으로 나아가야 할지에 대한 나름의 소회를 밝히고 있다. 교육의 문제는 비단 어느 누구 한 사람의 문제가 아니라 우리 모두의 문제인 만큼, 많은 사람이 이 글을 읽고 함께 고민해 보는 시간을 갖기를 바란다.

하워드 가드너 박사님의 관심 영역은 넓고도 깊어, 때로 한 편의 논문을 온전하게 읽어 내기 위해서 그와 관련한 문헌들을 수십 편씩 읽어야 할 때가 있다. 물론 그러한 작업은 오랜만에 학문에 탐닉할 수 있는 즐거움을 주기도 했지만, 공통 분야를 연구하는 학자로서 자괴감을 불러일으키기도 했다. 그러나 누구나 쉽게 이해할 수 있도록 풀어내는 능력이 워낙에 탁월해 교육에 관심을 가지고 있는 일반인이라면, 한 편의 논문을 읽고도 수많은 사람의 이론을 섭렵한 듯한 충만한 지적 쾌감을 경험할 수 있을 것이다. 나에게 그런 귀한 시간을 가질 수 있도록 번역을 허락해 준 하워드 가드너 박사님께 감사의 인사를 드린다. 박사님의 건강과 건필을 빌며 이 글을 마친다.

마음의 발달과 교육

교육 전문가들의 세계적인 장서에는 국제적 전문가들이 오랫동안 연구하며 그간 출간했던 책의 발췌문, 주요 논문, 핵심적인 연구 결과, 이론적이거나 실질적인 중요 기고문 가운데 우수하다고 생각하는 것만을 엮어 놓은 서적들이 있다. 이러한 책들을 통해 독자는 연구자의 주제를 파악하고 흐름을 따라갈 수 있음은 물론, 그들의 연구가 해당 분야에서 어떠한 공헌을 했는지를 알 수 있게 된다.

이 책은 미국의 심리학자이자 교육학자인 하워드 가드너(Howard Gardner)가 교육과 관련해 쓴 가장 중요한 글들을 모은 것이다. 30여 년에 걸쳐 쓰인 이 글들은 어떻게 가드너가 우리 시대의 가장 존경받는 학자이자, 교육계에서 가장 많이 인용되는 연구자인지를 알 수 있게 해 주는 생각, 개념 및 실증적 연구 결과들을 담고 있다.

본래 하버드 대학교에서 심리학자로 훈련받았던 가드너는 간략한 자기소개와 더불어 주요 은사와 멘토들에 대한 헌사로 책을 시작한다. 그러고는 그에게 가장 큰 유명세를 안겨 주었던 다중지능이론이 지난 수년 동안 어떻게 개선되었는지에 대해 본래 이론의 요약과 함께 제시한다. 또한 이해의 본질에 대한 독창적 논문, 예술을 통한 교육, 학습을 평가하는 강력한 방법, 교육산업에 대한 개괄적인 평가, 그리고 21세기 글로벌 시대에 교육이 어떻게 발전해 나갈 것인지에 대한 두 가지 전망에 대한 글을 포함하고 있다.

가드너는 존 듀이(John Dewey), 장 피아제(Jean Piaget), 제롬 브루너(Jerome Bruner)의 전통에 따라 교육이 마음을 개발할 수 있는 최상의 것이라고 생각한다. 이 책은 가드너가 해박한 심리학적 지식과 더불어 다양한 분야를 아울러 서술한 것으로, 교육의 발전 과정에 대한 강력한 통찰을 가져다줄 것이다.

　하워드 가드너는 하버드 대학교 교육대학원 인지교육과 교수이다. 또한 그는 하버드 대학교 심리학과 부교수이자 프로젝트 제로(Project Zero)의 선임 디렉터이기도 하다.

　이 책이 나오기까지 리처드 앨드리치(Richard Aldrich), 스티븐 볼(Stephen J. Ball), 제임스 뱅크스(James A. Banks), 제롬 브루너, 엘리엇 아이즈너(Elliot W. Eisner), 존 엘리어트(John Elliott), 하워드 가드너, 존 길버트(John K. Gilbert), 아이버 굿선(Ivor F. Goodson), 데이비드 라바리(David Labaree), 존 화이트(John White), 테드 레그(Ted Wragg)가 많은 도움이 되었다.

모범적인 지도자이자 사랑하는 친구인
제임스 O. 프리드먼(James O. Freedman)의
일흔 번째 생일에 즈음하여

감사의 글

다음의 논문들은 해당 저널 또는 간행물의 동의하에 전재(轉載)하였다.

'Project Zero: Nelson Goodman's legacy in arts education', *Journal of Aesthetics and Art Criticism*, 2000, 58(3), 245-249.

'Developmental psychology after Piaget: an approach in terms of symbolization', Human Development, 1979, 22, 73-88.

'Beyond the IQ: Education and human development', *Harvard Education Review*, 1987, 57, 187-193.

'Multimedia and multiple intelligences', *The American Prospect*, November 1st, 1996, 7(29).

'Artistic intelligences', *Art Education*, 1983, 36(2), 47-49.

'Zero-based arts education: an introduction to ARTS PROPEL', *Studies in Art Education*, 30(2), 71-83. Reprinted in *The Journal of Art and Design Education*, 1989, 8, 167-82.

'The unschooled mind: why even the best students in the best schools may not understand', IBWorld, April 1993.

'Teaching for understanding in the disciplines-and beyond', *Teachers College Record*, 1994, 96(2), 198-218.

'Assessment in context: the alternative to standardized testing', Gifford, B.R. and M.C. O'Connor (eds), *Changing assessments: Alternative views of aptitude, achievement, and instruction*, 1991, 77-120.

'The age of innocence reconsidered: preserving the best of the progressive traditions in psychology and education', in Olson, D.R. and N. Torrance (eds.), *The handbook of education and human development: New models of learning, teaching and schooling*, 1996, 28-55.

다음 논문들은 해당 출판사의 동의하에 전재하였다.

'Howard Gardner: a biography', in Palmer, J.A and D. E. Cooper (eds), *Fifty Modern Thinkers on Education*, London: Routledge, 2001.

'Jerome S. Bruner as educator', in Palmer, J.A and D.E. Cooper (eds), *Fifty Modern Thinkers on Education*, London: Routledge, 2001.

'Norman Geschwind as a creative scientist', in Schacter, S. and O. Devinsky (eds), *Behavioral Neurology and the Legacy of Norman Geschwind*, Lippincott Williams and Wilkins, 1997.

'The key in the key slot: creativity in a Chinese key', in Gardner, H., *To Open Minds: Chinese Clues to the Dilemma of Contemporary Education*, Basic Books, 1989.

제1장은 『뉴욕타임즈(The New York Times)』에서 발표된 다음 두 편의 글을 재편집하였다.

'Getting acquainted with Jean Piaget', January 3, 1979; and 'Jean Piaget: The psychologist as Renaissance man', September 21, 1980.

저자 서문

20세기 중반에 내가 알고 있던 젊은이들은 우주비행사, 운동선수 또는 건축가가 되기를 꿈꾸었다. 어떤 이들은 작가가 되기를 꿈꾸기도 했지만, 교사가 되고 싶어 하는 사람들은 별로 많지 않았다. 나와 동시대인들 중 몇 명이나 교육과 관련된 글을 쓰는 일을 업으로 삼고자 했을지 의문이다. 이제 교육에 대한 나의 글들을 모아 소개할 수 있게 되면서 마침내 나 자신의 이야기를 이 책 안에서 논리적으로 완결할 수 있게 되었다. 그러나 이는 솔직하지 못한 설명이다.

학문이라고 하는 것이 결코 한 방향으로만 흘러가는 것이 아니며, 이는 무조건 환영할 만한 일이다. 누군가 한 분야의 일을 정확하게 예측할 수 있다면, 그것은 절대 할 만한 가치가 있는 일이라고 할 수 없다. 기대하지 못한 놀라움이 학문을 재미있고 진지하게 만들어 준다. 나는 학문적인 훈련을 심리학에서 받았다. 이 분야의 가장 위대한 두 명의 인물은 지크문트 프로이트(Sigmund Freud)와 장 피아제(Jean Piaget)이다. 두 사람 모두 처음에 상상하던 것과는 사뭇 다른 직업으로 시작했다. 프로이트는 신경학 분야의 기초 과학자가 되고 싶어 했다. 그리고 사실 심리분석으로 전환하기 전에 뇌의 작용에 대한 모델을 구축했다(1905년이나 1955년보다 2005년에 이런 일이 일어났다고 하는 것이 더 설득력 있어 보인다). 피아제는 스스로를 지식의 속성에 관심을 지닌 생물학자로서 인식하고 있었다. 그러나 그 후 피아제가 지적했듯이 아이들의 마음을 연구하기로 '우회'한 일이 평생 계속되었다. 나는 내가 심리학과 관련해서 작성한 글이 프로이트나 피아제를 비롯한 기타 대가들의 저작과 비견할 만하다는 착각은 전혀 안 하고 있지만, 나 역시 신출내기 대학 신입생 시절에 만난 카리스마 있는 스승 에릭 H. 에릭슨(Erik H. Erikson; 우연히도 그는 프로이트의 제자이자 피아제의 동료였다)으로 인해 심리학에 강한 매력을 느꼈고, 생각했던 것과는 다른 길을 걷게 되었다.

따라서 내 삶의 궤적을 통해 이 길을 걷게 된 것에 대한 합리화는 그만두고, 교육과 관련된 글을 쓴 한 개인을 어떻게 가장 잘 '읽을' 수 있는지에 대한 네 가지 질문을 하는 것이 좋을 것 같다.

우선, 학자는 어떠한 학문 분야의 렌즈를 통해 교육 문제에 접근하는가? 시인이자 예술비평가인 허버트 리드(Herbert Read)에 대해 접근하는 방법은 철학자 존 듀이(John Dewey), 심리학자 B. F. 스키너(B. F. Skinner) 또는 신학자인 존 헨리 뉴먼 추기경(John Henry Cardinal Newman)에 대해 접근하는 방법과 큰 차이가 있다. 나의 경우에 아이들이 다양한 면에서 어떻게 발달하는가에 대한 연구인 발달심리학, 사고의 모형을 만드는 인지심리학, 뇌 손상이 인간의 인지 및 성격에 미치는 영향을 연구하는 신경심리학 분야에서 훈련을 받았다. 심리학자들 사이에 있을 때는 내가 약간 변절자처럼 느껴지기도 하지만, 다른 분야에서 훈련을 받은 사람들 사이에 있을 때면 나 자신이 진정한 심리학자인 것처럼 느껴진다. 인간의 속성을 고려할 때, 나는 개인과의 관계, 특히 그/그녀의 마음에 거의 반사적으로 반응한다. 이는 마음을 형성하는 데 신경과학, 유전학 등 생물학적 사고뿐만 아니라, 부모 모델, 또래 사례, 교사의 입력, 문화 속에 퍼져 있는 메시지 등이 동등하게 중요한 기여를 하고 있기 때문이다.

이와 같은 학문적 전통 위에, 나는 예술과 예술적 인지에 대한 나의 오랜 관심을 더했다. 어린 시절 나는 진지한 피아니스트였으며, 예술과 함께하면서 오랫동안 자양물을 얻어 왔다. 처음 심리학자가 되었을 때, 나는 미국 교과서에 예술적 발달과 예술적 인지에 대한 고려가 사실상 전무하다는 사실에 놀랐다. 그래서 나는 대부분의 다른 심리학자가 과학적 지형에 대해 관심을 보이는 것만큼 예술적 고려에 가능한 한 많은 관심을 기울이기로 결심했다. 나의 글을 읽다 보면 예술에 대한 관심과 반복되는 주제를 책 전반을 통해 발견하게 될 것이다.

　두 번째로 제기할 수 있는 질문은 작가의 개인적 교육 경험과 관계되어 있다. 대부분의 사람들이 수년 동안 학교에서 교육을 받은 경험이 있기 때문에 각자 나름대로의 교육에 대한 신념을 가지고 있는 것으로 오랜 기간 관찰되어 왔다. 나 역시 나 자신의 교육 경험을 반영하여 다음 장들을 기술하였다.

　1950년대에 나는 펜실베이니아주에 있는 작은 도시인 스크랜턴의 공립학교들을 다녔다. 그런대로 괜찮은 학교들이었지만 분명히 특별한 곳은 아니었다. 학교는 내게 그다지 매력적이지 않았고, 나 스스로의 폭넓지만 마구잡이식의 독서, 소수의 지적인 친구들, 혹은 이야기하기 좋아하고 호기심 많은 어린 학생에게 관심이 있는 몇몇 친척과 어른들과의 교류를 통해 더 많은 것을 배웠다. 보다 중요한 것은 어린 피아니스트로서 훈련받았던 사실이다. 나는 상당한 재능을 보였지만 12세이던 해에 갑자기 그만두었다(선생님이 하루에 세 시간씩 의무적으로 연습하라고 했지만 나는 그러기 싫었다). 공립 고등학교에 진학한 후에도 나는 학교 공부에 흥미를 느끼지 못했고, 결국 가족과 상의 끝에 사립 학교로 전학을 가기로 했다. 근처의 와이오밍 신학교는 조금 더 수준이 높은 학교였지만, 여전히 내게 벅찬 정도는 아니었다. 다행히 1960년대 초반, 하버드 대학교에 입학하면서 비로소 나는 진정으로 매력적인 지적 환경이 어떤 것인지 알게 되었다. 이 때문에 그 후로도 45년 동안이나 하버드에 머물렀던 것 같다.

　개인적으로 당시 나의 교육적 경험은 평범한 것에서부터 특별한 것까지를 아우른다. 그러나 다른 교육적 경험도 나에게 강력한 영향을 미쳤다. 나는 대학을 졸업하자마자 심리학자에서 교육학자로 전향한 제롬 브루너(Jerome Bruner)와 함께 사회과학 분야에서 '인간: 연구의 과정(Man: A Course of Study)'이라고 불리는 초등교육 커리큘럼 모델을 개발하는 일을 할 수 있는 특권을 갖게 되었다. 이 커리큘럼은 초등학교 5학년 아이들을 인류학에서부터 언어학, 심리학에 이르기까지 다방면의 인문학적 통찰을 가지고 적극적으로 사고하는 사람으로 대했다. 이는 분명 '최고급' 취향의 커리큘럼이었지만 나에게 깊은 인상을 남겼다. 나의 첫 아내인 주디 가드너(Judy Gardner)와 내가 모두 브루너를 위해 일했기에, 우리의 세 자녀를 매사추세츠주의 케임브리지에 위치한 셰이디 힐 스쿨에 보내기로 결정한 것은 아마 놀라운 일이 아닐 것이다. 당시 미국에서 셰이디 힐 스쿨은 진보적인 교육의 독보적인 예 중 하나였다. 그리고 나는 1960년대 레스터셔주에서 발달한 '열린 교실'에도 매료되어 매사추세츠주 뉴턴의 한 '열린 교실'에서 한 학기를 가르치기도 했다. 마지막으로 이탈리아 레지오 에밀리아에 있는 유치원과 나의 20년에 걸친 관계를 언급하겠다. 내가 생각하기에 이 유치원은 3~4세 아이일지라도 난해한 퍼즐과 생각에 대해 어떻게 지적으로 대할 수 있는지를 가장 인상적으로 보여 주는 곳이다.

성장 중인 아이였던 시절의 개인적 경험과 성인이 되어서 했던 소중한 경험에 비추어 볼 때, 나는 아이로서 형식적인 교육의 대부분을 거부하고 조금 더 지적으로 도전할 수 있었고, 개인적으로는 힘들지라도 진보적인 교육을 받아들였던 것이 분명하다. 나는 최선의 교육은 진보주의 교육이라고 주장하는 교육분석가의 말에 동의한다. 더불어 일부 사람이 지적하듯이 진보주의 교육은 제대로 이루어지지 않으면 재앙이 되어 아이가 얻는 지식도 없고 훈육도 되지 않은 채 교육이라는 것에 은근한 경멸만 남길 수도 있다는 사실에도 동의한다.

세 번째 질문은 작가의 일반적인 가치체계와 관련이 있다. 이미 제시한 바와 같이 나는 장 자크 루소(Jean-Jacques Rousseau), 존 듀이, 장 피아제 및 제롬 브루너의 저서에서 다양하게 제시된 인간의 본성에 대한 진보적인 관점에 대해 공감한다. 아이를 백지로 보는 로크(Locke)의 관점, 아이를 반드시 만들어 주어야 하는 배우로 보는 스키너의 관점, 과거의 최고 사상을 이어 나가는 후계자로서 아이를 보는 전통적인 관점과 현재와 미래를 비교한 회의론과 비교할 때, 나는 학습에 대해 좀 더 열어 놓고 바라보는 관점을 선호한다. 아이들은 엄청난 잠재력을 지니고 있으며, 이 잠재력은 폭넓게 배양되어야 한다. 하지만 계몽주의식의 또는 지나친 지도는 피해야만 한다. 물론 문화적 지식을 전달하는 것도 중요하지만, 한 세대에서 다른 세대로 전해지는 정답들보다 묻는 법을 배우는 것이 궁극적으로는 더 중요하다고 믿고 있다.

그러나 그와 동시에 교육이 쉽거나 자연스러운 것이라고 믿지 않는다. 그와 같은 맥락에서 나는 진보주의 전통의 친숙한 목소리에서 벗어나 있다. 교육의 주목적은 주요한 학문적 사고방식을 어린아이들에게 가르쳐 주는 것이어야 한다. 따라서 교육자는 종종 난센스로 통용되는 상식적인 관점에 대해 가장 잘 반박하는 방법, 수 세기에 걸쳐 진화해 왔으며 여전히 잠정적인 형태인 과학, 예술, 수학, 역사의 사고 습관을 발전시키는 방법에 대해 결정해야 한다.

이와 같은 가치의 융합은 대충 잊고 있기가 너무 어려웠다. 적어도 나에게는 그랬다! 개인의 차이에 대한 내 생각에 공감하는 교육적 진보주의자들은 내가 학문적 사고의 발전에 초점을 맞추고 있다는 사실에 종종 당황하거나 거부감을 느낀다. 그리고 학문에 초점을 맞추기 좋아하는 전통주의자들은 제약을 두지 않는 개방형 질문과 아이가 가르침을 받거나 평가될 수 있는 다양한 방식에 대한 나의 관심을 참지 못한다.

교육과 관련된 글을 쓰는 작가에게 물어볼 만한 마지막 질문은 그가 실제로 쓴 글들과 그 글에 대한 초기 반응에 대한 것이다. 대부분의 개인이 교육과 관련된 글을 쓰는 작가가 되기를 갈망하지 않는다는 사실을 이미 밝힌 바 있기 때문에 첫 번째 글이 무엇인지 아는 것이 중요하다. 내 경우에는 어린아이들에게 피아노를 가르쳤고 교육대학의 연구자이기도 했던 동안, 40세가 될 때까지 교육에 대해서는 출간한 것이 거의 없다. 내 책인 『마음의 틀:

다중지능이론(Frames of Mind: The Theory of Multiple Intelligences)』은 심리학 연구서로 기본적으로 심리학 동료들을 위한 것이다. 교육과 관련된 내용이 조금 포함되어 있는데, 이는 애초에 지원받은 곳이 교육적 질문에 강한 관심을 가지고 있었기 때문이다.

이 책에 대해 쏟아진 엄청난 관심에 가장 놀란 건 바로 나였다. 제일 먼저 미국에서 시작된 관심은 그 후 20년 동안 전 세계 각국으로 뻗어 나갔다. 제한적이나마 대중을 대상으로 발달심리학, 인지심리학, 신경심리학을 다루는 글을 쓰던 심리학자에서 갑자기 교육 문제에 대한 글을 쓰는 작가가 되었고, 실제로 전문가 대접을 받았다.

나는 이 '분야의 반응'을 무시하고 심리학자의 길로 되돌아갈 수도 있었다. 하지만 나는 그러지 않았다. 내가 교육과 관련된 글을 쓰는 작가로 전향한 데는 여러 원인이 있었다. ① 어린 시절부터 지속된 교육 문제에 대한 관심과 교육자들로부터 존경받는 심리학자인 제롬 브루너와 일한 경험, ② 하버드 대학교 교육대학원에 소속된 연구 그룹 프로젝트 제로(Project Zero)와의 오랜 인연, ③ 미국 교육에 대한 비평「위기의 국가(A Nation at Risk)」가 발표된 바로 그해에 출간되었고, 거기에서 제기한 교육 문제가 정책 입안자들과 대중의 관심을 받기 시작해 지금까지도 주요한 화두가 되고 있다는 점, ④ 특히 교육학자들이 내 글에 지대한 관심을 보였다는 점이 원인으로 작용했다. 나는 관심과 더불어 좋은 질문을 많이 받았고, 그중에는 이를 경험적으로도 추구하라는 요청도 있어 추호의 망설임도 없이 교육 문제를 다루기 시작했다.

글의 주제와 관련해 나의 저술에 설명을 덧붙이고자 한다. 나는 학자로서의 인생을 다수의 심리학자들과 다르게 역사학자로 시작해, 어떠한 문제에 대해 역사적 결정 요인과 맥락을 고려하여 생각하는 경향이 있다. 아마 그 때문에 내가 발달심리학자가 된 것 같다! 나는 폭넓게 읽고 연구하는 것을 좋아한다. 그리하여 나의 글은 대부분의 심리학자들의 글보다 좀 더 여러 학문 분야와 관련되어 있다. 이 책에서도 역시 자연과학, 예술, 인문학에 대한 방대한 인용을 발견하게 될 것이다. 다른 사람들은 나의 저술을 비판하지만, 내 관점에서 볼 때 나의 가장 큰 강점은 체계화하고 합성하는 데 있다. 나는 예술적 인지의 속성, 지능의 구성요소, 이해한다는 것이 무엇을 의미하는가에 대해 의문을 제기하고, 그에 대해 폭넓게 읽고 생각해 내 나름의 최선으로 조각을 맞추어 서술하였다. 나의 초기 글 중 상당 부분이 다른 이들의 글을 모아 놓은 것이었다. 그러나 수년이 지나면서, 나만의 강한 관점과 나만의 (공격적이지 않기를 바라는) 목소리를 발전시켜 나갔다. 이 책을 읽으면서 집성(集成)하는 가드너에서 이론가이자 때로는 선동하는 가드너로 변화해 가는 모습을 구분하는 것도 흥미로울 것이다.

'내가 어떻게 여기까지 왔는지'에 대한 자서전적 설명 대신에 독자들이 '내가 어디에서 왔는지'를 이해하는 데 도움이 되는 정보를 제공하고자 했다(자서전에 관심이 있는 독자에게는 몇 가지 출처를 안내했다). 이와 더불어, 이 책을 읽는 독자의 이해를 돕기 위해 글 선택에 대한 논리적 설명 혹은 최소한의 이유라도 제시하고자 했다.

나는 내 지적 형성에 지대한 영향을 미친 사상가들에게 헌사를 바치며 이 책을 시작하고자 한다. 심리학자 장 피아제는 나의 본래 학문 분야에서 거장이다. 다른 모든 인지발달심리학자와 마찬가지로 나는 그에게 엄청난 빚을 졌다. 그 외의 세 명의 인물은 내가 개인적으로 함께 일할 수 있는 특권을 누렸던 분들이다. 나의 관심과 배경은 제롬 브루너의 관심 및 배경과 가장 유사하다. 나의 경력은 다른 누구의 것보다 제롬 브루너의 빛나는 모범을 본받은 예시가 될 것이다. 나는 프로젝트 제로를 시작했던 훌륭한 사상가인 넬슨 굿맨(Nelson Goodman)의 철학적 사상의 영향을 많이 받았다. 실제로 나의 사상은 그의 철학적 사상에 의해 형성되었다. 그리고 혁신적인 개념가이자 환자의 신경학적 상태를 밝히는 면밀한 관찰자인 노만 게슈윈드(Norman Geschwind)에 의해 나의 작업은 새롭고 예상하지 못했던 방향으로 나아가게 되었다.

이 사상가들과 함께 일한 경험 덕분에 나는 두 가지 측면에서 연구를 진행할 수 있었다. 한 가지는 아이들에 관한 것이며, 또 다른 한 가지는 뇌가 손상된 어른에 관한 것이다. 이 작업은 그 자체로도 보람이 있었다. 그리고 아이들의 인지발달과 뇌 손상 후 인지 능력 장애에 대한 연구 문헌에 기여했다고 생각한다. 이 작업의 대부분은 내가 1982년에 결혼하는 행운을 누린 엘렌 위너(Ellen Winner)와 함께 진행되었다. 이 책의 마지막 장은 1970년대에 쓴 것이며, 장 피아제의 연구에서 내가 발전시켜 온 의구심과 내가 형성해 나가고 있었던 인간 상징화의 속성에 대한 통합을 모두 설명하고 있다.

책의 다음 부분에서는 다중지능이론의 주요 주장을 다루었다. 나는 다중지능이론을 통해 가장 널리 알려져 있다. 여섯 개의 장은 각각 다중지능이론에 대한 간단한 소개, 내가 마주한 주요한 오해에 대한 비평, 지능과 같은 주제에 대해 쓸 때 뒤따르는 정치적 측면에 대한 고려, 다중지능(Multiple Intelligences: MI)을 이용하기 위하여 미디어가 어떻게 동원될 수 있는지에 대한 제안, 지능을 가장 잘 정의하는 방법에 대한 나의 변화하는 관점과 다중지능을 소개한 이래 20년이 지난 후 실시된 '다중지능 분야(MI field)'에 대한 연구를 다루고 있다.

넬슨 굿맨과 진행한 프로젝트 제로 작업은 예술적 인지 및 예술교육의 속성에 중점을 두고 있다. 실제로 아이들과 함께, 뇌가 손상된 어른들과 함께 일했던 경험은 예술적 인지에 단단히 뿌리박고 있다. 세 번째 파트의 첫 세 장은 각각 순서대로 예술가적 기교와 지능 간의 관계, 커리큘럼에 대한 교육적 접근법 및 아트 프로펠(Arts PROPEL)이라고 불리는 평가 방법, 현저한 교육적 영향력을 지닌 한 박물관 전시를 다룬다. 마지막 장은 1980년대에 예술교육자로서 방문했던 일련의 중국 여행에서 나온 내용이다. 나의 관찰과 (엘렌 위너와 함께 진행한) 비공식적인 실험은 각 문화가 예술과 창의성을 얼마나 근본적으로 다르게 생각하고 있는지를 밝혔다. 또한 창의성의 발달에 대한 나만의 관점을 유익한 방식으로 복잡하게 만들었다.

많은 사람은 다중지능을 처음 접하면 다중지능 교실 또는 학교가 그 자체로 목표라고 생각한다. 그러나 나는 다중지능이 실행 가능한 교육 목표가 될 수 없다는 사실을 금방 깨달았다. 오히려 교육의 목표는 우리 자신의 고유한 가치에서 출발해 명확히 진술될 수 있어야 함은 물론, 지속적으로 재고되어야 한다. 일단 영역이 정해지면, 다중지능의 인식이 교육적 목표를 실현하는 데 도움이 될지 혹은 그렇지 않은지를 결정할 수 있게 된다.

일단 나만의 교육철학에 대해 생각하기 시작하자, 주요 학문 분야 안에서 사고의 발달이라고 하는 내재적 교육 목표에 확신을 가지게 되었다. 물론 학교들은 하나 이상의 목표를 적절하게 추구할 수 있다. 그러나 나 스스로 생각할 때, 교육이 주요 학문의 사고방식을 가르치지 않는다면, 근본적인 방식에서 실패한 것이다. 이 책의 네 번째 파트에서 나는 학문적 이해에 대한 나의 개념을 설명했다. 즉, 학문적 이해를 성취하는 것이 얼마나 힘든지, 그리고 그 목표가 일단 세워지면 다중지능에 기반을 둔 접근법이 생산적이라는 사실을 증명할 수 있다는 점을 밝혔다.

사람들은 시간이 흘러 나이가 들어 감에 따라 어느 정도의 지혜를 갖기를 원하며, 나와 같은 학자들에게 교육에 대한 좀 더 일반적인 개요를 제공해 달라고 요청한다. 이 책의 다섯 번째이자 마지막 파트에서는 내게 있어 마지막이기를 바라는 오늘날 교육의 몇 가지 문제에 대해 광범위하게 다루었다. 현재 미국뿐만 아니라 전 세계 많은 곳에서 추구되고 있는 방식과는 상당히 다른 평가 관점을 묘사하는 것에서부터 시작했다. 1990년대 초반에 쓴 것이지만, '맥락상의 평가'는 그 당시보다 현재 더 시의적절하고 더 필요한 방법이라고 생각한다.

다음 세 개의 장은 잠시 일탈을 하기도 했지만, 내가 여전히 머무르고 있는 진보주의적 전통, 특히 세계화(globalization) 측면에서 시간의 흐름에 따라 교육이 변화해 온 방식, 그리고 가능한 미래 교육의 모습에 대해 각각 다루고 있다. 마지막 장에서는 교육과 관련한 나의 20년간의 저술과 현재 내가 관심을 갖고 있는 직업윤리를 연계시켜 줄 수 있는, 동료들과 내가 '훌륭한 전문 직업인이 되기 위한 연구 프로젝트(good work project)'라고 부르는 연구를 제시하였다. 직업윤리에 대한 작업은 현재 교육에 뿌리를 내리고 있지는 않지만, 이 연구의 궁극적인 결론은 젊은이, 직업을 갖기 시작한 개인과 직업의 핵심 가치에 대하여 재고를 원하거나 그렇게 해야 할 필요가 있는 베테랑들을 포함하게 될 것이다. 모든 교육 문제가 가치 구성요소를 포함하고 있다는 사실을 믿게 되면서, 가치에 대한 교육은 근본적으로 교육적 도전이며, 이 도전은 개인이나 종에게 절대로 끝이 없다는 사실도 깨달았다.

　나는 이 책의 장들을 가능한 한 일관성 있고 축적되는 이야기로 전달할 수 있도록 정리했다. 책에 접근하는 가장 좋은 방법인지 의심스럽기는 하지만, 사실 독자가 이 책을 처음부터 끝까지 읽을 수도 있다. 많은 곳에서 발견할 수 있는 내 자서전적 일대기(Gardner, 1989b, 1~4장; Gardner, 2007; Gardner, n. d.; Winner, n. d.) 대신, 오랜 동료이자 친구인 민디 콘하버(Mindy Kornhaber)가 서술한 나의 간략한 약력으로 책을 시작하게 되어 기쁘다.

　나는 사람들이 나를 무시하며 '출간되지 않은 생각이 없다'고 붙여 놓은 꼬리표에서 벗어날 수 있기를 바라지만, 상당히 많은 양의 글을 집필했다. 나는 최소 20권의 책을 집필 혹은 공동 집필했고, 400편의 논문, 150편의 기사와 리뷰를 썼으며, 이 중 절반 정도는 교육에 관한 내용이었다. 나는 분명히 130,000단어에 제한하여 선별적으로 써야 했다! 내가 쓴 책 중 어느 곳에서도 인용하지 않고, 명확하게 시대착오적인 내용은 업데이트하지 않았으며, 오류를 고치지 않기로 결정했다. 더불어 가능한 한 분명하게 반복되는 내용은 삭제한 후, 삭제되는 내용이 있는 장이나 제거된 내용과 본질적으로 같은 내용을 다루는 장을 독자에게 언급해 두었다. 그렇기는 해도 제한적인 한도 내에서 반복 또는 다른 말로 바꾸어 표현하는 등 각 장이 그 자체로 완결성 있게 읽히도록 하였다. 각 장마다 참고문헌 목록을 분리하지 않고 모든 인용

서적을 단 하나의 마스터 참고문헌 목록으로 통합했다.

공동 집필한 저서의 내용을 다시 사용하도록 허락해 준 동료들에게 감사를 표한다. 베로니카 부아 만실라(Veronica Boix-Mansilla), 토머스 해치(Thomas Hatch), 민디 콘하버(Mindy Kornhaber), 셜리 비네마(Shirley Veenema)를 비롯해서, 미하이 칙센트미하이(Mihaly Csikszentmihalyi), 윌리엄 데이먼(William Damon), 데이비드 퍼킨스(David Perkins), 엘렌 위너(Ellen Winner), 에드가 주리프(Edgar Zurif)를 포함한 오랜 동료들, 보스턴 재향군인 관리 의료 센터에서 지난 수년간 근무했던 동료들, 하버드 프로젝트 제로, 테일러 앤 프랜시스 출신으로 이 책을 내도록 나를 설득하고 책 출간 준비를 도와준 안나 클락슨(Anna Clarkson), 마리앤 불먼(Marianne Bulman)과 케리 맥시액(Kerry Maciak), 그리고 누구보다도 특히 나의 조수로서 내가 그녀에게 맡길 수 있는 모든 일을 즐겁게, 그리고 전문가답게 해낸 린제이 페팅길(Lindsay Pettingill)에게 감사를 전한다.

지금과 같은 환경에서 공공 및 민간 부문의 너그러운 자금 지원이 없었다면 경험지향적 연구자로서 연구를 지속할 수 없었을 것이다. 서문을 마무리하며 지난 수년간 연구를 지원해 준 분들의 목록을 기재했다. 그 가운데 세 곳에 특별히 감사의 말씀을 전하고 싶다. 대서양자선재단(Atlantic Philanthropies), 휴렛재단(Hewlett Foundation), 스펜서재단(Spencer Foundation)은 수년 동안 유연한 지원을 해 왔다. 다음 여섯 명에 대해서도 특별한 감사를 전하고 싶다. 제프리 엡스타인(Jeffrey Epstein), 톰 리(Tom Lee), 앤 테넨바움(Ann Tenenbaum), 루이스 로젠버그(Louise Rosenberg), 클라우드 로젠버그(Claude Rosenberg)와 코트니 로스(Courtney Ross)가 제공해 준 연구에 대한 지원과 소중한 우정에 감사의 마음을 전한다.

2005년 3월 15일

〈기금자 명단〉

애틀랜틱 자선재단(The Atlantic Philanthropies)

바우만 재단(The Bauman Foundation)

브라이언트 재단(The Bryant Foundation)

카네기 재단(The Carnegie Corporation)

네이선 커밍스 재단(The Nathan Cummings Foundation)

페처 연구소(The Fetzer Institute)

포드 재단(The Ford Foundation)

윌리엄 토마스 그랜트 재단(The W. T. Grant Foundation)

윌리엄 & 플로라 휴렛 재단(The William and Flora Hewlett Foundation)

크리스찬 존스 인데버 재단(The Christian Johnson Endeavor Foundation)

릴리 기금(The Lilly Endowment)

맥아더 재단(The John D. and Catherine T. MacArthur Foundation)

마클 재단(The Markle Foundation)

제임스 맥도넬 재단(The James S. McDonnell Foundation)

국립교육원(The National Institute of Education)

국립보건원(The National Institute of Health)

국립과학재단(The National Science Foundation)

퓨 공익 신탁(The Pew Charitable Trusts)

록펠러 형제 재단(The Rockefeller Brothers Foundation)

록펠러 재단(The Rockefeller Foundation)

슬로안 재단(The Sloan Foundation)

스펜서 재단(The Spencer Foundation)

존 템플턴 재단(The John Templeton Foundation)

버나드 반 리어 재단(The Bernard van Leer Foundation)

재향군인 관리국(The Veterans Administration)

차례

제1부 영향력

제2부 다중지능이론

제3부   예술교육

제4부   학문적 이해

제5부   미래 주제

하워드 가드너: 약력
-Mindy Kornhaber-

Palmer, J. A., & Cooper, D. E. (Eds.), *Fifty Modern Thinkers on Education*.
London: Routledge, 2001.

교육은 궁극적으로 인간의 이해를 증진함으로써 정당화되어야 한다.
(Gardner, 1999, p. 178)

　하워드 가드너(Howard Gardner)는 미국 교육계에서 가장 잘 알려진 사상가 중 한 명으로, 2000년이 시작되던 당시에는 그가 이와 같은 역할을 맡게 될 것이라고 생각되지 않았었다. 사실, 예술교육이 아닌 다른 분야로 교육자들로부터 이처럼 큰 인정을 받게 되기 전에, 그는 인지 발달과 신경심리학 분야에 관련된 책을 6권이나 출간하고, 100편 이상의 학술논문을 저술한 바 있었다. 그의 일곱 번째 책인『마음의 틀: 다중지능이론(Frames of Mind: The Theory of Multiple Intelligences)』(1983)은 교육에 초점을 맞춘 책이 아니었다. 사실, 그 책에서 직접적으로 다중지능이론을 교육 실무에 적용하여 서술한 내용은 두 페이지에 불과하다. 그러나 이 책은 열두 개 이상의 언어로 번역되었으며, 가드너를 미국에서 교육 이론 및 실무의 중심에 위치하도록 만들어 주었다. 더 나아가 그가 세계적으로 저명한 인물이 되도록 만들었다.

　『마음의 틀: 다중지능이론』을 저술하기 전 가드너의 삶과 연구, 그리고 그 이후의 그의 지적 여정을 살펴보는 것은 가드너의 막대한 영향력을 설명하는 데 도움이 될 것이다.

가드너는 1943년에 펜실베이니아주 스크랜턴에서 태어났다. 그의 부모는 무일푼으로 나치 독일로부터 피난 온 상태였다. 그들은 재주가 많았던 첫아들이 여덟 살이었을 때, 그 아들을 가드너가 태어나기 바로 직전에 썰매 사고로 잃었다. 이 사실은 홀로코스트의 공포와 함께 가드너의 어린 시절 동안 이야기되지 않았다. 그러나 이 사건들은 "가드너의 발달과 사고에 오랫동안 영향을 미쳤다"(Gardner, 1989b, p. 22). 어린 가드너에게는 물리적인 위험이 발생할 수 있는 자전거나 거친 스포츠에 노출되는 것이 자제되었다. 대신 음악, 독서, 글쓰기 등에 대한 성향은 적극적으로 배양되었다. 가드너가 이와 같은 사실을 알게 되면서 그는 자신의 부모에게 남겨진 자녀들 가운데 맏이로서 이 새로운 나라에서 성공해야 한다는 기대를 받게 되었다. 그러나 청소년이 되기도 전에 가드너는 성공을 위한 장애물이 있다는 사실을 깨달았다. 그는 아인슈타인(Einstein), 프로이트(Freud), 마르크스(Marx), 말러(Mahler)를 비롯한 다른 독일 및 오스트리아 출신의 유태인 사상가들이 "유럽의 지적인 중심에서 살았고, 그들 세대의 선구적인 인물들과 함께 연구하고 경쟁한 반면, 자신(가드너)은 재미없고, 지적으로 정체되어 있으며, 경제적으로도 침체된 펜실베이니아 골짜기에 던져졌다."(1989b, p. 23)는 사실을 알고 있었다.

가드너가 스크랜턴의 외딴 소도시에서 머무른 시간은 그렇게 오래 지속되지 않았다. 그는 근처 사립 초등학교 기숙사로 보내졌고, 그곳에서 교사들의 보살핌 속에 큰 관심을 받았다. 그러다 1961년에 하버드 대학교로 진학했고, 그 후로 그의 생애 중 2년을 제외하고는 모든 시간을 하버드에서 보냈다.

가드너는 역사를 공부하며 법률가가 되기 위한 준비를 하고자 하버드에 진학했다. 학부 시절, 그는 당시 선구적인 다수의 사상가를 만났다. 그 가운데에서도 그의 지도 교수, 카리스마 있는 정신분석가이자 전 생애 발달단계에 대해 연구한 에릭 에릭슨(Erik Erikson)이야말로, "아마 가드너의 학자로서의 야망을 확정 지은 인물"(Gardner, 1989b, p. 47)이다.

졸업하자마자 가드너는 인지 및 교육심리학자인 제롬 브루너(Jerome Bruner)와 함께 일하기 시작했다. 브루너가 그에게 미친 영향은 무척이나 컸다. 그는 "완벽한 커리어 모델"(Gardner, 1989b, p. 56)이었다. 가드너는 이 책에서 그의 궁극적인 교육에 대한 관심을 브루너의 1960년 저서인 『교육의 과정(The Process of Education)』과 브루너의 커리큘럼 개발 프로젝트 '인간: 연구의 과정(Man: A Course of Study)'에 대해 매료되었던 사실로 거슬러 올라가 기술하고 있다. 그 커리큘럼은 다음의 세 가지 "마음을 여는 질문"(Gardner, 1989b, p. 50)을 다루고 있다. '무엇이 인간을 인간으로 만드는가?' '인간은 어떻게 그런 방식을 취하게 되었는가?' '어떻게 하면 인간이 더욱 인간다워질 수 있는가?'로, 이 질문들은 가드너 자신의 연구를 상기시킨다. 가드너의 인간 인지에 대한 연구는 브루너의 질문들 중 첫 번째 질문을 일부 해결하고 있다. 가드너의 상징체계 발달에 대한 연구는 브루너의 두 번째 질문에 대한 답처럼 보일 수도 있다. 그리고 사람들이 어떻게 하면 훌륭하면서도 인도적으로 작업할 수 있는지에 대해 실험을 통해 찾고자 하는 그의 최신 연구는 브루너의 마지막 질문에서 영감을 받은 것으로 보이기도 한다.

가드너의 인간 인지에 대한 실험적 연구는 브루너 프로젝트 중 장 피아제(Jean Piaget)의 저술을 읽게 되면서 영감을 얻었다. 피아제의 우아한 실험은 가드너의 날카롭고 논리적인 정신에 포착되었다. 동시에 가드너는 피아제의 인간발달단계 이론이 충분하지 않다는 사실을 깨달았다. 피아제 연구의 중심에는 아이가 초기 과학자로 상정되어 있다. 그러나 가드너의 초기 음악교육뿐만 아니라 기타 모든 예술 형태에 대한 관심을 기반으로 판단했을 때 과학자가 꼭 인간 인지의 가장 높은 수준의 형태를 대표해야 할 필요는 없다. '발달'이라는 말이 의미하는 바는 화가, 작가, 음악가, 무용가 및 기타 예술가의 기술과 역량에 대해 주목함으로써 알 수 있다. "인지의 정의가 확장될 것이라는 전망에 (위협을 받기보다) 자극을 받아, 나(가드너)는 예술 분야의 인물들의 능력을 온전히 인지와 관련된 것으로 생각하는 게 편안했다. 예술가들의 기술은 나의 동료 발달주의자들이 보는 것처럼 수학자와 과학자의 기술보다 덜 인지적이지 않다."(Gardner, 1999, p. 28)

가드너는 예술의 창의성과 인지에 대해 관심을 가지고 대학원에 진학했다. 이 분야와 관련해서는 심리학과 교수진 중에 진정한 멘토를 구할 수 없었다. 1967년에 철학자 넬슨 굿맨(Nelson Goodman)이 하버드 프로젝트 제로를 설립하자, 그에게 이 연구에 돌입할 기회가 찾아왔다. 하버드 프로젝트 제로는 예술교육을 강화하기 위해 만들어진 연구 그룹이었다. 이후 현재까지 프로젝트 제로는 가드너의 지적 삶의 중심을 차지하고 있다. 프로젝트 제로는 "가드너만의 생각이 발전되고 특히 그가 자신의 집에 있는 것처럼 편안하게 느낀 지적인 공동체였다"(Gardner, 1989b, p. 65). 1971년 굿맨이 은퇴한 후부터 프로젝트 제로는 가드너와 그의 오랜 동료인 데이비드 퍼킨스(David Perkins)가 이끌었고, 미국 내 교육 연구에 있어 선구적인 센터 중 하나로 성장해 왔다. 그동안 가드너는 수많은 젊은 연구자에게 조언을 해 주었고, 이 연구 그룹은 예술을 통한 인지 연구에서부터 시작해 다양한 학문 분야, 연령대, 교육 환경에 따른 학습과 사고, 창의성 연구로 확장하였다.

애초에 프로젝트 제로에서 가드너는 아이들의 시각예술, 음악, 비유적인 언어 발달에 대한 연구를 주로 하였다. 성인 예술가들의 창의적인 과정도 분석했지만, 예술에서 사용되는 상징체계를 아이들이 발달시켜 나가는 것에 대해 특히 관심 있었다. 그는 예술적 상징체계를 가지고 아이들의 추론 발달을 탐구하는 피아제 방식을 적용함으로써 이와 같은 주제를 경험적으로 연구했다. 1970년대와 1980년대 초반에 이 분야의 연구로 40여 편의 글과 편저의 일부(장; chapter)를 썼다. 그 글들은 그림을 그리는 스타일에 대한 아이들의 민감도(예: Gardner, 1970, 1971, 1972; Gardner & Gardner, 1970, 1973), 비유적인 언어의 사용(예: Gardner, 1974a; Gardner, Kircher, Winner, & Perkins, 1975; Gardner, Winner, Bechhofer, & Wolf, 1978), 예술가적 기교의 발달(예: Gardner, 1976, 1979;

Gardner, Wolf, & Smith, 1975; Wolf & Gardner, 1980)에 대한 문제를 다루었다.

1969년 프로젝트 제로는 뇌가 어떻게 서로 다른 상징체계를 처리하는지 이해하기 위해 노먼 게슈윈드(Norman Geschwind)를 초청했다. 그는 저명한 신경학자로서 그의 연구에 대해 이야기해 줄 예정이었다. 게슈윈드의 상징 사용 및 뇌가 손상된 환자들의 실패에 대한 연구는 '눈을 뗄 수 없을 정도로 매력적'이었다(Gardner, 1989b, p. 83). 그 후 얼마 지나지 않아, 가드너는 보스턴 재향군인 관리 병원에서 신경심리학과 관련한 경험적인 작업을 진행하기 시작했다. 그 후 20년이 넘는 기간 동안, 그는 뇌의 부상으로 고통받는 개인(그들 중에는 예술가도 있었다)들이 상징을 어떻게 처리하는지에 대해 초점을 맞춰서 60여 편이 넘는 글을 썼다(예: Gardner, 1982b; Gardner, Silverman, Denes, Semenza, & Rosenstiel, 1977; Gardner & Winner, 1981).

이와 같은 이중의 경험적 연구는 주목할 수밖에 없는 하나의 지점으로 수렴되었다. 가드너가 기술한 바와 같이, "매일 아이들과 뇌 손상을 입은 성인들과 함께 일할 수 있었던 기회는 인간이 폭넓은 영역에서 역량을 가지고 있다는 외면할 수 없는 진실과 마주하게 해 주었다. 또한 한 개인이 어떠한 영역에서 나타내는 강점이 다른 영역에서도 비슷한 능력을 보여 줄 것이라는 사실을 암시하지는 않는다"(Gardner, 1999, p. 30).

1970년대 중반에 가드너는 출중한 과학자인 피아제의 이론과 일반 지능 또는 'g'의 핵심을 세운 정신력 측정 이론 모두에 반하는 인간 인지에 대한 이론을 구축하기 시작했다. 가드너의 모델로 인간의 사고와 성취의 모든 가능성이 설명될 수 있을지도 모른다. 이 이론을 개발할 수 있는 기회는 1980년대 초반, 가드너가 인간의 잠재 능력에 대한 프로젝트(Project on Human Potential)의 선임 연구원이었을 당시에 찾아왔다. 이 프로젝트는 '인간의 잠재 능력과 그 실현과 관련된 과학적 지식의 현황을 평가하기 위해' 버나드 반 리어 재단(Bernard van Leer Foundation)에 의해 고안되고 재정 지원도 이루어졌다(Gardner, 1985b, p. xix). 이 프로젝트에 대한 연구 결과는 그의 신

기원을 이룬 저서인 『마음의 틀』로서, 그 책에서 가드너는 다중지능(Multiple Intelligence: MI)에 대한 이론을 자세히 설명했다.

가드너의 이론은 전통적인 정신력 측정 방법으로 야기된 이론들과 다르게 '좋은 IQ 테스트 점수가 의미하는 인지 능력은 무엇인가?'라는 암묵적 질문에 대해 답을 하고 있지 않다. 대신, 다중지능(MI)은 "인간이 문화에 따라 확립한 성인의 역할(또는 '목적 상태')의 범위를 궁극적으로 수행할 수 있게 하는 인지 능력이란 무엇인가?"라는 명백한 질문에 대한 가드너의 답이었다(Gardner, 1983).

가드너는 이 질문의 답을 구하기 위하여 후보 지능을 찾아 방대한 범위의 과학 및 사회과학 문헌을 샅샅이 뒤졌다. 그는 그가 개발한 여덟 가지 범주가 후보 지능의 전부는 아니더라도 대부분 부합한다는 견해를 유지했다. 이 지능은 뇌가 손상된 개인들 사이에서 독자적으로 발견되어야만 했다. 또한 이 지능은 영재, 자폐 서번트, 기타 특출한 인물들의 상대적인 고립 속에서 발견할 수 있었다. 지능은 뚜렷한 발달 궤도를 가져야만 했다. (예를 들어, 유아기에서 성인 전문가로 발달해 가는 속도는 음악, 언어, 대인관계 능력 측면에서 모두 동일하지 않다.) 가드너는 지능이 진화론적 생물학 관점에서 설득력이 있어야 한다고도 주장했다. 즉, 인류의 생존을 위해서도 필요하고, 다른 포유류에게도 분명히 나타나야 한다는 것이다. 더불어, 지능은 상징체계에서 부호화할 수 있어야 했다. 두 가지 추가 요건은 해당 지능이 정신력 측정 테스트뿐만 아니라 실험적인 심리학적 과업에 의한 증거에 의해서도 지지되어야 한다는 점이었다. 마지막으로, 지능은 음악의 음 높이 인식, 언어의 구문론과 같이 해당 지능과 관련 있는 정보에 의한 자극을 처리하는 데 요구되는 핵심 능력을 나타내야만 한다.

이와 같은 기준을 적용하여 가드너는 마침내 상대적으로 자율적인 언어, 논리수학, 공간, 음악, 신체운동 감각, 대인관계, 자기성찰, 자연탐구의 여덟 가지 지능을 발견했다(Gardner, 1983, 1995b). 마지막에 나열된 것들은 인간이 환경의 특징을 인식하고, 분류하며, 이용할 수 있게 해 준다. 가드너는 이 밖에도 그가 정한 요건의 대부분을 만족한다면 다른 지능들도 추가될 수 있음을 밝혔다. 지능의 개수는 그것이 다양하다는 것과 사람마다 강점 지능과 약점 지능의 고유한 혼합(혹은 프로필)을 보유하고 있다는 사실 그 이상으로 중요하지 않다.

심리학계에서 이 이론에 대해 그다지 대단한 반응을 보이지 않던 중에(예: Herrnstein & Murray, 1994; Scarr, 1985), 교육자들은 다중지능에 굉장한 관심을 보였다. 이 이론은 북미, 남미, 호주 및 일부 유럽과 아시아 지역의 교사들에게 폭넓게 수용되어 유치원 아이들부터 성인에 이르기까지 교육이 행해질 수 있는 전 대상에 적용되었다. 또한 학문 탐구를 위한 교육에서부터 직업교육에 이르기까지 교육 전반에 걸쳐 이용되어 왔으며, 대부분의 비장애 학생은 물론, 장애가 있거나 재능이 있는 학생들의 학습에도 적용되었다.

다중지능이 교육을 사로잡은 데는 여러 이유가 있다. 무엇보다도 이 이론은 학생들이 각자 다른 방식으로 배운다는 교육자들의 일상적인 경험을 검증해 주었다. 그리고 이 이론은 교육자들에게 커리큘럼, 평가, 교육학적 실무를 조직하고 반영하는 개념적 틀을 제공해 주었다. 결국 이와 같은 이론의 반영은 많은 교육자가 그들의 교실에서 다양한 학습자의 필요를 더 잘 만족시킬 수 있는 새로운 접근법을 개발하도록 해 주었다(Kornhaber, 1999).

가드너 이론의 교육적 적용이 널리 퍼져 나가는 동안, 그 적용 범위는 더욱더 넓게 확장되었다. 『마음의 틀』이 이 이론을 어떻게 적용해야 하는지 상세히 설명하고 있지 않기 때문에, 교사, 관리자 및 수많은 독립적 컨설턴트는 자신만의 생각을 더해 이 문제를 해결했다. 이들 중 일부는 아이들의 발달과 학문에 대한 이해를 가능하게 해 주었지만, 다른 많은 사람은 모든 주제가 7~8가지의—종종 피상적인—방법들로 다루어질 수 있도록 요구했다. 모든 주제를 단순히 7~8가지로 번번이 피상적인 방법으로 해결해야 했다. 고르지 않은 이론의 적용은 동시에 이론에 대한 찬사(Knox, 1995; Woo, 1995)

와 비난(Collins, 1998; Traub, 1998)으로 이어졌다.

가드너는 다중지능을 적용하는 데 있어 가변적일 수 있음을 인식하고 있었지만, 이론가이자 심리학자로서 이 상황을 바로잡는 일은 그가 할 수 있는 영역 밖이라고 느꼈다. 대신 그는 교육평가(예: Gardner, 1991a; Krechevsky & Gardner, 1990; Wexler-Sherman, Gardner, & Feldman, 1988), 학문적 이해의 발달(예: Gardner & Boix-Mansilla, 1994a, 1994b; Gardner, 1993a), 창의성(예: Gardner, 1993b, 1994; Li & Gardner, 1993) 영역에 대해 주목할 만한 새로운 이론을 개발하는 데 집중했다. 하지만 그는 그의 저서『통찰과 포용(The Unschooled Mind)』(Gardner, 1991c)에서 다중지능의 교육적 적용을 안내하는 작업에 착수하기 시작했다. 이 작업은『인간 지능의 새로운 이해(Intelligence Reframed)』(Gardner, 1999)와『훈련된 마음(The Disciplined Mind)』(Gardner, 2000)에서 보다 분명해졌다.

각 저서는 '교육의 주요 임무는 이해의 발달이어야 한다.'는 가드너의 믿음을 강조한다. 그와 같은 이해는 학생이 특정 환경에서 얻은 지식을 익숙하지 않은 문제 또는 환경에 적용하는 능력에 의해 나타난다(Gardner, 1991c). 그러기 위해 교육자들은 폭넓게 가르치기보다 깊이 있게 가르쳐야만 한다(Gardner, 2000). 학생들에게 한 주제에 대해 연구할 수 있는 더 많은 기회가 주어져야 한다. 가드너는 주어진 한 주제에 대해 다양한 방법으로 설명하고 탐구할 기회를 갖는 것이 한편으로는 다양한 지능을 활용하는 것이자, 학생들이 새로운 환경에서 자신이 배운 것을 적용해 볼 수 있는 기회를 갖는 것이라고 말한다. 프로젝트 제로에서 진행한 최신 연구는 이에 대한 일부 증거를 제시하고 있다(Kornhaber, 1999; Kornhaber, Fierros, & Veenema, 2004).

"나의 교육에 대한 비전은 명백해야 한다. 깊이 있는 이해가 우리의 핵심 목표가 되어야만 한다. 문화적 맥락 하에서 진실 혹은 거짓, 아름답거나 불쾌하거나, 선하거나 악한 것으로 여겨지는 것에 대한 이해를 심어 주기 위해 노력해야 한다."(Gardner, 2000, p. 186) 이와 같은 주제는 "개인이 그들의 세계에 대해 배우고 이해하도록 동기를 부여해 준다."(2000, p. 24) 가드너의 이해에 대한 관점은 교실 수업을 폭넓고, 지나치게 상세하게 정부 주도적인 커리큘럼 틀로 이용하려 하는 오늘날 현대 미국인들의 경향과 배치된다. 그러나 가드너의 관점은 소크라테스(Socrates), 존 듀이(John Dewey), 존 헨리 뉴먼 추기경(John Henry Cardinal Newman)의 전통에 잘 뿌리내리고 있다. 또한 인지의 경험적 이해뿐만 아니라 다문화·기술 사회에 따른 현대 교육 시스템의 현실에 의해 다듬어지기도 했다.

최소한 10년 동안 가드너는 교육자들이 반드시 학문의 이해를 가르쳐야 한다고 강조해 왔다. 가드너는 지식 분야(학문)가 인류의 핵심 발명 중 하나라고 여긴다. 그러나 가드너에게 학문적 이해만큼 중요한 것은, 교육이 이것 이상의 것을 목표로 삼아야 한다는 사실이다. '새 천 년을 위한 과제'는 "지능과 도덕이 어떻게 하면 함께 일해 다양한 사람이 살고 싶어 하는 세계를 만들어 낼 수 있는지 알아내는 것이다. 결국, '똑똑한' 사람들이 이끄는 사회는 여전히 그 사회 또는 전 세계를 파괴시킬 수도 있다"(Gardner, 1999, p. 4). 이 과제의 연장선에서 1994년에 가드너와 그의 동료 미하이 칙센트미하이(Mihaly Csikszentmihalyi), 윌리엄 데이먼(William Damon)은 '훌륭한 전문 직업인이 되기 위한 연구 프로젝트(Good Work Project)'를 구축했다. 이 프로젝트의 궁극적인 목표는 최첨단의 직업에 종사하고 있는 개인들이 어떻게 직업적 기준에 따라 모범적으로 직무를 수행할 수 있는지, 그리하여 더 넓은 사회의 선에 기여할 수 있는지 알아내는 것이다. 이 프로젝트가 찾은 결론을 교육적 환경에 접목시킴으로써 미래 세대의 학문뿐만 아니라 인도주의적 수행도 고취시킬 수 있을 것이다. 이것은 가드너가 앞으로 수년 동안 추구하고자 계획하는 소망이자, 연구 프로젝트이다.

승인

제1부
영향력

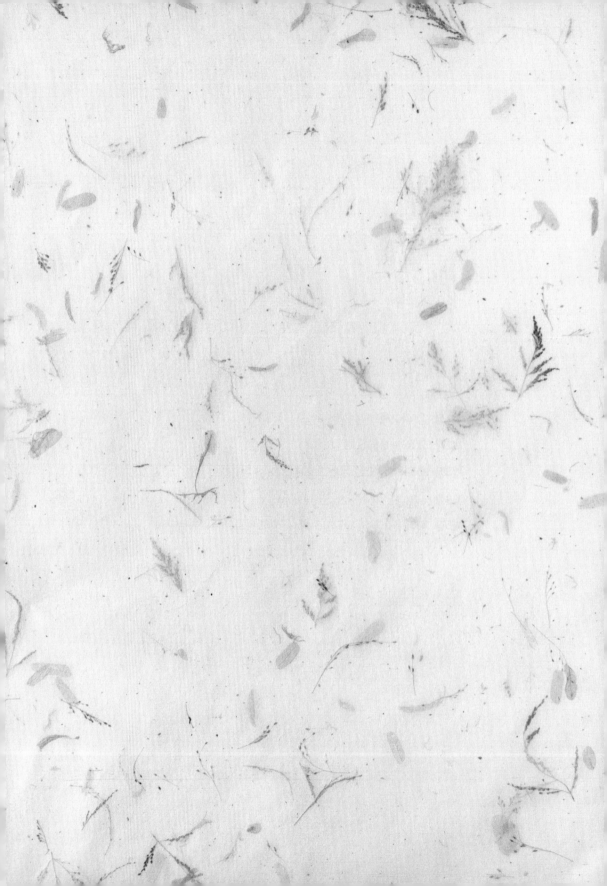

제1장
장 피아제의 선구적인 연구

이 장은 1979년 1월 3일과 1980년 9월 21일에
『뉴욕타임즈(The New York Times)』에 실렸던
「장 피아제를 알아가기(Getting acquainted with Jean Piaget)」와
「장 피아제: 르네상스 인물로서의 심리학자
(Jean Piaget: The psychologist as Renaissance man)」,
두 편의 글을 재편집한 내용이다.

　장 피아제(Jean Piaget)는 인간 발달 분야에서 이름을 떨치던 학생이던 21세에 『탐구(Recherche)』라는 제목의 선견지명이 있는 글을 썼다. 소설의 형태로 쓴 이 개인적 저널은 세바스찬이라는 영웅이 과학에 대한 '흔들리지 않는 믿음'을 가짐으로써 청소년기의 종교적 위기를 해결한다는 내용이다. 생물학에서 배운 바에 영감을 받아, 세바스찬은 심리학과 인식론만이 가질 수 있는 역할을 바탕으로 생명과 관계된 학문들을 융합할 수 있기를 꿈꾸었다. 그의 허구적인 환영을 통해서, 피아제는 처음으로 정신적 과정을 생물학적으로 설명할 가능성에 대해 탐구하였다. 심지어 그는 이 책에서 인식의 변화를 설명하는 근본적인 메커니즘으로서 평정(equilibration)이라는 개념을 도입했다.

　『탐구』가 이듬해인 1918년에 출간되었을 당시, 피아제는 이미 육상 및 수생 연체동물을 연구하는 사람으로서 이름을 널리 알린 조숙한 젊은 생물학

자였다. 그러나 오래 지나지 않아 인간의 지식에 대한 생물학적 설명에 관련된 꿈에 영감을 받아 연체동물학에서 당시로서는 신생 학문이었던 심리학으로 획기적으로 커리어를 전환했다. 아이들에게 질문을 던지고 그들의 오류를 분석하는 단순한 기술을 이용해서 피아제는 아이들의 사고 과정에 대한 연구를 시작했고, 이 연구 덕분에 그는 20대이던 당시에 유명해져 그가 사망할 때는 뛰어난 심리학자로서 이름을 남겼다.

아이들의 마음을 기록하는 과정에서 피아제는 인지 발달 분야를 만들었다. 피아제의 공헌에 대해 이해하고자 하는 사람들은 그가 1920년대 초반에 스스로를 위해 설정한 문제에 관심을 기울여야만 한다. 아이들은 태어났을 때 무엇을 알고 있을까? 아이들은 어떠한 체제를 가지고 자신이 원하는 새로운 지식을 습득할까? 아동기의 다양한 단계에서 어떠한 형태로 지식을 보유할까? 그리고 성숙한 성인의 지식을 어떻게 묘사할 수 있을까?

아이의 마음이 단순히 어른 정신의 축소판이라고 널리 알려진 생각을 일축하면서 피아제는 각각의 발달 단계에서 나타나는 지식 형태가 지닌 속성을 묘사하는 데 큰 기여를 했다. 그는 수년간 스위스 제네바에서 아이들과 함께 수백 번에 걸친 영리한 실험을 진행했다. 일련의 인상적인 논문들 에서 이 실험 결과를 보고했고, 몇 건의 논문에는 피아제의 세 자녀에 대한 이야기도 포함되었다. 연구 중 다수가 특정 형태의 지식, 즉 숫자, 공간, 인과관계에 대한 아이의 개념에 대한 연구였다. 그러나 이 모든 연구를 통합하면 유년기 주요 시기의 아이의 마음에 대한 일반적인 그림이 된다.

일반 대중은 피아제가 오로지 아동심리학자로서 아이들의 사고방식이 어른과 다르다는 사실을 설명했다고만 생각한다. 지크문트 프로이트(Sigmund Freud)와 B. F. 스키너(B. F. Skinner)와 함께 그는 20세기 심리학에 있어 가장 영향력이 큰 인물에 속한다. 어려운 글과 인간 본성의 감정적 측면에 대한 무관심 때문에 프로이트와 스키너보다 덜 알려졌을지 모르겠지만, 그의 현대 심리학 주류 내 입지는 아마 더 견고할 것이다. 그리고 인지에 대한 그의 연구의 초점은 스키너가 과잉행동에 대해 가졌던 관심이나 프로이트의 동기, 성격, 무의식에 대한 집착보다 심리학의 미래 방향에 더 잘 맞추어져 있는 것으로 보인다.

그러나 피아제는 자신을 심리학자라고 생각하지 않았다. 훈련받은 생물학자이자 성향상 종합적인 사상가로서 피아제는 자신을 새로운 학문 분야인 발생적 인식론을 개척한 사람이라고 생각했다. 이 분야의 목표는 지식의 기원을 연구함으로써 과학적 사고의 기본 범주가 지닌 성격을 설명하는 것이었다. 이 작업은 태생적으로 여러 학문 간의 관계와 연관이 있었다. 피아제는 수십 년 동안 처음에는 홀로, 그리고 이후에는 동료들과 함께 숫자, 논리, 공간, 시간, 인과관계를 비롯한 여타의 지식을 구축해 내는 데 있어 요구되는 사항들에 대해 우리가 가진 개념의 핵심을 제시하기 위해 노력했다. 이러한 노력의 중심에는 유전심리학자들과 같은 과학 분야의 전문가들이 있었다. 이들은 어린아이들의 기초 과학 개념의 기원과 발달을 알아내기 위해 피아제에게 훈련받은 실험적 연구자들이었다. 연구팀의 일부는 개념을 정의하는 철학자들이었다. 그리고 일부는 과학 역사가들로, 각각의 과학 분야에서 수 세기에 걸쳐 진행된 지식의 성장을 연대순으로 기록했다. 학자들로 구성된 팀의 통찰이 한데 모이자, 의문시되던 특정 과학 개념을 최대한 설명할 수 있었다.

누구도 이 프로젝트의 위엄 또는 자만에 의문을 제기할 수 없었다. 피아제는 세상 어린아이들의 행동을 통해 성인과 과학자들의 마음속에서 일어나는 내적 작용의 근본적인 변화를 생각했다. 문제가 어떻게 새로운 그리고 유효한 생각으로 이어지는가? 이것이 피아제가 연구를 추구하게 만든 열정이었다. 이 열정은 실제로 프로이트와 스키너의 열정과 마찬가지로 복음서의 저자가 가진 열정만큼이나 과거의 위대한 사상가들의 통찰을 연상시켰다.

이것의 실현가능성에 대해 과학적·철학적 관점에서 의문을 제기하는 사람들이 많았을지 몰라도, 피아제는 불안감을 통제하면서 실험을 설계하여 빠른 진전을 보였다. 그는 절제력, 에너지, 천재적인 조직 관리 능력을 보이면서, 자신의 최근 연구 결과에 비추어 동일한 핵심 패턴을 다시 살펴 수십 권의 책을 저술하고 셀 수 없이 많은 글을 썼다. 1950년대 중반에 그는 발생적 인식론 국제센터를 설립하고, 열정적인 학생 및 공동 연구자들의 도움을 받아 빠르게 그의 이론의 주요 체계를 수립해 낼 수 있었다. 10대 시절부터 동일한 생각을 해 온 피아제의 관점에서 비추어 보았을 때, 그는 평가받고 싶었을 것이다.

그러나 그와 같은 작업은 대부분의 현대 과학자에게 너무 방대한 일이어서 피아제에 대한 논평은 발달심리학 분야의 연구에 집중되어 있다. 1920년의 프로그램을 1980년의 시각으로 보더라도 어떻게 여전히 유효할 수 있는지 평가할 때, 심리학자들은 다음의 세 가지 측면에 초점을 맞추었다. 피아제가 처음 설명한 경험적 현상의 견고함, 그가 이와 같은 현상을 설명하는 데 근거로 삼은 주요 이론 개념의 타당성, 그리고 아이의 마음에 대한 그의 전반적인 이미지가 지니는 생존력이 바로 그것이다.

새롭고 중요한 현상을 (그의 자녀를 포함한) 아이들을 관찰하는 것을 통해 인식하는 그의 능력 덕분에 그는 남과 다른 시각을 유지할 수 있었다. 근본적으로 기술 조직 없이 일하면서, 그는 그의 연구 대상에 대한 존중과 공감을 표함으로써 세계를 바라보는 아이들만의 시각에 완전히 들어갈 수 있었다. 초기의 많은 회의적인 과학자는 유치원 아이들이 물질의 형태는 바뀌어도 여전히 같은 양을 여전히 유지한다는 사실을 믿기 거부하는 비대화 현상(phenomena of non-conservation)의 존재를 결국 증명했다. 세상이 다른 관찰자들에게 어떻게 보이는지에 대해 어린아이들은 이해하지 못한다는 아동기 자기중심성, 대상이 더 이상 눈에 보이지 않는다면 유아는 존재하지 않는 것처럼 행동한다는 대상의 일시성 역시 마찬가지로 결국 증명해 냈다. 이들만큼이나 흥미로운 수십 가지의 현상이 현재 인지 발달 연구의 중심을 형성하고 있다. 물론, 이런 행동들의 근원을 피아제가 주장했던 시기보다 더 일찍 발견할 수도 있었다. 특히 필수적인 것만 남긴 채 '불필요한 것들을 제거'했다면 말이다. 그러나 과학적 타당성에 대한 엄밀한 검증을 통과하였지만, 근본적인 현상들은 여전히 확인 중에 있다.

피아제의 용어와 개념들은 확립되는 과정에서 약간 변화를 거쳤다. 많은 이들이 부정확하거나 변화하는 정의 때문에 어려움을 겪는다. 그가 그렇게도 견고하게 믿었던 단계와 구조들은 끊임없이 공격을 받아 지금의 인지 발달은 그것들이 암시하는 특징은 유지한 채 피아제가 설명했던 것보다 좀 더 부드럽고, 덜 단계적이고 덜 구조적으로 통합된 것처럼 보인다. 평정의 메커니즘을 통해 지적 변화의 원인을 설명하고자 했던 피아제의 평생에 걸친 노력은 비교적 적은 영향을 미쳤다. 아마 피아제가 이 말을 들으면 움찔하고 놀랄 수도 있겠지만, 그가 생물학적 용어를 포용했던 것은 다른 이들에게 라마르크(Lamarckian)나 베르그송 철학(Bergsonian)의 느낌을 주었다.

만약 피아제의 '중간 단계(middle-level)' 개념이 성공하지 못했다고 해도, 과학자의 눈으로 아이들을 관찰하여 검증한 현실적 문제 해결자로서 이룩한 아동에 대한 전반적 모형들은 성공했을 것이다. 피아제는 과학적인 증거를 바탕으로 아이에 대해 진지하게 연구했을 뿐만 아니라, 여전히 유효한 아이의 인지 능력을 전면에 내세웠다. 그에 대해 가장 신랄하게 비판했던 사람들의 글에도 아이에 대한 피아제의 생각이 스며들어 있다. 그는 가장 혁명적인 과학자들에게만 허용되는 방식으로 미래의 연구자들이 연구에 임하는 방식을 변화시켰다.

분명 아동 연구의 성격이 바뀌었기 때문에 피아제가 종국에는 다소간 시대에 뒤처진 인물처럼 보이게 되기는 했다. 그가 가꾸어 온 생물학적 은유는 점차 컴퓨터의 은유로 교체되었다. 행동에 대한 그의 신중한 설명은 가상적인 '정보처리 단계'를 설명하는 일련의 주제들로 교체되었다. 그가 덜 중요하게 여겼던 아이의 삶의 영역인 성격, 사회적·정서적 삶, 예술적 재능에 관한 연구는 피아제가 주요한 문제를 아직 다루지 않았다는 사실 때문에 현재 아동 발달 분야를 연구하는 학생들이 많이 관심을 갖는 주제가 되었다. 피아제는 그가 설명한 것만큼이나 무시한 것을 통해 자신이 생명을 불어넣은 분야의 연구 주제를 설정했다. 그의 공헌은 아동 연구와 관련한 서적을 통해 계속되고 있으며, 적지 않은 연구 논문에서 피아제가 연구 대상이 되기도 한다.

그러나 전 세계 수천 명의 심리학자를 한 세대 이상 바쁘게 만든 『탐구』 이후로 피아제가 쓴 것은 학술 서적 가운데 한 장에 불과하다. 행동과학 분야에 있어 그가 평생에 걸쳐 이룩한 것들은 스스로 공공연히 말했던 것처럼 여러 학문을 아울러 진행되었기 때문에 글 전체를 평가하는 것은 고사하고 모두 읽을 수 있는 사람조차 거의 없을 정도이다. 파편화된 전문화 시대에 피아제는 틀림없이 르네상스적인 인물이다. 그가 르네상스적인 인물이라는 점은 그가 계획하고, 편집하고, 대부분을 저술한 두꺼운 백과사전적 저서인 『논리와 과학적 지식(Logic and Scientific Knowledge)』에 가장 통렬하게 드러나 있다. 이 책은 발생적 인식론의 관점에서 모든 과학 분야를 아우른다. 이와 같은 방대한 작업을 준비하기 위해 피아제는 모든 지식 분야의 전문가들과 세미나를 열었고, 1년 이상 공동 연구를 진행하는 일도 자주 있었다. 그런 해에는 매일 아침 일찍 일어나 저녁까지 깨어 있으면서 천착하고 있는 학문 분야에 대해 공부하고, 최소한 각 학문의 기초적인 개념 문제에 대해서는 완전히 통달하고자 하였다. 이와 같은 통합 작업은 자신의 학문과 다른 모든 학문을 연결하는 그의 방법이었다. 사실, 이는 그 자신의 종교와도 같은 진실에 대한 열정, 지식 전체에 대한 탐구를 추구하는 방식이었다.

그러나 이 엄청나게 힘든 노력은 그다지 큰 영향을 미치지는 못했다. 대부분의 내용이 한 사람의 손에서 나온 백과사전은 그 내용이 얼마나 훌륭한지와 상관없이 (새뮤얼) 존슨 시대의 것과 비슷해 보였다. 결함이 너무나도 명백했다. 피아제는 다른 학문 분야의 현상에 대해 직접적으로 친밀해야 할 필요성도 느끼지 못했고, 다른 학문의 역사와 문화적 배경에 대해 공감도 하지 못했으며, 제네바의 달팽이나 아이들에게 했던 것처럼 개념을 철학적으로 체계화하는 것 역시 세련되지 못했다. 그러나 지식을 만들어 낸 호기심과 탐구의 정신이 1,250쪽에 달하는 두꺼운 책을 관통하고 있었다. 마지막까지 그의 호기심은 사그라들 줄 몰랐던 것이다. 지크문트 프로이트처럼 그는 기질적으로 무언가 가늠해 보려는 천성을 무자비하게 숨겨 보려고 한 열정적인 관찰자이자 통합자였다.

프로이트와 마찬가지로 피아제 연구 프로그램의 일부와 그의 특정 개념들 중 다수는 덜 문제적인 계통적 서술로 이미 대체된 경우도 있으며, 대체될 것이다. 그러나 아이의 마음에 대한 피아제의 묘사는 인간 개성에 대한 프로이트의 통찰처럼 오래도록 남을 것이다. 프로이트가 과거의 문학과 임상의학을 통해 인간 본성에 대한 우리의 지식을 확장시켰던 것처럼 피아제는 우리의 마음에 대한 이해를 발전시켰다. 그의 심리학 분야 선배들에 의해 구축되어 온 것뿐만 아니라, 아마도 특히 데카르트(René Descartes)와 칸트(Immanuel Kant)가 설명한 내용도 더 발전시켰을 것이다. 철학자에 대한 오늘날의 기준으로는 아닐지라도, 피아제는 전통적인 의미의 철학자였고, 미래의 철학자들이 신중하게 검토해야 하는 연구에 대해 동시대의 다른 심리학자들보다 훨씬 더 많이 집필했다. 그는 동시대인들과 달리 위대한 인식론상의 문제들을 진지하게 받아들인 유일한 학자로서 그 문제에 접근하는 새로운 방법을 고안해 냈다. 젊은 세바스찬의 선견지명은 여전히 유효하다.

승인

제 2 장
교육자 제롬 S. 브루너

Palmer, J. A., & D. E. Cooper (Eds.), *Fifty Modern Thinkers on Education.*
London: Routledge, 2001.

1980년대 말, 나는 파리에서 열린 교육 관련 국제 컨퍼런스에 참석했다. 어느 날 저녁, 나는 대여섯 명의 사람과 저녁 식사를 하고 있었다. 모두 처음 만난 사람들로 각각 서로 다른 나라를 대표하고 있었다. 우리가 대화를 나누는 동안 흥미로운 사실을 발견했다. 수년 전 심리학자 제롬 브루너(Jerome S. Bruner)의 주목할 만한 책『교육의 과정(The Process of Education)』(1960)을 읽고 나서 우리 모두 교육 분야에 관심을 갖게 되었다는 것이다.

내가 경력을 쌓아 가던 어느 한 시점에 이르러 많은 심리학자가 교육 문제에 관여하게 되었다. 그와 같은 관여는 교육 이론과 실제에 있어 현대 심리학 연구의 영향을 지대하게 받고 있는 미국의 경우에 특히 더 그러하다. B. F. 스키너(B. F. Skinner) 또는 E. L. 손다이크(E. L. Thorndike)와 같은 심리학자들이 시험과 같은 특정한 교육 정책에 더 많은 영향을 미쳐 왔겠지만, 아이들이 어떻게 배우는지와 교육자들이 무엇을 기대할 수 있는지에 대한 우리의 감각을 확장한 데는 제롬 브루너에 비견할 만한 인물이 없다.

1915년에 뉴욕 시에서 태어난 제롬 브루너의 연구자로서의 삶은 다재다능하면서 저작이 많은 심리학자의 삶이었다. 듀크 대학교와 하버드 대학교에서 교육을 받은 그의 첫 논문은 1939년에 발표한 「암컷 쥐의 성적 행동에 대한 가슴샘 추출물의 영향(The effect of thymus extract on the sexual behavior of the female rat)」이었다. 제2차 세계 대전 당시 브루너는 사회심리학자로서 여론, 선전·선동, 사회적 태도를 조사하는 데 참여했다. 이후 그는 전후 '인지 혁명'의 지도자들 가운데 한 명으로서 주로 인간의 인식과 인지에 대해 관심을 기울였다.

전쟁이 끝나고 반세기가 흐르는 동안 브루너는 막연히 연관된 것으로 보이는 일련의 주제 영역들을 차례차례 조사했다. 인식의 '새로운 모습'에 대한 연구에서 그는 우리의 인식적 경험에 대한 기대와 해석의 역할을 강조했다. 연구 대상이 지닌 적극적인 역할에 대해 지속적으로 주목하면서 인간의 분류 과정에 있어서 전략이 가지는 역할에 대해 연구하기 시작했다. 점점 더 인간의 인지 발달에 대해 더 많은 관심을 갖게 되면서 브루너와 하버드에 신설된 인지연구센터의 동료들은 아이들이 사용하는 표현 양식에 대한 일련의 연구를 진행했다.

1970년에 브루너는 하버드 대학교에서 옥스퍼드 대학교로 옮겨 갔다. 그곳에서 그는 유아 기관의 발달 연구를 지속했고, 아동 언어에 대한 일련의 연구를 시작했다. 10년 뒤 미국으로 돌아온 그는 사회 및 문화 현상에 대해 더 깊은 관심을 보였다. 그는 자신이 확립에 관여했던 인지적 관점의 지나친 계산주의를 거부하고, 최근 대부분 법학에서 나타나고 있는 인간의 서술 및 해석적 능력에 관심을 기울이기 시작했다. 그리하여 문화심리학을 중심으로 한 심리학의 세 번째 혁명의 시작을 도왔다.

브루너의 심리학자로서의 공헌을 살펴보는 것이 중요한 이유는 그것이 그가 교육 문제에 관여하게 된 동기를 알 수 있게 하기 때문이다. 그의 폭넓은 연구에 대한 관심과 방대한 학습을 반영하듯, 브루너는 기술자보다는 일반적인 사상가로서 교육에 접근했다. 그는 인지, 사고, 언어, 기타 상징체계, 창의성, 직관, 성격, 동기 등 교수학습과 관련된 인간 능력의 모든 영역에 대해 고민하였다. 그는 교육이 유아기에 시작된다고 이해했다. 특히 최근 저술에서는 문화 관련 기관 전반에 걸쳐 교육이 맡고 있는 역할을 강조하였다. 그는 초기 인류에 대한 우리의 지식에 의지했고, 계속해서 비교문화적 관점에서 교육을 바라보았다. (1990년대 그는 레지오 에밀리아의 유치원과 다른 이탈리아 조직과 정기적으로 함께 일하기 시작했다.) 사실, 문화심리학에 대한 그의 최신 글을 보면, 브루너는 본격적으로 문화심리학을 구축할 수 있는 적절한 '시험대'로서 교육을 제안하고 있다.

1950년대 후반, 제롬 브루너는 미국의 대학 전 교육에 명백히 관여하였다. 당시 러시아가 스푸트니크 위성을 발사한 이래, 많은 미국인이 국가 자원 중 상당한 비중을 교육, 특히 과학, 수학 및 기술에 쏟아야 한다고 느꼈다. 이 같은 관심은 인지 혁명이 부분적으로 브루너의 카리스마 있는 리더십 아래 시작되던 바로 그때 생겼다. 그는 1959년 9월에 유력 기관인 국립과학원과 국립과학재단의 과학자들, 그 외의 다른 과학자들, 심리학자들, 교육학자들을 매사추세츠주 우즈 홀(Wood's Hole)에 불러 모아 회의를 열었다. 이곳에서 브루너는 명백한 좌장이었다.

그의 역사적인 저서인『교육의 과정』(1960)에서 브루너는 당시 회의에서 나온 주요한 주제들을 유려하게 묘사했다. 아이들이 사실과 절차를 배워야 한다는 널리 알려진 생각과 달리, 그 회의에 참석한 사람들은 과학적 (또는 다른) 학문 분야의 구조가 지닌 중요성에 대해 논의했다. 만약 한 학생이 교과 영역에 있어서 주요한 움직임을 이해한다면, 그 학생은 새로운 쟁점들에 대해 계속해서 생각해 낼 수 있을 것이다. ["무언가를 합하는 방법을 아는 것이 그에 대한 수천 가지 사실을 아는 것만큼 가치가 있다."(Bruner, 1983, p. 183)] 아이를 정보에 동화되는 자, 작은 어른으로 보는 관점과 대조적으로 [장 피아제

(Jean Piaget)와 바벨 인헬더(Bärbel Inhelder)의 연구로부터 영감을 받은1 회의 참석자들은 아동을 적극적인 문제 해결자로서 세계를 자신만의 방법으로 이해하는 사람으로, 그 당시로서는 아직 낯선 관점으로 바라보았다. 특정 주제는 중등학교 혹은 그 이후가 되어서도 다루어서는 안 된다는 생각과 다르게, 회의 참석자들은 나선형 교육과정, 즉 일찌감치 학교에서 적절한 방식으로 주제들에 대해 소개한 이후에 깊이와 복잡성을 더하여 다시 다루어야 한다고 주장했다. 이와 같은 주장은 책에서 가장 많이 인용되고 가장 논란이 되는 다음 문장에 영감을 주었다. "우리는 어떠한 주제에 대해서도 아이가 어떤 발달 단계에 있든 지적으로 정직한 형태로 효과적으로 가르칠 수 있다는 가정하에 시작한다."(1960, p. 33)

브루너의 연구 결과에 대한 반응은 빠르고 열광적이었다. 그 책은 다양한 학자와 정책 지도자들로부터 '중대'하고 '혁명적'이며 '고전적'이라는 찬사를 받았다. 책은 19개 언어로 번역되었으며, 수년 동안 하버드 대학교 출판부의 베스트셀러였다. 아마도 가장 중요한 것은 『교육의 과정』이 미국은 물론, 전 세계에 다양한 종류의 주요 교육 프로그램과 실험을 촉발시켰다는 점이다. 브루너가 몇 년이 지난 후에 회고한 바와 같이, "그 책의 성공은 지식 폭발과 산업화 후기의 새로운 관점에서 교육의 기능을 재평가하고자 하는 전 세계적인 요구 덕분이라고 (브루너는) 생각한다"(1983, p. 185).

브루너는 심리학 실험실로 돌아가는 대신 교육적 노력에 직접 개입하기 시작했다. 처음에는 미국에서, 이후에는 영국에서 교육에 관련된 일을 맡았다. 그는 다수의 위원회와 위원단에 참여했고, 케네디 대통령과 존슨 대통령 당시 대통령과학자문위원회의 교육 패널 위원을 역임하기도 했다. 단연코 그가 가장 깊이 관여한 것은 중등교육에서 사용되는 사회 교과의 새로운 커리큘럼 주제를 고안하는 일의 의장과 설계자로서였다.

1964~1966년에 교육 서비스 회사(Educational Services Inc.)라고 불리는 정부 연구개발 실험실의 후원을 받아, 브루너는 '인간: 연구의 과정'을 설계

하고 실행하는 데 노력을 기울였다. 완전히 갖추어진 커리큘럼을 만들어 내고자 한 야심 찬 노력은 새롭게 부상하고 있던 행동과학의 가장 최신 이론에 기반을 두고 있다. 브루너에 의해 개념화된 바대로, 이 커리큘럼은 다음의 세 가지 근본적인 문제, 즉 '인간에 대한 것 중 무엇이 가장 인간에 대한 것인가?' '인간은 어떻게 그와 같은 방식을 취하게 되었는가?' '어떻게 하면 인간이 더욱 인간다워질 수 있는가?'를 해결하고자 했다.

커리큘럼은 어린아이라도 어려운 문제를 해결할 수 있다는 브루너의 믿음을 반영하여 당시 행동 과학에서 '활발히' 진행되고 있던 주제를 가지고 왔다. 아이들은 찰스 호케트(Charles Hockett)와 놈 촘스키(Noam Chomsky)의 언어학적 분석을 고려하여 의사소통 체계의 속성을 탐구했다. 학생들은 셔우드 워시번(Sherwood Washburn)이 초기 인간의 도구 사용에 대해 발견한 내용을 참작하여, 고대 및 근대 도구와 미디어를 연구했다. 학생들은 영장류[어빈 드보어(Irven DeVore)]와 인간[클로드 레비 스트로스(Claude Lévi-Strauss)]의 사회관계에 대한 발견으로부터 영감을 받아, 문화 간의 혈연관계와 사회 조직을 탐구했다. 예술, 신화를 비롯해 다양한 집단의 자녀양육 방식에 대한 자료가 풍부했다. 풍부한 민속지학 및 영상 사례 연구를 통한 아이디어와 주제들이 제시되었다. 특히 펠리 베이의 넷실릭 에스키모 및 칼라하리 사막의 쿵 부쉬맨 사례도 연구되었다.

수년 후 브루너는 아쉬운 듯이 이렇게 회상했다. "의기양양했던 1962년에는 무엇이라도 가능해 보였다."(1983, p. 190) 연구팀의 젊은(21~22세) 구성원으로서 나는 이 커리큘럼 안에 담겨 있는 노력이 얼마나 흥분되는 것인지 이야기할 수 있다. 학자, 심리학 연구자, 커리큘럼 기획자, 수석교사 그리고 의욕이 넘치는 5학년 학생들이 매일 어깨와 어깨를 맞댄 채 참여하고 가르침을 받을 커리큘럼들을 만들고 수정했다. 당시 고안된 결과물은 1960년대 후반과 1970년대 초반에 미국 대부분의 지역과 해외에서 이용 가능했으며 널리 배포되었다.

그러나 그와 같은 교육적 실험을 통한 행복감은 오래가지 못했다. 미국 내
에서 가난과 인종 문제가 주요한 문제로 부상하였고, 베트남 전쟁에 대한 불
만은 점점 더 커져 가면서 나라의 분열이 초래되었고, 개혁 의지는 차츰 약화
되었다. 브루너의 커리큘럼은 보수적인 정치 및 사회 단체들로부터 직접적
인 공격을 받았다. 이들은 지적 열망('엘리트적'이라고 읽는다)과 비교문화('상
대주의'라고 읽는다)가 브루너의 커리큘럼을 지배하고 있다며 반기를 들었다.
결국, 국립과학재단은 이 커리큘럼에 대한 지지를 철회했다. 브루너는 잘못
이 온전히 외부 비판론자들에게만 있는 것은 아니라는 사실을 인정했다. 커
리큘럼은 사회경제적으로 혜택을 받은 학생들이 다니는 학교에서 잘 준비된
교사들과 함께할 때 가장 효과적이었다. 브루너는 다음의 표현을 좋아했다.
"우리는 결코 와이드너(하버드 대학교의 주 도서관)에서 위치타(캔자스의 가장
큰 도시, 미국의 심장부)로 자료를 가져오는 문제를 해결하지 못했다."

브루너는 교육 분야에 관여하면서 교수학습에 대한 사려 깊은 에세이 여
러 편을 쓰게 되었고, 이 에세이들은 『교수 이론에 관하여(Towards a Theory
of Instruction)』(1966)와 『교육의 적절성(The Relevance of Education)』(1971)에
모였다. 이러한 글에서 브루너는 학생들이 구축하고, 자세히 말하고, 변형시
키는 세계의 정신 모델에 있어 교수법이 실제로 영향을 미치는 방법에 대해
진전된 견해를 제시하였다. 그의 협력적 발달 연구에 의지해서 그는 아이들
이 경험을 지식으로 변환시키는 세 가지의 정돈된 방식을 강조했다. 그것은
행동, 상상 그리고 마지막으로 다양한 상징체계를 통한 방식이다. 브루너는
점차 러시아의 심리학자 레브 비고츠키(Lev Vygotsky)의 저술에 많은 영향을
받게 된다. 그러면서 그는 대부분의 학습이 다른 인간 개인 및 집단이 수년
에 걸쳐 구축해 온 도구와 미디어를 받아들이는 방법을 강조했다. 더불어 그
는 동기, 정서, 창의성, 대부분의 학습이 직관과 같은 덜 탐구된 문제에 대한
관심을 지속적으로 피력했다.

브루너는 1960년대와 1970년대 초반의 교육적 작업을 돌이켜 보면서 일

정 정도 한계가 있음을 깨닫게 되었다. 한계의 일부는 앎의 정신 내부 과정을 지나치게 혼자(solo)에 초점을 맞추었던 심리학 영역에서 나타났다. 상호 보완적인 한계는 가난, 인종주의, 널리 퍼져 있는 소외 현상을 비롯한 사회적 문제의 깊이와 그 문제가 만연함에 대해 깨닫지 못한 데서 발생했다. 브루너가 말한 바와 같이 "(당시에는) 학생들이 교육적 공백 속에서 살고 있었고 대개 문화의 해악과 문제에 의해 흔들리지 않는다는 것이 당연하게 여겨졌다."(1996, p. xiii)

1970년대와 1980년대까지 제롬 브루너는 인지 혁명의 주요한 비판론자였다. 그는 인지 혁명이 계산의 틀로 인간의 사고를 부당하게 축소시킨다고 생각했다. 그는 다른 동료들과 함께 역사적 배경과 문화가 가지고 있는 힘을 강조한 문화심리학의 구축을 제창했다. 브루너의 관점에서 볼 때, 그와 같이 활기를 되찾은 심리학은 개인과 집단에게 무엇이 의미 있고, 왜 의미가 있는지를 알아내야만 했다.

이와 같은 틀에 비추어 브루너는 1996년에 그의 저서 『교육의 문화(The Culture of Education)』에서 다시 교육 문제를 다루었다. 그는 교육을 단순히 학교의 기능으로 적당하게 보지 말고 학생 개개인의 정신에 초점을 맞추어야 한다고 제안했다. "현재 구성된 형태의 학교는 교육 문제의 해결책이 될 수 없다. 왜냐하면 학교가 문제의 일부이기 때문이다."(p. 198) 지식을 구축해 나가기를 바라는 학생들이 배움의 한가운데에서 상호작용하거나 함께해 나간다면 일반적으로 교육과정에 진전이 있을 가능성이 크다. 교육이론가들은 더 이상 유동적 대화나 친족관계의 미묘함에 당황하면서 아동 개인(피아제의 '인식의 대상')에 대해 심각하게 생각하지 말아야 한다. 오히려 교육학자들은 컴퓨터 네트워크와 원격 전문가의 도움을 종종 얻어 생물학적 과정, 법의 속성, 그리고 그들 스스로 터득한 방법으로라도 이해하려고 함께 노력하는 어린아이들 집단에 더 관심을 기울여야 한다. 성공적인 학생들은 세계에 대해, 그리고 개인 및 집단 정신(마음)의 작용에 대해 그들이 배운 바대로 서로 이야기를 나누어야 한다.

이처럼 필연적으로 대략적일 수밖에 없는 구상은 제롬 브루너가 우리 시대의 교육 담론에 있어 중요한 역할을 했다는 사실을 의미한다. 그는 이 사회의 현안을 심리학의 최근 이론에 적용하여 살폈으며, 계속되는 문제는 무엇인지, 그 문제를 해결하기 위한 가장 좋은 방법은 무엇인지 고민하였다. 더불어 새로운 사고 경향에도 늘 흥미를 가지고 열린 태도를 견지했다. 동시에 그의 학생들은 이제 70년 된 심리학 분야를 지배하고 있는 강력한 주제에 대해 브루너가 관심을 가질 수 있게 해 주었다. 그 주제들이란 인간의 능동적인 주체성에 대한 믿음, 지식 구축에 대한 신념, 목적 · 목표 · 수단에 대한 지속적 관심, 어떤 문제가 중요하고 그 문제를 해결하기 위해서 어떻게 해야 하는지에 대한 확실한 감각, 개인적 및 사회적 어려움을 견디는 불굴의 낙관주의이다.

제롬 브루너가 단순히 이 시대의 가장 유명한 교육사상가 중 한 명이라고 하는 데에 몇 마디 덧붙일 것이 있다. 그의 호기심은 전염성이 있어 연구 의욕을 가진 이들에게 영감을 주었다. 연령대나 배경과 상관없이 모든 사람이 그의 전염성 있는 호기심에 노출되었다. 논리적 분석, 기술적 대조, 언제나 정보의 넓은 궤도를 꿰뚫고 있는 직관적 도약, 지칠 줄 모르는 입과 펜에서 쏟아져 나오는 의미심장한 수수께끼들. 그의 말을 인용하자면, "지적인 행위는 지식의 전선에 있든 3학년 교실에 있든 어디에서나 그리고 모든 곳에서 이루어진다"(1960, p. 14). 브루너를 아는 사람들에게 브루너는 육신을 입은 완벽한 교육자로 여전히 남아 있다. "의사전달자이자 모범이며 인지적 인물(identification figure)"(1960, p. 41)로 말이다.

제3장
프로젝트 제로:
예술교육에 남긴 넬슨 굿맨의 유산

Journal of Aesthetics and Art Criticism, Blackwell, 2000, 58(3): 245-9.

　1960년대 후반과 1970년대 초반에 명망 있는 철학자인 넬슨 굿맨(Nelson Goodman)은 하버드 대학교 교육대학원에 연구 집단 프로젝트 제로(Project Zero)를 설립해 총괄하였다. 프로젝트 제로의 연구는 굿맨의 지휘 아래 학교와 박물관의 잘 설계된 프로그램을 통해 예술적 지식과 예술적 기술 및 이해를 향상시킬 수 있는 방법 모색에 초점이 맞춰져 있었다. 수십 년이 지난 지금도 프로젝트 제로는 여전히 활발히 연구 활동을 이어 가고 있는 연구 센터로, 현재는 그 신념의 범위가 좀 더 넓어져 예술이 아닌 분야까지 확장되어 다양한 교육 기관과 연계하여 연구를 진행하고 있다. 그러나 굿맨이 초기에 관심을 갖고 있던 예술 지식 및 실무에 대한 기초 연구는 여전히 프로젝트 제로를 규정하는 특징이다.

　어떤 관점에서 보면 넬슨 굿맨은 예술교육 분야의 경험지향적인 연구 프로젝트의 수장과는 가장 거리가 먼 사람이었다. 1960년대 중반까지 그는 철학자 중의 철학자로서 인식론의 기초 문제에 대해 근본적이며 이론지향적인 연구를 진행하고 있었다. 그는 예술에 대해 저술을 한 바가 거의 없었다. 그는 미국의 아이들에게 음악, 시각예술 또는 드라마를 가르치는 남자나 여자는커녕 대학 이하의 교육과는 근본적으로 접촉해 본 적이 없었다. 솔직히 말해서 넬슨 굿맨은 아이들이나 발달심리학에도 큰 관심이 없었다. 그는 "아이들은 나이가 들면 똑똑해진다."라는 말로 발달심리학이 시시하다고 나를 놀린 적도 있다. 그가 가진 대부분의 관심과 애정은 가장 가까운 동료들과 학생들, 애완동물과 그가 보유하고 있는 미술작품들에 대한 것이었다.

앞에서 암시하는 바와 같이, 어떻게 보면 넬슨 굿맨이야말로 예술의 기초를 연구하는 프로젝트의 수장이 될 만한 사람이었다. 하버드 대학교 재학 시절, 넬슨 굿맨은 훗날 포그 미술관(Fogg Art Museum)의 부관장이 된 폴 작스(Paul Sachs)와 함께 공부하면서 그의 영향을 깊이 받았다. 굿맨은 1928년에 졸업하자마자 보스턴에서 아트 갤러리를 15년 동안 운영하기도 했다. 당시 예술품 수집을 시작한 그는 결국 그의 취향이 무엇인지 판단하기 어려울 정도로 다양한 작품을 수집하였다. 굿맨은 제2차 세계 대전 중 군대에서 심리학자로서 복무하면서 지능, 인식 및 인지에 대한 질문에 매료되기 시작했다. 굿맨은 다양한 형태의 예술 공연을 찾아다니며 관람하였고, 특이하고 이국적인 것에 대한 예술적 안목과 취향을 가지고 있었다. 그의 아내 캐서린 스터지스(Katherine Sturgis)는 어느 정도 명성이 있는 시각예술가였다. 그들은 따로 또 같이 그들을 사로잡은 예술가와 예술 관련 프로젝트에 물질적 · 심리적 지지를 보냈다.

그러나 다음의 세 가지 요인이 연속해서 일어나지 않았더라면 프로젝트 제로는 절대로 탄생하지 않았을지도 모른다. 우선 1960년대에 넬슨 굿맨은 장기간에 걸친 작업을 마쳤다. 그의 책 『예술의 언어들(Languages of Art)』은 서로 다른 기호, 기호체계, 상징 기능의 유형들에 대한 연구를 바탕으로 예술에 접근하고 있다. 그 책이 다소 이론적이기는 하지만, 굿맨은 심리학, 언어학 및 기타 경험 중심 학문 분야에도 의지하고 있다. 그리고 의미심장한 마지막 단락에서 그는 다음과 같이 추측했다.

> 우리는 예술과 과학에 필요한 소질과 훈련이 서로 어떻게 다르며 심지어는 상충되기까지 하는지에 대해 많은 말을 듣는다. 심미적 능력을 찾고 배양하는 수단을 고안해 내고 시험해 보려는 진지하고 정교한 노력이 늘 시작되고 있다. 그러나 이러한 말이나 시도 가운데 그 어느 것도 중요한 실험을 구상하고 그 결과를 분석하기 위한 적절한 개념적 틀 없이는 많은 성과를 거둘 수 없다. 예술과 과학이 어떤 특정한 방식으로 같거나 다른 기호체계를 가지고 함께하는 작업—고안하고, 적용하고, 읽고, 변형시키고, 조직하는—을 발견하게 되면, 우리는 아마도 어떻게 적절하게 기술들이 서로를 금하거나 고무시키는지에 대한 날카로운 심리학적 분석을 할 수 있게 될 것이다. 더불어 그 결과는 교육공학에서의 변화를 요구하게 될지도 모른다. 이 분야에서 날조된 진리와 신파조의 진부함은 기초적인 실험과 머뭇거리는 가설에게 자리를 내어 주어야 할 때가 되었다 (Goodman, 1968, p. 265).

프로젝트 제로가 탄생할 수 있었던 두 번째 요인은 1960년대의 교육적인 분위기였다. 소련이 1957년에 스푸트니크 인공위성을 발사한 후 미국 정부는 유례없이 많은 돈을 과학, 수학 및 기술 교육, 특히 초·중등교육에 투입했다. 예술과 인문학 교육은 거의 혹은 전혀 관심을 받지 못했다. 1960년대 중반쯤에 민간 및 공공 보조금 단체들(granting agencies)은 이와 같은 불균형이 문제적임을 인식하고 조금이라도 이를 개선해 나가야 할 필요가 있음을 깨달았다. 실제로 프로젝트 제로는 민간 재단인 올드 도미니언 재단(Old Dominion Foundation)과 기초연구위원회라고 불리는 미국 교육청의 한 기관에서 첫 번째 기금 지원을 받았다.

마지막으로 프로젝트 제로가 시작될 수 있도록 한 요인은 그 시기에 같은 지역에 함께 머물고 있었던 사람들이다. 넬슨 굿맨은 펜실베이니아 대학교에서 몇 년을 보낸 후 1960년대 초반에 브랜다이스 대학교로 옮겼지만, 그곳에서의 경험은 실망스러웠다. 그때 근처 하버드 대학교 교육대학원의 학장이자 저명한 미술대학 교수의 아들이었던 시어도어 사이저(Theodore Sizer)는 예술과 교육학을 연계하여 발전시킬 방법을 찾고 있었다. 당시 교육대학원에는 저명한 철학자인 이스라엘 셰플러(Israel Scheffler)가 교수로 재직 중이었는데, 그는 예술 및 상징화에 관심을 가지고 있었을 뿐만 아니라 우연히도 넬슨 굿맨의 학생이자 친구였다.

역사학자들은 정확한 날짜가 언제였는지에 대해 서로 다른 의견을 가지고 있기는 하지만, 1966~1967년에 걸친 겨울에서 1967년 가을 사이의 어느 때인가 프로젝트 제로의 이름이 붙여지고 연구가 시작되었다. 명칭은 창립자의 예술교육에 대한 확고한 지식의 상태를 반영한 것이라고 할 수 있다. 넬슨 굿맨은 사무실(과 그의 개념)을 월샘 캠퍼스에서 하버드 스퀘어로 옮겼다. 예산은 부족했지만 활기 넘치는 아이디어는 많았다. 굿맨은 끝없이 계속되지만 대단히 성공적인 전례 없는 연구 프로젝트를 시작했다. 굿맨은 1988년에 출간한 에세이에서 이에 대해 다음과 같이 회상했다.

> 20년 전 프로젝트 제로가 한 명의 철학자와 두 명의 파트타임 심리학자, 그리고 몇몇의 자원봉사자로 시작할 때만 해도 고정된 프로그램이나 확고한 원칙은 없었다. 다만 예술의 중요성에 대한 심오한 믿음과 태도, 예감, 문제, 목적과 탐구를 위한 아이디어의 느슨한 집합물만 있을 뿐이었다. 우리는 예술을 단순한 향유의 대상이 아니라, 우리 환경을 이해하고 구성하는 것으로서 과학을 바라보듯 보았다. 실제로 우리는 예술교육을 전체 교육과정에 있어 필수적이며 통합적인 구성요소 중 하나로 간주하였다. 동시에 우리는 예술과 교육의 본질에 대한 기본적인 이론 연구와 기초 개념 및 지배적인 추정 및 질문들에 대한 정밀한 조사가 전혀 이루어지지 않은 제로의 상태였다는 것을 깨달았다(1988, p. 1).

두 명의 (보상을 제대로 받지 못한) 파트타임 심리학자 가운데 한 사람인 굿맨은 프로젝트 제로가 시작될 당시부터 함께하는 특권을 누렸다. 이 프로젝트가 처음 시작된 몇 년 동안은 굉장히 재미있었다. 굿맨은 지적인 카리스마가 있었다. 그는 예술 작업과 그 과정을 분석하는 엄격한 접근 방식을 개발했다. 그리고 그는 그 접근 방식이 스타일, 리듬, 은유 등의 미학적 개념들의 분석, 우리가 어떠한 관점에서 인지하고, 어떠한 방식으로 유형을 나누며, 아이들은 예술적 스타일을 인지할 수 있는지에 대한 심리학적 실험의 실행, 각기 다른 미디어와 장르를 대표하는 유명한 예술가들의 렉처 퍼포먼스를 통한 교사 연수와 같은 예들에 적용되는 것을 보고 싶어 했다.

앞서 언급한 다양한 분야의 구성원들은 최소 일주일에 한 번, 긴 탁자에 둘러앉아 이러한 문제들에 대해 이론적 차원에서 논의하고, 심리학적인 실험을 설계하고 이에 대해 비평함은 물론, 박식한 화자들의 이야기에 귀를 기울이거나 정중하게 질문을 던지기도 했다. 또한 앞으로 다가올 강의와 공연을 위해 계획이 제대로 진행되고 있는지 점검했다. 그 탁자는 건물보다도 기억이 잘 난다. 왜냐하면 프로젝트 제로가 첫해에는 고아와도 같았기 때문이다. 대학교육 프로그램의 '주 품목'이 되지 못한 채 우리는 매년 캠퍼스의 한쪽 구석에서 다른 한쪽 구석으로 건물을 옮겨 다녀야만 했다. 넬슨 굿맨은 행정팀이 바뀔 때마다 고집과 열정을 가지고 그들과 싸웠다. 몇 달 동안 티격태격한 후 사무실의 작은 카펫 하나도 지킬 수 있을지 불분명했던 음울한 어느 날이 기억난다. 이러한 경험이 넬슨에게 인간의 본질적 속성에 대한 신념을 시험했는지, 그의 친구 폴 콜러스(Paul Kolers)의 질문을 받고 굿맨은 으르렁거리듯 "아니, 더 확고해졌으."라고 답하였다.

프로젝트 제로는 넬슨 굿맨이 총괄하던 5년 동안 상당히 많은 성취를 이룩해 냈다. 굿맨 시대에는 학자와 연구자로 구성된 불굴의 그룹이 그들의 학문적인 차이를 묻어 둔 채 (최소한 함께 묶여) 예술교육이라는 영역 안에서 철학적이고 심리학적이며 교육적인 연구를 진행할 수 있을 것이라는 사실을 보여 주었다. 그리고 우리는 학자였기에 그 결과물은 대부분 생각과 글이었다.

초기 프로젝트 제로의 구성원들이 쓴 글은 여러 곳에 흩어져 있지만, 오랜 기간 동안 그곳에서 연구했던 데이비드 퍼킨스(David Perkins)와 바바라 뢴다(Barbara Leondar)가 1977년에 그것들을 한데 모아 『예술과 인지(The Arts and Cognition)』라는 책을 출간하였다. 이 모음집에 포함된 글은 굿맨의 에세이 「언제가 예술인가?(When is Art?)」, 그림 표현에 대한 철학자 그레이엄 루퍼스(Graham Roupas)의 에세이, 예술 실무와 기술에 관한 철학자 버논 하워드(Vernon Howard)의 에세이, 필름 기호학에 대한 미학자 소렌 코럽(Soren Kjorup)의 에세이, 독서 지문에 대한 심리학자 폴 콜러스의 에세이, 맹인의 그림 인식에 대한 심리학자 존 케네디(John Kennedy)의 에세이, 선율 구축에 대한 음악학자 잔 뱀버거(Jeanne Bamberger)의 에세이, 아동의 그림 인지에 대한 시각예술교육자 다이애나 코르제닉(Diana Korzenik)의 에세이, 이야기 구성의 기원에 대한 문학자 바바라 뢴다의 에세이, 렉처 퍼포먼스의 전달 수단에 대한 교육자 프랭크 덴트(Frank Dent)의 에세이, 그리고 프로젝트 제로의 공동 책임자인 데이비드 퍼킨스의 시 편집에 대한 에세이, 공동 책임자인 하워드 가드너(Howard Gardner)의 예술가적 기교의 인지 성분에 관한 에세이이다. 뒤이어 1988년에 『미학 교육 저널(Journal of Aesthetic Education)』에 실린 모음집들은 『예술, 정신과 교육(Art, Mind, and Education)』(Gardner & Perkins, 1989)으로 출간되었으며, 1994년에 「0의 흔적(The Mark of Zero)」이라는 제목으로 하버드 대학교 교육대학원 동창회보(Harvard Graduate School of Education Alumni Bulletin)에 실렸다. 이 특별판이 출간되는 데 기여한 사람은 철학자 이스라엘 셰플러와 1973년에 프로젝트 제로에 들어온 두 명의 심리학자인 엘렌 위너(Ellen Winner)와 데니 울프(Dennie Wolf)이다.

그러나 굿맨 시대의 가장 소중한 유산은 100쪽짜리 미출간 '최종 보고서'일 것이다. 이 보고서는 1972년에 넬슨 굿맨의 책임하에 교육청을 위해 작성되었다. 이들은 「예술의 이해와 창작을 위해 요구되는 기초 능력(Basic

Abilities Required for Understanding and Creation in the Arts)」이라는 제목의 논문에서 프로젝트의 기본 전제를 제시하고, '프로젝트 제로가 이와 같은 전제에 가까워지고 있는지' 평가하고자 시도하였다.

이 보고서는 "예술가, 관객 및 관리자에 대한 교육을 개선함으로써 예술의 진보를 이룬다."라고 하는 프로젝트의 목적에 대한 간단한 주장으로 시작한다. 이후 예술교육 분야의 연구가 원시적인 성격을 띠고 있음에 통탄하며, 예술에 대한 인지적 접근에 방해가 되는 재정 지원과 태도와 관련한 많은 장애물을 연대순으로 기록하고 있다. 그러나 한편으로 자부심을 가지고 "연구의 과정 중에 몇몇 유망한 가설을 세울 때는 지지를 얻었다."라고 기술했다. 논문의 내용은 다음과 같다.

1. 『예술의 언어들』에서 전개된 논의와 그 논의가 체계적인 철학적 질문을 통해 어떻게 더 탐구되고 확장되었는지에 대한 설명
2. 인식과 창조의 건설적 속성에 대한 설명
3. 인간의 신경 기능 사이에서 나타나는 상관관계와 함께 언어적 상징체계와 비언어적 상징체계 사이의 차이에 대한 연구
4. 선화에서 캐리커처, 촉각을 통해 인식하는 그림들에 이르기까지 그림에 대한 인식 연구
5. 예술적 스타일에 대한 아동 인식의 발달 연구
6. 서로 다른 미학적 미디어를 이용한 문제 해결 및 문제 발견의 속성에 관한 조사
7. 예술교육 분야와 학습 모델 분류의 개념 설명
8. 예술 프로그램들의 평가 문제와 관련한 논의
9. 예술교육 기관의 현장 방문, 강의 퍼포먼스 지원, 예술 경영 교육 프로그램 입문, 프로젝트 제로의 강좌 개설 및 평가 등을 포함한 다양한 '현장' 계획에 대한 보고서

연구가 시작된 지 수십 년이 흐른 후에 진행된 이와 같은 목록의 점검은 프로젝트 제로가 1960년대 후반의 주류 연구에 속해 있었던 것으로 잘못 판단할 여지가 있다. 그러나 이는 사실과 전혀 다르다. 인지심리학과 심리학에 영향을 받은 철학의 아이디어들은 학계에서는 여전히 비교적 새로운 것에 속했다. 게다가 교육 분야에서는 더욱더 그러했다. 그리고 예술교육에서는 신성 모독과도 같은 것으로 여겼다.

넬슨 굿맨의 존재 자체를 받아들일 수 없는 예술가와 예술교육자들이 마음속으로는 어떠한 믿음을 가지고 있었는지는 차치하고, 예술에 대한 담론은 감정, 정신, 미스터리, 형언할 수 없고 분석할 수 없는 것에 초점이 맞추어져 있었다. 예술을 이해하기 쉽게 설명하고, 다른 분야 및 학문과 동일한 기술과 능력이 예술과 관계있음을 밝히려고 하는 그들의 노력은 자극적이었다. 인식론자들이 이끌고 사회과학자들이 참여한 이와 같은 노력은 심각하게 의심스러웠다. 굿맨은 훗날 다음과 같이 회고했다. "프로젝트 초기에 인지적이고 체계적인 예술교육 연구에서 다루고 있는 예술에 대한 생각들은 폭넓고 매서운 반감과 마주하였다."(1988, p. 2) 한때 우리가 보낸 지원 요청에 대해 다음과 같은 경고성 거부 메시지를 보내기도 했다. "이 연구가 진행되면 예술은 파괴될 것이다." [예술은 길고 인생은 짧다(ars longa)는 말에 대해서는 그쯤 하기로 하자!] 그리고 1972년에 굿맨과 테드 시저(Ted Sizer)가 은퇴한 지 얼마 되지 않아 하버드 대학교 교육대학원의 행정실은 더 이상의 자금 지원 요청을 금지함으로써 프로젝트 제로를 문자 그대로 죽여 버리려고 했다. 창립 멤버였던 이스라엘 셰플러의 영웅적 외교 덕분에 이제 막 싹이 튼 조직이 겨우 살아남을 수 있었다.

굿맨 시대 이후의 프로젝트 제로의 역사를 상세히 설명하는 것은 나중으로 남겨 두기로 한다. 프로젝트 제로가 살아남았고(내가 감히 이런 말을 해도 되는지 모르겠지만), 그 후에는 융성했다는 사실을 말하는 것으로 족하다. 이러한 성과는 거의 온전히 정부의 재정 지원을 비롯해 재단 기금, 너그러운 민간 기부자들의 후원을 통해 이루어졌다. 데이비드 퍼킨스와 하워드 가드너의 책임 아래 프로젝트 제로는 다루는 주제를 계속 확장해 나갔다. 대학교육 이전에 행해지는 교육 커리큘럼 전체에서 다루는 예술을 넘어, 박물관이나 평가 서비스만큼이나 다양한 기관과 협업했으며, 전 세계를 돌며 중국, 남아프리카 및 유럽과 남미의 많은 국가와 중요한 협력 프로젝트를 진행했다. 그러면서 수십 권의 책과 수백 편의 논문이 발표되었다. 국내는 물론, 국외에서 진행되는 수십 개의 교육 프로그램은 프로젝트 제로의 연구와 느슨하게 연계되어 있거나 프로젝트 제로의 연구로부터 영감을 받은 것이다. 100개가 훨씬 넘는 프로젝트가 완료되었고, 한때 프로젝트와 연관하여 활발한 연구를 진행 중인 연구자가 50~100명 내외였다. 이들은 20~30개의 서로 다른 프로젝트와 그로부터 파생된 프로젝트들을 진행했다. 프로젝트 제로에 대한 정보는 http://pzweb.harvard.edu에서 확인할 수 있다.

1970년대, 1980년대, 1990년대의 프로젝트 제로에 대한 넬슨 굿맨의 생각은 무엇이었고, 그가 적극적으로 참여했던 프로젝트에서 은퇴하던 시기에 아직 태어나지도 않았던 개인들에게 남겨진 유산은 무엇이라고 생각하는지 물어보는 것은 타당하다. 굿맨은 자기주장이 강한 사람으로서 그 주장을 밝히는 데 주저함이 없었다. 가장 기억에 남는 것은 포그 미술관에서 진행된 프로젝트 제로 25주년 기념행사였다. 굿맨은 프로젝트 제로가 기초 연구를 계속해서 진행하며 예술에 대한 연구에 집중하기를 바랐다. 그리하여 좋은 발상의 개념적 차이나 생성 과정에 있는 연구들과의 협업을 긍정적으로 생각했다. 하버드 대학교 교육대학원의 프로젝트 연구원인 제시카 데이비스(Jessica Davis)가 주창한 예술교육 집중(the Arts in Education concentration)을 함께한 것도 이러한 이유에서이다. 또한 그는 사회 통념을 흔드는 연구 주제들(아동의 성취가 실제로 나이가 들면서 저하되는 발달 연구 등)을 좋아했다. 그리고 그의 이론을 토대로 이루어진 기호법과 비기호법 연구 사이의 구분에 있어 예상치 못한 지지를 제공하게 되었던 뇌 손상에 대한 연구에 특히 매료되었다.

한편으로 굿맨은 프로젝트 제로의 연구 범위가 계속해서 확장되면서 예술로부터 벗어나는 것에 대해 안타까워했다. 이처럼 엄격하고 금욕적인 사람이 "예술이 여러분을 위해서 무엇을 해 줄 수 있는지 묻지 말고, 여러분이 예술을 위해서 무엇을 할 수 있는지 물어보라."라고 농담을 할 정도였다. 그는 나의 다중지능이론을 절대로 좋아하지 않았다. 다중지능이론의 개념적 기반이 그를 피하고 있었기 때문이다. [그는 한때 『뉴요커(New Yorker)』에 「일곱 가지 어리석은 짓」이라는 풍자가 담긴 글을 기고하겠다고 위협했다.] 그는 직접 교육을 개선하려고 하는 프로젝트 제로의 노력에 대해 의심했다. 그는 겉보기에도 경고로 보이는 다음과 같은 글을 썼다.

> 우리의 임무는 목표, 개념, 질문을 명확하게 하는 데 도움을 줄 수 있도록 분석 및 정보를 제공하는 데 있다. 이 작업은 몇몇 위험을 모면하고, 장애를 받아들이며 기회를 인지하도록 한다. 프로젝트 제로가 처방 및 지도에 관한 글을 쓰기 시작할 때, 프로젝트-하우-투(Project-How-To)가 되었을 때 부당한 대가를 받게 될 것이다(1988, p. 1).

넬슨 굿맨과 처음부터 함께 일했던 두 명 중 한 명으로서, 넬슨 굿맨을 대면하여 알아 가는 특권을 누렸던 수십 명의 프로젝트 제로의 구성원 가운데 한 명으로서, 그가 후손에게 남긴 유산에 대해 몇 마디 덧붙이고자 한다.

우선, 넬슨 굿맨은 다양한 학문 분야에서 수 세대에 걸쳐 흥미를 가질 만한 수많은 개념과 문제를 제공했다. 둘째, 우리는 사고, 비평, 글에 있어 인상적으로 높은 기준에 의해 영감을 받았다. 아무도 굿맨에게 조악한 연구 결과를 제출하지 않았다. 물론 그의 엄격한 초자아가 우리 중 많은 이들에게 내재화되어 있기는 했지만, 그럼에도 불구하고 그의 성에 차지는 않았을 것이다. 분명하지 않은 문제와 명백히 모순적인 생각에 대해서 매력을 느끼는 그의 태도를 받아들이게 되었다. 프로젝트가 어떻게 제로가 될 수 있는가?

지성이 어떻게 다중이 될 수 있는가? 기호체계의 분류에 대해 뇌가 무슨 말을 해 줄 수 있는가? 이해가 어떻게 행동이 될 수 있는가? 우리는 상아탑 분석도 존중하지만, 동시에 어떠한 예술 장르가 살아남을 것인지와 상관없이 진짜 예술작품과 마주하여 예술 프로그램을 관리하는 예술가는 물론 관객들과 직접 교류할 필요가 있다고 생각했다. 사실, 넬슨이 하버드와 보스턴 지역에 했던 주요한 (그러나 대체로 알려지지 않은) 공헌 중 하나는 예술의 인지적 측면에 대한 그의 신념을 보여 주는 혁신적인 예술 프로그램을 그의 마지막 몇 해 동안 지원했다는 것이다.

　개인적으로 그리고 친밀한 사이에서 말하자면, 나는 넬슨에게서 불경하지만 희망이 없지는 않은 인간 조건에 대한 관점을 얻었다. 내가 앞서 말한 바와 같이 넬슨은 자신과 타인에게 엄격했을지 몰라도(나는 그가 자신을 '세상 물정에 밝은 사람'이라고 여겼다고 생각한다), 예술과 인지의 이상이 진보할 것이라는 놀랍고도 감동적일 정도로 순진한 신념을 가지고 있었다. 한번은 우리가 둘러앉아서 어떤 사람이 더 창의적이 되도록 하기 위해서 어떠한 도움을 줄 수 있을지에 대해 생각하고 있었다. 한 사람이 재미있는 문제를 제공하자고 제안했다. 그리고 다른 사람들은 브레인스토밍 기술을 제안했다. 넬슨은 고개를 흔들면서 "장애물을 만들되, 그 장애물이 확실히 생산적인 것이어야 한다."라고 말했다. 나는 프로이트가 『환상의 미래(The Future of an Illusion)』의 말미에 적은 말을 기억한다. "지성의 목소리는 부드럽다. 그러나 듣는 이를 얻을 때까지 지속되지 못한다."(1950, pp. 96-97) 넬슨 굿맨의 연구는 가장 저항이 심한 것으로 드러난 지식의 영역에서 이 대의를 진보시켰다. 넬슨의 지치지 않는 목소리, 말, 사례들은 예술에 대한 이해와 실제에 대한 그의 항구적 기여를 나타낸다.

제 4 장
창의적인 과학자, 노만 게슈윈드

Schacter, S., & Devinsky, O. (Eds.), *Behavioral Neurology and the Legacy of Norman Geschwind,* Lippincott Williams and Wilkins, 1997.

창의적인 과학자, 창의적인 예술가, 금융, 광고, 심지어 정치에서도 창의성을 드러내는 사람을 중요하게 생각할 정도로 오늘날 많은 사람이 창의성에 대해 지대한 관심을 가지고 있다. 창의성 분야를 관찰하는 사람으로서 나는 관련 서적, 연구 논문, 텔레비전 프로그램, 워크숍의 증가를 비롯해 이 주제에 대한 관심이 증가하고 있음을 보여 주는 증후들을 발견하였다. 그러나 집착에 가까운 창의성에 대한 관심에도 불구하고 대체로 우리는 매우 창의적인 사람을 직접 관찰할 기회가 없었다. 우리는 프로이트(Freud)나 아인슈타인(Albert Einstein)에 대해서 읽고, 우디 앨런(Woody Allen), 마사 그레이엄(Martha Graham)의 영화를 보고, 프란시스 크릭(Francis Crick), 바버라 매클린턱(Barbara McClintock)의 인터뷰를 부지런히 들었다. 우리는 이처럼 흩어져 있는 힌트 속에서 다른 이들에 대해 생각하는 방식이나 세계를 경험하는 방식을 달리한 흥미로운 개인에 대해 이해하고자 하였다.

나는 운이 좋게도 우리 시대의 창의적인 과학자 노만 게슈윈드(Norman Geschwind)의 동료이자 친구였다. 나는 노만을 관찰하면서 창의성에 대해 많은 것을 배웠다. 그리고 그렇게 배운 것 중 일부는 창의성의 척도에 대해 보다 광범위하게 생각하게 되는 데 유용하였다(Gardner, 1993a 참조). 여기에서 나는 개인적으로 생각했을 때 창의적인 과학자인 노만 게슈윈드와 좀 더 일반적인 창의성 현상 사이의 상호작용에 대해 살펴보고자 한다.

논의에 앞서 다음 세 가지를 먼저 생각해 보는 것이 도움이 될 것이다. 먼저, 세상에는 다양한 종류의 창의성이 존재한다는 사실이다. 정치 혁명을 이끌었던 마오쩌둥(à la Mao)이나 레닌(Lenin)이 발휘한 창의성에서부터 키츠(Keats)와 렘브란트(Rembrandt)가 반복적으로 그러했던 바와 같이 한 장르에서 효과적으로 작품을 만드는 데 수반되는 창의성에 이르기까지 다양한 창의성이 있다. 과학 분야 내에서도 창의성은 여러 형태로 존재한다. 다윈(Darwin)과 피아제(Piaget)는 초기 관찰로부터 강력한 일반화를 이끌어 낼 수 있었던 관찰의 대가들이었다. 아인슈타인은 사고 실험을 고안해 상상하는 바를 실증적 경험을 토대로 이론적으로 시험해 볼 수 있도록 설계할 수 있었다. 앨버트 마이컬슨(Albert Michelson)과 로저 스페리(Roger Sperry)는 훌륭한 실험주의자들이었다. 뇌와 행동 분야의 노벨상 수상자들에 대해 생각할 때도 로저 스페리, 콘라트 로렌츠(Konrad Lorenz), 허버트 사이먼(Herbert Simon), 데이비드 허블(David Hubel)이 서로 완전히 다르다는 사실은 분명하다. 노만 게슈윈드의 창의적인 천재성은 관찰과 이론화를 아우른다. 그는 원래 실험주의자가 아니었다. 신경학자 안토니오 다마시오(Antonio Damasio)가 한때 지적한 바와 같이 노만 게슈윈드의 실험실은 그의 머릿속에 있었다.

두 번째로 생각해 두어야 할 것은 서로 다른 많은 요소가 개인과 집단의 창의성에 기여한다는 사실이다. 가능한 유전적 성향과 더불어 다른 무엇보다도 가족, 학교, 문화, 사회 계급, 동인은 발달에 있어 고려해야 한다. 이와 같은 이유로 창의성은 단순히 신경학, 유전학, 사회학 등과 같이 단 하나의 학문의 관점으로는 절대 이해될 수 없다. 노만 게슈윈드의 성과는 이와 같은 다양한 요소를 반영한다는 것이다. 그리고 그는 다양한 학문과 학문 집단을 아우르는 데 최고의 재능을 지녔다고 할 수 있을 것이다.

세 번째는 창의성은 다른 가치들과 혼동되어서는 안 된다는 점이다. 개개인들은 창의성을 발휘하지 않고도 아주 똑똑할 수 있다. 창의적이지 않더라도 굉장한 성공을 거둘 수도 있다. 그리고 장기적으로 '옳지' 않더라도 창의적일 수 있다. 아이디어, 문제, 해결책, 그리고 처음에는 새로운 것으로 여겨지지만 종국에는 최소한 하나의 영역이나 학문, 혹은 문화 안으로 편입해 들어가는 어떠한 것을 떠올리는 능력을 창의성이라고 생각하는 것은 새로운 접근이다. 창의적인 아이디어 또는 제품은 한 분야를 바꾼다. 그것이 바로 시금석이다. IQ가 엄청나게 높은 개인들은 한 분야를 바꿀 의지도, 능력도 없다는 사실을 곧 알 수 있을 것이다. 널리 칭송받는 사람일지라도 어떤 분야에 있어 주목할 만한 영향을 전혀 미치지 않았을지도 모른다는 것, 또는 단기적으로 한 영역에 영향을 끼쳤을지 몰라도 궁극적으로는 방향이 잘못되었거나 비생산적으로 보이는 방식이었을 수 있다는 것 등도 금방 알 수 있다. 노만 게슈윈드의 생각은 이미 여러 분야에 영향을 미쳤기 때문에 우리는 그가 '단지' 성공적이거나 '단지' 똑똑했던 것이 아니라, 창의적인 인물임을 안다. 그가 천재적인 방식으로 기본적 진실을 발견했는지는 오직 시간이 말해 줄 것이다.

이와 같이 우선적으로 고려해야 할 것들 안에서 과학적 창의성 영역에서 중요한 역할을 하는 네 가지 변수를 분리해 냈다. 아마 각각으로는 그다지 중요해 보이지 않을 수도 있지만, 조합해 보면 분명 개인을 창의적인 삶으로 이끌기 위해 요구되는 것이라는 사실을 느낄 수 있을 것이다. 노만 게슈윈드는 이 요소들을 각각 그리고 연관 지어서 아주 잘 설명했다.

우선, 노만 게슈윈드는 위대하고 원초적인 지적 능력의 소유자였다. 지능에 대한 어떤 정의가 내려진다면, 노만(나는 그를 노만이라고 부를 특권이 있으므로)은 정신력과 마음을 관통하는 데 있어 단연코 독보적이었다. 그의 언어 기술은 전설적이었다. 말하기, 쓰기, 탁월한 언어 습득력, 엄청난 속도로 읽기, 언어가 어떻게 작동하며 어떻게 깨질 수 있는지에 대한 강한 민감성까지 그의 언어 기술은 놀라웠다. 노만은 논리-수학적 사고에서도 이와 마찬가지로 강력한 재능을 가지고 있었다. 학부 시절에 수학을 전공한 그는 이성적, 논리적 그리고 때로 수학적인 방식으로 문제에 대해 생각하는 습관을 절대로 잃지 않았다.

노만은 여타의 과학자들과는 다르게 공간적 사고나 손을 사용하는 데 있어서는 덜 뛰어났지만 모든 분야에 관심을 가지고 있었다. 그는 음악에 재능이 없다는 사실을 인정했다. 그래서 특히 그것을 중요시하고 나와 같은 사람에게 음악을 공부하라고 격려했다. 그는 테드 주드(Tedd Judd)와 나와 함께 소리로 읽어 내는 것에 어려움이 있는 작곡가에 대한 연구(Judd, Gardner, & Geschwind, 1983)를 했다. 또한 그는 1984년 11월에 쉰여덟이라는 너무나도 이른 나이로 사망했는데, 사망하기 바로 한 시간 전을 포함해서 자주 콘서트를 관람했다. 분명히 노만은 삶이 끝나는 바로 그 순간까지도 거의 모든 것에 대해 배우고 싶어 했을 것이다.

바식한 지적 능력과 더불어 노만은 그것을 그릴 수 있는 만화경 같은 능력도 가지고 있었다. 그는 내가 만난 그 어떤 사람보다도 더 많은 주제에 대해 더 많이 알고 있었는데, 사실상 그는 알고 있던 모든 것을 그의 지적인 손가락 끝으로 표현해 낼 수 있었다. 어떤 새로운 관찰 또는 사실이라도 그 만화경이 널리 작동하기 시작하면 깜짝 놀랄 만한 연결고리, 새로운 패턴에 불을 붙일 수 있었다. 나는 게슈윈드의 작동 중인 뇌를 스캔해 볼 수 있었더라면 독특하게 아름다운 일련의 사진을 볼 수 있지 않았을까 생각한다.

지적 능력과 결탁하여 작동하는 것은 개인의 성격 구조이다. 노만 게슈윈드는 영향력 있는 성격, 굉장한 에너지, 뛰어난 집중력, 인내, 위험을 기꺼이 감수하려는 의지, 불안감을 없애 주는 자신감 등 위대한 창의성에 수반되는 모든 특징적 성격을 보여 주었다. 창의적인 역할 모델을 찾고 있는 사람들에게 노만 게슈윈드와 시간을 함께 보내는 것 이외에 더 좋은 선택은 없었다. 게다가 하워드 그루버(Howard Gruber, 1981)가 묘사한 창의적인 인물들과 같이 노만은 방대한 기획 네트워크를 보유하고 있었다. 그는 그를 바쁘게 하고 사로잡았던 다수의 개인 연구와 프로젝트들이 유지될 수 있도록 도왔다.

노만은 창의적 인물의 전형인 동시에 우리에게 뜻밖의 즐거움을 제공했다. 그는 놀라울 정도로 재미있었고, 주변 사람들에게는 즐거움이자 특별한 선물이며 끊임없이 계속되는 축제 같았다. 그는 전혀 자만하거나 거만한 모습을 보이지 않아 멀리서 보는 것으로는 그 지위를 전혀 알 수가 없었다. 노만은 순진한 대학생들과도 본인 사무실에서 허세가 가득한 선배 과학자와 지내는 것처럼 몇 시간이고 보낼 수 있었다. 그는 편지나 전화에 곧바로 답했으며, 그 답변은 종종 감탄할 정도로 길었다. 어떤 요청을 받았을 때는 거의 항상 호의적으로 답했으며, 도움 요청을 지나치게 많이 하는 우리가 필요했던 것 이상으로 그리고 당황할 정도로 적극적으로 돕는 등 협력관계에 있어서 선망의 대상이 되는 기준을 세웠다. 그는 우리 안에 있었지만, 우리 마음속 깊은 곳에서는 그를 신적인 존재로 생각하고 있었다.

언어가 암시하는 바와 다르게 개인들은 대부분의 분야에서 똑똑하거나 창의적이지 않다. 사람들은 특정 분야 또는 학문에서 그들의 지성과 창의성을 발휘한다. 노만 게슈윈드는 진정한 학자였으며, 수학에서 철학, 언어학에 이르기까지 다양한 영역에 걸쳐 공헌을 했을 수도 있다. 그러나 그가 선택한 영역은 행동신경학으로, 그는 다른 이웃한 학문과 함께 행동신경학 분야에 지속적인 공헌을 했다.

노만과 행동신경학 분야의 관계는 특별하다. 그는 이 분야를 만들지도, 기존 방향으로 이끌어 가지도 않았다. 오히려 그는 한 세기 앞서 존재했지만 실수로 휴면 상태에 있는 전통을 재발견했다. 게슈윈드는 베르니케(Wernicke), 리히트하임(Lichtheim), 립만(Liepmann)과 같은 거장들을 비롯해 세밀한 뇌 안에 특정한 인지를 나타내는 곳과 그들 간에 연결되어 있다는 것을 찾고자 했던 '다이어그램 창시자들'의 인정받지 못했던 연구에 새 생명을 불어넣어 주었다. 노만의 이러한 행동은 전체론의 원리와 등위성이 주류를 이루던 당시로서는 학자로서 용기 있는 행동이었다.

물론 노만 게슈윈드는 교육받지 못한 동시대 학자들에게 단순히 의학 도서관 책장에 꽂혀 있는 먼지 쌓인 논문들을 참고해 보라고 알려 주기만 하지는 않았다. 그는 전통적 서술을 견고히 하거나 새롭고 좀 더 이해하기 쉬운 방식들로 수정하여 새로운 사례들을 서술하였다. 분리증후군(disconnection syndrome)에 대한 그의 연구는 출간된 지 10년도 되지 않아 고전이 되었다. 실어(失語), 운동 불능, 읽기 언어 상실증(失讀症), 측두엽 간질을 비롯한 기타 신경심리학적 증후군과 증상에 대한 그의 논문들은 고전적인 유형 분류체계를 가져다 새로이 관찰되는 현상들과 당대의 분석 방식을 결합하여 서술한 것이다. 그는 러시아, 유럽, 아시아, 북남미 대륙의 뛰어난 과학자들과 교류를 자처했을 뿐만 아니라 뇌와 행동에 관련된 기타 공동체와도 협력했다. 그의 설립자로서의 리더십 아래, 보스턴 대학교 실어증 연구 센터와 보스턴 재향군인 관리 의료센터, 보스턴 시티 앤 베스 이즈라엘 병원의 신경학부과는 국제적인 센터가 되었다. 수년 동아 노만 게슈윈드에게 훈련을 받지 않은 행동신경학자 및 신경심리학자는 극소수에 불과했다. 그의 재기 넘치는 회진에서 훈련받지 못한 사람들은 그의 강의를 들으러 모여들었고, 그의 글을 읽기 위해 새로운 잡지를 샅샅이 뒤졌다. 급기야는 그의 학생들의 글까지 찾아보게 되었다.

인생의 마지막 날, 노만 게슈윈드는 그의 가장 중요한 작업이 되었을 연구에 착수하였다. 그것은 피터 베한(Peter Behan)과 알버트 갈라버다(Albert Galaburda)와 함께 시작해 선구적인 노력을 기울였던 것으로 유전학, 편측성(偏側性), 태아 발달, 성차, 호르몬 시스템, 면역 질환, 그리고 인지 기술과 장애의 집합체에 대한 정보를 연결 짓는 연구였다. 이와 같은 연구 분야 목록에도 불구하고 연구에 착수하고 비극적으로 짧은 시간 동안 준비한 것에 비해 놀라운 결과를 가져올 수 있는 사람은 지적인 용기와 만화경적인 사고를 가진 게슈윈드밖에 없었던 것이다(Geschwind & Galaburda, 1987). 그 후의 일련의 발견들을 돌아볼 때 이러한 야심 찬 합성의 상세한 내용은 수정될 필요가 있을 것이다. 그러나 과학 분야에서 흔히 있을 수 있는 일이지만, 게슈윈드와 동료들이 제기한 문제들은 계속해서 남아 있을 것이다. 나는 이러한 대의적인 노력은 인지신경과학이라고 불리게 된 분야의 최초이자 가장 중요한 노력이었다고 생각한다.

창의성 현상에 수반되는 마지막 측면은 종종 간과되는 것으로서 '활동 분야(field)'라고 불리는 측면이다(Csikszentmihalyi, 1988). 개인의 재능과 한 분야(domain)의 준비된 상태와는 무관하게 창의적 노력은 개인, 기관, 심사단, 본질에 대해 판단을 내리는 어떤 것들과의 협력 없이 나타날 수 없다.

노만 게슈윈드는 일찍부터 그 분야(field)에서는 재능을 인정받았다. 그는 하버드 대학교와 하버드 의과대학의 학생이던 시절, 그가 받을 수 있는 것 이상으로 장학금, 전문의 과정을 비롯해 보조금, 상금 등을 수여했다. 그는 40대 초반에 하버드 의과대학의 제임스 잭슨 푸트남 신경학과 교수(James Jackson Putnam Professor of Neurology)로 임용되었으며, 사망할 당시에는 전 세계로부터 존경을 받았다. 이와 같은 성공을 거둘 수 있었던 데에는 연구 분야의 선택이 일정 정도 기여하였다. 그는 뉴욕 시가 유일무이하게 창의적인 활력의 도가니였던 당시에 그곳에서 태어나, 지적인 돌파구가 생성되고 있던 하버드, 퀸즈스퀘어, 모스크바, 유럽 대륙을 찾아다녔다. 물론 노만 게슈윈드가 그러한 연구 분야를 선택한 것은 그 분야에 있어서도 운이 좋았다 할 수 있다.

그러나 나는 연구 분야에 대해 다른 측면을 강조하고 싶다. 노만은 행동신경학과 그와 이웃한 분야들에 새로운 방향성을 제시했을 뿐만 아니라, 이에 수반되는 영역을 형성하는 데에도 중요한 역할을 하였다. 노만은 연구에 대한 판단, 연구할 만한 가치가 있는 주제에 대한 취향, 논의와 기준을 형성하는 능력이 매우 탁월했다. 내가 생각했을 때 이는 굉장히 큰 도움이 되는 것들이었다. 노만 게슈윈드는 저술, 학생의 선택 및 발전, 학회 참석 그리고 아마도 특히 강의를 통해 이와 같은 노력을 기울였다. 노만 게슈윈드의 강의를 들은 거의 모든 이들은 그가 당대의 가장 위대한 교수였다는 데 동의한다. 그는 복잡한 문제를 간단한 방식으로 이야기할 수 있었고, 흥미로운 새 주제들에 대한 논의를 가능하게 했으며, 가장 성가신 문제일지라도 통찰력을 가지고 타당성 있으면서 시의적절한 위트와 함께 답할 줄 알았다. 그가 다른 이들에게 직간접적으로 미친 영향으로 그는 거의 혼자서, 그리고 성실하게 어떤 류의 연구가 중요할지, 그리고 그와 같은 문제들을 어떻게 지적으로 엄격한 방식으로 해결할 수 있을지에 대한 기준을 새로 세웠다. 사실 그와 같은 경우에 흔히 일어나는 일처럼 노만은 그의 주장에 대해 견고하게 반대한 사람들에게까지 강력한 영향을 미쳤다.

노만 게슈윈드는 마거릿 미드(Margaret Mead)가 한때 문화적 성단이라고 불렀던 곳의 중심에 서 있었다.

> 분명한 특징은 적어도 하나의 대체 불가능한 개인, 그가 없다면 성단(cluster)이 완전히 다른 성격을 띨 것이라는 상상과 사고 측면에서 특별한 재능을 가지고 있는 인물이다. 즉, 생물학적 번식이 아니라 문화적 진보의 과정에서 그가 기여할 수 있는 특별한 전환을 통해 진화에 기여하는 천재이다(Mead, 1964).

나는 내가 정의한 범주의 측면에서 노만 게슈윈드가 예외적인 인물로서 아주 높은 수준의 창의성을 구현해 냈다고 믿는다. 탐구하는 지성, 추진력이 있지만 관대한 성격, 행동신경학의 실질적인 방향 전환, 그리고 판단력을 가지고 자신의 분야를 조성해 낸 것이 그를 우리 시대의 차이를 만들어 낸 일군의 연구자들의 중심에 서게 했다.

그러나 그를 아는 사람들에게 있어서 노만은 이러한 범주를 뛰어넘었다. 왜냐하면 그는 엄청나게 풍부한 주제에 대해 더 깊이 상호작용하기를 갈망했던 과학자로서, 그리고 놀라울 정도로 따뜻하고 공감적이며 인간적인 인간으로서 대체불가능하기 때문이다. 그 어떠한 분야에서도, 사실상 동료가 없이 거칠게 밀어붙이며 치열하게 경쟁하는 과학 연구 분야에서도 거의 보기 드문 유형의 인간이었다.

우리에게 한 가지 위로가 되는 사실이 있다. 위대한 정신은 그들의 유전자를 통해 지속되는 것이 아니라, 그들의 생각과 개인적인 경험을 통해 지속된다는 점이다. 노만 게슈윈드의 생각은 뇌와 행동과 관련된 다수 학문 분야의 재능 있는 연구자들에게 연료를 공급했다. 그리고 그의 개인적인 경험은 그를 직접 아는 특권을 누렸던 모든 이들과 아마 그를 그의 명성으로만 알고 있는 이들에게까지 앞으로도 계속해서 지속될 것이다. 나는 다양한 분야에 걸쳐 수많은 창의적 인물을 연구해 온 사람으로서 지적인 훌륭함과 개인적 품위를 그토록 뛰어나게 보유한 사람을 만나 본 적이 없다.

제 5 장
피아제 이후의 발달심리학:
상징적인 측면에서의 접근

Human Developments, S. Karger AG, Basel, 1979, 22, 73-88.

요약

피아제(Piaget)의 기고문 중 다수가 이미 발달심리학에 녹아들어 있기는 하지만, 그의 접근법에 어느 정도 한계가 있다는 사실은 분명하다. 피아제의 논리-이성적 사고에 대한 강조, 지식과 그 지식을 담아내는 수단 사이의 관계 무시는 새로운 포스트 피아제적 관점의 필요성을 드러낸다. 피아제의 가정과 방법들을 바탕으로 다양한 상징체계와 미디어의 특이성을 고려하여 구축한 인지 발달에 대한 접근법은 여기에 개괄적으로 설명되어 있다. 피아제가 설명하지 못한 채 남겨 놓은 수많은 현상을 설명하고, 다양한 연구의 실마리들을 통합하며, 앞으로 전망이 좋은 새로운 연구 과제들을 제안한다.

도입: 피아제식 기획

궁극적으로 학문의 운명이 무엇인지에 관계없이 피아제는 지난 수십 년 동안 발달심리학 연구에 주요한 추동력을 제공해 왔다. 1920년대 초반에 피아제가 연구 및 저술 활동을 시작하기 전까지만 해도 아동의 특별한 인지나 개념적 능력에 대해 관심을 갖는 사람이 거의 없었다. 대부분의 연구가 아동 존재의 객관적인 특징(신체 능력, 선호하는 행동, 운동 능력)에 대한 단순한 묘사, 흔치 않은 능력을 가지고 있거나 어려움을 겪고 있는 아동을 포함하여 아동 개인에 대한 일화, 또는 성장 과정에 대한 광범위하게 추측적인 해석으로 이루어져 있었다. 게다가 연구자들은 아동의 정신적 능력에 대해 탐구할 때 아이가 단순히 미성숙한(또는 기술을 덜 익힌) 성인(또는 어느 정도 똑똑한 동물)이라는 가정하에 연구를 진행했다. 피아제가 연구서를 출간하고 난 후에도 그의 발생적 인식론을 받아들인 사람은 거의 없었다. 연구자들은 공간, 시간 혹은 인과관계, 그리고 이러한 영역들 사이의 관계로서 지식의 근본적 범주의 기원을 탐구하는 대신, 심리학적 분석의 고전적 주제인 기억력, 집중력, 인식 그리고 문제 해결에 나타나는 징후를 계속해서 연구했다.

피아제는 발달 단계, 임상적 접근, 그리고 그가 발견해 낸 매력적인 현상 등의 주요한 업적으로 인해 잘 알려졌으며 널리 존경받고 있다[리뷰를 위해서는 Piaget(1983) 참조]. 그의 기획은 발달심리학의 다른 경쟁 접근 방식보다도 더 잘 살아남는 것처럼 보인다. 그러나 피아제의 접근 방식에 대한 폭넓은 개요가 잘 알려졌고 변화하지 않을 것 같은 바로 그 이유 때문에, 그가 이 분야에 남긴 유산을 잘 검토하고 궁극적인 운명을 고려해야 할 시기가 되었다. 피아제식 기획(the Piagetian enterprise)의 중심이 되는 어떤 방법론적 이정표를 살펴보고, 동정적인 관찰자들에게까지 점차 더 명백하게 보이기 시작한 피아제적 접근 방식의 중요한 문제 몇 가지를 지적하고, 피아제가 시작한 프로그램을 더 진전시키기를 원하는 일부 연구자들이 최근 제시한 새로운 관점을 간단히 설명하고자 한다.

지식 영역(시간, 공간, 인과관계 등)의 피아제식 연구는 특징적으로 '최종 상태' 또는 성인으로서 마땅히 갖추어야 할 기본적 소양에 대한 규정으로부터 시작한다. 과제들은 성숙한 유기체의 최상의 능력을 이끌어 내기 위해 고안되었다. 동시에 어떠한 문제에 직면하게 함으로써 '덜 발달된' 유기체에게서 나타나는 질적 특징을 그리도록 설계되었다. 연구자는 다양한 기술과 능력이 잠재하고 있을 것으로 추정되는 대상들에게 과업을 제시하고, 완전한 실패에서 완전한 성공에 이르기까지 연속적인 단계가 나타나기를 희망(그리고 기대)한다.

이와 같은 '단계에 대한 묘사'는 피아제의 인지발달이론의 핵심을 이룬다. 이 묘사는 미성숙한 유기체가 직면한 문제에 대해 질적으로 다른 (그리고 열등한) 이해를 보인다고 했던 초기의 주장과는 다르다. 단계 순서의 지지를 받은 수많은 과제, 계획서, 해석적 자료들의 종합도, 언어적 · 비언어적 반응 측정에 대한 비교도 초기 주장의 서술과는 다르다.

이 외에도 수많은 특징이 피아제식 접근법을 나타냈다. 그중에는 인지를 객체의 세계에 대한 주체의 작용의 산물로 보는 '상호작용주의자' 관점이 있고, 수많은 개념적 영역 안에서 구성요소들을 묶고 비슷한 중대 시점들을 연결하는 과정을 통해 형성된 논리적 토대 위에 단계가 '구조화된 전체'라고 하는 생각이 있으며, 보다 높은 단계들은 그들의 구조 내에 앞선 단계의 구성요소를 포함하며, 차례로 또다시 이후 단계의 구조로 통합(및 흡수)된다는 주장이 있다. 또한 이전에 어떤 (아마 더 친숙한) 자료와 이후에 어떤 (덜 친숙한) 자료들이 보이는 단계적 특징 속에 나타나는 격차의 진행에 대한 인정, 아동 발달에 있어 '더 높은 단계'로의 이동에 영향을 미치게 될 행동 등에 대한 인용이 있다.

피아제식 기획에 대한 비평

중요하지만 새로운 패러다임에 걸맞게, 피아제식 접근법은 다양한 관점으로부터 비판을 받아 왔다. 극단적으로 어떤 연구자들은 피아제가 분명히 거부했던 인식론적 입장으로 완전히 또는 넓은 견지에서 돌아가기를 원한다. 한 연구자 집단은 학습 이론의 원칙에 의거하여 경험적 입장을 포용한다. 이 집단은 피아제가 입증한 것이 학습의 전통적인 원칙들로 적절하게 설명 가능한 것—숙련되고 소멸될 수 있는 것—이라고 주장했다(Brainerd, 1978; Gelman, 1969; Kohnstamm, 1963; Watson, 1968). 피아제와 경쟁관계에 있던 연구자들은 피아제가 정신 능력의 발달에 있어 세계와의 상호작용이 가지는 역할을 지나치게 중시했다고 주장했다. 이들은 생득론자들의 주장을 받아들이면서 그 자체로 개념을 포함하고 있는 뛰어난 초기 정신 구조를 아동에게 부여하고, 피아제 학설의 최종 단계를 궁극적으로 성취하기 위해 필요한 필수적인 구상주의적 조직 덕분이라고 생각하는 것을 더 선호했다(Bower, 1974; Chomsky, 1975; Fodor, 1975; Lorenz, 1977). 이와 관련된 견해는 최근 케이건과 동료들(Kagan et al., 1978)에 의해서 분명히 설명되었다. 그는 생득적 관념의 매혹적인 힘에 대해 일축하면서, 발달의 상당 부분이 인지의 성숙 단계 및 사회적으로 중요한 시점에 이르게 되면 정기적으로 진행된다고 생각했다.

이와 같은 가혹한 비판이 만연해지면 피아제식의 기획이 완전히 폐기될 수도 있다. 그러나 나는 이와 같은 일이 일어나지 않을 것이라고 생각한다. 간단히 말해서, 피아제식 기획은 이미 많은 결실을 맺었으며, 이와 경쟁하는 입장들은 피아제식 기획의 종말을 가져오기에는 지나치게 문제가 많다. 반면에 피아제 논의의 수많은 결함은 포스트-피아제 심리학에서 자주 궁극적으로 수정되면서 사실상 확신되고 있다. 이러한 격차는 개인의 차이에 대한 피아제의 무관심, 학습과 가르침의 문제를 실질적으로 다루는 것에 대해 꺼리는 태도, 특정 감각체계의 역할에 대한 부주의, 아동의 정신 발달에 있어서 문화적·사회적 요소를 최소화한 것, 정서적이거나 동기 부여와 관련한 요소들에 대한 소홀함, 발달 과정에서 나타나는 새로움을 설명하는 데 있어서의 어려움(예: 이행), 언어와 생각에 있어 언어의 역할을 적절한 개념으로 발전시키는 데 실패한 것 등에서 비롯된다.

이처럼 누락된 내용은 심각한 것들이었다. 그들은 어떠한 포괄적인 발달 이론이라고 해도 반드시 직면할 수밖에 없는 문제들에 대해 피아제가 무시했다는 데 의견을 같이하였다. 그러나 정확히 말하자면 그 문제들은 피아제가 스스로에게 부여했던 임무 바깥에 놓여 있는 영역을 다루고 있기 때문에, 그것들에 대해서는 분명하게 '경기장 바깥(out-of-bounds)'이라고 선언했던 것이며, 그와 같은 목록 자체가 인지발달심리학의 주류가 향후 몇 년 동안 어떤 방향으로 나아갈지를 보여 준다고도 할 수 없다.

내가 볼 때는 그와 같은 문제들은 피아제가 명백하게 추구했던 미션 가까이에 놓여 있기 때문에 그의 주요 논의에는 두 가지 결정적인 결점이 있다. 우선, 피아제가 마음의 발달을 연구하겠다고 선언했음에도 그는 인지에 대해 놀라울 정도로 협소하고 닫힌 상태로 받아들였다. 피아제의 관점에서 성숙한 인지는 논리-이성적 사고 그 이상도 그 이하도 아니었고, 이에 따라 그는 유능한 과학자일 수밖에 없었다(Gardner, 1973a, 1973c 참조). 결과적으로 피아제는 과학의 논리에서 벗어난 성숙한 인지의 형태에는 거의 관심을 기울이지 않았다. 예술가, 작가, 음악가, 운동선수들의 사고 처리에 대한 고려가 희박하였음은 물론, 직관, 창의성을 비롯해 새로운 생각을 처리하는 데 있어서도 거의 정보가 없었다.

두 번째 주요한 결함은 피아제가 특정 자료, 표현 미디어 또는 과제가 담고 있는 기호체계를 무시한 데서 비롯되었으며, 이에 대한 답은 예상대로이다. 확인할 수 있는 한 피아제는 그가 연구한 주제들이 사용된 물리적 재료

(비커에 담긴 물, 찰흙 덩어리, 건축 벽돌 또는 당구공), 이용하는 상징체계(언어, 그림, 제스처, 또는 숫자), 전달 미디어(사람의 목소리, 그림책, 3차원 모형), 회신의 방식(음성, 가리키는 행동, 감각 운동 동작, 또는 앞에 언급된 것들의 조합)에 상관없이 동일한 힘과 정확성을 가지고 접근할 수 있다고 믿었던 것으로 보인다. 기껏해야 피아제는 재료에 대해 일정 정도의 격차를 인정할 의사가 있었다. 그러나 여전히 이 '잡음 요인'은 연구 중인 영역의 발달 순서를 결정하는 데 거의 중요하지 않다고 생각하였다.

피아제의 공헌 이후 인지발달심리학은 다음의 두 가지 영역에 집중하는 것 같다. 피아제가 배타적으로 과학자의 논리·이성적 사고에 집중하고 있는 사이, 미래 연구자들은 근본적으로 다른 종류의 사상가들로부터 필요한 기술을 탐색하게 될 것으로 보인다. 그리고 피아제가 미디어, 재료, 응답 방식, 상징체계의 차이를 오만하게 무시했지만, 연구자들은 이것들이 지닌 각각의 효과에 대해 알아보고자 할 것으로 보인다. 이 연구들을 통해서 주요한 통찰이 새로이 나올 수 있을지는 그들의 노력이 피아제의 기본적 논의를 단순히 '어설프게 손보는' 수준일지, 혹은 새로운 관점에서 이를 접근하는지의 여부에 달려 있다. 개인적으로 이러한 관점은 최근의 인간 상징 기능에 대한 연구를 통해 파악할 수 있기 때문에 이 분야의 연구에 의지하는 것이 적절해 보인다.

상징화: 시작 지점

발달심리학자들 사이에는 사실상 아동기 초기의 주요한 전환에 대한 보편적인 합의가 존재한다. 2세, 3세, 4세 시기의 아이들은 실제 세상에서 객체(생물과 무생물)와 직접적으로 (그리고 배타적으로) 상대하는 것에서 다양한 상징적 수단을 가지고 의미를 얻고, 전달하고, 의사소통하는 것으로까지 전환한다. 1세 아이는 직접적인 감각 운동 경험을 통해서 딸랑이, 엄마, 해를 알 수 있다. 반면, 5세 아이는 그림을 그리고 이야기를 하는 것은 물론이고, 아마도 이러한 주제들에 대해 제스처와 숫자 또는 음악적으로 설명하는 것도 가능할 것이다. 이론가들은 이와 같은 능력을 묘사하기 위해 다양한 용어— 상징적, 구상주의적, 기호의, 매개적, 2차 신호 시스템—를 사용했다. 그러나 이러한 권위자들은 하나의 (혹은 그 이상의) 상징적 단계에서 제거된 소식과 사건들을 일컫는 능력이 인간 인지의 특징이라는 데 대해 일반적으로 동의한 다(Bruner, 1966; Fischer, 1980; Kendler & Kendler, 1962; Luria & Yudovich, 1971; Piaget, 1962; Werner & Kaplan, 1963 참조).

　상징주의에 대해 정의하는 것은 어려운 일로, 이를 위해서는 꽤나 까다롭고 좀처럼 쉽게 해결될 것 같지 않은 철학적·심리학적 문제와 맞닥뜨리게 된다. 일반적으로 물리적인 표시이지만, 현재의 목적을 위해서는 상징을 (단어와 같이) (추상적인) 개념을 나타낼 수도 있는 요소라고 이야기해도 무방할 것이다. 주어진 문화 안에 있는 개인을 위해서 상징들은 하나 또는 또 다른 종류의 의미를 전달하기도, 동종 안에서 다른 요소와 보편적으로 의미 있는 관계에 진입하기도 하면서 상징체계를 구성하게 된다. 의미 관계는 대략 다음의 두 가지 유형이 있다. 상징적 요소가 경험 세계에 존재하는 (혹은 잠재적으로 존재하는) 항목을 나타내는 지시적 의미, 그리고 지시하는 구체적 대상이나 분야를 밝히지 않고 상징이 포착하는 인간 경험의 속성(주로 표현적, 질적 또는 감정적)을 나타내는 표현적 혹은 실증적 의미가 그것이다(이 부분에 대한 상세한 설명은 Gardner et al., 1974; Goodman, 1968 참조).

　일반적으로 운용되는 상징체계의 수는 분명히 제한되어 있기는 하지만, 원칙적으로 왜 사람이 무한한 상징과 상징체계를 가질 수 없는지에 대해서는 이유가 없다. 필요한 전부는 몇몇 요소, 표시 혹은 수단, 지시 분야 그리고 상징을 지시와 연결시키기 위한 일부 규칙이다. 상징체계가 유익하게 서로 다른 때는 상징적 지시의 두 가지 주요한 형태를 구체화하는 한도에서이다. 수 표기와 같은 일부 상징체계는 표기적 요소를 강조하는 한편, 표현적 잠재력은 거의 없거나 전혀 없다. 즉흥 재즈와 같은 상징체계는 최소한의 표기적 힘만 가지고 있을 뿐이지만 광범위한 범위에서의 의미를 지시한다. 그러나 여전히 언어, 춤, 회화적 묘사와 같은 체계들은 과학 논문, 마임, 구상주의적인 그림 및 다이어그램과 같이 지시적 의미가 중요시되는 경우에서부터 시, 현대 무용, 추상 예술과 같이 표현성이 중요시되는 경우에 이르기까지 다양하다.

상징체계의 '작동'에 대한 연구는 여전히 초기 단계이다. 그러나 수많은 철학적·심리학적 관점에서 얻는 통찰력은 다음의 형상을 제시한다(Cassirer, 1957; Goodman, 1968; Langer, 1942; McLuhan, 1964; Peirce, 1933 참조). 상징체계는 기본적으로 동일하기보다는 오히려 (언어와 음악이 대비되는 것처럼) 부호화하느냐, (선화와 춤이 대비되는 것처럼) 전형적으로 표현하느냐, (질량, 부피가 숫자, 음악 또는 조형물에서 표현되는 방식이 다른 것처럼) 어떤 특징이 강조되느냐에 따라 천지 차이가 있다. 상징체계는 또한 표기성 면에서도 극적으로 차이를 보인다. 일부는 표기와 기호 영역(예: 음악 악보, 모스 부호) 사이를 성실하게 왔다 갔다 하면서 지도화(mapping)하는 반면, 대단히 충만한 것들은 무한한 독서를 허용함으로써 요소와 지시 대상 간의 완전한 지도화를 불가능하게 한다(초상화 또는 춤 공연을 생각해 보라).

이와 같은 논리적 구분의 심리학적 중요성은 약간의 논란의 소지가 있다. (예를 들어, 회화적 표현과 같은) 특정 상징체계에 있어서는 '덜 상징적'이거나 '덜 도상적'이라는 느낌을 갖고 있는 연구자들이 일부 있기는 하지만, 어떤 상징체계라도 이해하거나 유창해지려면 상당한 기술이 필요하다는 데에는 의문의 여지없이 동의한다. 누구나 상징체계의 산물을 '읽을' 수 있게 되기 전에는, 그리고 그 안에서 산물을 생산할 [또는 '쓸(write')] 수 있게 되기 전에는 누구나 시간과 경험(그리고 가능하다면 가르침)이 필요하다는 의미에서 보았을 때, 모든 상징체계는 사실 문자언어로 유추될 수 있다.

언어에서 내재된 문장, 음악에서 음을 거스르는 도치(retrograde inversion), 수학에서 미분 방정식 등 상징체계 전반에 걸쳐서 진가를 알아보기 위해서는 상당한 전문 지식(기술)이 필요하다. 대부분의 상징체계는 완전히 숙달하는 것이 불가능하다. 만약 사진 같은 그림을 순조롭게 읽을 수 있는 법을 배울 수 있다 해도 회화의 표현적, 양식적 그리고 구성적 측면에 친숙해지는 데 여전히 몇 년이 더 걸릴 것이다. 그리고 그와 같은 상징적 존재를 '읽고' '쓰는' 기술은 한 사람의 일생에 걸쳐 계속해서 축적된다. 그리고 상징은 공동체로부터 파생되기 때문에 그것이 확정되었다고 해도 공동체의 지속적으로 변화하는 규범, 가치, 태도를 반영한다.

따라서 다양한 상징체계의 숙달은 분명히 오래 걸리고 복잡한 과정이다. 해당 상징체계 내에서 확실하게 수행하고, 하나의 상징체계(예: 물리적 과정의 다이어그램)를 다른 상징체계(그 과정에 대한 언어적 또는 수적인 설명)와 연결하기 위해서는 그것들을 읽거나 해석하는 기술이 필요하다. 상징체계들 안에서 정확히 동일한 형태의 정보를 포착한다는 것은 가능하지 않다는 사실을 짐작할 수 있을 것이다. 각각의 상징체계는 그것들이 번역되는 과정에서 그것이 지니고 있는 본래적 의미를 유지하지 못하게 하는 특성과 한계를 지니고 있다.

만약 자연에 대한 앞선 설명과 상징화의 중요성이 설득력 있다면, 그리고 만약 상징의 사용과 상징화의 과정이 실제로 인간의 인지 기획에 있어서 핵심이라면, 발달심리학 분야의 연구 프로그램이 떠오를 것이다. 특정 상징체계에 대한 능숙도의 속성이 정의되어야 한다. 이와 같은 성취에 이르는 과정의 단계는 설명이 필요하다. 광범위한 성숙의 최종 단계에 있어 다양한 상징적 능숙도의 역할은 특정되어야 한다. 그리고 아마도 가장 중요한 것은 상징적 발달의 다양한 궤도와 인지 발달에 대한 초기 설명이 어떻게 연결될 수 있는지가 설명되어야 한다는 것이다.

분명히 이와 같은 임무는 피아제가 논리-과학적 분야에서 맡았던 과제의 범위 및 관점에서의 노력을 필요로 한다. 특히 중요한 것은 상징주의 연구를 위한 최적의 수단을 설명하는 일일 것이다. 모든 상징체계를 동일시(그럼으로써 무비판적인 피아제식 입장으로 돌아가려는 노력)하는 스킬라(Scylla)를 피해야 할 필요가 있을 뿐만 아니라 셀 수 없이 많은 체계를 낳는 (그리하여 각 발달 단계가 수반하는 상징을 사용할 때마다 특별한 이유 없이 '임무'를 부여받아 끌어안게 되는) 카리브디스(Charybdis)를 피해야 할 필요가 있다. 다시 말해, 목표는 자연(Nature)을 중요한 '상징적' 연결고리로부터 잘라 내는 것이다.

상징체계에 접근해 들어가는 방법에 대해 전반적으로 살펴보면서, 우리는 그와 같은 접근법이 피아제식 기획에 있어 대부분 무시되어 왔으며 이제는 그러한 접근법을 어떻게 다룰지에 대해 고민해야만 한다. 우선 다양한 상징과 상징체계에 대한 인식은 인지에 있어 피아제의 최종 단계가 지닌 편협함을 강조한다. 수적인 상징들 그리고 정도는 덜하지만 언어적 상징들은 과학자의 매일의 실무를 지배하는 반면, 다른 상징체계들과 상징체계의 조합들은 다른 이들의 마음의 중심을 차지하고 있다. 음악적 인지에 대한 집중은 음악 및 수적인 상징을 강조할 것이다. 그래픽 인지에 대한 관심은 회화적 상징체계를 강조할 것이다. 법적 추론에 대한 연구는 언어적 체계를 강조할 것이다. 이와 같이 다양한 인지적 최종 단계에 대한 연구는 서로 다른 발달 궤도를 낳게 될 것이며, 그에 따라 피아제의 인지 발달에 있어 단 하나의 계획, '전체의 구조들'에 대한 신념에 심각한 의문을 제기한다.

동시에 상징체계 측면에서의 접근법은 모든 의미 전달 수단이 본질적으로 동일하다는 피아제의 가정에 심각한 문제를 제기한다. 사실 여기에서 개괄적으로 제시한 상징체계 입장에서 개진된 논의의 핵심은 얻은 지식과 이루어진 태도 모두 지식을 전달하는 수단으로 사용되는 특정 도구, 상징 또는 미디어에 따라 근본적으로 달라질 수 있다는 사실이다. 피아제는 시간, 공간, 인과관계 등에 대해 개인이 가지는 기본적인 인식은 언어, 사진, 수로 파악될지언정 동일하게 분명하고 비슷하게 발달해야 한다고 주장했을 것이다.

반면에 '상징체계' 입장은 이와 같은 영역들에 대한 개인의 이해는 그 개인이 접하게 되는 특정 상징적 수단과 지식이 시험되는 특정 도구와 양식들을 통해서 근본적으로 영향을 받는다고 주장한다. 예를 들어, 한 집단은 상대적으로 진보적인 인과관계를 (변호사처럼) 수사적으로 표현할 것으로 기대될 수 있는 반면, 또 다른 집단은 (과학자나 엔지니어처럼) 물리적 인과관계의 측면에서 뛰어날 수 있다. 같은 이유에서 시간의 개념은 음악에서 구현되는 것이 수적 혹은 제스처 체계에서 포착되는 것과 근본적으로 다르게 나타날 수 있다.

피아제의 정신 작용의 중심 체계와 상징체계 측면에서의 접근법 사이에는 명백한 갈등이 있기는 하지만, 후자의 입장이 피아제 연구를 대체하기 위한 것은 아니라는 사실은 짚고 넘어갈 필요가 있다. 수많은 연구자가 현재 연구를 진행하고 있는 바와 같이 피아제의 기본 이념은 다음의 연구에 기여할 것으로 예상된다. 특성에 따라 최종 단계가 정의될 것이고, 발달 단계를 찾게 될 것이며, 특정 행동과 구성요소 간의 기본적 구조 관계를 예측할 수 있을 것이다. 이 연구자들이 전통적인 인지발달이론으로부터 벗어나 있었던 데에는 개념이 근본적으로 특정 상징체계와 무관한, 근본적으로 동등한 형태로 분명하게 나타날 것이라는 피아제의 가정을 주로 경험적 문제로 다루고자 했던 의도 때문이다.

이러한 경쟁 관계에 있는 관점들을 직접적으로 비교한 연구는 거의 없다. 내 연구실에서는 이와 같은 문제를 보완하기 위해 두 가지 관점에서 접근해 왔다. 유치원생으로 구성된 작은 집단에 대한 종적 연구에서는 일곱 가지의 서로 다른 상징 미디어 안에서 펼쳐지는 지시적이고 표현적인 능력에 대한 속도(rate)와 태도(manner)를 조사해 왔다(Shotwell et al., 1979; Wolf & Gardner, 1979). 피아제식의 '기호적 접근'은 상징적 지시의 지배가 엄격하게 다양한 체계에 걸쳐 서로 긴밀하게 유사한 형태 안에서 전개될 것이라는 것을 예측했다. 상대 진영의 '상징체계의 자율성' 관점에서는 대상과 상징체계들 사이에 걸쳐 있는 작은 규칙성을 예측하지 못했다. 우리는 사실 중간적 입장의 증거를 발견했다. 특정 상징체계 간에는 긴밀한 연관성이 존재한다(예를 들어, 언어는 2차원 및 3차원적 묘사가 긴밀하게 연계되어 있는 상징적 작용과 얽혀 있다). 그리고 (음악과 숫자와 같은) 기타 상징체계들은 조금 더 연관성이 떨어진다. 반면에 이와 같은 세 가지의 독립된 체계 간에는 필연적인 관계가 거의 존재하지 않는다. 별도의, 그러나 연장선상에서 우리는 뇌 손상 후에 상징 사용 기술이 전방위적으로 무너져 내리는 것을 볼 수 있었다(Gardner, 1974b; Wapner & Gardner, 1978). 이와 같은 연구는 언어 및 회화적 상징화가 사실상 서로 독립적으로 발생한다는 사실과 표의문자와 회화적 표현, 논리적 추론과 구문 이해 간의 관계와 같이 보다 특정한 상징체계의 집합들 사이에 확실하고 예상 밖의 연결이 발생한다는 사실을 시사한다. 또한 기타 특정 상징적 기술—예를 들어, 음악 및 수적인 능력—은 다양한 주체마다 서로 상당히 다른 방식으로 조직화되는 것으로 보인다(Gardner, 1975 참조). 종합해 볼 때, 이와 같은 연구 방법은 피아제식의 입장에서 동일한 것으로 인식(혹은 간과)되었던 능력들이 개인적 특징에 따라 발달과 해소에 있어 다른 양태를 보임을 나타낸다.

다른 연구자들의 관련 연구들은 아동이 특정 개념을 습득하는 데 있어 특정 수단 및 미디어가 가지는 역할에 초점을 맞추고 있다. 예를 들어, 올슨(Olson, 1970)은 아동의 대각선에 대한 이해는 광범위한 물리적 재료 및 수행 방식을 통해 상당한 시간에 걸쳐 해결되어야 한다는 사실을 보여 주었다. 즉, 한 아동은 보다 난해한 외양을 통해 이와 같이 정교한 개념을 파악해 내기 훨씬 이전에 특정 과제와 반응을 통해 대각선의 개념을 '보유'하고 있었다. 이와 유사하게 골롬(Golomb, 1973)은 아동이 인간 형상에 대한 개념을 갖게 되는 것을 연구했다. 이때 아동은 아무런 사전 지식이 없는 상태에서 형상을 구성해야 할 때보다 받아쓰기 또는 구성요소를 조합하라는 요청을 받았을 때 인물에 대해 가지고 있는 보다 폭넓은 지식을 문서화할 수 있음을 발견했다. 그리고 굿노우(Goodnow, 1972)는 아동의 능력 수준은 특정 미디어 혹은 도구가 (아동에게 있어) 특징적으로 사용되는 방식에 의해 크게 강화될 수 있다는 사실을 경험을 통해 알게 되었다.

　한 가지 주목해야 할 것은 종종 이와 같은 관점의 수용이 일반적으로 피아제식 연구에서 나타나는 것과 다른 문제에 집중해서 나타난다는 것이다. 여전히 굉장히 일반적인 (논리적인) 형태로 잠재적으로 표현될 수 있다고 생각할 수 있는 이슈에서 개념과 수많은 가능한 설명 방식, 상징 그리고 이러한 개념의 숙달 정도에 의해 긴장이 형성된다. 특정 도구와 미디어의 속성에 주목하여 이에 대해 관심을 기울여야 한다. 이러한 기술은 각각의 미디어가 던지는 메시지를 읽거나 타인과 효과적으로 의사소통하면서도 본인의 목적에 맞게 메시지를 구현할 때 유용하다. 피아제 학설에 의해 증명된 '육신을 떠난' 지식은 허구일 수도 있다는 논의가 부상하고 있다. 어떤 개념, 어떤 분야도 특정 매체 안에서, 그리고 특정 임무 안에서 만나야 한다. 능력에 대한 이해는 다양한 '숙달 이유'의 묘사와 궁극적으로 기대할 수 있는 여러 종류의 전이에 대한 묘사를 포함하고 있다. 사실 각각의 도구 또는 매체가 그 속성상 특정한 '상징적' 왜곡을 가지고 있을 수 있다(Salomon, 1978 참조). 한 사람이 두 가지 매체(미디어)로(예를 들어, 텔레비전과 책의 형태로) 완전히 같은 이야기를 할 수 있는 방법은 없을 것이다. 왜냐하면 각 매체는 불가피하게 특정 상징체계를 선호하며, 다른 의미를 희생시켜 특정 의미를 강조하기 때문이다. 그로 인해 여러 매체(미디어)에 걸쳐 이루어지는 설명을 비교하는 일은 언제나 흥미롭다(Meringoff, 1978 참조). 사실 이와 같은 연구 결과는 상징체계와 관련된 것이라기보다는 그들을 매개하고 있는 특정 매체에 대한 주목의 중요도가 더 크다.

88

다른 연구와의 관계

상징 사용의 중요성에 대한 인식, 그리고 그것의 발달에 대한 상세한 설명의 중요성은 결코 새로운 현상이 아니다. 사실 베르너와 캐플런(Werner & Kaplan, 1963)은 수년 전에 이 주제에 대한 주요한 책을 저술하였다. 또한 언어(Brown, 1973), 그림(Lowenfeld, 1947), 제스처(Kaplan, 1968), 숫자(Gelman, 1969)를 포함하는 특정 분야의 발달에 대한 다양한 연구가 진행되어 왔다. 이 외에도 다양한 인간의 능력에 대한 연구는 실험 및 요인분석 전통을 통해 활발히 진행되었는데, 이 또한 이 질문과 연관된 정보를 내포하고 있다.

그러나 과거의 이와 같은 노력은 부분적으로 결함을 지니고 있다. 상징 발달을 다루는 범위가 워낙 넓다 보니 특정 상징체계의 기이한 특성에 대해 충분한 주의를 기울이지 않았다. 그리고 상징체계의 모든 태도를 똑같이 취급하는 불행한 경향도 존재하여 상징체계가 앞에서 언급했던 스킬라의 희생양으로 전락했다. 반면에 특정 체계 또는 미디어에 대한 연구는 감탄할 만하게 상세하지만, 한 영역의 진보가 기타 인접한 것으로 추정되는 (혹은) 동떨어진 (또는 원거리) 영역의 사건과 연관되는지에 대한 문제를 검토하지 않은 채 남겨 두었다. 마지막으로 요인분석 및 실험 전통을 통해 이미 상당한 데이터가 수집된 반면에, 이와 같은 연구 결과는 발달적 얼개 안에서 거의 찾아볼 수 없다. 따라서 이 연구 결과들은 인지발달 이론에 있어 통합의 주요한 '개념화 수준'과 '이해의 단계'에 대한 정보를 엄밀히 말해 결여하고 있다고 할 수 있다. 그리고 과제 선택을 안내하는 전형적으로 비이론적인 성향 때문에 그들은 과잉상징체계 또는 동일하게 그 의미를 이해할 수 없도록 부자연스럽게 연결된 실패한 상징으로 우리를 위협한다.

이제까지 상징과 상징체계는 서로 관계를 맺고 서로 관여할 수 있으며, 지시 영역과 연결 지을 수 있는 의미를 실어 나르는 수단으로 묘사되었다. 그러나 실제로는 이와 같은 묘사는 중요한 심리학적 구별을 상당히 우회하는 것이다. 앞서 언급한 바와 같이 다음을 구별하는 것이 필요하다. 첫째, 상징체계와 매체, 즉 다양한 상징체계가 전달되는 텔레비전 세트 혹은 서적과 같은 물리적 재료, 둘째, 다양한 상징체계를 인식하고 전달하는 운동감각 시스템, 셋째, 특정 문화 특유의 것으로 다수의 상징체계를 작동시킬 수 있는 지도 그리기 또는 체스 두기와 같은 발달 영역(developmental domains)이다(Feldman, 1980). 이와 같은 분류의 노력은 시간이 상당히 걸리는 작업이지만, 상징체계 측면에서 미디어, 감각 시스템 또는 문화 발달 영역에 뿌리내린 대체 설명을 강화하거나 반박하는 논의의 한도를 궁극적으로 보여 주어야 한다. 이는 상징체계는 엄격히 정의되고 설명될 수 있는 것들이자, 포스트-피아제 발달심리학의 가장 적절한 출발 지점을 증명하게 될 것이기에 갖는 개인적 견해이다. 그러나 매체, 감각 시스템, 또는 영역 측면의 논의는 확실하게 예상할 수 있다.

연장선상에서 특정 상징 사용 영역을 숙달하는 데 밀접한 관련이 있는 기술 측면에서의 연구가 이루어져야 할 필요가 있다. 말하자면 그림을 읽거나 음악 연주에 요구되는 기술은 상징화를 고려하지 않은 연구자들이 설명하는 주요 기술과 어느 정도까지 동일하거나 다른지 결정해야 한다. 예를 들어, 피아제가 묘사하는 정신 작용과 파스쿠알 레온(Pascual-Leone, 1970)이 제안한 정보처리 공간 개념, 또는 켄들러와 켄들러(Kendler & Kendler, 1962)가 설명하는 매개적 과정이 다양한 상징체계에 동등하게 적용되는지, 특정 상징체계(예: 기호법 체계)와 특히 관련이 있는 것으로 드러났는지, 또는 핵심적인 상징체계의 분석에서 상대적으로 직각을 이루며 교차한 것처럼 보였는지 결정해야 한다.

마지막으로, 특히 힘든 일은 정신 표현과 상징체계 간의 관계에 대한 것이다. 각각의 상징체계가 특정한, 독특하기까지 한 정신 표현을 지니고 있지만, 그것이 지닌 잠재적 무한성을 고려해 볼 때 상징체계 그룹이 관련이 있거나 심지어 동일한 정신 구조로 표현될 수도 있을 것으로 보인다. 그러므로 이와 같은 상징체계 간의 관계에 대한 모델을 구축하는 것이 중요해질 것이다. 그렇게 함으로써 어떤 체계가 다른 체계를 보완하거나 향상시키기까지 할 수 있는지, 그리고 어떤 체계가 다른 체계의 작용(또는 발달)을 더 방해할 것인지에 대한 예측을 시험해 볼 기회를 가질 수 있게 된다(Brooks, 1968; Gardner, 1977; Kinsbourne, 1973 참조). 이와 같은 연구는 인간의 상징적 능력을 뒷받침하는 '자연적 연결(natural joints)'에 대한 강력한 증거를 제공하게 될 것이다.

결론

　　피아제 이후의 발달심리학의 근본적인 과제는 상징 발달의 주요 영역을 찾고 지도 그리기, 각 영역 내에서 발달의 주요 단계 추적, 이러한 영역에서 얻을 수 있는 관계의 탐구, 상징 발달에 대한 최신 묘사를 발달심리학의 기타 전통과 연관 짓기, 그리고 아마 가장 중요한 것은 결과적으로 도출된 묘사와 피아제가 큰 그림을 그려 놓은 '중심적 인지(central cognition)' 간의 관계를 확인하는 것이다. 이 기획의 상세한 결과를 기대하는 것은 무의미하지만, 서로 느슨한 관계를 보이는 몇몇 영역이 부상할 것으로 보인다. 이들 중에는 (피아제가 그린 윤곽을 따른) 논리-이성적 사고의 영역, [아른하임(Arnheim, 1969)이 말한 대강의 개요를 따른] 시각적 표상의 영역, (구문론, 의미론, 실용적 및 비유적 측면이 조합된) 언어 기능의 영역, 그리고 음악적 성장을 위한 별도의 방안이 존재한다. 그 이후에 남은 과제는 논리적 과정과 운영 구조의 역할, 언어적 능력이 자리 잡고 있는 장소, 그리고 자기중심, 애니미즘, 격차(decalage) 및 그것들과 같이 피아제가 대강의 밑그림을 그려 놓은 일반적 발달 현상 가운데 몇몇에 의한 기여를 파악하는 것이다. 또한 콜

버그(Kohlberg, 1969)가 도덕적 발달에 대해 묘사한 내용, 셀먼(Selman, 1974)
이 사회적 발달에 대해 설명한 내용, 그리고 톰킨스(Tompkins, 1963)가 감정
적 발달에 대해 설명한 내용과 같이 발달 과정 내 상징의 사용을 추적하는
것도 바람직하다. 상징 발달이 다양한 개인적 차이에 기여한 내용도 상당한
관심의 대상이다. 다양한 개인의 차이에는 기질 또는 성격 유형과 함께 중대
한 인지 요소와 관련된 것이 포함된다. 결국 개인의 성향은 피아제가 대강의
밑그림을 그려 놓은 일반적인 인지 영역의 중요한 시기는 아닐지 모르지만,
보다 구체적인 상징 영역(예: 음악)에서 이루어진 진보에는 개인적인 유전 인
자, 부모의 특정한 양육 스타일, 특유한 개인 경험이 반영되었다고 볼 만한
이유가 충분하다. 또한 특정 상징 형태에 대한 의존이 인간 인지의 독특한
패턴 중 최소 일부를 생산했다고도 볼 만한 충분한 이유가 있다.

　　나의 반대 의견에도 불구하고 상징 발달에 대한 연구는 주요한 작동 구조
를 강조하고, 특정 상징체계에 미미한 수정만이 있었음을 드러내며, 궁극적
으로는 피아제의 전반적 구상을 강화할 것이다. 또한 우리가 정신 표현을 위
한 단 하나의 언어만 소유하고 있다는 사실이 드러날 수도 있다(Fodor, 1975;
Pylyshyn, 1973 참조). 그리고 개인 발달의 예측 불가능한 변화의 상황과는 관
계없이 모든 상징 도구는 (모든 인지적 자료를 포함할 수도 있는) 궁극적으로
단 하나의 컴퓨터를 통한 공통어(lingua franca)로 표현될 수 있다는 사실이
드러날 수도 있다. 사실 어떤 사람이 특정 상징체계의 정신적 표현 가운데
상호연결성의 정도를 강조하기로 하든, 정체성을 강조하기로 하든, 나아가
서 누군가는 각 상징체계의 불연속이 지닌 중요성을 강조하기로 하든, 이는
일정 정도 정의(定意)와 과학적 전략의 문제이다. 그럼에도 상징주의의 측면
에서 이와 같은 문제에 결론을 내려야 할 시기가 된 것으로 사료된다. 화이
트(White, 1976)가 언급한 바와 같이, "나의 신중한 판단에 따르면 인지 발달
이라고 우리가 이야기하고 있는 영역은 언젠가 상징 형태의 발달이라고 이
야기하게 될 것이다."

궁극적으로 인지에서 상징의 사용이 맡은 역할은 온전히 우연적인 것이어서는 안 된다. 다양한 상징체계에 걸쳐서 경쟁력을 획득해 내기 위해 우리의 진화적 유산을 준비해 왔을 것이라고 가정하는 것은 인색해 보인다. 언어와 같은 일부 체계에서는 거의 모든 사람이 고도로 기술을 갖추고 있으며, 음악과 같은 다른 체계는 재능의 분배가 훨씬 더 평등하지 않은 것처럼 보이기 때문이다. 우리는 개인적 상징 능력의 획득 과정이 사람마다 동일한 것인지, 각 체계가 자신만의 특별한 개체 발생 및 천재성을 가지고 있는지 확인해 보기 위해 선사시대로 날짜를 돌려 볼 수는 없다. 그러나 정상적으로 작동하던 성인 뇌가 손상된 후 상징 기능의 고장 패턴을 조사해 봄으로써 상징을 사용하는 능력을 지닌 정상 기관과 관련된 흥미로운 신호를 받을 수 있었다. 이와 같은 연구는 상징 능력에 전반적으로 수준(level)이 존재하고 있다는 연구에 신빙성을 제공한다(Head, 1926; Jackson, 1932; Kaplan, 1968). 그러나 현재 인간이 상대적으로 독립적인 인지 기술에 의지하여 상징을 사용한다는 경쟁적 입장을 보다 더 지지하고 있다. 신경심리학에서 부상하고 있는 연구는 개인의 상징 사용 능력 발달에 대한 연구가 인간 인지의 이해를 월등하게 향상시킬 수 있을 것이라는 믿음을 뒷받침한다.

제2부

다중지능이론

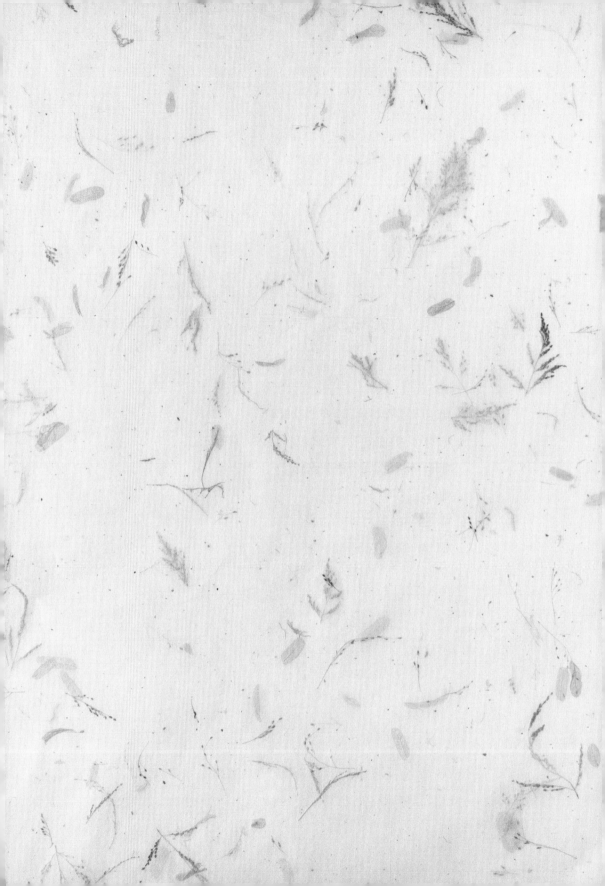

제 6 장
IQ를 넘어서:
교육과 인간 발달

이 장은 1986년 9월 5일 하버드 대학교 350주년 기념식에서
비공식적으로 나눈 대화를 기반으로 한 것이다.
Harvard Education Review,
Harvard Education Publishing Group, 1987, 57, 187-93.

   1900년의 파리의 벨 에포크로 이동해 보겠다. 1900년경에 파리 시의 아버지들은 알프레드 비네(Alfred Binet)라는 심리학자를 찾아와 평범하지 않은 요청을 했다. 파리 학교에서 학령 초기에 어떤 아이가 좋은 성적을 내고 어떤 아이가 나쁜 성적을 낼지 예측할 만한 측정도구를 고안할 수 있겠냐는 요청이었다. 대부분의 사람이 알고 있듯이 비네는 성공했다. 비네는 아이가 학교에서 성공할 수 있을지의 여부를 예측할 수 있는 일련의 테스트를 만들어 낸 것이다. 즉시 비네가 발견한 '지능지수(Intelligence Quotient: IQ)' 측정도구를 '지능 테스트'라 부르게 되었다. 파리의 패션처럼 IQ 역시 곧 미국으로 건너가서 제1차 세계 대전까지 적당한 성공을 누리다, 100만 명이 넘는 군 입대자를 선발할 때 진정 성공의 길을 걷게 되었다. 그때부터 IQ 테스트는 심리학의 최대 성공, 즉 진정으로 유용한 과학적 도구로 보였다.

   무엇 때문에 이렇게 IQ에 흥분하게 되었을까? 최소한 서구에서는 항상 적

관적으로 다른 사람들이 얼마나 똑똑한지 평가해 왔다. 이제 지능은 정량화할 수 있는 것으로 보인다. 누군가의 실제 혹은 잠재적 신장을 측정할 수 있으며, 이제는 누군가의 실제 혹은 잠재적인 지능까지 측정할 수 있는 것처럼 보인다. 우리는 한 가지 차원의 정신 능력을 가지고 모두를 배열할 수 있다.

지능을 완벽하게 측정하기 위한 연구는 빠른 속도로 진행되었다. 여기에 널리 사용되는 테스트와 관련한 광고 문구 일부를 예로 들어 소개하고자 한다.

> 각각의 유형마다 4분에서 5분이면 빠르게 지능을 측정해 주는 안정적이고 신뢰할 만한 테스트를 원하시나요? 세 가지 유형이 있습니다. 구술이나 주관식 테스트가 아닙니다. '예, 아니요'만 표시할 수 있으면 신체장애인(마비자)도 테스트를 할 수 있습니다. 동일하게 짧은 일련의 내용과 유형으로 2살짜리도, 우수한 어른도 테스트가 가능합니다. 단 16달러면 충분합니다.

광장한 주장이다. 심리학자인 아서 젠슨(Arthur Jensen)은 인간의 반응 시간을 보고 지능을 평가할 수 있다고 조언한다. 예를 들어, 일련의 빛이 커지고, 대상자가 이에 얼마나 빠르게 반응하는가를 살피는 방법이다. 심리학자인 한스 아이젱크(Hans Eysenck)는 지능을 조사하는 사람들은 뇌파를 직접 보아야 한다고 제안한다.

물론 더욱 정교한 IQ 테스트도 있다. 이 중 하나는 미국 학업적성검사(Scholastic Aptitude Test: SAT)라고 하는 학업 성취도 평가이다. 이 시험에서도 유사한 측정 방식을 쓰는데, 흔히 그러하듯이 누군가의 구술 및 수학 점수를 더함으로써 이 사람의 학업 점수를 매길 수 있다. 예를 들어, 영재 프로그램의 경우 주로 이와 같은 측정 방식을 사용한다.

나는 이렇게 1차원적으로 인간의 마음을 평가하는 방식 때문에 학교 역시 이에 상응하는, 내가 '획일적 관점'이라 부르는 관점을 갖게 되었다고 말해 왔다. 획일적인 학교에는 핵심 교과 과정이 있고 누구나 알아야 하는 사실이 있으나 선택 과목은 거의 없다. 아마도 그들의 관점에서는 IQ가 높은 학생이 더 나은 학생일 텐데, 이들에 한해 진지한 독서, 계산, 사고력을 요하는 과목을 들을 수 있다. '획일적인 학교'에서는 정기적으로 종이와 연필을 이용한 IQ나 SAT 같은 시험을 치르게 된다. 그리고 이러한 시험을 통해 사람들이 신뢰할 만한 순위를 매긴다. 가장 뛰어나거나 똑똑한 학생은 좋은 대학에 들어가고 아마 삶에서도 높은 위치를 얻게 될 것이다. 이러한 접근 방식이 특정 사람들에게도 적용되리라는 점에는 의문이 없다. 하버드 같은 대학이 이를 잘 보여 주는 증거이다. 이러한 측정 및 선택 시스템은 특정 관점에서는 분명히 실력 위주로 보이지만 그래도 권장할 만한 이유가 있다.

그러나 내가 제시하고 싶은 것은 마음에 대해 기존과는 다른 급진적으로 접근한 것이자 학교에 대해 매우 다른 관점을 양산케 한 사고를 바탕으로 한 대안적 사고이다. 이는 마음에 대한 복수적 관점으로 인지에 대한 다양하고도 개별적인 양상을 인지하고, 사람들에게 다양한 인지력과 대조적인 인지 스타일이 있다는 것을 인정하는 것이다. 내가 소개하고자 하는 것은 이와 같이 다양한 측면의 지능에 대해 진지하게 받아들이고 개인 중심의 콘셉트로 운영되고 있는 학교이다. 이러한 학교 모델은 부분적으로는 비네 시대에는 존재하지도 않았던 과학을 기반으로 하고 있다. 인지과학(마음 연구)과 신경과학(뇌 연구)이 그것이다. 나는 그러한 접근 방식 중 하나를 '다중지능이론'이라고 불렀다. 즉, 지금부터 나는 다중지능이론의 기원, 주장, 미래 가능한 학교에 대한 교육적 함의에 대해 말하고자 한다.

IQ를 통한 지능의 일원화에 대한 실망은 서스톤(L. L. Thurstone), 길포드(J. P. Guilford)를 비롯한 여타의 심리학자들, 비평가들 사이에 상당히 퍼져 있었다. 그러나 나는 이러한 비판이 충분하지 않다고 본다. 전체 개념에 대한 도전이 필요하다. 사실 이를 대체해야 한다. 나는 테스트와 테스트 간의 상관관계를 모두 벗어나 전 세계 사람들이 자신의 삶에 중요한 능력을 어떻게 개발하는지에 대한 자연주의적 정보의 원칙을 좀 더 살펴봐야 한다고 생각한다. 예를 들어, 남태평양을 항해하는 선원들은 수백 개, 심지어는 수천 개에 달하는 섬 주변의 항로를 하늘의 별을 보고, 배가 바다를 지나는 방식을 느끼며, 소수의 흩어진 지형지물을 보면서 찾았다. 선원들에게 있어 지능이라는 말은 항해술을 의미한다. 외과의나 엔지니어, 사냥꾼과 어부, 무용수와 안무가, 선수와 코치들, 부족장과 마법사들을 생각해 보자. 지능에 대한 정의 방식을 받아들이자면 이렇게 다양한 역할을 고려해야 한다. 즉, 하나 이상의 문화적 배경에서 가치 있다 여기는 상품을 만들어 내거나 문제를 해결하는 능력으로 받아들여야 한다는 것이다. 현재로서 나는 지능에 대한 1차원 또는 그 이상의 차원이 있는지 말하지는 않았다. 지능이 타고난 것인지 아니면 개발되는 것인지에 대해서도 말하지 않겠다. 대신 내가 강조하고자 하는 것은 문제 해결 능력과 뭔가를 만들어 내는 능력이다. 나는 연구를 통해 앞서 언급한 항해자와 외과의, 마법사들이 이용한 지능 블록을 쌓는 방법을 찾고 있다.

이러한 대규모 기획에서 과학은 존재 규모로써 지능에 대해 제대로 설명할 수 있는 방식을 찾아내는 것과 관련되어 있다. 지능이란 무엇인가? 이 질문에 답하기 위하여 나와 내 동료들은 다양한 자료를 조사하였고, 내가 아는 한 이전에 고려된 적이 없는 자료도 함께 조사하였다. 한 가지 자료는 평범한 어린아이가 지닌 다양한 능력을 개발하는 것에 대한 것으로, 이미 우리가 아는 것이다. 다른 자료는 뇌 손상 발생 시 이와 같은 능력이 나누어지는 방식에 대한 정보로 매우 중요한 것이다. 누군가 뇌졸중이나 다른 종류의 뇌 손상을 입게 된다면 다른 능력과는 별개로 다양한 능력이 손상되거나 제대로 쓸 수 없게 된다. 뇌 손상을 입은 환자들을 대상으로 한 연구에서 이에 대한 굉장히 강력한 증거가 나왔다. 왜냐하면 이것이 신경체계가 천 년 동안 진화하여 특정 개별 지능을 만들어 냈음을 보여 주고 있기 때문이다.

나의 연구 그룹은 영재, 특수 재능을 지닌 학습 장애자(idiot savant), 자폐아, 학습 부진아와 같이 들쭉날쭉한 인지 프로필을 보여 주는 특별한 인구도 살펴보았다. 우리는 다양한 동물 종의 인지를 굉장히 다른 문화들 속에서 실험하였다. 마침내 우리는 검사 배터리에 의한 변인(factor) 분석을 통해 도출한 일종의 심리학적 테스트 간의 상관관계와 기술 훈련에 대한 노력의 결과라고 하는 두 가지 심리학적 증거를 추려 생각하게 되었다. 예를 들어, A 기술을 사람에게 훈련시킨다면 그러한 훈련이 B 능력으로도 전이되는가? 그렇다면 수학 훈련을 받는다면 음악 능력도 높아지는가? 아니면 그 반대도 가능한가?

분명한 것은 발달에 대한 정보, 세분화, 특정 인구 등에 관한 정보 등 이러한 모든 자료를 살펴봄으로써 정보의 보고에 빠지게 되었다는 것이다. 이를 효율적으로 운용하기 위하여 변인 분석을 수행하여 모든 데이터를 컴퓨터에 넣고 추출되는 요소나 지능에 주목하였다. 놀랍게도 이러한 자료는 계산에 민감한 형태로 존재하지 않았으며, 그에 따라 우리는 좀 더 주관적으로 변인 분석을 해야만 했다. 사실, 우리는 단순히 우리가 할 수 있는 최대한의 결과를 연구하였고, 이러한 결과를 우리 스스로 납득되는 방식으로 조직하였으며, 바라건대 비판적인 독자들도 그렇게 해 주기를 바란다. 지능에 대한 나의 결과 목록은 이처럼 방대한 정보를 조직하고자 하는 예비적 시도이다.

간략하게 우리가 찾아낸 지능에 대해 언급하고, 각 지능에 대한 하나 또는 두 개의 예를 들어 보이고자 한다. 언어 지능은 아마 시인들이 최대로 나타낼 수 있는 지능일 것이다. 논리수학적 지능은 그 이름이 의미하는 것처럼 논리력과 수학적 능력은 물론, 과학적 능력까지도 포함한다. 위대한 발달심리학자인 장 피아제는 기본적으로 그가 모든 지능에 대해 연구했다고 생각하지만, 나는 그가 연구하고 있었던 것은 논리수학적 지능에 지나지 않았다고 생각한다. 내가 언어 및 논리수학적 지능을 처음 말하였지만, 이는 이 지능들이 가장 중요해서 그러한 것은 아니다. 사실 나는 모든 일곱 가지 지능이 동일하게 우선순위를 주장할 수 있다고 생각한다(제8장, 제10장, 제11장 참조). 그러나 우리 사회에서 언어 및 논리수학적 지능은 비유적으로 말해 사람들이 이를 '떠받든다'고 말할 수 있을 정도이다. 대부분의 시험은 이러한 언어 및 수학적 능력을 높게 평가하는 것에 기반을 두고 있다. 언어와 논리에 강하다면 IQ 테스트와 SAT 성적도 좋을 것이며 유명 대학에 입학할 수 있다. 그러나 얼마나 잘하는지는 아마도 상당 부분 보유한 지능을 어떻게 활용하느냐에 달려 있다고 생각하는데, 내가 관심을 갖고 있는 것도 바로 이 지점이다.

공간 지능은 공간 세계에 대한 정신적 모델을 형성할 수 있는 능력으로 이러한 모델을 조정하고 조작할 수 있는 능력이다. 항해사, 엔지니어, 외과의사, 조각가, 화가 등이 공간 지능에 있어 높은 수준을 보여 주는 예라고 할 수 있다. 음악 지능은 네 번째 기준의 능력으로 파악하였다. 번스타인 (Bernstein)의 경우 많은 음악 지능을 보유하고 있다. 모차르트는 아마 더 많이 가지고 있었을 것이다. 신체운동 지능은 전신 또는 신체 일부를 이용하여 문제를 해결하거나 뭔가를 만들어 내는 능력이다. 무용수, 운동선수, 외과의사, 장인(匠人) 등 이들 모두가 고도로 발달된 신체운동 지능을 보인다.

마지막으로 두 가지 형태의 개인 지능을 제안한다. 잘 이해되지 않아 학문적으로 규정하기 어렵지만 상당히 중요한 지능이다. 대인관계 지능은 다른 사람을 이해하는 능력이다. 구성원들에게 동기 부여하는 방법, 일하는 방식, 다른 이와 어떻게 협력적으로 일하는가 등이 여기에 해당한다. 성공적인 판매원, 정치인, 교사, 임상의, 종교 지도자 등은 모두 높은 수준의 대인관계 지능을 보유한 사람들일 가능성이 높다. 자기이해 지능은 일곱 번째 지능으로 내면을 들여다보는 것과 관계가 있는 지능이다. 이것은 스스로에 대한 정확하고 진실성 있는 모델을 형성하여 이 모델을 효과적인 삶을 살아가는 데 사용할 수 있는 능력이다.

이것들이 우리가 우리의 연구에서 설명한 지능들이다(후에 여덟 번째 지능으로 자연탐구 지능을 추가하였으며 '실존' 지능의 추가 가능성도 고려하고 있다.; 제8장, 제10장, 제11장 참조). 이것은 예비 목록이다. 언급했다시피 각각의 지능 형식을 다시 세분화하거나 목록 자체를 재배열할 수 있다. 여기서 중요한 것은 다양한 지능이 존재한다는 사실이다. 또한 개인마다 타고난 지능 프로파일이 다르며, 죽을 때 보유하는 지능 역시 서로 다르다는 것이다. 나는 지능을 날것의 생물학적 잠재력으로, 전문적인 용어로 괴짜들(freaks)인 개인에게만 나타나는 순수한 형태로 볼 수 있는 것이라고 생각한다. 거의 모든 사람에게 지능은 함께 작용하여 문제를 해결하고, 직업, 여가 활동 등 다양한 종류의 문화적 최종 상태를 만들어 낸다.

　이것이 캡슐 형태로 있는 다중지능이론이다. 나는 학교의 목적은 지능을 개발하여 사람들이 자기만의 특별한 지능에 맞는 적절한 직업 및 여가 목표에 도달할 수 있게끔 해 주는 것이라고 생각한다. 그리고 그와 같은 도움을 받는다면 사람들은 더욱더 의욕을 가지고 적극적으로 참여하여 건설적인 방향으로 사회에 이바지하게 될 것이다.

　이러한 사고와 내가 시작한 마음에 관한 보편적인 관점에 대한 비판을 통해 개별 학생의 이해에 적합하도록 맞추는 것은 물론, 그들의 인지 프로파일에 적합하게 지능을 개발할 수 있도록 하는 개인 중심의 학교 개념이 나왔다. 이러한 비전은 내가 앞서 설명한 획일적인 학교와는 극명하게 대조를 이룬다.

　내가 이상적으로 생각하는 미래 학교의 디자인은 두 가지 가정을 기준으로 한다. 첫 번째 가정은 모든 사람이 동일한 관심과 능력을 갖고 있지 않다는 것이다. 그리고 우리 모두가 동일한 방식으로 배우지 않는다. (지금은 학교에서 이러한 개인차를 다룰 만한 도구를 가지고 있다.) 두 번째 가정은 가슴 아픈 이야기이지만, 오늘날 배워야 하는 모든 것을 배울 수 있는 사람은 없다. 르네상스 시대의 남녀처럼 모든 것을 알고 싶어 하거나 최소한 모든 것을 알 수 있는 잠재력이 있다고 믿고 싶겠지만, 이러한 이상은 더 이상 가능하지 않다는 것이 분명하다. 따라서 선택이 불가피한 상황에서 내가 주장하고 싶은 것 중 하나는 우리 스스로의 선택과 우리의 책임 아래 있는 사람들을 위한 선택이 잘 알고 하는 선택일 경우가 많다는 것이다. 개인 중심의 학교는 개인의 능력과 성향을 풍부히 평가할 수 있다. 이는 교육과정을 특정 개인에게 맞출 뿐만 아니라 그와 같은 과목들을 가르치는 방식 역시 개인에게 맞출 수 있는 방법을 모색하고자 하는 것이다. 저학년이 지나고 나면 학교는 또한 그들의 문화 안에서 가능한 한 다양한 삶과 직업 가운데 개개인마다 적확한 선택을 할 수 있도록 한다.

나는 교육자들에게 이 비전을 현실화할 수 있는 새로운 규칙들을 제안하고 싶다. 첫째, 우리에게는 '평가 전문가'가 있을지도 모른다. 이들이 하는 일은 학교 학생들의 능력과 관심거리를 가능한 한 민감하게 이해하려 노력하는 것이다. 그러나 이 평가 전문가가 '지능을 공정히' 측정할 도구를 사용하는 것이 매우 중요하다. 우리는 공간 능력, 개인적 능력 등을 구체적이고 직접적으로 확인하고 싶지, 언어와 논리수학적 지능이라고 하는 일상적 잣대를 확인하고 싶지는 않다. 지금까지 거의 모든 평가가 이러한 능력을 측정하는 데 간접적으로 의존해 왔다. 만약 학생들이 이러한 영역, 예를 들어 오지선다형 문제에 약하다고 한다면 다른 영역에 있어 이 학생들의 능력은 알려지지 않을 것이다. 일단 다른 종류의 지능을 직접적으로 평가하려 한다면 특정 학생들이 상당히 다른 영역에서 강점을 드러낼 것이며, 일반적인 총명함이라는 개념은 사라지거나 매우 약해질 것이다.

사실 나는 동료들과 두 개의 공동 작업을 통해 미래의 평가 방식을 개발하려고 했었다. 이것의 일환으로 데이비드 펠드만(David Feldman)과 함께 지역 유치원과 긴밀한 공조 작업을 하였다. 우리는 학생들의 지능의 폭과 관련한 재료를 유치원에 풍부하게 제공해 주었다. 사실 이러한 우리의 노력을 우리는 '프로젝트 스펙트럼'이라고 불렀다. 학생들은 다양한 게임, 퍼즐, 도구 등에 자연스럽게 끌리게 되었다. 학생들은 놀이를 통해 그들의 특별한 관심과 강점의 조합이 어떠한 것인지를 보여 주었다. 그 학년을 마치면서 우리는 '스펙트럼 프로파일'이라는 것을 각 학생과 학부형, 교사들에게 제시하였다.

이때 학생들의 특정 인지 프로파일과 함께 학교, 가정, 지역사회에서 관심과 능력을 개발하는 데 특별히 도움이 될 만한 역할을 구체적으로 제시하였다(제19장 참조; Gardner, Feldman, & Krechevsky, 1998).

두 번째 공동 연구는 사춘기 이전 학생들과 청소년에게 예술과 인문학을 가르치는 것과 관련 있다. 우리는 미국교육평가원(Educational Testing Service: ETS)과 함께 작업을 하고 있는데, ETS는 SAT를 주관하는 일 외에도 다양한 활동을 하고 있다. 우리는 이 프로젝트를 '아트 프로펠(ARTS PROPEL)'이라 칭하고, 중등학생 가운데 예술, 인문학에 강점을 가진 학생들을 파악할 수 있는 새로운 방법을 개발하고자 하고 있다. 지필 검사의 쓰임이 다른 영역에서는 어떤지 모르겠지만, 예술과 인문학에 있어서는 학생들의 잠재력을 드러내는 데 최적의 방법은 아니다. 아트 프로펠에서는 학생들이 대규모 프로젝트에 훨씬 분자적으로 작업하여 우리가 평가할 포트폴리오를 구성하게 된다. 그리고 이러한 평가에 기초한 학생의 프로필이 최소한 표준화된 테스트의 보조물로서의 역할을 해 주기를 기대하는 것은 물론, 결국에는 이것이 기존의 검사를 대체하게 되기를 바란다(제13장 참조).

미래의 학교에는 평가 전문가 이외에도 '학생 교과과정 중개인'이 있을지도 모른다. 이들의 역할은 학생들의 프로파일, 목표, 특정 교과에 대한 관심 등을 특정 학습 방식과 연결해 주는 것이다. 그런데 이러한 분야 안에서 새로이 상호작용하는 기술이 상당히 전망이 있을 것이라고 생각한다. 아마도 미래에는 중개인이 개별 학생들이 편안함을 느끼는 방식으로 학습할 수 있도록 연결해 주는 것이 훨씬 용이해질 것이다.

또한 나는 학생들이 폭넓은 지역사회에서 학습 기회를 얻을 수 있도록 연결해 주는 역할을 하는 '학교-지역사회 중개인'이 있어야 한다고 생각한다. 이 사람이 하는 일은 비범한 인지 프로필을 보이는 학생을 위해 학교에서 가용할 수 없는 것들을 지역사회에서 찾아 주는 것이다. 내가 생각하고 있는 것은 도제, 멘토십, 인턴제 등으로, '큰형' '큰언니'들과 단체에서 함께 일한다면 학생들이 이 사회의 다양한 직업 및 여가의 역할이 무엇인지에 대해 느낄 수 있을 것이라는 것이다. 나는 모든 것을 잘하는 보기 드문 청소년에 대해서는 이들이 잘할 것이라 믿기 때문에 걱정하지 않는다. 다만 내가 염려하는 이들은 표준화된 테스트에서 두각을 나타내지 못해서 어떤 종류의 재능도 없다고 인식되어 버린 학생들이다. 내가 생각했을 때 학교-지역사회 중개인은 이러한 학생들을 찾아 지역사회에서 빛을 발할 수 있는 장소와 연결해 줄 수 있을 것이라고 본다.

교사와 주임교사 역시 이러한 비전에 있어 충분한 여지가 있다. 교사들은 자신이 담당하는 교과 수업에서 선호하는 교수법으로 자유롭게 학생들을 가르칠 수 있다. 주임교사의 역할은 더 커질 것이다. 무엇보다 이들은 신참교사들을 지도하고 인도하는 역할을 담당해야 하며, 복잡한 '학생, 평가, 교과과정, 지역사회'라고 하는 등식에서 적절한 균형값을 찾아야 한다. 만약 이 균형이 심각하게 어긋나면 주임교사가 개입하여 개선할 방안을 제시할 수 있어야 한다.

분명히 내가 설명하고 있는 것은 유토피아적이라고 부를 수도 있을 정도로 어려운 주문이다. 그리고 나도 잘 아는 중대한 위험이 이 프로그램에 존재한다. 바로 성급하게 아이들의 장래를 위치 지우는 것이다. 예를 들어, "조니는 음악적 재능이 있어 보이니까 다른 것은 차치하고 줄리아드로 보낼 거야." 하는 식이다. 그러나 내가 설명한 접근 방식에는 이렇게 조기에 경로를 정하도록 할 만한 것이 본래 존재하지 않으며, 오히려 그 반대이다. 강점을 조기에 발견하는 것은 아이가 어떠한 경험을 통해 이익을 얻을 수 있는지 미리 알 수 있기 때문에 큰 도움이 될 수 있다. 약점을 조기에 발견하는 것 역시 마찬가지로 중요하다고 생각한다. 만약 약점을 조기에 파악하게 된다면 너무 늦기 전에 중요한 기술 분야를 포함하여 이를 다룰 수 있는 대체 방안을 모색할 기회가 될 수 있기 때문이다.

우리는 현재 그러한 개인 중심 학교를 실행할 기술적·인적 자원이 있다.

이것의 성취 여부는 현재의 획일적이고 1차원적인 평가 방식의 엄청난 압박을 견뎌 내고자 하는 의지에 달려 있다. 국가나 지역 신문들을 보면 학생, 교사, 주, 심지어 국가 전체를 일종의 암호화된 IQ 테스트 같은 한 가지 측면이나 기준으로 비교하려는 압력이 강하다는 사실을 발견하게 된다. 내가 기술한 내용은 세계의 특정 관점과는 반대 입장에 있다. 그러나 분명한 것은 나는 한 가지 방향으로만 생각하려고 하는 사고방식에 경종을 울리고자 한다는 것이다.

나는 우리 사회가 고통받는 이유는 세 가지 편견 때문이라고 생각한다. 나는 이것들에 '웨스티스트(Westist)' '테스티스트(Testist)' '베스티스트(Bestist)'라는 별칭을 붙여 보았다. '웨스티스트'는 소크라테스까지 거슬러 올라가는 특정 서구 문화적 가치를 지향하는 것이다. 예를 들어, 논리적인 사고는 중요하다. 이성은 중요하다. 그러나 이들만이 가치 있는 것은 아니다. '테스티스트'는 즉각적으로 시험할 수 있는 인간의 능력 또는 접근 방식에 초점을 맞추는 편견을 의미한다. 가끔 그런 경우가 있을 수 있지만, 만약 시험할 수 없다면 관심을 둘 만한 가치가 없다는 것이다. 나는 평가가 훨씬 광범위하고 현재보다 훨씬 더 인간적이 될 수 있기 때문에 심리학자들이 사람에게 순위를 매기는 데 더 적은 시간을 쓰고 이들을 돕는 데 더 많은 시간을 써야 한다고 생각한다.

'베스티스트'는 데이비드 핼버스탐(David Halberstam)의 저서 『최고의 엘리트들(The Best and Brightest)』(1972)을 은밀히 말하는 것이 아니다. 핼버스탐은 아이러니하게도, 1960년대에 워싱턴으로 부름받아 케네디 행정부를 지원하고 그 과정에서 베트남 전쟁을 발발케 했던 하버드 교수진을 언급하였다. 나는 주어진 문제에 대한 모든 해답이 논리수학적 사고방식과 같은 특정 접근 방식에 있다고 생각하는 확신이 매우 위험할 수 있다고 생각한다.

가장 중요한 것은 인간의 지능이 다양하다는 점을 인식하고 이러한 지능을 모든 방식으로 조합하여 육성하는 것이다. 우리 모두는 지능을 조합하는 방식이 서로 다르기에 다른 사람들과 크게 다르다. 내가 생각하기에 만약 이를 인식하게 된다면 세상에서 직면하는 많은 문제에 대해 좀 더 나은 방향에서 해결할 수 있는 기회를 가지게 될 것이라 본다. 만약 인간 능력의 다양한 측면을 잘 운용할 수 있다면, 사람들은 자신에 대해 더 낫고 만족스럽게 느끼게 될 뿐만 아니라 더 큰 참여 의식을 가지고 대의를 위해 노력하는 국제 공동체에 더욱 기꺼이 동참하고자 할 것이다. 우리가 인간 지능을 충분히 활용하면서 윤리적인 방식으로 이를 운용해 간다면, 지구상에서 인간이 생존할 가능성을 높일 뿐 아니라 더 나아가 인간의 번영에 기여할 수 있을 것이다.

제7장
다중지능과 관련한 오해와 메시지에 대한 고찰

Phi Delta Kappan, 1995, 77(3), 200-209.

때로는 10년간의 침묵이 좋을 때도 있다. 나는 1983년에 다중지능이론을 소개한 『마음의 틀(Frames of Mind)』을 출간했다. 오늘날의 지능이 심리학 중심인 데 대해 비판적이었던 나는 뭔가 동료 심리학자 간에 논쟁이 불거지기를 기대했고, 이러한 나의 생각은 틀리지 않았다.

나는 다중지능에 대해 교육자들이 대체로 긍정적인 반응을 보이는 것에 대해 준비가 되어 있지 않았다. 당연히 이러한 반응에 기뻤으며, 이에 자극을 받아 다중지능이 가진 영향력을 떨칠 수 있는 몇 가지 프로젝트에 착수하였다. 또한 학교와 교실에서 다중지능을 접목시킨 수많은 시도를 보면서 기쁨은 물론, 때로는 감동까지 느꼈다. 그러나 대체로 비판에 대해 직접적으로 반응하는 것을 제외하고는(Gardner, 1987b), 다중지능이론 그 자체에 관한 새로운 생각에 대해서는 침묵을 지켰다.

1993년에 나 스스로 부여한 침묵이 두 가지 방식으로 깨졌다. 『마음의 틀』

이 출간된 지 10주년이 되어 기념판을 발행하게 되면서 짧고 반성적인 서문을 쓰게 되었다. 동시에 출판사에서도 다중지능이론을 뒤이어 수행된 일부 실험들을 연대순으로 정리한 논문들을 엮어『다중지능: 이론과 실제(The Theory in Practice)』(1993c)를 발간하였다. 이 책의 대부분은 하버드 프로젝트 제로에서 수행한 실험들이었지만, 기타 다중지능 계획(MI initiatives)에 관련한 내용도 기술되어 있다. 이 책을 통해 다중지능이론을 겨냥한 다른 비판에 대해 대응할 기회가 생겼음은 물론, 가장 자주 받는 질문들에 대해 공개적으로 답변할 기회를 얻게 되었다.

『마음의 틀』이 출간되고 몇 년 동안은 다중지능이론이 무엇이고, 이것이 학교에서 어떻게 적용될 수 있을지에 대한 수백 가지의 논의를 듣고, 읽고, 보았다. 지금까지는 다중지능이론이 스스로 이론적 맥락을 이어 가고 있음에 만족해 왔다. 평소 나는 '아이디어들을 조합(ensemble of ideas; 혹은 밈: 비유전적 문화 요소—역자 주)'해서 바깥세상에 내놓고 나면 이러한 '밈(meme)'들이 자생하도록 내버려 두는 편이다. 그러나 이제 내가 읽고 관찰한 바에 비추어 볼 때 일련의 새로운 '밈'을 세상에 고할 때가 왔다고 보았다.

이 장의 두 번째 부분에서 나는 다중지능과 함께 성장한 일곱 가지 오해를 밝힌 후 이들과 상호보완적인 일곱 가지 '현실'을 제시함으로써 다중지능과 관련한 기록의 오류를 수정하고자 한다. 세 번째 부분에서는 학교에서 시행된 다중지능과 관련한 일련의 실험들을 관찰한 결과를 반영하여 이를 통해 교육을 향상시킬 수 있는 세 가지 주된 방식에 대해 설명하고자 한다.

다음에는 다중지능이론을 다중지능 실제와 따로 떼어 놓고 논하지 않을 것이다. '다중지능'은 이론으로 출발했지만, 거의 출발하자마자 바로 실제에 적용되었다. 이론과 실제 간에 교류할 준비가 되었고, 지속적이었으며, 대부분 생산적이었다.

오해 1: 지금까지 일곱 가지(혹은 그 이상의) 지능을 파악하였고, 하나의 지능에 7개의 문항을 만들어 7점(혹은 그 이상의 점수)을 획득할 수 있어야 한다.

현실 1: 다중지능이론은 통상적 계량심리학(psychometrics-as-usual)을 대표적으로 비판한다. 일련의 다중지능 테스트는 다중지능이론의 주요 원리와 일치하지 않는다.

의   견: 내가 생각하는 지능의 개념은 인간의 두뇌 및 인간의 문화에 대한 축적된 지식에서 나온 것이다. 지능은 선험적(a priori) 정의의 결과도, 테스트 점수를 인자별로 분석한 결과도 아니다. 즉, 언어 또는 논리 지능 중심의 일반적인 지필 검사 형태가 아니라, '공평한 지능검사(intelligent-fair)'를 통해 평가하는 것이 중요해진다.

따라서 누군가가 공간 지능이 어느 정도인지 확인하기를 원한다면 그가 잠시 공간에 대해 탐구한 다음 그에 대해 확실하게 파악해 내는지를 확인하여야 한다. 또 누군가가 음악 지능을 검사하기 원한다면 상당히 친숙한 표현 방식으로 새로운 멜로디에 노출시켜 그 사람이 얼마나 즉각적으로 그 멜로디를 인식하고, 노래하며, 변형하는지 등의 음악에 대한 반응을 살펴보아야 한다.

다중지능을 평가하는 것이 모든 사람에게 우선순위가 될 필요는 없다. 그러나 개인의 지능을 평가할 필요가 있거나 이것이 득이 될 것이라고 판단될 경우, 개인에게 (정해진 역할의) 친숙한 도구가 있는 편안한 환경에서 평가를 수행하는 것이 최선의 방식이다. 이는 의도적으로 친숙하지 않은 도구들을 사용하게 하여 맥락 없는 활동으로 개인을 평가하는 일반적인 형태의 시험 개념과는 다르다. 그러나 원칙적으로는 지능을 공정히 평가하는 새로운 대안을 고안하지 못할 이유도 없다. 스펙트럼(Spectrum), 아트 프로펠, PIFS(Practical Intelligence for School) 등의 프로젝트에서 그렇게 유용한 도구를 만들어 내는 것이 우리의 목표였다(Gardner, 1993c; 제13장 및 제19장 참조).

오해 2: 지능은 영역(domain) 또는 학문(discipline)과 동일하다.
현실 2: 지능은 새로운 구성체로, 영역이나 분야와 혼동해서는 안 된다.

의　견: 이러한 오해가 퍼져 나간 것에 대한 책임은 상당 부분 내가 져야 할 것이다. 『마음의 틀』을 쓰면서 지능을 기타 관련 개념과 구분 짓는 데 신중했어야 했다. 미하이 칙센트미하이(Mihaly Csikszentmihalyi), 데이비드 펠드만(David Feldman)과의 대화를 통해(Feldman, Csikszentmihalyi, & Gardner, 1994 참조) 지금 와서 깨닫게 된 것은 지능이란 생물학적 · 심리적 잠재력이자 개인에게 영향을 미치는 경험적, 문화적, 동기적 요소의 결과로, 이러한 잠재력은 더 큰 수준에서 혹은 더 낮은 수준에서 발현될 수 있다는 것이다.

이에 반해, 영역이란 통상 구체적인 기호체계와 그에 수반하는 작업 등으로 특정되는 '문화' 안에 존재하는 활동들을 조직적으로 모아 놓은 것이다. 개인이 가볍지 않은 마음으로 참가하고, 전문성을 파악 가능하며, 육성 가능한 수준의 문화적 활동이라면 영역으로 간주될 만하다. 따라서 물리학, 체스, 조경, 랩 음악 등은 모두 서구 문화의 영역이다. 어떠한 영역이라도 몇 가지 지능을 통해 실현될 수 있다. 따라서 음악 공연 영역은 음악 지능은 물론, 신체 운동 및 개인 지능과 관련된다. 마찬가지로 공간 지능 같은 경우는 조각에서부터 항해, 신경해부학적 연구에 이르기까지 무수히 많은 영역에서 활용될 수 있다.

결국 분야(field)는 이미 설립되었거나 새로이 구축된 영역 내에서 개인이 (자신의 특정 지능을 가지고) 빚어낸 결과물의 수용성(acceptability) 및 독창성(creativity) 등을 판단하는 개인과 단체들의 조합이다. 이 분야에서 품질에 대한 판단은 구성원이 활동하는 것과 별개로 이루어질 수 없다. 주목해야 할 점은 이들 분야의 구성원과 그들이 사용하는 기준은 시간이 지남에 따라 바뀔 수 있고 바뀐다는 것이다.

오해 3: 지능은 '학습 양식' '인지 양식' 또는 '작업 양식'과 동일하다.

현실 3: 양식(style) 개념은 상상할 수 있는 모든 것에 대해 개인이 동일하게 적용할 수 있는 일반적 접근 방식을 나타낸다. 이에 반해 지능은 각각의 요소마다 처리하는 과정이 다르기 때문에 음악 소리나 공간 패턴 등과 같이 구체적인 내용이 무엇인가에 따라 다르게 적용되는 수용력을 지닌다. 내가 생각하는 지능이 높은 사람은 특정 형태의 정보나 내용을 매우 효율적으로 처리할 수 있는 사람이다. 예를 들어, 주디는 새로운 멜로디를 쉽게 익히기 때문에 음악 지능이 높다. 그러나 익숙지 못한 지형을 이해하고 완전히 익히는 것은 힘들어하므로 공간 지능이 약하다.

의　견: 지능과 양식 간의 차이점을 강조하기 위해서는 이러한 차이를 고려할 필요가 있다. 만약 인간이 '반성적 양식'이나 '직관적 양식'을 가졌다고 규정한다면, 이는 한 개인이 언어, 음악, 사회 분석에 이르기까지 전반적으로 반성적이거나 직관적일 거라고 추정할 것이다. 그러나 이러한 주장에는 실제 조사가 필요한 경험적 추정이 반영되어 있다. 음악에 있어 개인은 반성적이어야 하지만, 수학적인 사고를 요하는 부분에서는 그렇지 않을 수 있다. 누군가 사회 영역에 있어서는 매우 직관적이지만, 수학이나 기계에 한한 한 그렇지 않을 수도 있다.

　　개인적인 견해로는 내가 생각하는 지능의 개념과 다양한 양식 개념 간의 관계를 각 양식별로 경험적으로 처리해 나가야 한다고 본다. 여기에서 말하는 양식은 칼 융(Carl Jung), 제롬 케이건(Jerome Kagan), 토니 그레고릭(Tony Gregoric), 버니스 매카시(Bernice McCarthy) 등 양식에 관한 전문 용어를 창안한 사람들이 말하는 양식과 같다고 가정할 수 없다. 양식을 한 가지 환경이나 한 가지 내용(content) 안에서 생각하는 사람이 다른 다양한 내용에서도 반드시 그렇게 할 것이라고 가정할 만한 근거가 부족하다. 하물며 양식을 지능과 동일시할 만한 근거는 더욱 부족하다.

오해 4: 다중지능이론은 실증적이지 않다.

(오해 4의 변형: 다중지능이론은 실증적이나 틀렸음이 입증되었다.)

현실 4: 다중지능이론은 전적으로 실증적 근거를 바탕에 두고 있으며, 새로운 실증적 결과에 의해 수정될 수 있다.

의　견: 오해 4를 주장하는 사람들은 『마음의 틀』을 읽지 않았을 것이다. 이 책에서 문자 그대로 수백여 개의 실증적 연구를 검토하였고, 실제 지능들을 파악했으며, 실증적 결과를 바탕으로 기술하였기 때문이다. 『마음의 틀』에서 상술한 지능들은 즉각적으로 논의될 수 있고 비판받을 수 있는 것으로, 낟알 크기(grain size)의 정신 능력을 규명하고자 했던 나의 최선의 노력을 대표적으로 나타낸 것이다.

실증에 기반을 두지 않은 이론은 결코 영구적일 수 없다. 모든 주장은 새로운 결과물에 비추어 흔들릴 수 있다. 지난 10년 동안 1983년 버전의 다중지능이론과 관련한 실증적 증거를 수집하고 반성해 왔다. 따라서 '마음 이론'에서 다룬 어린이 발달에 관한 연구 및 개인이 사회적 판단 감각을 상실하는 것을 다룬 병리학 연구 등을 통해 인간친화 지능이 중요하고 독립적이라는 새로운 증거를 얻게 되었다. 반면, 음악적 사고와 공간적 사고 간에 밀접한 관련이 있다는 결과를 보고 이전에 독립적이라고 생각했던 능력들 사이의 가능한 관계에 대해 고찰하게 되었다. 다른 많은 증거가 있지만, 무엇보다 중요한 것은 다중지능이론이 연구실과 현장에서 새로이 발견된 것이기에 지속적으로 재정립되고(reconceptualized) 있다는 사실이다(오해 7 참조).

오해 5: 다중지능이론은 유전론적 입장에서나 환경적(문화적) 내용에 있어서나 'g(일반 지능)'와 양립할 수 없다.

현실 5: 다중지능이론은 'g'의 존재 자체가 아니라 그 분야와 'g'의 설명력에 의문을 제기한다. 마찬가지로 다중지능이론은 특정 지능이 지닌 유전율에 대한 문제에 중립적이며, 유전자-환경 상호작용의 중요성도 강조하지 않는다.

의 견: 'g'에 대한 관심은 주로 학업 지능을 탐구하는 이들과 시험과 성적 간의 상관관계에 대해 고민하는 이들로부터 나왔다. [최근 'g'에 기반을 둔 신경생리학적 가능성에 대해 관심을 갖기 시작해 'g'가 낮은 경우 어떠한 사회적 결과가 야기될 수 있는지를 다룬 『종형 곡선(Bell Curve)』(Herrnstein & Murray, 1994)이 출간되면서 촉발되었다.] 나는 전통적 'g' 연구에 대해 대체로 비판적이지만, 이것이 과학적으로 부적절하다고는 생각하지 않으며, 특정한 이론적 목적을 위해 'g'를 활용하는 것에 대해서는 기꺼이 받아들이고 있다. 나의 관심은 'g'로는 다룰 수 없는 지능과 지적 과정에 초점이 맞추어져 있다.

심리학의 주요 동력이 지능의 유전율(heritability)에 관한 연구였다면, 나의 연구는 이러한 방향에 맞추어져 있지 않았다. 나는 인간의 능력, 인간의 다양성이 유전적 근거를 가지고 있다는 점을 의심하지는 않는다. 오늘날 어떠한 과학자가 이에 대해 의심할 수 있겠는가? 더불어 나는 행동유전학, 그중에서도 따로 떨어져 자란 쌍둥이가 특정 사안(issue)에 있어 동일 행동을 보인다는 사실을 믿는다. 그러나 대부분의 생물학적 정보를 가진 과학자들처럼 나는 '유전과 학습'이라고 하는 이분법적 사고를 거부하고, 대신 수정되는 그 순간부터 유전과 환경적 요소 사이에 상호작용이 이루어지고 있음을 강조한다.

오해 6: 다중지능이론에 모든 심리학적 구조가 포함될 정도로 지능에 대한 개념이 크게 확장됨으로써 유용성은 물론, 단어가 지닌 내재적 의미의 가치를 떨어뜨린다.

현실 6: 이러한 주장은 간단히 말해 잘못된 것이다. 나는 표준적인 방식으로 지능을 정의하는 방법은 우리의 사고를 협소하게 조여서 특정 형태의 학업 성취를 마치 인간의 능력 범주를 총망라하는 것처럼 다루어 지적 능력 검사만으로 똑똑하지 못한 사람이 되어 버린 이들을 업신여기게 하였다고 생각한다. 게다가 나는 재능과 지능 간의 구분을 거부한다. 소위 지능이라는 용어는 단순히 언어상 그리고/또는 논리수학적 영역에 관한 '재능의' 집합이라 생각하기 때문이다.

의 견: 다중지능이론은 지적 능력(intellect)에 관한 것이자 인지적 측면에 있어 인간 마음에 관한 것이다. 나는 완벽하게 자립심을 획득하지 못한 지능의 측면에서 이를 다루는 것이 누군가 지적 능력을 단일한 '종형 곡선'으로 상정하는 것보다 인간의 사고 개념을 더욱 지속 가능한 것으로 나타낸다고 생각한다.

그러나 주목할 것은 다중지능이론은 지적 능력을 넘어선 이슈를 다루는 것과 관련된 어떤 주장도 하지 않는다는 것이다. 다중지능이론은 개성, 의지, 도덕성, 주의력, 동기 및 여타의 심리학적 구조에 관한 것이 아니며, 이러한 개념을 다루는 척도 하지 않는다. 또한 주목해야 할 것은 다중지능이론은 어떠한 교훈 또는 가치의 조합이 아니라는 사실이다. 지능은 윤리적으로 또는 반사회적으로 사용될 수 있다. 시인이자 극작가인 요한 볼프강 폰 괴테(Johann Wolfgang von Goethe)와 나치 선전부 장관이던 요제프 괴벨스(Joseph Goebbels)는 둘 다 독일어의 달인이었으나, 각자의 재능을 사용한 방식은 달랐다.

오해 7: 영적 또는 유머 지능과 같은 추가적 지능도 있다.

현실 7: 이 부분은 지속적으로 연구하고 있다.

의 견: 앞에서 언급한 바에 따라 논쟁의 대상이 되었던 1983년 버전의 다중지능이론을 수정하는 것은 현명하지 않다고 생각했다. 그러나 최근 해당 목록에 추가는 가능할 수 있겠다고 생각했다. 『마음의 틀』을 다시 쓴다면 자연탐구 지능을 여덟 번째 지능으로 추가할 것이다. 즉각적으로 동식물을 알아볼 수 있는 사람, 자연세계에서 각기 다른 자연 현상을 구별할 수 있는 사람, 또한 이러한 능력을 생산적으로 (사냥, 농경, 생물과학 등에) 사용할 수 있는 사람이라면 중요한 지능을 행사하고 있으며, 현재 목록상에 충분히 다루지 못하고 있는 지능을 발휘하고 있는 것이라고 생각한다. 찰스 다윈(Charles Darwin)이나 E. O. 윌슨(E. O. Wilson) 같은 인물이 이러한 자연탐구 지능에 있어 우수성을 나타냈으며, 청소년(및 다른 나이 대의 일부)은 소비 문화에 있어 시동차, 운동화 또는 헤어스타일 종류를 구분할 때 이러한 자연탐구 지능을 발휘한다.

나는 몇몇 2차 자료에서 영적 지능이 존재하며 내가 이러한 영적 재능을 지지한다고 기록한 내용을 읽은 적이 있으나, 이는 사실이 아니다. 내가 '영성'과 '영적 개인'이 가진 의미에 대해 흥미를 갖게 된 것은 맞다. '영성'을 지능 목록에 추가하는 것의 적절성 여부를 입증하는 데 있어 인간 능력에 대해서는 확실히 주류 심리학계에서 논의되고 있는 사항들을 살펴보아야 할 필요가 있다. 현재로서는 큰 질문들을 제기하고 숙고하는 인간의 능력을 나타내는 '실존 지능'의 존재 가능성에 대해 더 논하고 싶다.

누군가 해당 목록에 대한 오해를 지속적으로 추가한다면 다음과 같은 것이 유력할 것이다. '다중지능이론을 기준으로 한 교육적 접근은 단일하다.'

내가 이러한 오해에 대해 동의하지 않음은 분명히 밝혔다고 생각한다. 더불어 다중지능이론은 결코 교육적 처방전이 아님을 분명히 하고 싶다. 마음의 작동과 교육적 실천에 관한 심리학적 주장에는 항상 차이가 있으며, 이는 특히 교육 목표를 명확하게 설정하지 않은 채 개발된 이론에 분명하게 나타난다. 그리하여 나는 교육적 논의에 있어 교육자들이 다중지능이론을 그들의 교육에 적용해 주기를 바랐다.

사실 기록된 것과는 다르게 다중지능이론은 트래킹, 재능 교육, 학제 간 교육 과정, 수업 일자 배치, 학년 기간 등을 비롯한 기타 교육과 관련한 많은 쟁점을 포괄할 만한 입장이 아니다. '다중지능 적용 노력'을 장려하려 했지만 일반적으로 내 조언은 전통 중국 속담의 '백화제방', 즉 다양한 의견이 있다는 것을 반복하는 것에 지나지 않았다. 그저 종종 다양한 출신의 어린 학생들 사이의 소통을 촉진하기 위해 '다중지능 교과과정'을 사용해 생물학이나 사회학 연구의 중추적 원칙을 학생들이 연출하고 무대로 꾸민 연극 공연을 통해 담아내는 등의 결과와 마주했을 때 놀라고 기뻤다.

그러나 다중지능적 교육을 수행하는 데 있어 '정도'는 없지만, 일부에서 현재 행하고 있는 노력이 내가 수립하고 구현하고자 했던 정신에 위배됨은 물론, 앞에서 기술했던 오해들을 구현하고 있다고 확신하게 되었다. 몇 가지 납득하기 어려운 것은 다음과 같다.

- 전 지능을 활용하여 일체의 내용(contents)과 주제들(subjects)을 가르치려고 하는 시도. 다음에 제시하듯이 대부분의 주제(topics)에 대해서 다양한 경로로 접근이 가능하다. 그러나 모든 주제에 대해 최소 일곱 또는 여덟 가지 방식을 통해 효과적으로 접근할 수 있다고 해 봐야 큰 의미가 없으며, 단지 시간과 노력의 낭비일 뿐이다.

- 특정 지능을 발휘하는 체만 해도 충분할 것이라는 믿음. 언젠가 한 학급에서 운동 자체가 일종의 다중지능의 내용을 나타낸다는 가정하에 아이들에게 팔을 움직이게 하거나 뛰도록 하는 것을 본 적이 있다. 물론 운동이 나쁘다는 것은 아니다. 그러나 무작위로 근육을 움직이는 것은 사고의 함양과도, 심지어 신체와도 아무 상관이 없다! 또한 활동이 과도한 청소년이 반드시 신체운동 지능이 뛰어난 것은 아니다.

- 지능을 일종의 배경으로 도구적으로 활용하는 것. 일부 학급에서는 음악을 틀어 놓은 채로 독서나 수학 문제를 풀도록 한다. 이제는 나도 음악을 틀어 놓고 일하고 싶다. 그러나 연주에 초점을 맞추지 않는다면 음악이 가진 기능은 수도꼭지에서 물이 떨어지는 소리, 팬이 돌아가는 소리와 다를 바 없다.

- 지능을 주로 기억술로 사용하는 것. 어떠한 목록을 기억할 때 그것을 노래로 부르거나 심지어 암송하면서 춤을 추면 기억하기 용이하다는 것이다. 물론 기억을 돕기 위해 이러한 방식에 의존하는 것에 무조건 반대하는 것은 아니다. 이러한 도구로의 활용은 본질적으로 사소한 일이다. 중요한 것은 다음에서 주장하는 바와 같이 음악적으로 생각하고 음악의 구조적 측면을 그려 내어 생물학적 진화나 역사적 순환 등에 대한 개념을 밝혀내는 것이다.

- 지능을 필요로 하는 어떤 것과 혼동하는 것. 이는 특히 개인 지능에 있어 두드러지게 나타난다. 인간친화 지능은 다른 사람을 이해하는 것과 관계가 있는데, 종종 이를 협동 학습을 위한 자격쯤으로 왜곡하거나 외향적인 사람에게만 적용한다. 자기성찰 지능은 스스로를 이해하는 것과 관련이 있는데, 이를 자존감 향상 프로그램쯤으로 왜곡하거나 혼자 지내는 사람이나 내향적인 사람에게만 적용한다. 잡다한 방식으로 이러한 용어를 사용한 사람의 경우 지능에 대해 내가 쓴 글을 읽어 본 적이 없다는 인상을 강하게 받는다.

- 맥락(context)이나 내용(content)에 상관없이 직접 지능을 평가하는 것 (심지어 점수 매기는 것). 지능은 한 개인이 문화를 통해 생산적 활동을 수행하는 과정 속에 나타나게 되어 있다. 일반적으로는 이런 방식으로 학습하거나 익혀야 한다. 나는 개인을 '언어적' 또는 '신체운동적'인 측면에서 평가할 수 있는 요인이 거의 없다고 생각한다. 오히려 이로 인해 불필요한 관리 및 분류 형식이 새로이 도입되어야 한다. 부모 입장에서 (또는 교육을 지지하는 사람으로서) 나는 어린아이들의 지능 활용 방식에 관심이 있다. 아이가 특정한 목표를 위해서 어떤 지능에 있어서는 강한 면이 있고, 어떤 지능에 있어서는 약하다는 사실은 타당해 보인다. 그러나 이를 학생들이 의미 있는 활동을 수행하는 데 동원하고 심지어 등급화하여 분류하는 것은 성급하고 잘못되었다.

앞서 다중지능이론을 적용하는 데 있어 일부 문제 사례를 제시하였다. 이제부터는 다중지능이론을 학교에서 적용할 수 있는 혹은 적용해 왔던 세 가지 긍정적 사례를 제시하고자 한다.

1. 추구하는 최종 상태로의 함양   학교에서는 공동체는 물론, 더 넓은 사회에서 가치 있다고 인정받을 수 있는 기술 및 역량을 함양시켜 주어야 한다. 이처럼 추구하는 인재상 가운데 일부는 대개 학교에서 관심을 받지 못해 온 지능들을 포함해 특정 지능을 강조할 가능성이 있다. 예를 들어, 지역사회에서 어린이가 악기를 연주할 수 있어야 한다고 믿는다면 악기를 연주하기 위한 음악적 지능을 키워 주는 것이 학교의 가치가 된다. 마찬가지로 다른 이의 기분을 고려하고, 성찰적 자세로 자신의 삶을 계획할 줄 알며, 친숙하지 않은 분야에서도 자신만의 방식을 찾아낼 줄 아는 것 등을 추구한다면 각각 인간친화 지능, 자기성찰 지능, 공간 지능을 강조하게 될 가능성이 있다.

2. 개념, 주제, 분야를 다양한 방식으로 접근하기   오늘의 많은 학교 개혁가와 함께 나 역시 학교에서 너무나 많은 것을 다루려 하고 있으며, 그에 따라 학생들이 피상적으로 이해하는 (혹은 이해를 못하고 넘어가는) 것은 당연한 결과라고 생각한다. 주요 개념, 생성 아이디어, 중요 질문 등에 상당한 시간을 쏟고 학생들이 이러한 개념과 함의에 충분히 친숙해지도록 해야 하는 것이 맞다.

특정 사항에 시간을 쏟으려고 결정을 했다면 이러한 주제(topics) 또는 개념(notions)에 다양한 방식으로 접근하는 것이 가능해진다. 1,000개는 커녕 7~8개조차 필요 없지만, 당면 주제를 교육학적으로 적절하다 증명할 수 있을 정도는 되어야 한다. 여기에 다중지능이 개입된다. 『교육받지 않은 마음(Unschooled Mind)』(1991c)에서 밝힌 바와 같이, 거의 모든 주제에 대해 스토리텔링에서부터 공식적 토론을 통한 예술적 발견, '직접 해 보는' 실험이나 시뮬레이션에 이르기까지 다양한 방식으로 접근할 수 있다. 더불어 이러한 복수의 접근 방식은 장려되어야 한다.

다양한 관점에서 주제에 접근할 때 다음의 세 가지 바람직한 결과가 뒤따른다. 첫째, 모든 아이가 동일한 방식으로 학습하지 않기 때문에 더 많은 아이들이 이룰 수 있다. 나는 이러한 바람직한 상황을 "동일한 방으로 인도해 주는 여러 개의 창"이라고 명명하였다. 둘째, 교사가 다양한 방식으로 지식을 표현해 내는 것을 보면서 학생들은 한 가지 이상의 방식으로 특정 내용을 표현할 수 있는 자신 역시 전문가라는 생각에 안심한다. 셋째, 이해했다는 것을 한 가지 이상의 방법을 통해 나타낼 수 있기 때문에 복수의 접근 방식은 학생들이 새롭게 이해하게 된 것―여전히 어려움을 느끼는 것 역시―을 자신에게 편안하고 다른 사람들의 이해에 용이한 방식으로 나타낼 수 있다. 성과 기반 시험 및 전시는 학생의 다중지능을 바탕으로 맞춤의 형태로 이루어진다.

3. 교육의 개인화(personalization of education)   다중지능이론이 교육계에

서 주목받은 이유 중 하나는 다음 명제들의 조합이 강력한 지지를 받고 있기 때문이다. '우리 모두는 동일하지 않다.' '우리 모두는 동일한 마음을 갖고 있지 않다.' '만약 이러한 정신 과정 및 강점에의 차이가 부인되거나 무시되지 않은 채 존중된다면 대부분의 사람에게 교육은 가장 효과적으로 작용한다.' 나는 항상 다중지능은 그 이론과 실제에 있어 인간은 서로 다르다는 사실을 전제하고 있다고 믿어 왔다. 이론적인 차원에서는 모든 개인이 동일한 지적 수준을 갖고 있다는 사실이 유익하지 않으며, 실제적 수준에서는 교육에 있어 획일적 접근 방식이 단지 소수의 아이들에게만 적용될 수 있다는 사실을 전제한다.

'다중지능 학교'를 방문하면 나는 개인화에 대한 증거를 찾는다. 교육적으로 만나게 된 모든 이들이 인간이 서로 다르다는 점을 극도로 진지하게 받아들이고 있다는 증거, 이러한 차이점을 최대한 고려하여 수업 과정, 교수법, 평가 체계를 세우고 있다는 증거 등을 찾는다. 아이들이 계속해서 균질화된 방식으로 다루어진다면, 아무리 다중지능 포스터가 붙어 있고 참고 자료를 모두 갖추고 있다고 해도 내게는 별 쓸모없게 느껴질 것이다. 마찬가지로 교직원이 다중지능이론에 대해 들어 본 적이 있는지와 관계없이 나는 내 아이를 다음과 같은 특징이 있는 학교로 기꺼이 보내려 할 것이다. 아이들의 차이를 진지하게 받아들이고, 차이에 관한 지식을 아이 및 학부형과 공유하는 학교, 아이들이 점진적으로 스스로의 학습에 대해 책임감을 가질 수 있는 학교, 알아야 할 가치가 있는 자료를 아이 스스로 터득할 수 있도록 학습하고 이해한 것을 다른 사람들(그리고 스스로)에게 나타낼 수 있는 최대한의 기회를 제공해 즐길 수 있도록 하는 학교이다.

나는 종종 다중지능적 실험을 하고 있는 학교에 대해 어떻게 생각하느냐는 질문을 받는다. 아마 그 질문은 이런 의미도 내포하고 있을 것이다. "가드너

씨 이름으로 수행되는 일부 학교의 사례를 보면 기분이 언짢지 않으세요?"

사실, 새로운 아이디어를 적용하려는 초기 노력이 굉장할 것이라고는 기대하지 않는다. 인간의 실험은 느리고, 어렵고, 이리저리 바뀌기 일쑤이다. 더불어 혁신적인 아이디어들을 초기에 적용하게 되면, 때로는 성의가 없고 피상적이며 심지어는 잘못된 방향으로 가게 되기도 한다.

중요한 것은 다중지능적 접근을 도입하고 2, 3년 또는 4년이 지난 후 학교에 어떠한 일이 생겼는가 하는 것이다. 대부분의 교육적 실험은 좋든 싫든 초기 계획의 취지를 잃는다. 때로 학교는 틀에 박혀 처음 시도했을 때 얻었던 긍정적 또는 부정적 교훈으로부터 아무것도 얻지 못한 채 처음 시작할 때와 동일한 절차를 반복하기만 한다. 이런 결과가 나오면 말할 필요도 없이 기분이 좋지 않다.

나는 다중지능에 대한 토론과 적용을 통해 학교 교육에 대해 좀 더 근본적으로 고민할 수 있는 교육적 환경이 조성되어야 한다고 본다. 다중지능의 주된 목표, 교수 방법론, 교육적 결과, 특히 특정 집단의 가치적 맥락에서 바라본 교육적 개념 등에 대한 논의가 필요하다. 또한 이는 곧 더 사려 깊은 학교 교육의 실천으로 이어지게 된다. 어떠한 이론을 구축하는 데 있어 그에 대해 대화를 나누고, 지지자들 (및 비판서) 사이에 형성된 네트워크를 확장하는 것은 중요한 과정에 속한다. 만약 이러한 논의와 실험을 통해 결과적으로 더 많은 개인화된 교육이 실현된다면 다중지능의 핵심이 구현된 것이라 본다. 더불어 이러한 개인화가 모든 아이가 가치 있는 (그리고 달성 가능한) 교육적 이해를 획득할 수 있다는 약속과 결합된다면 진정으로 강력한 교육적 기반이 형성되었다고 볼 수 있을 것이다.

다중지능적 시도는 여전히 진행형이며 변화하고 있다. 지난 수년간 이론과 관련한 새로운 생각들, 새로운 이해와 오해들, 새로운 적용이 나타났으며, 일각에서는 무척이나 고무되기도, 또 다른 한편에서는 그렇지 않기도 했다. 이러한 과정이 역동적이고 상호작용적이라고 입증된 것을 보니 흐뭇했다. 아무도, 심지어 창시자라고 해도 다중지능에 대한 지혜로운 측면과 어리석은 측면을 독점하지 않는다. 이론이 실제적인 성과와 좌절을 통해 변형된다 해도 실제를 풍부하게 해 주는 것이 이론이다. 다중지능 문제(issues)를 진지하게 받아들이는 집단이 급증하는 것은 나에게는 자부심일 뿐만 아니라 이 이론이 앞으로 수년간 지속적으로 살아남으리라는 것을 가장 잘 반증해 주는 것이기도 하다.

제8장
지능의 소유자는 누구인가

The Atlantic Monthly, 1999, 67-76.

 심리학자로서 나는 나와 내 동료 심리학자들이 지능(intelligence)에 대한 개념을 가지고 있다고 생각해 왔다. 나는 우리가 지능이라고 일컫는 이 단어가 외교계에서는 '정보(intelligence)'로 사용되며 쓸데없는 잡담 정도로 치부된다는 것을 알고 있다. 이처럼 심리학자는 지능을 과학적으로 연구하는 데 있어서 최소한 지금까지는 독점적이다.

 우리는 심지어 지능에 대한 과학적 기원이 어디에 있는지 정확히 제시할 수 있다. 이는 재능 있는 심리학자 알프레드 비네(Alfred Binet)로, 그는 20세기 초에 처음으로 지능검사를 고안해 냈다. 비네는 많은 심리학자의 영웅으로 예리한 관찰자이자 신중한 과학자였으며, 창의적인 공학자였다. 그러나 비네의 추종자들에게 있어 무엇보다 중요한 것은 종종 심리학의 위대한 승리라 여겨지는 도구를 비네가 고안해 내었다는 점이다. 비네의 이름을 들어본 적이 없는 수백만 명의 운명이 이 프랑스 심리학자가 영감을 준 도구에 의해 결정되었다. 또한 계량심리학자라 불리는 수천 명의 계측 전문가들은 비네의 발명 덕에 생계를 꾸려 나갈 수 있게 되었다.

그러나 비네가 고안한 지능은 장기적으로 성공했을지 모르지만, 오늘날에 이르러서는 가장 큰 위협에 직면해 있다. 많은 학자와 관찰자, 심지어 인습 타파적 심리학자들은 지능이 너무나 중요하기 때문에 계량심리학자들에게 이를 맡겨 둘 수 없다고 생각한다. 전문가들은 지능의 폭을 확장하여 감정 지능, 도덕 지능을 포함한 많은 새로운 지능을 제시하고 있다. 이들은 직접 적으로 뇌 활동을 측정하는 식의 검사에서 벗어나 다양하게 지능을 확인할 수 있는 새로운 방법을 실험 중이다. 이들은 이 사회에 많은 질문을 던진다. 지능이란 무엇인가? 어떻게 평가해야 하는가? 우리가 가진 지능이라는 개념 이 인간에게 있어 중요하다고 여기는 가치와 어떻게 부합하는가? 요컨대 제 목에서 제시한 것처럼 전문가들은 다음 세기 지능의 '소유권'을 놓고 경쟁하 고 있다.

계량심리학자들의 성공 스토리는 이미 잘 알려져 있다. 비네의 동료들은 영국에서, 또 독일에서 지능검사를 개념화하고 계량화하는 데 기여하였고, 이는 곧 IQ 테스트라는 이름으로 알려지게 되었다. (심리적 연령과 연대기적 나이 사이의 비율을 지능 지수로 지칭하였다. 나이는 많지만 IQ가 80인 아이보다 는 나이는 어리지만 IQ가 120인 아이가 나은 것만은 분명하다.) 또한 당시의 파 리 패션처럼 이와 같은 지능검사는 미국으로 쉽게 옮겨 갔다. 처음에는 정신 박약을 판단하는 데 사용되다 곧 '정상아' 평가를 위해 사용되었고, 이후에는 '영재'와 군 복무에 적합한 자를 판단하는 데 이용되었다. 1920년대에 이르 러서는 미국과 서유럽 대부분의 지역에서 교육 실습을 하기 위해서 당연히 거쳐야 하는 검사가 되었다.

일각에서는 초기 지능검사와 관련한 비판적인 목소리도 있었다. 영향력 있는 기자였던 월터 리프만(Walter Lippmann)은 미국 IQ 테스트의 '아버지'라 불리는 스탠퍼드 대학교의 루이스 터먼(Lewis Terman)과의 일련의 공개 토론을 통해 오랫동안 우려되어 왔던 부분—깊이 없는 질문, 질문에 담긴 문화적 편견의 가능성, 개인의 잠재력을 간단한 구술 혹은 기술 방식으로 평가하는 것이 지니게 될 높은 위험성—에 대해 처음으로 문제를 제기하였다. 당시 IQ 테스트는 많은 농담과 만화의 주제이기도 하였다. 계량심리학자들은 학문의 장과 학교와 병원의 검사실, 그리고 점점 커져 가는 은행 금고 사이를 왔다 갔다 하면서도 여전히 그들의 사업을 고수함으로써 자신의 측정도구를 방어할 수 있었다.

　비네와 터먼의 선구적인 공헌 이후로 수십 년이 지났지만 지능에 대한 개념이 발전하지 못했다는 것은 놀라운 일이 아닐 수 없다. 지능검사는 옳건 그르건 주로 개인이 학문적 또는 직업적 역할을 충족할 수 있는지를 판단하는 기술로 여겨졌다. IQ 테스트에 대한 가장 유명하면서도 다소간 자극적인 말 중 하나는 영향력 있는 하버드 심리학자 E. G. 보링(E. G. Boring)이 말한 "지능은 테스트로 테스트하는 것이다(Intelligence is what the tests test)."이다. 이러한 테스트가 테스트의 목표를 다하는 한, 즉 학업 성취에 대한 어떤 지표적 역할을 하는 동안은 IQ 테스트의 의미를 너무 깊게 조사한다든지, 그것의 대안을 모색한다든지 하는 등의 일이 필요해 보이지도, 현명해 보이지도 않았다.

　지능심리학자들은 주로 다음의 세 가지 질문에 대해 논쟁을 벌였다. 첫째, 지능은 하나인가, 아니면 다소 독립적인 지적 능력들이 다양하게 존재하는가이다. 20세기에 들어 영국의 심리학자 찰스 스피어맨(Charles Spearman)을 비롯하여 그의 제자 리처드 헌스타인(Richard Herrnstein)과 찰스 머레이(Charles Murray)[저서『종형 곡선(The Bell Curve)』으로 유명]에 이르기까지 그들은 단일하게 발생하는 'g'와 일반 지능 개념을 지키고 있다. 마음에 일곱 가지 벡터가 있다고 상정한 시카고의 서스톤(L. L. Thurstone)부터 지성인을 150개 요소를 가지고 구분한 캘리포니아의 길포드(J. P. Guilford)에 이르기까지 교활한 다원론자들은 지능을 일부 또는 심지어는 분리 가능한 많은 요소로 구성되어 있는 것으로 이해한다. 고생물학자 스티븐 제이 굴드(Stephen Jay Gould)는 그의 저서 가운데 가장 많이 인용되는 『인간에 대한 오해(The Mismeasure of Man)』(1981)에서 이와 같은 상반된 결론에 이르게 된 이유는 이러한 주제를 다루는 데 있어 '마음이 하는 방식'보다 통계학적 절차에 의한 대안적 가정을 단순하게 반영하였기 때문이라고 하였다. 그러나 심리학자들은 여전히 이 사안에 대해 논쟁을 벌이고 있으며, 다수의 심리학자들은 단일한 '일반 지능'에 공감한다.

일반 대중은 다소 논쟁적인 두 번째 질문인 지능(또는 여러 지능)이 대체로 유전되는가와 관련한 질문에 더 큰 흥미를 보인다. 이는 대체로 서구적 질문이라는 점에 주목해야 한다. 동아시아의 유교적 관점에서는 재능에 대한 개개인의 차이는 미미하며 성취 시 나타나는 차이는 대체로 노력의 차이로 인한 것이라고 본다. 그러나 서양에서는 루이스 터만(Lewis Terman)이 처음으로 심리학적 관점에서 강력히 주장한 의견, 즉 지능은 타고나는 것이며, 생득적으로 물려받은 양적인 지적 능력을 대체하기 위해 개인이 할 수 있는 일은 거의 없다는 의견에 대체로 동의한다.

다른 환경에서 자란 일란성 쌍둥이에 대한 연구는 정신 지능의 '유전성'을 놀라운 정도로 강력하게 지지한다. 즉, 누군가의 지능 테스트 점수를 예측하고자 한다면 비록 생물학적 부모와 그다지 접촉을 갖지 못했다 할지라도 입양한 부모의 정체성보다는 생물학적 부모의 정체성과 관련이 더 크다고 본다. 마찬가지로 일란성 쌍둥이의 IQ는 이란성 쌍둥이의 IQ보다 더 많은 유사점을 보인다. 또한 일반 상식과 (그리고 정치적 정당성과) 대조적으로 생물학적으로 친척 관계에 있는 이들의 IQ는 세월이 지나면서 서로 달라지기보다는 더 유사해진다는 것이다. 그러나 워낙에 행동유전학 연구라고 하는 것이 한계가 많아 인간의 양육과 관련한 유의미한 실험을 수행하는 데 어려움이 있다. 그리하여 정신 지능의 유전성과 관련해서는 지능이 대체적으로 환경적이라고 믿는 이들과 이 질문에 대해 전혀 대답을 할 수 없다고 믿는 이들로 극명하게 나뉜다.

　대부분의 학자는 정신 지능이 대체로 유전되지만, 아프리카계 미국인과 백인들 사이에 전형적으로 관찰되는 열다섯 가지의 차이점과 같이 그룹 간의 평균 지능지수 차이가 발생하는 원인을 정확히 찾아낼 수 없다는 사실에 동의한다. 왜냐하면 우리 사회에서 이 두 개 그룹에 대해 이루어진 현대적 (역사적 실험은 고사하고) 실험을 동일시할 수 없기 때문이다. 난제는 문자 그대로 색맹인 사회에서나 흑인과 백인 간의 차이점을 파악해 낼 수 있다는 것이다.

　일반인과 심리학자들의 흥미를 끄는 다른 질문은 지능검사가 편향적인가라는 것이다. 초기 지능검사를 보면 특정 항목들에 있어 문화적인 가정들이 상당하다는 것을 살펴볼 수 있다. 거기에는 명실공히 계급적 편견이 존재하고 있다. 공식적 연구 없이 부유층을 제외하고 폴로나 고급 포도주에 대해 답할 수 있는 이들이 누가 있겠는가? 거기에는 또한 감지하기 힘든 뉘앙스가 있다. 일반적으로는 길에서 돈을 주우면 경찰에게 돌려주는 것이 상식적이지만 만약 배고픈 아이가 돈을 줍는다면 어떻게 되겠는가? 또는 소수층에게 적대적으로 알려진 경찰력에 대해서는 어떠한가? 통상적으로 이러한 질문에 대해 표준적인 답이 정답이 되는 것이다.

　계량심리학자들은 명백하게 편견이 들어가 있는 사항들은 검사에서 제거하려고 노력해 왔다. 그러나 검사 상황 자체에 심어진 편견을 다루는 것은 훨씬 힘든 일이다. 예를 들어, 개인의 배경은 익숙하지 않은 장소에서 특정한 방식으로 옷을 입은 질문자의 지시를 받아 인쇄된 시험지를 손에 들었을 때 보이는 반응으로 나타난다. 또한 심리학자 클로드 스틸(Claude Steele)이 증명한 것처럼 편견은 개인이 자신의 지능이 측정되는 것을 아는 상황, 또한 사회지배적인 그룹보다 일반적으로 덜 똑똑하다 여겨지는 인종 또는 종족적 그룹에 속해 있는 상황인 경우에 좀 더 심각하게 나타난다.

　편견에 대한 이야기는 종종 일반적으로 검사들, 특히 지능검사가 본질적으로 중요한 기득권층의 도구라는 가정과 관련된다. 따라서 검사에 있어 선구자들이 스스로를 사회적 영역에 있어 진보주의자로 생각한 것에 주목해 볼 만하다. 이들은 '외따로 떨어진, 명백하게 열등한 배경' 출신이라 할지라도 재능이 있다면 그것을 드러낼 수 있도록 방법을 고안하였다. 또한 검사를 통해 지적으로 '다듬어지지 않은 원석'을 찾아냈다. 그러나 검사를 통해 특권계층에 있는 개인을 식별해 내는 것이 더 빈번하였다. 사는 지역과 IQ의 상관관계가 높았던 것이다. 여전히 풀리지 않는 IQ와 특정 사회계층 사이의 우연한 관계에 대한 물음은 사회과학 전반에 걸쳐 많은 논문을 양산하는 데 자극제가 되었다.

지능검사의 성공을 분명히 하는 증후 중 하나는 역설적이게도 검사 자체가 더 이상 널리 수행되지 않는다는 것에 있다. IQ 점수를 바탕으로 교육에 있어 중대한 결정을 내리는 것에 대한 독점권 소송이 잇따라 제기되자 많은 공립학교 관료들은 검사를 기피하게 되었다. 대체로 공립학교의 IQ 테스트는 인식된 문제(학습 장애가 의심되는 경우) 또는 선택 절차(영재 프로그램을 받을 자격이 있는지 판단) 등의 경우로 제한된다.

그러나 이러한 두드러진 걸림돌이 있음에도 지능검사와 그것의 기저를 이루는 사고방식이 실제 승리자가 되었다. 널리 사용되고 있는 많은 학업 측정 방식 가운데 최고는 미국 대학 입학 자격시험인 학업적성검사[Scholastic Aptitude Test; 얼마 전 학업평가검사(Scholastic Assessment Test)로 이름이 바뀌었는데 최근에는 그냥 간단하게 SAT라고 부른다]의 경우 표준 심리측정도구를 통해 나온 점수와 상관관계가 상당히 높은 것으로 지능검사의 복제품이라 할 수 있을 만큼 얄팍하게 위장한 지능검사이다. 사실상 오늘날 선진국에서 자란 이들 중 비네가 한 세기 전에 개발한 믿을 수 없을 정도로 간단한 발명품을 접하지 않은 이는 없을 것이다.

그러나 안심해도 될 것이, 지능에 대한 개념은 월터 리프먼(Walter Lippmann) 이래로 최근 몇 년 사이에 가장 강력한 도전을 받고 있다. 심리학을 통해 정보를 얻었으나 계량심리학자들의 가정에 얽매여 있지 않은 이들은 이렇게 공식적으로 이전의 신성불가침의 영역을 침범해 버렸다. 이들은 지능에 대한 개념, 지능의 측정 방법, 인간 지능을 고려할 때 어떠한 가치를 적용해야 하는지에 대해 자신들만의 개념을 개진해 왔다. 수년 만에 처음으로 기득권 층이 명백히 방어적 태도를 취했고, 새로운 세기적 분위기는 지능에 대해 기존과는 다른 사고방식으로 나아갈 듯한 가능성을 만들어 주었다.

과학의 역사는, 특히 현재 진행되고 있는 과학적 논쟁의 한가운데에 있는 경우 까다롭다. 지능의 재고에 있어 한 가지 분명한 요소는 심리학자가 아닌 인류학자들이 도입한 것으로, 이들은 지능에 대한 서구적 관점이 지닌 편협함에 주목하였다. 어떤 문화에서는 지능이라고 불리는 개념 자체가 없을 뿐만 아니라, 또 다른 문화에서는 서구에서 지능과 하등 관계가 없다고 할 만한 복종, 좋은 청취력, 도덕심 등과 같은 성격 특성의 차원에서 정의한다. 신경과학자들은 단일 혹은 일원화된 지능의 형태가 상당히 차별화되고 모듈화된 뇌 구조와 일치한다는 사실에 대해 회의적이다. 컴퓨터 과학자들은 지능형으로 보이는 프로그램을 고안해 냈는데, 이는 종종 인간 또는 여타의 동물의 문제 해결 방식과는 상당히 다른 해결 방식을 취한다.

최근 지능을 주제로 한 토론에 패널로 참여하게 되면서 대부분의 심리학적 논쟁이 편협하다는 사실을 절실히 깨닫게 되었다. 심리학자는 나밖에 없었다. 생태학자가 다른 동물들의 지능에 대해 알려진 내용을 요약·정리해 발표하였고, 수리물리학자는 문제의 본질에 대해 의식 및 지능 행동이 허용된 것으로 논하였다. 컴퓨터 과학자는 단순한 신경과 같은 단위에서 복잡한 구조가 구축될 수 있으며, 이는 지능은 물론 창조적인 행위까지도 드러나게 하는 시작점이라고 하였다. 이렇게 풍부한 생각을 가진 학자들의 말을 주의 깊게 들으면서 심리학자들이 과거에 지능이라는 용어를 소유한 적이 있었는가에 대해 회의가 들었음은 물론, 더 이상은 소유하고 있지 않다는 사실을 깨달았다. '지적이다'라고 하는 말의 의미는 결국 생물학적, 물리적, 수학적인 기초 지식을 요하는 심도 깊은 철학적 질문을 통해 드러날 수 있었다. 일단 누군가 미국교육평가원(Educational Testing Service: ETS)을 벗어나게 되면 금세 검사 점수들 간의 상관관계는 떨어지게 된다.

심리학계 내에서조차 토박이 심리학자들은 가만히 있지를 못했다. 그 가운데 예일 대학교 심리학자인 로버트 스턴버그(Robert Sternberg, 1985 참조)는 수십 권의 책과 수백 편의 논문을 쓴 열정적인 학자로, 그가 쓴 논저들의 다수는 어떠한 방식으로라도 지능에 초점이 맞춰져 있다. 스턴버그의 연구는 유추를 통한 문제 해결과 같이 표준검사 항목에 동원되는 실제적인 정신 처리 과정을 이해하기 위한 전략적 목적으로 시작하였다. 그러나 곧 지금까지 거부되어 왔던 두 개의 지능 형식을 고집함으로써 표준 지능검사의 구성요소를 뛰어넘게 되었다. 다양한 맥락에 적응할 수 있는 '실제적' 능력(오늘날 우리 모두가 반드시 분리하거나 줄이는)과 익숙한 활동을 자동화함으로써 효과적으로 새로움을 다루고 '창의적' 지능을 표출할 수 있도록 하는 능력이 그것이다.

스턴버그는 전문가들이 새로운 지능을 측정하는 데 지필 검사 방식을 선호하는 것이 문제라는 생각에 당시 표준 지능검사에 대해 비판적이었던 여타의 많은 사람보다도 더 이에 부정적이었다. 또한 새로운 정보를 다루거나 다양한 맥락에 성공적으로 적응하는 개인의 능력이 표준 IQ 테스트 방식의 문제 풀이로부터 차별화된다는 사실을 발견하였다. 새로운 지능검사를 만들고자 했던 그의 노력은 아직까지는 큰 성공을 거두지 못하고 있는 듯하다. 대부분의 계량심리학자는 웩슬러(David Wechsler)와 비네 같은 '정통' 보수학자로, 만약 새로운 검사가 상용화되려면 기존 도구들과 반드시 유의미한 상관관계를 형성해야 한다고 생각한다. 계량심리학계가 참신함에 대해 보이는 태도와 관련한 논의는 이쯤에서 마치겠다.

심리학계 내에서 집단의 이해관계에 비교적 자유로운 학자들은 지능 소유권을 둘러싼 다툼에 있어 정말로 한계를 초월하고 있다. 심리학자이자

기자이기도 한 다니엘 골먼(Daniel Goleman)은 1995년에 펴낸 『감성 지능 (Emotional Intelligence)』이라는 책으로 세계적인 명성을 얻게 되었다. EQ라 고도 칭해지는 이 새로운 개념이 IQ만큼이나 중요할 수 있다고 주장하는 골 먼은 누군가의 감성적 반응을 통제할 수 있는 능력, 그래서 다른 이가 보내 는 신호를 '읽을' 수 있는 능력에 대한 관심을 이끌어 낸다. 저명한 정신과 의 사인 로버트 콜스(Robert Coles)는 『아이들의 도덕 지능(The Moral Intelligence of Children)』(1997)을 출간하였다. 콜스의 관점에서는 ['콩코드'의 앞선 현인 랄 프 왈도 에머슨(Ralph Waldo Emerson)에 이어서] '성격이 지능보다 높다'. 콜 스는 가족에 도덕관념이 없어서 자녀들에게도 도덕관념이 없다고 비난하 며 우리가 어떻게 옳고 그름을 분별하는 감각을 기르는 인간, 자신의 이익 과 반대될 때에도 그러한 감각에 의지하여 행동하고자 하는 인간을 키울 수 있을 것인가를 보여 준다. 리더십 지능(Leadership Intelligence: LQ), 실 행 지능(Executive Intelligence: EQ 또는 EXQ), 심지어는 재무 지능(Financial Intelligence; 지금까지는 이 단어를 약어화하는 것을 피해 왔다)을 다루는 것에 대한 더 노골적인 속설이 있다.

콜스와 골먼의 노력처럼 '다중지능'과 관련한 나의 작업 역시 검사를 만드 는 데 있어, 또한 조작화하는 데 있어 심리학자가 가지는 신념을 외면한 채 로 이루어진다. 대신, 다음의 두 가지 질문에서 시작한다. 첫 번째는 인간의 생각/뇌는 수백만 년 동안 어떻게 진화했는가 하는 혁명적인 질문이고, 두 번째는 상대적인 질문으로서 전 세계적으로 다양한 공동체에서 가치 있다 여겨지는, 또는 가치 있다 여겨졌던 다양한 기술과 능력을 어떻게 설명할 수 있는가이다.

지능에 '포함'되기 위한 여덟 가지 기준과 상기 질문들로 무장한 채 나는 모 든 인간이 최소한 다음의 여덟 가지 지능을 보유한다고 결론지었다. 언어 및 논리수학(학교에서 가장 중요하게 생각하는 것이자, 지능검사를 위한 도구에서 좋 은 결과를 얻는 데 중심이 되는 지능), 음악, 공간, 신체운동, 자연탐구 지능, 그리고 인간에 초점을 맞춘 두 지능(대인관계 및 자기이해 지능)이 그것이다.

나는 지능에 대해 두 가지 상보적인 주장을 하고 있다. 첫째, 보편적인 주장으로 우리 모두 이 여덟 가지, 아니 아마도 그 이상의 지능을 보유하고 있을 것이다. '이성적 동물'이라고 인간을 한정하던 것에서 나아가 진정으로 인간이 의미하는 바가 무엇인지 새로운 정의를 부여해야 할 필요가 있다. 인지적인 관점에서 말하자면 '호모 사피엔스'로, 사피엔스라는 말에는 이러한 여덟 가지 형태로 정신 표현이 가능한 동물이라는 의미가 담겨 있다.

둘째, 개인적 차이에 관한 주장이다. 우연히 두 사람이 유전, 환경 및 상호작용에 있어 동일한 상황에 처했다고 해도 이 둘이 동일한 지능을 정확히 동일한 비율과 조합으로 드러내지는 않는다. 우리의 '지능 프로필'은 서로 다르다. 이러한 사실은 우리 교육체제에 대한 흥미로운 도전 및 기회가 있다는 것을 시사한다. 우리는 이러한 차이점을 무시한 채 모두가 동일한 것인 양 가장할 수도 있다. 역사적으로 보자면 대부분의 교육체제에서 이러한 자세를 취해 왔다. 아니면 이러한 차이점을 활용하도록 노력하여 교수와 평가를 최대한으로 개인화하는 방식의 교육체제를 만들어 나갈 수도 있다.

비네와 비네의 계승자들의 시대는 지나 이제 지능에 대한 사고 과정을 검토하고 예측해야 힐 때가 되었다. 내가 가진 비례를 예측하는 수성구가 다른 이들(이 종족의 경우 미래 지능이 부족할지도 모른다)의 것보다 명확하지는 않지만, 앞으로도 지능에 대한 관심이 사라지지 않을 것이라 해도 무방할 것이다.

우선 심리 측정 단체들은 그들의 의지를 좀처럼 굽히려 하지 않았다. 새로운 방식의 표준검사는 지속적으로 만들어지고 있으며, 때때로 새로운 테스트(카우프만 ABC)도 나타나고 있다. 심리 측정의 전통과 관련하여 조사자들은 그들이 가진 측정도구의 예측력에 대한 새로운 증거를 비롯하여 측정된 지능과 대상자의 삶의 기회 간의 상관관계를 대량으로 조사하여 자료를 축적하였다. 또한 상당히 흥미로운 점은 이들 중 일부는 지능과 관련한 생물학적 근거를 찾고 있다는 점이다. 즉, 지능을 '적재'하고 있을 수도 있는 유전자, 지능에 중요한 신경 구조, 또는 숨길 수 없는 뇌파 유형, 혹은 총명함을 인지적인 장애와 구분해 주는 신경 영상(neuro-imaging) 프로파일 등이 그 예이다.

심리 측정을 위한 다양한 방법을 고안해 내는 동안 지능에 대한 관심은 다른 방향에서 성장할 것으로 보인다. 이러한 성장을 돕는 것은 한편으로는 지능을 전시해 주는 기계의 발명이며, 다른 한편으로는 우리가 특정 지능 또는 지능들의 유기체를 유전적으로 조작할 수 있다는 가능성이다. 게다가 『종형 곡선』(Herrnstein & Murray, 1994)의 저자들만큼이나 다양한 연구자와 더불어 변호사이자 경제학자인 로버트 리치(Robert Reich)는 앞으로 다가올 대규모의, 어쩌면 불균형적인 사회에서는 컴퓨터 화면(또는 기술적으로 좀 더 진화된 형태의 기기) 앞에 앉아 숫자나 다른 종류의 기호를 조작하고, 그 결과에 따라 비즈니스는 물론 전쟁 게임에 이르기까지 다양한 것을 계획하고, 계획 및 전략, 전술을 제안할 수 있는 기호 분석가가 전망이 있을 것이라고 보았다. 이들은 앞으로 수십 년간 '지능'이 배태되는 방식을 다채롭게 할 수 있을 것이다. 마치 세기 초엽에 중간급 관료가 제국에서 시행될 지능검사의 초안을 만들 사람의 필요성을 느끼듯이 말이다.

지능에 대한 전망을 연구하면서 나는 세 가지 관점에서 진행되는 서로 다른 두 진영 사이의 대립을 발견하였다. 아직은 서로 규합되지 못한 채 서로의 입장만을 주장하고 있는 이들의 대립이 해결되는 정도와 방식에 따라 수백만 개인의 삶도 변화할 것이다. 솔직히 말하자면, 나는 이 세 가지 관점에서의 대립이 서로 밀접히 연관되어 있다고 생각한다. 첫 번째 대립은 다른 이들에게 이러한 문제를 해결할 수 있는 최적의 방식을 제공할 열쇠를 쥐고 있다.

첫 번째 대립은 우리가 지능에 대해 내리는 정의의 폭과 관련한 것이다. 한쪽은 기본적으로 한 가지, 즉 학업 및 학업과 유사한 형태의 활동에 있어

서의 성공만을 예측할 수 있는 지능을 믿는 전통주의자들(traditionalists)로 구
성되어 있다. 그리고 다른 한쪽에 이들을 반대하며 지능에는 다양한 형태가
있다고 믿는 진보주의적 다원주의자들(progressive pluralists)이 있다. 또한 일
부 다원주의자들은 지능의 정의를 상당히 넓혀 창조, 통솔 능력까지 포함하
여 감성 또는 도덕적 우수성 측면에서 두드러지기를 바란다.

두 번째 대립은 지능 평가와 관련된 것이다. 재차 말하지만 이는 전통적인
입장과 즉각적으로 부딪히는 것으로, 한때 지필검사에 동조하였던 전통적
성향의 실천가가 이제는 동일한 정보를 더 빠르고 더 정확하게 제공하기 위
해서 컴퓨터를 고려한다.

그러나 다른 입장들도 무척이나 많이 있다. '순수주의자들(purists)'은 복잡
한 심리학적 과제들은 무시한 채 반응 시간, 뇌파, 신경 영상 프로파일 및 기
타 '더 순수한' 심리학적 지능 측정 방식들을 살피는 것을 선호한다. '시뮬레
이터들'은 주요한 실제 능력들과 거의 흡사한 사실적인 실물 크기의 측정을
위해 반대 방향으로 나아간다. 또한 '회의론자'들은 지속적으로 확대되어 가
는 검사에 반대하며 경고한다. 이들은 심리 검사 요법으로 인해 개인의 삶의
기회와 자부심에 종종 피해가 발생한다는 점을 강조한다. 대신 이들은 덜 기
술 관료적(technocratic)이면서 좀 더 인도적인 방법을 요구한다. 시기 평가에
서부터 학생의 작품 포트폴리오 점검 및 사회적 형평성 서비스 사업의 선택
등이 여기에 속한다.

세 번째 대립은 지능과 인간에게 가치 있다고 여기는 자질 간의 관계에 관한 것
이다. 아무도 용감하게 지적 가치와 인간 가치가 동등하다고 주장하지 않으
면서 이 주제에 대해 미묘한 입장 차이를 보인다. 일부(『종형 곡선』 전통에서)
는 지능을 인간의 윤리 및 가치 체계와 밀접한 관계가 있는 것으로 본다. 이
들은 똑똑한 개인은 도덕적 복잡성(moral complexity)을 더 잘 파악할 가능성
이 있어 분별 있게 행동할 가능성이 높다고 예측한다. 다른 한편으로 누군가
는 지적 영역 간의 뚜렷한 구분을 통해 성격, 도덕, 윤리 등은 따로 구분해 주

기를 바란다. 이러한 문제들에 대해 이 사회가 가지는 양면적 가치는 매체의 영웅이 된 인물들을 통해 파악할 수 있다. 명석한 두뇌로 많은 사람에게 칭송받는 알버트 아인슈타인(Albert Einstein)이나 보비 피셔(Bobby Fischer) 같은 실제 인물을 영화화한 작품에서 주인공을 맡았던 포레스트 검프(Forrest Gump)나 천시 가디너(Chauncey Gardiner) 같은 이들은 정확히 어떠한 종류의 지능검사에서도 포착할 수 없는 인간의 특징을 포착해 연기해 냈기 때문에 가치를 인정받았던 것이다.

이러한 대립들을 고찰하면서 나는 가장 열띤 논의의 장이 펼쳐지는 곳은 지능에 대한 새로운 범위와 영역에 대해 철저하게 검토하고 있는 곳일 것이라고 생각한다. 지난 10년 또는 20년간의 작업 덕분에 심리측정학자들을 옥죄던 것들이 마침내 해소되었고, 이는 도움이 될 만한 발전을 가지고 왔다. 그러나 심리측정학자들은 일단 스킬라(Scylla)는 극복하였지만, 감정, 도덕성, 창의성 같은 모든 것을 '새로운 지능'으로 흡수하게끔 하는 카리브디스(Charybdis)의 소용돌이에 굴복할 위험에 처해 있다. 도전 과제는 새로운 통찰과 발견을 통해 등장한, 아직은 아니지만 면밀한 검토 과정을 견뎌 낼 지능의 개념을 기록하는 것이다.

이를 위해서는 유추가 도움이 될 수 있다. 누군가는 지능의 범위를 고무밴드로 나타낸다고 생각할 수도 있겠지만, 수년 동안 지능의 정의는 도전받지 않아 그 탄력성을 잃어버린 것처럼 보였다. 일부 새로운 정의들을 통해 범위가 확대되면서 상당히 팽팽해지고 탄력이 생겼지만, 여전히 지능에 대한 초기 작업과 밀접한 관련이 있다. 다른 정의들이 상당히 확장되어 마침내 밴드가 끊어져도 더 이상 초기의 작업들에 의지할 수는 없다.

지금까지 '지능'이라는 용어는 대체로 특정한 문제 해결과 관련된 언어 및 논리, 즉 변호사나 법학 교수가 수임료에 보이는 일종의 기술 정도에 국한되었다. 그러나 인간은 단어, 숫자, 논리적 관계 이외에도 다수의 다른 내용, 예를 들어 공간, 음악, 다른 인간의 마음 등을 다룰 수 있다. 고무밴드처럼 지능을 개념화할 때는 그 범위를 확장하여 다양한 내용을 다루는 인간의 기술까지도 포함해야 한다. 또한 우리는 다른 사람들이 제시했던 문제 해결에만 관심을 둘 것이 아니라, 하나의 또는 다수의 인간 지능을 통해 창조물(fashion products: 예술작품, 과학 실험, 효과적인 조직)을 고안해 내는 개인의 능력 또한 동등하게 고려하여야 한다. 고무밴드는 그렇게 넓게 확장된 것도 수용할 수 있다.

지능을 '세계의 내용물' 처리로 제한하게 되는 한, 우리는 인식론적 문제에 대해 계속해서 회피하게 된다. 그리고 회피함으로써 또 제한하게 된다. '지능'은 개성, 동기, 의지, 관심, 성격, 창의성, 기타 중요하고도 유의미한 인간의 능력을 포함하는 것으로 확장되어서는 안 된다. 그렇게 확장되다 보면 어느새 끊어질 가능성이 있다.

누군가 이러한 선을 하나 넘게 되면 무슨 일이 일어나는지 살펴보겠다. 예를 들어, 누군가 지능을 창의성과 융합하려고 시도하는 것이다. 정의를 시작으로 '창의적'이라는 기술어를 두 개의 기준을 충족하는 개인(혹은 작업이나 기관)으로 확장한다. 바로 ① 그들은 혁신적이다, ② 그들의 참신함은 결국 관련된 공동체나 영역에 받아들여졌다, 이러한 기준이다.

아무도 창의성이 중요하다는 점을 부인하지는 않는다. 또한 거의 모든 표준 절차(알고리즘)가 컴퓨터로 수행되는 미래에는 더욱더 중요하게 될 것이다. 그러나 창의성을 지능과 동일시해서는 안 된다. 한 사람의 전문가는 하나 또는 그 이상의 영역에서 똑똑하겠지만, 그 사람이 반드시 혁신적인 성향이 있어 성공적으로 혁신을 이룰 것이라고 볼 수는 없다. 마찬가지로 혁신할 수 있는 능력에는 분명히 어느 정도의 지능(또는 지능들)이 요구되지만, 지능과 창의성 측정치 간의 유의미한 상관관계를 아직까지는 확인할 수 없다. 실로 창의성은 다양한 정보 내용을 처리하는 데 있어 효율성보다는 특정 기질과 개성(위험 감수, 복원력, 인내, 무엇보다 현상을 바꾸어 사회에 흔적을 남기고자 하는 욕망) 등에 더 많이 의존하는 것 같다. 이러한 범주들을 함께 무너뜨

림으로써 중요하지만 독립된 범위를 놓칠 위험이 있으며, 우리가 실제로 교육을 받게 될 것이라고(혹은 선택할 것이라고) 생각한 것과는 다른 것을 교육받거나 선택하게 될 것이다.

다음으로 누군가 지능을 선 또는 악의 태도와 그 행동을 포함하는 것으로 영역을 확장했을 때 어떤 일이 나타나는지 생각해 보고자 한다. 도덕성의 침범으로 인해 우리는 문화 안에서 인간의 가치와 직면하게 되었다. 일부 가치는 일반적으로 충분히 표현이 가능하여 보편적으로 인정을 받는다. 황금법칙은 유망한 하나의 후보자이다! 그러나 다른 모든 가치는 근친상간, 살인, 거짓 등을 받아들이지 않는 등 하등의 문제가 없어 보이는 것들일지라도 문화 혹은 하위문화에서 특별한 것으로 드러난다. 일단 도덕성과 지능을 융합하게 된다면 옳고 그름을 비롯해 그 이유에 대해서도 서로 엇갈리는 다양한 견해를 폭넓게 다루어야 할 필요가 있다. 게다가 도덕적 추론에서 높은 점수를 얻은 개인이 종종 검사 밖 상황에서는 비도덕적으로 행동하는 사실에 대해서도 다루어야 한다. 또한 용감하고 자기희생적인 개인이 공식적인 도덕적 추론 및 지능검사에서는 평범한 결과를 보이는 경우에 대해서도 인정해야 한다(Moran & Gardner, 출간 예정). 지능 자체를 도덕적으로 중립적인 것으로 이해하고, 다양한 측정 방법을 적용하여 주어진 맥락 안에서 타고난 지능을 사용하도록 한 후, 그것을 통해 도덕적인지 비도덕적인지 아니면 아예 도덕관념이 없는지를 평가하는 것이 훨씬 더 낫다.

내가 생각할 때 지능은 그 자체로 도덕적이거나 비도덕적이지 않다. 언어에 재능이 있는 사람이 있다고 했을 때, 누군가는 그러한 재능을 사용하여 괴테(Johann Wolfgang von Goethe)가 그러했던 것처럼 위대한 산문을 탄생시킬 수도 있고, 또 누군가는 괴벨스(Joseph Goebbels)가 그러했던 것처럼 증오를 조장할 수도 있다. 마더 테레사(Mother Teresa)와 린든 존슨(Lyndon Johnson), 니콜로 마키아벨리(Niccolò Machiavelli)와 마하트마 간디(Mohandas Gandhi)는 동등한 수준의 대인관계 지능을 소유했을지 모르나, 이들이 자신의 능력을 사용하는 정도는 더욱 다양했을 것이다.

누군가는 이렇게 말함으로 답할 수도 있다. "아마 어떤 상황이 도덕적 고려나 결과를 담고 있는지의 여부를 판단할 수 있는 지능이 있는 거예요." 나는 여기에는 그다지 동의하지 않지만, 주목할 점은 '도덕적 지능'이라는 용어 자체에 힘이 많이 빠져 있다는 것이다. 결국 아돌프 히틀러(Adolf Hitler)나 조셉 스탈린(Joseph Stalin) 같은 경우도 어떤 상황이 도덕적 상황인지에 대한 예리한 감각이 있었겠지만 신경을 쓰지 않았거나 자신이 도덕적이라고 생각한 특정 코드(즉, 유대인을 제거하는 것이 순수 아리안 사회 건설을 추구하기 위한 도덕적 행동이며 한 세대를 제거하는 것은 공산 국가 건설을 원한다면 바람직하거나 최소한 필요한 행동이라는 점)만을 수용했던 것이다.

일반인이 아닌 학자 관점에서 글을 쓰며, 나는 감성 지능 개념과 관계된 두 가지 문제점을 발견하였다. 먼저, 언어나 공간과 다르게 감정이란 것은 처리 대상이 '내용'이 아니었다. 오히려 인지가 진화하여 감정을 소유하고 경험하는 인간(자신 또는 다른 사람)에 대해 이해할 수 있는 것이다. 감정은 특정 시기나 특정 상황에서 더욱 두드러지게 나타나는 것은 물론이거니와 모든 인지 영역의 본질적인 부분이다. 감정은 우리와 다른 사람 간의 관계에 동행하고, 훌륭한 음악을 들을 때 함께하며, 어려운 수학 문제를 풀거나 풀지 못할 때의 느낌과 함께한다. 누군가 일부 지능을 감정적이라고 한다면, 이 용어가 의미하는 바는 그 외 다른 지능은 감정적이지 않다는 것이다. 그리고 그것은 경험 및 실증적 데이터가 존재함에도 불구하고 확산된다는 것을 의미한다.

두 번째 문제는 감성 지능을 선호하는 특정 행동 패턴과 융합하는 것이다. 이는 다니엘 골먼의 저서 『감성 지능』(1995)에서도 나타나는 문제로, 이것만 아니었다면 이 책은 훌륭한 책이다. 골먼은 감정을 이해하여 개인적으로 정서적인 안정을 도모함은 물론, 갈등을 해결하고 가정이나 직장에서 협력할 줄 아는 감정적으로 지능적인 사람들에 대해 연구하였다. 이러한 사람들이 바람직하다는 데 이의를 제기할 사람은 없겠지만, 그렇다고 해서 감정적으로 똑똑한 개인이 개인적 목적을 위해 그러한 기술을 반드시 사용할 것이라고 볼 수는 없다.

이러한 이유로 나는 '감정적 민감성'이라는 용어를 선호한다. 이는 (나의 두 가지 '개인 지능'을 포괄하는 용어로) 자신과 다른 사람의 감정에 민감한 개인들에게 적용될 수 있는 용어이다. 짐작하건대, 임상의와 판매업자는 다른 사람들의 감정에 민감하게 반응한다. 시인과 신비주의자들은 자신의 감정에 굉장히 민감하다. 또한 자폐증이나 정신질환을 앓는 사람의 경우에는 감정적인 영역에 완전히 무감각해 보인다. 그러나 나는 감정적으로 민감한 것과 '선'하거나 '도덕적인' 것은 별개의 문제라고 생각한다. 개인이 다른 사람의 감정에 민감할 수 있으나 그러한 민감성을 이용하여 조정, 사기 또는 증오를 양산할 수 있다. 사디스트들이 다른 사람에게 고통을 주는 방법을 잘 아는 것처럼, 마조히스트들은 스스로에게 고통을 주는 방법을 너무도 잘 알고 있다.

그렇다면 인간이 민감하게 반응하는 전반적인 내용을 포함하여 지능을 상세하게 규정해야 할 필요가 있다고 생각한다. 그러나 창조성, 도덕성 또는 감정적 적절성과 같이 그 가치를 인정받고 있으나 분리되어 제한된(off limits) 것으로 지정된 인간의 특징에 대해서는 제외한다. 나는 그와 같은 규정이 과학적으로나 인식론적인 측면에 있어 말이 된다고 생각한다. 이를 통해 고무밴드가 팽팽해질 만큼 팽팽해진 상태에서 탄력을 받아 남아 있는 두 개의 대립, 즉 평가 방식과 존경할 만한 인간의 유형에 대한 논쟁을 해결하는 데 도움이 될 것이라 생각한다.

일단 우리가 지능을 인간의 정보처리 및 상품 제작 능력에 국한시키기로 한다면 기존에 있는 평가 기술을 잘 활용할 수 있다. 즉, 지속적으로 지필검사나 컴퓨터 적응 검사(Computer Adapted Testing)를 실시하면서, 한편으로는 음악 민감성 또는 타인의 이해와 같은 더 폭넓은 범주의 능력을 살펴볼 수 있다. 그렇게 되면 특정 문화에 국한되거나 시간이 지남에 따라 변할 수

밖에 없는 가치와 도덕성 평가에 관련된 까다롭고도 해결하기 어려운 질문들에 대한 답을 피할 수 있을 것이다.

지능에 대한 제한된 관점에도 불구하고, 순수학자, 시뮬레이터 또는 회의론자의 평가 방식 가운데 어떠한 방식을 따라야 하는 것인가가 여전히 중요한 질문으로 남아 있다. 여기에 대해 나는 강경한 입장으로 일반 지능이든 음악 지능이든 대인관계 지능이든 '순수한' 지능을 찾는다는 것 자체가 어리석은 일이라고 생각한다. 나는 그러한 연금술적인 지적 정수가 실제로 존재한다고 생각하지 않는다. 이런 것들은 용어 창조를 좋아하기에 나온 것이지, 확정적이거나 측정 가능한 실체도 아닌 것이다. 또한 '순수 측정 방식'과 우리가 세상에서 실제로 가치를 두는 것 사이의 상관관계는 너무나 미미하여 쓸모가 없다.

지능의 존재 이유는 그것을 사용하여 개인적으로 또는 함께 협력하여 사회에서 가치를 두는 과업을 수행하는 데 있다. 따라서 우리는 특정 지능과 관계된다고 생각되는 과업을 성공적으로 수행하는 정도를 평가해야 한다. 즉, 음악 지능을 테스트할 때는 두 개의 음과 음색을 구분하는 능력을 보는 것이 아니라, 노래나 악기 연주, 혹은 멜로디를 변형하는 방법을 가르쳐서 이들이 그러한 기술을 얼마니 즉각적으로 디득하는지를 봐야 할 것이다. 마찬가지로 우리는 얼굴 표정과 연계시키는 테스트나 전기 피부 반응(galvanic skin response)과 같이 순수한 감정적 민감성을 조사하는 방식은 포기해야 한다. 그보다는 개인을 다른 사람의 열망과 동기에 민감해야 하는 상황에 놓고 관찰해야 한다. 예를 들어, 우리는 그들과 동료들이 다투고 있는 두 명의 십대를 어떻게 설득하여 떼어 놓는지, 그들이 받아들일 수 없는 정책에 대해 어떠한 방식으로 상사를 설득하여 변화시키는지 상황을 제시하고 이를 해결해 나가는 모습을 지켜볼 수 있을 것이다. 이런 것들이 인간이 얼마나 감정적 영역을 잘 활용하는지를 평가하는 실질적인 맥락인 것이다.

여기에 적용해 볼 만한 강력하고도 새로운 시뮬레이션이 있다. 우리는 현재 현실적 상황이나 문제를 해결하는 데 사용될 수 있는 기술을 고안했을 뿐만 아니라, 이를 통해 가상의 현실을 처리하는 데 성공한 경우를 기록하고, 심지어 '현명하게' 대상자가 성취한 또는 성취하지 못한 것들에 비추어 다음 단계를 수정하는 단계에 와 있다. 따라서 같은 방식으로 학생에게 익숙하지 않은 곡조를 컴퓨터로 제시한 후 이를 익혀 바꾸어 편곡하도록 할 수 있다. 그러한 경험을 통해 음악과 관련한 분야에 있어 학생이 지니고 있는 지능이 더 많이 드러나게 될 것이다.

마찬가지로 대상자들에게 다른 사람이 주어진 상황에 대처하는 모습을 보게 한 후 서로 다른 반응이 나타난 이유를 생각해 보라고 할 수 있다. 또는 낯선 사람과 상호적인 하이퍼미디어 작품을 만드는 목적을 달성하도록 하는 것이다. 이때 대상자에게 함께 작업하는 사람들의 다양한 움직임과 대처 등에 반응하도록 요청할 수도, 대상자의 '움직임'에 비추어 반응을 바꿀 수도 있다. 아마도 판돈이 큰 포커 게임만큼은 아니겠지만, 그러한 조치를 통해 대상자의 대인관계 또는 감정적 민감성이 많이 드러날 것이다.

지능 개념의 폭(탄력성)이 현저히 증가하면 고전적인 방식의 단답형보다는 훨씬 현실적이면서 혁신적인 형식의 평가 방식이 도입될 가능성이 크다. IQ와 SAT의 시험 항목이 실험 고안, 논술 작성, 음악 연주 비평 등의 능력을 보여 줄 가능성도 희박한데, 어째서 IQ나 SAT에 만족하는가? 왜 사람들에게 실제로[actually; 혹은 가상으로(virtually)] 묻지 않고 그러한 평가 방식을 계속해서 시행하는가? 그러나 가치와 주관성이라는 판도라 상자를 열지 않음으로써 누군가는 감정 측정을 완벽하게 수행하고자 수십 년을 헌신하여 성취해 낸 관점과 기술을 지속적으로 적절히 사용할 수 있을 것이다.

물론 누군가는 몇 가지 감각 안에서 도덕성, 창의성, 감성 지능을 포함하여 상상 가능한 인간의 가치를 심리 측정할 수 있는 도구를 만들어 낼 수 있을 것이다. 실제로 다니엘 골먼의 저서가 출판된 이래 감성 지능을 측정할 수 있는 검사도구를 개발하고자 하는 노력이 수백이 아니라면 수십 차례 있었다. 그러나 결과적으로 나온 것은 그다지 훌륭한 것이 아니었다. 그러한 도구는 실효성(검사를 통해 감정적 민감성이나 진정한 음악성 등을 측정하고자 함)보다는 검사를 만든 이가 바라는 신뢰성(어느 한 사람이 별도로 수행된 두 개의 항목에서 거의 동일한 점수를 받았음)을 만족시킬 가능성이 훨씬 크다는 것이다.

그러한 수요 기반형 도구들(instruments-on-demand)은 두 가지 이유에서 의심스러움이 증명된다. 우선 진부함을 떠나 도덕적인, 윤리적인, 선한 사람이라는 의미에 대해 동의를 구하기가 너무 어렵다는 것이다. 조지 워싱턴(George Washington)과 조지 W. 부시(George W. Bush), 마거릿 대처(Margaret Thatcher), 마거릿 미드(Margaret Mead)가 가진 가치의 차이점을 고려할 필요가 있다. 둘째, 이러한 검사에서 개인이 거둔 점수가 이들의 진정한 특징을 드러낸다기보다는 시험 치는 요령(언어 및 논리 기술)을 나타낼 가능성이 훨씬 높다는 것이다.

마지막으로 성격(character)과 관련해 우려되는 사항에 대해 살펴보고자 한다. 바로 지능과 내가 간단히 줄여서 미덕이라고 부르는, 우리가 흠모하고 우리 자녀나 다른 사람의 자녀에게 모범으로서 제시해 주고 싶은 자질 간의 관계에 대한 것이다. 윤리와 성격을 망라하여 지능을 확장하고자 하는 욕망은 우리 사회의 이와 관련한 결핍을 드러내는 것이라 할 수 있다. 지능의 영역을 확장시키고자 하는 사람들은 지능 기술을 이러한 미덕으로 전파시킨다면 결국 우리는 더 선한 인구를 확보하게 될 것이라는 희망을 가지고 있다.

나는 이미 '지능'이란 단어를 멋대로 차용하는 것에 강한 거부감을 보인 바 있다. 그렇게 되면 모든 사람에게 지능이 심리측정적으로 진실, 아름다움, 선과 동일한 것이 되어 버리고 만다. 그러나 여전히 문제는 남아 있다. 아리스토텔레스의 시대 이후, 공자의 시대 이후 심리측정학이 이처럼 크게 자리 잡은 이 시대에 어떻게 우리가 도덕적인 인간에 대해 생각하겠는가?

나의 분석에서는 한 가지 유망한 접근법을 제안한다. 우리는 우리가 소망하는 지능, 창의성, 도덕성을 별개의 것으로 인식해야 한다. 각각 자체적인 측정 또는 평가 형식이 필요하며, 어떤 것은 다른 것들보다 객관적인 방식으로 측정하는 것이 훨씬 쉬울 것이다. 창의성과 도덕성과 관련해서는 추정적 테스트 배터리보다는 전문가들이 내린 전반적인 판단에 근거하여 조언을 받는 것이 낫다. 동시에 우리가 이러한 특성 중 하나 이상이 조합된 개인을 찾는다고 해서 이를 막을 방법은 없다. 음악 지능과 대인관계 지능을 동시에 가진 개인, 심리측정적으로 똑똑하면서 예술에 창조적인 개인, 감정적으로 민감하면서 높은 수준의 도덕성을 지닌 개인 등을 찾더라도 말이다.

이 시점에서 또 다른 유추를 소개하고자 한다. 대학입학에서는 칼리지보드(College Board)가 주관한 시험과 그를 통해 정해진 등급에 따라 학업 성적이 결정된다. 그러나 다른 특징들 역시 중요하며, 때로는 시험 성적이 낮은 이가 시험 성적이 높은 이들보다 우선하여 입학 허가가 되는 경우도 있다. 이는 시민의 자질, 운동 경기, 동기 등에 있어 모범적인 사례라 증명되는 경우이다. 입학사정관들은 이러한 덕목이 (물론 다른 '잣대'를 가지고 다른 '등급'을 매긴 것이지만) 틀렸다고 입증하지 않지만, 두 개 이상의 바람직한 자질을 가진 모범적인 수험생들이 매력적이라고 인식한다.

우리는 필연적으로 다양한 지적·윤리적 가치가 혼재해 있는 에덴을 떠나왔고, 이러한 에덴을 다시금 창조할 수 있을 것 같지 않다. 우리가 인식해야 할 것은 이러한 덕목이 분리될 수 있으며 경험상 말하자면 종종 이러한 덕목이 서로 멀리 떨어져 있음을 발견하게 한다는 것이다. '감성 지능' '창의 지능' 또는 '도덕 지능' 등의 말을 통해 이들을 통합하고자 한다면, 이는 우리가 필요로 하거나 심지어는 결합 가능성이 있는 것을 의미하기보다는 바라는 바를 표현하고 있다는 사실을 알아야 한다.

이러한 소망을 현실로 전환하는 데 희망이 될 만한 사람들이 있다. 실제로 가장 중요한 덕목을 두 개 이상 성공적으로 보여 준 개인이 존재한다. 언제나 누구라고 꼬집어 이야기하는 것에는 일정 정도 위험이 따른다. 특히 한 세대의 영웅이 다음 세대의 병적학(pathographies)의 주제가 되는 경우가 그러하다. 그러나 비근한 과거에서 닐스 보어(Niels Bohr) 같은 과학자, 조지 마셜(George Marshall) 같은 정치인, 레이첼 카슨(Rachel Carson) 같은 작가, 아서 애쉬(Arthur Ashe) 같은 선수, 루이 암스트롱(Louis Armstrong), 파블로 카잘스(Pablo Casals) 또는 엘라 피츠제럴드(Ella Fitzgerald) 같은 음악가들을 언급할 때는 양해를 구할 필요가 없을 것이다.

이러한 사람들의 생애를 연구함으로써 인간의 가능성을 발견하게 된다. 젊은이들은 주로 주위의 강력한 어른들, 존경할 만하고도 단순히 매력이 넘치는 이들을 모범으로 삼아 배운다. 이렇게 존중받을 만한 이들에게 지속적으로 관심을 갖게 되면 우리가 현재 이해하기에 과학적으로, 인식론적으로 분리된 능력을 실질적으로 결합시킨 개인들이 미래에 발생할 가능성이 높아질 것이다.

이 세기 가장 중요하면서도 자주 인용되는 문구 중 하나는 바로 영국의 소설가 E. M. 포스터(E. M. Forster)가 이야기한 "다만 연결하라."이다. 나는 좋은 동기를 가진 경우라 할지라도 일군의 사람들이 지능의 영역을 확장시키기 위해 존재하지도 않는 연결을 성급하게 주장했다고 생각한다. 그러나 나는 또한 우리의 물리적·정신적 생존에 중요할 수 있는 연결의 형성을 돕는 힘이 인간으로서 우리 안에 존재한다고 생각한다.

다만 지능의 경계를 얼마나 명확하게 설정할 수 있는가는 학자들에게 남길 질문이다. 그러나 책임감 있게 지능의 정의를 확장하는 데 있어 긴요한 것은 학계 이외에서도 탐구될 수 있을 것이다. 누가 '지능을 소유'하는가는 IQ 테스트가 있는 이 시대보다 새로운 세기에 훨씬 더 중요한 사안이 될 것이다.

제 9 장
다중매체와 다중지능
-Shirley Veenema & Howard Gardner-

The American Prospect, 7(29), 1996. 11. 1.

낙관과 비관을 넘어

기술이 엄청나게 발전했음에도 불구하고 학교, 더 넓게 보자면 교육계는 여전히 전 세계적으로 지난 수 세기 동안 거의 변한 것이 없었다. 그러나 최근 신기술을 활용한 교육에 거는 기대가 전례 없는 수준으로 고조되었다. 오랫동안 기술의 부재가 교육 문제에 큰 영향을 미쳐 왔던 나라에서는 이러한 기대가 당연해 보인다.

그러나 매체와 기술 자체가 중립적이라는 사실은 분명하다. 누군가는 연필을 가지고 최고의 글을 쓸 수 있고, 누군가는 그것을 가지고 드럼을 치면서 시간을 보낼 수 있으며, 또 누군가는 눈을 찌르는 데 그것을 사용할 수 있다. 양질의 텔레비전 프로그램을 통해 수천 명이 배움을 얻는가 하면, 일상화된 네트워크는 수백만 명의 감각을 무디게 한다. 인터넷과 월드 와이드 웹은 낙관주의자들에게 특별한 힘과 전망을 가진 민주 공동체를 창출하는 것으로 보이나, 비관주의자들의 눈에는 별 장점 없는 즉석 연락망(ad hoc liaisons)이나 반민주적 목적을 지지하는 세력들이 모여 만든 불법적인 공동체로 보일 것이다.

이 장에서는 중요한 교육적 목표를 달성하는 데 결합 가능한 몇 가지 새로운 형식의 기술을 지나친 낙관이나 비관을 지양하여 살펴보고자 한다. 구체적으로 우리는 유망한 대화형 멀티미디어를 설계하고는, 이것이 어떻게 더 많은 학생으로 하여금 중요한 역사적 사건에 접근하여 더 깊게 이해할 수 있도록 하는지를 실험하였다. 우리는 이를 최근에 정립된 정신에 대한 새로운 이해의 맥락 안에서 실행함으로써 새로운 기술을 더욱 효과적으로 사용하기 위한 준비 작업이 이루어지리라 생각한다.

반세기 전에 과학에서 새로운 움직임이 융합하기 시작했다. 오늘날 인지과학이라 명명된 이 분야에서는 몇 가지 학문(심리학, 언어학, 인공지능, 뇌과학 등)의 관점이 융합하여 인간 정신에 대한 더 나은, 더 포괄적인 이해를 가지고 왔다. 인지 혁명을 통해 형성된 마음의 개념이 아직은 널리 평가받지 못하고 있지만, 우리는 교육적 실천에 있어 이것이 엄청난 함의를 가진다고 생각한다.

과학에서조차 적이 없으면 혁명을 달성할 수 없다. 인지 혁명의 경우 그 둘이 연관되어 있기는 하지만 분리된 적이 있었다. B. F. 스키너(B. F. Skinner)의 업적을 통해 알 수 있는 것과 같이 행동주의적 관점은 마음과 그 구성요소 사이의 어떠한 관계도 인정하지 않았다. 그들에게 중요한 것은 자극을 인지하고 그에 대해 반응하는 유기체, 또는 어떠한 방식으로 반응한 유기체와 그러한 반응에 대한 긍정적 또는 부정적 보상이었다. 교육적 관점에서 볼 때 이러한 행동주의적 관점의 정수는 적절히 업그레이드되어 오늘날 컴퓨터 지원 교육(computer-assisted instruction)에서 중심 역할을 하고 있는 교수 기계(teaching machine)이다.

인지주의적 관점에서 볼 때 두 번째 적은 마음에 대한 특정 관점이었다. 이 관점에서는 마음이 담고 있는 것이 다소간의 지능이라는 것이다. 지능은 고정된, 검사되지 않는 독립체이다. 개인은 어느 정도의 지능을 가지고 태어나며, 이 지능의 양은 좋건 나쁘건 근본적으로 고정되어 있다. 지능이 무엇인지 혹은 어떻게 지능을 개선, 증가 또는 변형할 수 있을 것인지 묻는 이는 거의 없을 것이다. 사실 심리학자들은 이에 대해 '지능은 검사를 통해 측정한 것'이라고 완전히 엉뚱하지만은 않은 정의를 내렸다. IQ 테스트와 뒤를 잇는 테스트들, 즉 SAT 같은 측정 시험은 이러한 사고를 보여 주는 현대의 기념비적인 것으로 여겨진다.

이렇게 확립된 관점에 대한 직접적인 반응으로 인지주의자들이 제안하는 주요 아이디어는 마음/뇌 내부에 마음의 표상(mental representation)이라 불리는 중요한 실체가 있다는 것이다. 세계 내에서 개인은 단순히 반응하거나 수행하는 것이 아니라, 마음 안에 상(images), 도식(schemes), 심상(pictures), 틀(frames), 언어(languages), 신념(ideas) 등을 가진 채 행동한다는 것이다. 개인은 일정한 마음의 표상을 가지고 태어나며, 이들 표상 중 일부는 상당히 지속된다. 그러나 많은 다른 표상들은 만들어지고 변경되거나 시간이 지남에 따라 경험과 그에 대한 반성으로 사라진다. 디지털 컴퓨터처럼 정신은 정보를 소유하고 변형하며 이러한 계산 기계 또는 아마 더 적절하게는 이러한 유형의 계산 기계의 본질을 이해하는 것이 중요하다.

교육적 측면에서 인지주의적 관점에 접근한다고 하면 다음의 두 가지를 고려하여야 한다. 우선, 마음은 하나의 표상 또는 하나의 언어적 표상으로 구성되어 있지 않다는 것이다. 그보다는 모든 개인이 수많은 내부적 표상을 그들의 마음 또는 뇌에 담고 있다. 일부 학자들은 마음의 모듈에 대해, 일부 학자들은 마음의 사회에 대해 이야기한다. 그리고 우리는 우리의 작업에 따라 언어적 및 논리적 지능부터(학교에서 보통 초점을 맞추는) 음악, 자연탐구,

개인 지능(제6장부터 제8장까지 참조)까지 이어지는 다중지능의 소유에 대해 이야기한다.

이러한 지능들은 개인이 정보를 받아들이고, 받아들인 정보를 유지·조작하여 스스로와 다른 사람에게 이해(및 오해)한 내용을 보여 주는 방식으로 이루어져 있다. 예를 들어, 미국 남북전쟁에 대해 학습한다고 했을 때 언어적 또는 서술적 접근 방식을 선호하는 사람이 있는가 하면, 그림으로 보여 주는 것을 선호하는 사람도 있을 수 있다. 또 누군가는 동일 국가 내에서 벌어지는 갈등이 자신을 둘러싼 주변 사람들에게 미치는 영향은 물론, 스스로에게 미칠 수 있는 양면적 가치 등에 대한 개인적 차원의 문제들을 먼저 떠올릴 수도 있다. 대부분의 개인은 시간이 지나면서 이처럼 서로 다른 관점과 '지능들'을 사용하고, 이를 인정하면서 자기만의 융합된 지능체계를 구축하게 된다. 놀랍게도 (고전적 지능 이론 주장에 대한 반대 입장에서) 하나의 영역에 있어 강점(또는 약점)이 있다고 해서 다른 영역에서도 강점(또는 약점)이 있을 것이라고 예측하지는 않는다. 또한 바로 이 부분에서 우리가 중대한 교육적 수수께끼와 맞닥뜨리게 된다.

지금까지 전 세계 대부분의 학교에서는 장치를 선택해 왔다. 이러한 기관들은 특정 마음—이상적으로는 언어와 논리를 결합한 셋—을 높이 평가하고 이에 뛰어난 개인을 선발하기 위해 노력해 왔다. 그리하여 마음의 표상에 찬성하는 개인들은 대부분의 학교에서 영예를 얻지 못하였다.

인지주의자들이 다른 종류의 마음을 인정함으로써 엄청난 교육적 기회가 열렸다. 개인들이 서로 간 차이가 있음에도, 최대한 많은 개인과 접촉하길 원하면서 모든 개인을 천편일률적으로 본다는 것은 말이 안 된다. 그보다는 교육적으로 부딪치는 것과 관계된 특정 마음을 가능한 한 많이 이해할 필요가 있다. 그리고 그것이 가능할 때 이러한 지식의 토대 위에서 우리의 교육(그리고 교육공학의 선택들)을 구축할 수 있게 된다. 따라서 수업은 역사든 물리든 무용이든 간에 개인을 그들이 현재 지니고 있는 마음의 표상에 일치하는 측면에서 가르쳐야 한다. 마찬가지로 우리는 개인에게 적확한 방식의 매체 및 표상을 통해 자신이 이해한 내용을 나타낼 수 있는 기회를 주어야 한다.

둘째, 상당히 놀라운 점은 인지주의적 연구를 통해 얻은 결과가 많은 초기 표상들은 극도로 강력하고, 변경하기 매우 어려운 것으로 밝혀졌다는 사실이다. 마치 삶의 첫 몇 년간 마음/뇌에 특정 도식이나 틀이 새겨져 이를 통해 경험한 내용을 파악한다는 것이다. 종종 이러한 도식이 불충분하다고 보아 학교 안팎의 교육자들은 초기에 이렇게 새겨진 것들을 변형시킬 수 있는 방안에 대해 모색한다. 학생들이 더 많은 정보, 특히 사실 정보를 획득하였기에 이들은 이러한 변형을 성공적으로 가져왔다고 느낄지도 모른다. 그러나 대다수의 경우 좋은 학교에 다니고 있는 좋은 학생들도 실제로는 자신의 표상을 바꾸지 않는다. 이들 학생들도 학업 성취와 관련한 영역 이외의 부분에서는 학업에 무관심한 학생들과 동일한 대답을 한다. 이는 마치 학교가 초기에 새긴 내용을 바꾸기보다는 모호하게 만드는 가루층으로 구성되어 있는 것 같다. 그래서 일단 가루가 날아가면 원래의 표상에서 변하는 건 거의 없다(제16장 및 제18장 참조).

누군가 진정한 이해를 위한 교육을 행하고자 한다면, 이러한 초기 표상을 파악하고 그 힘을 받아들이며 직접적이고 반복적으로 이러한 표상들과 마주하는 것이 중요하다. 그렇게 해야 비로소 믿을 수 있는 방식으로 그 자체로 견고하면서 오래가는 정신적 표상을 구성할 수 있다.

이미 강조하였듯이 기술만으로는 중심 교육 목표를 성취하기는커녕 목적을 파악하기조차 어렵다. 이는 공동체의 과업이며, 쉬운 일도 무의미한 일도 아니다. 인지 혁명을 통해 우리가 얻은 두 가지 중요한 교육 목표를 제안하고자 한다. 첫째, 학과목 안팎에서 심도 있는 이해의 권장이고, 둘째, 전통적으로 유일한 지능으로 여겨졌던 언어 및 논리 지능에서 두드러진 특징을 나타내지 못하는 아이들까지도 최대한 폭넓게 개방하자고 하는 것이다.

특정 학문이나 내용을 공부하는 이유

기술(technology)의 관련 여부를 떠나 우리가 질문해야 할 것은 왜 학생들이 시간을 들여 우리가 제안하는 것을 수행해야 하는가이다. 왜 역사를 공부하는 가? 그 문제에 대해서 우리가 학교에서 가르치는 것을 학생들은 왜 공부해야 하는가? 몇몇 학문은 즉각적으로 관심을 가질 가치가 있다고 생각한다. 예를 들어, 우리는 구체적으로 어떠한 과목들이 여기에 해당할지에 대해 논의하면 서 일반적으로 역사는 과거의 인간 경험을 통해 당대의 삶과 미래에 대한 통찰을 제공하는 실험실과 같은 역할을 하기 때문에 가치가 있다고 생각하였다.

마찬가지로 어떠한 학문의 특정한 내용은 우리의 목표와 관련하여 면밀히 살펴볼 필요가 있다. 왜 미국의 남북전쟁을 공부하는가? 더불어 왜 특정 전투까지 확장하여 공부해야 하는가? 이는 기술의 발전 여부와 상관없이 모든 학교교육에서 제기해야 하는 질문이다. 예를 들어, 만약 미국의 남북전쟁에 대한 지식이 학생들로 하여금 오늘날 미국과 관련된 많은 긴장 관계를 이해하는 데 도움이 된다면, 그때는 해당 전투의 특정 측면에 대한 이해 또는 역사 일반에 대한 이해를 돕기 위해 특정 전투에 대한 내용도 포함하여 살펴볼 필요가 있다.

1862년 9월 17일에 발발한 메릴랜드 샤프스버그(Sharpsburg) 전투는 그 군사적·정치적 중요성으로 인해 전통적으로 역사 교과 과정에 포함되어 있다. 그러나 이를 놓고 여전히 의견 대립이 있어 오늘날에도 북부에서는 앤티텀 전투, 남부에서는 샤프스버그 전투라 칭한다.

일반적으로 합의된 사실은 남부 연합군이 식량과 물자를 얻기 위해 북부를 공격하면서 이동하는 동안 조지 B. 맥클렐런(George B. McClellan)이 지휘하는 연방군이 로버트 E. 리(Robert E. Lee) 장군의 연합군에 몰래 접근한 것이다. 양 군은 샤프스버그 밖에서 모여 전투를 벌였는데, 이는 미국 역사상

최악의 일일 살육전으로 기록될 전투였다. 어느 쪽도 결정적인 승리를 거두지 못했음에도 리 장군의 첫 북부 공격이 실패로 돌아가 더 이상 영국이 연합을 승인할 수 없게 되었다. 참으로 링컨이 노예 해방 선언을 하는 기회를 잡아 노예 해방을 전쟁의 목표로 연결시켰을 때 분쟁의 진정한 목표는 변했다.

대부분의 교과서에서는 이 전투를 간단하게 제시한다. 그림 한두 개 정도는 삽입할 것이다. 저자에 따라 다르겠지만, 일반적으로 전투와 관련한 권위 있는 견해를 기술한 후 전투를 북부 또는 남부의 관점에서 다룬다. 평가에서는 일반적으로 학생들에게 전투에 대한 사실을 기술하도록 한다. 이러한 방식의 제시와 평가는 특히나 학습의 언어적 유형에 찬성하는 개인들에게 적절하다. 또한 그러한 제시는 전투의 목적은 하나이며, 남북전쟁은 옳고 그름에 대한 것을 보여 주는 전쟁이었다는 학생들 사이에 널리 퍼져 있는 가정에 거의 도전하지 않는다.

다음에는 '앤티텀/샤프스버그'라고 하는 중요하고도 잘 알려진 남북전쟁의 전투에 대해 다룬 CD롬 디자인을 설명한다. 이 적용 방식은 통상의 교과서에서 그리는 전투 모습을 초월하여, 첫째, 학생 개인의 지능은 다른 학생들의 지능과 현저히 다를 수 있다는 사실을 우리가 인지하고 이용할 수 있게 해 준다. 둘째, 더 깊은 이해를 할 수 있도록 노력하며 오해와 전형적 사고습관을 직접적으로 해결하려 시도한다.

이는 기술 적용을 통해 다양한 사고로 지식에 접근할 수 있는 방법을 제공해야 한다는 우리의 믿음을 반영하는 예이다. 반면, 역사를 인문교육에 포함시키고자 하는 주요 근거를 포기해서는 안 된다. 참으로 기술을 효과적으로 사용하면 '학업'이 가지는 양쪽의 의미가 강화된다. 즉, 학생은 역사 같은 학문과 관계된 사고의 중점을 파악하고, 이를 점진적이고, 누적된, 본질적으로 훈련된 방식으로 파악해야 한다. 우리의 예시가 제시하는 바는 새로운 미디어를 통해 학생이 중요한 역사적 사건에 접근하여 해당 사건을 더 깊게 이해하는 방식이다.

기술이 이해 향상에 도움이 되는가

CD롬 디자인 '앤티텀/샤프스버그'는 1862년 9월 17일에 메릴랜드 샤프스버그에서 벌어진 미국 남북전쟁 전투에 대한 이야기를 증인들이 물리적으로 나타내는 방식을 이용하여 전달하고 있다. 물리적 현장, 유물, 가이드들을 통해 역사에 대한 중요한 고려에 대한 근접 관점을 제시한다. 다양한 미디어의 주된 자료를 통해 이 전투에 대해 알고 있는 내용은 물리적으로 나타난 부분에 근거한다는 사고를 강조함으로써 특정 기호체제[예: 당시의 기사, 알렉산더 가드너(Alexander Gardner)의 사진, 예술 기자인 알프레드 워드(Alfred Waud)의 그림, 연방군의 전보 및 신호 보고 등]에서 받은 인상을 암호화한 관찰자들에게 의지하게끔 하였다.

1862년 9월 17일, 각 관찰자는 전투의 특정 부분을 보았다. 『뉴욕 트리뷴(New York Tribune)』 기자인 조지 스몰리(George W. Smalley)는 전투가 시작된 옥수수밭 근처에서 하루를 시작했고 그 후 조지 맥클렐런의 본부를 포함한 다른 현장으로 이동하였고, 『찰스턴 쿠리에(Charleston Courier)』 기자인 펠릭스 그레고리 드 폰테인(Felix Gregory de Fountaine)은 좌측 진두 상황에 대해서는 거의 볼 수 없었던 '딱 한복판'에 위치하고 있었다고 기록했다. 우리의 현대식 서술 기법은 이러한 관찰자들이 우리에게 전해 준 물리적인 표현 방식으로부터 구성된다. 전체 전투를 보고 포괄적인 이야기를 해 줄 관찰자가 한 명도 없지만 권위적인 해석 역시 존재하지 않았다.

단일한 관점이 존재한다는 생각은 놀라울 정도로 바꾸기 어렵다. 사실 '올바른' 관점이 있다는 유혹적인 생각이 종종 학생들로 하여금 스스로 증거를 비교하여 자료를 평가하고 해석이나 자신의 타당성을 찾아야 한다고 깨닫기보다는 어떤 지각되는 권위 있는 관점, 즉 선생님, 교과서 또는 전문가의 의견을 수용하도록 이끈다. '앤티텀/샤프스버그'는 전투에 대해 모든 것을 말해 줄 수 있는 유일한 관찰자는 존재하지 않는다는 사실을 이야기한다. 다양한 관찰자에 대한 강조는 단일한 해석과 하나의 '제대로 된' 극적 서술 방식이 있다는 생각을 정면으로 반대한다.

여러 가지 관점에서 전투에 대해 그림과 글로 나타낼 수 있는 CD롬 같은 기술은 일차원적인 관점을 해체하는 데 도움이 될 것이다. 이러한 기술은 역사에 대한 단일한 서술 방식과 갈등 구조에 있어 악인과 선인에 대한 편견에 배치된다. 인지주의적 표상에 대해 앞서 논한 부분에서 주목한 바와 같이 그러한 전형적인 사고방식은 더 깊은 이해를 방해하고 바꾸기 매우 어렵다는 것이 증명되었다. 결과적으로 직접적으로 다루어야 한다. 다양한 접근 방식과 새로운 기술에 대한 미디어적 가용성을 통해 실제로 학생들에게 초기에 형성된 일반적인 오해를 해소할 만한 풍부한 기회를 얻을 수 있을 것이다.

또한 실제 전투는 오늘날 영화에서 통상적으로 보는 것보다 훨씬 복잡하다. 그러나 단순한 드라마를 영구화하는 이는 우리만이 아니다. 19세기 관객에게 있어 이러한 드라마는 그림과 인쇄물에 등장했으며, 여기에서 군인들의 지위는 지도자의 방향에 대응하였다. 종종 지도자는 말에 타고 용감하게 자신의 충실하고도 애국적인 군사를 지휘하였다. 사실 전투는 통상적으로 혼란스럽고 삶과 죽음이 대치되는 상황에서 아드레날린으로 흥분한 개인들이 싸우는 곳이다. 무장 투쟁이라는 복잡한 본질을 잘 포착할 수 있는 전후(post-battle)에 대한 설명은 드물다.

여느 전투와 마찬가지로 샤프스버그 전에서도 지형이 큰 역할을 했다. 옥수수밭이어서 앞뒤로 전투하는 군대에 엄폐물이 없었고, 언덕 덕분에 남부군은 시내를 건너고자 했던 북부군을 잡아들일 수 있었던 이점이 있었다. 또한 침식과 마차 무게로 가라앉은 오래된 도로는 남부 연합군이 연방군을 상대로 사격 연습을 할 수 있는 자연 참호가 되어 주었다. 게다가 양측 군대는 적군이 새로 개발한 무기에 대해 작전을 취할 만한 여유가 없었다. 통신 기술도 거의 없어 전략적 정보는 구전이나 메모 등으로 통신하였다. 또한 신호기와 전신을 통해 연기로 완전히 가려진 분쟁에 대한 소식을 조지 맥클렐런과 연방군에 전달하였다.

CD롬과 같은 다양한 기술매체 등을 통해 사건을 복잡하게 연출할 수 있게 되었지만 특별한 이해가 디자인의 우선순위가 될 필요가 있다. 예를 들어, 앤티텀/샤프스버그 전장을 '걷는' 사진적 순서나 글은 학생들이 지형적 요소, 전투의 전략 및 전투 과정 간의 관계(예: 전투 위치와 강, 산등성이, 들판과의 관계)를 이해할 수 있게끔 고안되었다. 전투 중에 일어났던 일들을 아는 것이 얼마나 어려운 일인지를 느끼게 해 주는 전보 보고를 해독함에 있어 학생들은 전투 중에 통신하는 것이 얼마나 어려운 일인지, 어째서 실수와 내용이 안 맞는 메시지가 그렇게 많았는지 깨달을 수 있는 것이다.

샤프스버그에서 관찰자들이 보고했던 내용은 물리적 위치와 더 관계가 있었다. 관찰자가 실제로 생각했던 내용은 모를 수 있지만, 각 증인이 사용했던 표상 형식 및 기호 체제의 형식으로 독특한 방식의 사고방식을 작성했다는 점을 알 수 있다. 『뉴욕 트리뷴』과 『찰스턴 쿠리에』 기자들은 단어를 사용하여 현저히 다른 방식으로 사건, 행동, 개성 등을 기술하는 방식을 만들어 냈다. 알프레드 워드는 『하퍼스 위클리(Harper's Weekly)』에 목탄과 연필 스케치화를 기고한 화가로, 전투지에서 군인의 위치 및 얼굴 표정의 미묘한 부분을 관심 있게 지켜보고 분쟁의 면면을 그려 내었다. 신호 장교는 메시지 부호화를 위해 단순히 깃발을 흔들었을 뿐 아니라 움직임의 힘과 속도를 통해 전투지의 속도와 긴장감을 멀리 떨어져 있는 이들에게 전달하였다.

정신이 하나가 아니며 하나의 표현 언어로 드러날 수 없다는 것을 믿는다면, 우리가 사용하는 기술로 개인의 이해를 구축하는 방식이 다르다는 사실을 반영해야 한다. 다양한 방식의 미디어와 의미를 만드는 방식을 포함하는 CD롬과 같은 기술을 통해 더 많은 학생이 사건을 풍부한 형식으로 묘사할 수 있고 더 깊은 이해를 구축할 수 있을 것이다. 그러나 이러한 교육적 결과를 단순히 더 많은 정보와 더 많은 미디어를 보탬으로써 성취할 수 있으리라 기대하는 것은 비현실적이다. 대신 우리의 저작은 더 많은 학생이 더 크게 접근할 수 있도록 하겠다는 분명한 목표를 가져야 하며, 우리는 정보를 이해했는지, 어떻게 이해했는지를 평가할 수 있는 방법이 필요하다.

'앤티텀/샤프스버그'에서 유도된 경로는 그러한 저작이 어떤 모습일지에 대한 예를 제시해 주었다. 1862년 9월 17일 전투를 보여 준 네 가지 경로는 지도, 관찰자, 전투지 도보, 기록물 및 활동 등으로, 조직에서부터 탐구에 이르기까지 어떻게 자료가 상호작용하는지를 알려 준다. 어떤 것도 언어에만 의존하지 않고 각각 전투를 나타내는 몇 가지 방식을 제공한다. 지도의 경로는 사진, 역사적 영상, 글, 오디오 등을 통해 전투의 중요한 부분을 묘사하고 이 전투가 왜 중요한 전쟁이었는지 그 이유들을 제시한다.

관찰자의 경로에서는 증인으로서의 관찰자들이 남긴 물리적 표현을 통해 각각의 관점에서 상세한 사건을 전달한다. 어느 지점에서든 지도와 관찰자의 경로를 떠나 추가로 관련된 자료를 훑어본 후 제시된 내용으로 돌아간다.

어떤 사람들의 경우에는 다양한 전투 단계가 되풀이되고 변하는 것이 풍경을 걸으면서 각 현장에 있던 군대의 발자취를 추적하지 않으면 이해되지 않는다. 가상현실 영화를 통해 앤티텀/샤프스버그 전투지의 산책로를 통해 현장을 '걸으며' 그 전경을 경험하고 전쟁 중에 벌어졌던 일들에 어떠한 영향을 끼쳤을지를 느껴야만 전투가 어떤 것인지를 이해할 수 있다. 순차적 사진을 움직임 순서에 따라 조합함으로써 노드 우드의 우거진 나무 속에서 싸우는 느낌이 어떨지를 알 수 있고, 꺼진 땅에서 접근하는 적들을 두고 언덕 위에 서 있는 느낌이 어떨지를 알 수 있다.

기록과 활동의 경로를 통해 자료와 상호 관계할 수 있는 다른 방식을 얻을 수 있다. 이번에는 한쪽의 방향만 보는 것이다. 참고 기록의 이미지, 글 등을 훑어볼 수 있다. 메시지를 전달하기 위해 신호기를 움직여 보거나 이러한 신호로 보내는 메시지를 해독하는 것도 선택할 수 있다. 여기서도 목표는 더 많은 학생이 사건을 그것이 지닌 복잡성과 좀 더 풍부한 정신적 표상과 이해의 형태 안에서 아는 데 있다. 학생들이 다양한 사고와 함께할 수 있는 방식으로 배울 기회를 갖지 못하면 학교에서는 계속 전통적으로 언어와 논리적 사고방식에 강한 학생들에게만 혜택을 부여할 것이다.

1862년 9월 17일의 샤프스버그 전투를 이해하는 학생들은 이 이해한 바를 다양한 방식으로 나타낼 수 있어야 한다. 어떤 학생들은 언어를 사용하여 질문을 논하고, 자신의 삶과 연결 지어 보고, 다른 부분 및 다른 전투 등과 연결 지을 수 있을 것이다. 다른 학생들은 전투 과정을 설명하고 그렇게 함으로써 정보를 서술 방식으로 처리했음을 보여 준다. 말이 아닌 다른 것을 이용하여 이해한 바를 나타낼 수도 있을 것이다. 연극을 한다든지 그림으로 나타내거나 단편 영상을 제작한다든지 군악이나 장례 음악 등을 작곡할 수도 있고 또는 잘 모르는 기호 등을 터득함으로써 전투를 신호나 모스 부호를 이용하여 묘사할 수 있을 것이다. 사실 학생들이 몇 가지 매체를 이용하여 인터넷에 페이지를 등록할 수도 있을 것이다.

CD롬 같은 가상의 환경을 사용하는 학생들이 늘어날수록 교육자들은 학생들이 자신이 이해한 바를 나타낼 수 있는 풍부한 방법을 제공해야 한다. 새로운 매체가 전통적 방식보다 더 낫다든가 더 나쁘다고 가정할 수 없다. 그보다 우리는 학생들이 다양한 관점, 해석에 담긴 일부 주관적인 본질, 복잡한 사건을 단순히 좋거나 나쁘다고 해석하는 것이 위험하다는 사실 등을 고려할 필요가 있다는 사실을 충분히 깨달을 수 있도록 직접적인 증거를 찾아야 한다. 현재 기술을 통해 이러한 이해를 표현할 수 있는 방법이 생겼지만, 피상적인 이해와 차별화된 진정한 이해를 바탕으로 한 평가를 하는 것은 하찮은 도전이 아니다.

'앤티텀/샤프스버그'와 같은 상품의 위험 및 혜택에 대해 비판적으로 생각할 필요도 있다. 예를 들어, 학생들이 연결되어 있는 환경이 전투 그 자체에 대한 이해보다는 매개체에 더 관련되어 있어 학생들이 참여는 하고 있으나 이해가 부족해 보일 수도 있다. 표준이 되는 글이 없는 상태에서 해석을 하다 보면 너무 주관적이고 상대적이 될 수 있다. 또한 한 전투를 광범위하게 살펴보는 것은 전쟁과 관련된 다른 면모를 못 다루게 된다는 것을 의미한다.

반면, 그렇게 간접적인 경험의 결과로 학생들은 풍부하고 질감이 나는 자료를 다룸으로써 더 균형 잡힌 이해를 얻을 수 있을 것이다. 단순히 요약된 글을 넘어 자료를 접함으로 더 창의적이고 비판적으로 생각하도록 장려한다. 안내를 받으며 가는 구조를 통해 구불구불한 길이나 막다른 골목을 최소화할 수 있다. 사실, CD롬 같은 폐쇄된 환경에서 이해를 장려하는 경험은 인터넷을 통한 무제한적인 정보 접근보다도 궁극적으로 학생들에게 더 많은 이익이 될 수 있다. CD롬을 통해 학생들은 특정 측면에 대한 이해를 높이는 데 필요한 정보를 기준으로 인터넷 검색 전략을 개발하는 데 도움을 얻을 수 있을 것이다. 어떤 학생은 의회 도서관에서 아메리칸 메모리 프로젝트(American Memory Project: 의회 도서관 소장물 멀티미디어 장서)를 이용하여 샤프스버그 전투에서 알렉산더 가드너가 쓴 이미지가 그의 초기 작품과 어떻게 다른지를 보고, 다른 학생은 전투지에서 보낸 군인들의 편지를 읽고 싶어 할지도 모른다.

CD롬 같은 특정 기술을 넘어 우리는 우리의 교육적 목표와 기술의 관계에 대해 생각해 볼 필요가 있다. 예를 들어, '앤티텀/샤프스버그' 같은 어플리케이션을 이용하는 방법은 교육의 목표가 역사적 사고를 가르쳐 개인들이 출처에 대해 이해할 수 있도록 하거나, 학생들이 다양한 관찰자와 다양한 참가자들의 급진적인 관점에 민감하도록 하기 위한 것이든지, 또는 앤티텀 전투에 대한 비유(예: 근현대적 발칸 또는 중동 전장 등)를 인식하도록 하는 것과 전통적인 역사 교과서, 켄 번즈의 〈남북 전쟁(The Civil War)〉 같은 TV 시리즈물 및 『바람과 함께 사라지다(Gone with the Wind)』 같은 소설 간의 관계를 파악하는 것이 교육목표인지에 따라 달라진다. 교육자들이 이러한 목표와 우선순위를 분명히 하지 않으면 학생들은 깨우치기보다는 혼란스러워할 것이며, 기술은 이해를 돕는 도구가 아닌 혼동의 도구가 될 것이다.

교육에 있어 완전히 새로운 생각은 거의 없다. 학생들의 이해를 증진시키는 방법을 찾았던 교육자들, 학생들의 마음을 이해하려 노력했던 교육자들, 그러한 목표를 달성하기 위해 최신 기술을 활용했던 교육자들은 항상 존재했다. 마찬가지로 이 장에서 나타난 목표 중 어느 것도 구체적으로 CD롬 기술에 의존하지 않았다. 과거 기발한 교사는 사건의 다양한 관점을 활용하여 다양한 표현매체를 이용하고 학생들로 하여금 전장의 실제 혹은 상상 여행을 하도록 이끌 수 있을 것이다.

그러나 때로 일련의 양적인 차이로 인해 질적인 차이가 발생할 수 있다. 우리는 CD롬과 같은 기술을 통해 일반 학생들도 지난 수년간 특별한 수업에서만 접근할 수 있었던 미국 남북전쟁(그리고 수많은 풍부한 교육과정)에 대해 이해할 수 있게 되었다고 확신한다. 게다가 그렇게 간접적 자료를 통해 사용한 실제 절차, 예를 들어 안내를 받으며 걷는 가이드 워크의 관점에서 전반적으로 변경할 준비가 되어 있으므로 심지어 CD롬을 사용할 수 없을 때에도 새로운 정신 표상을 개발하게끔 자극할 수 있을 것이다.

확실히 기술 그 자체로 교육적 접근이나 결과에서 혁명을 낳을 수는 없다. 초기에는 샤프스버그 전투에 대한 균형 잡힌 이해를 갖는 것이 가능했을지라도, 다르게 쓰인 보고서들이 제공하는 사실들을 비교하거나, 가상 영화에서 본 내용들을 순수하게 기술적으로만 서술한 내용을 확인하는 등의 지극히 평범한 목표를 좇는 데 CD롬을 이용할 수도 있다. 여기에서 교사들이 좋아하는 평가 방식이 가진 비밀이 드러난다. 잘 만들어진 앤티텀이 결국 객관적인 다지선다형인지, 직설적으로 전투의 주된 사건을 인용하거나 설명하도록 요청하는지, 에세이 형식으로 흥미로운 비교를 제기하도록 하는지 등의 여부가 중요하다. 누군가는 알렉산더 가드너의 사진에 대한 반응을 포착한 멀티미디어적 예술작품을 만들도록 하는 과제나 학생이 실제로 앤티텀/샤프스버그 CD롬을 사용하는 것과 관련하여 교습 내용을 만들어 내도록 하는 등의 과제 같은 야심 차고도 모험적인 형식의 평가도 상상할 수 있다. 더 모험적인 형식을 통해 학생들이 자신만의 독특한 방식으로 지능들을 융합할 기회가 최대한으로 마련되어 자신이 이해한 바를 나타내고 동료나 교사들에 대한 가능성의 효과를 넓힐 수 있는 새로운 장이 마련되는 것은 우연이 아니다.

현대 교육을 받는 진지한 학생들은 거의 모두 보수주의이든 진보주의이든 간에 우리가 시시한 교육 목표를 넘어 움직일 필요가 있다는 점에 동의한다. 사실 또는 정보성 지식을 터득하는 것에서 나아가 이해하고 해석하는 능력, 다양한 지적 능력과 스타일로 무장하여 더 많은 청소년에게 영향이 미치도록 많은 노력을 기울이는 것까지 나아가는 것이다. 이러한 야심 찬 목표는 그 자체로 인지 혁명에 달려 있지는 않으나, 인지 혁명을 통해 학생들이 배우는 방식을 더 잘 이해하는 것과 그렇게 중요한 교육 목표를 성취할 만한 잠재력을 가진 교육 자료를 생산하는 것이 활발해지게 되었다.

마지막 분석에서 효과적인 교육을 위해서는 높은 가치의 목표를 향해 확고히 방향을 틀어야 한다. 유럽과 아시아 국가들이 교육 성취도에서 일상적으로 미국을 앞지르는 이유는 이들이 가진 기술이 화려해서가 아니라 교육 사업을 더 진지하게 여기기 때문이다. 기술 그 자체로는 그 학업적 국제 수지(balance of payments)를 바꿀 수 없다. 그러나 우리의 교육적 임무가 나아가야 할 바를 재설정하고 그 임무와 맞물리는 기술을 신중하게 설계하고 사용함으로써 우리와 다른 국가들은 훨씬 더 많은 학생과 훨씬 더 큰 성과를 거둘 수 있다. 이 장에서 기술한 적용 방법은 대표적이기는 하지만─쉽게 구현할 수 있으며 즐겁게 사용함은 물론, 엄정한 평가를 받을 수 있는─성장세에 있는 전도유망한 혁신 중 하나이다.

승인
셜리 비니마와 하워드 가드너의 허락하에 재판을 찍음. "Multimedia and Multiple Intelligences", *The American Prospect*, 7, (29), November 1st, 1996. The American Prospect, 11 Beacon Street, Suite 1120, Boston, MA02108. All rights reserved.

제 10 장
지능의 세 가지 모습

Daedalus, 2002, 139-42.

르네상스 위크엔드(Renaissance Weekend)라는 미국의 한 모임에서 나는 미국 상원의원 및 하원의원 그리고 소위 정책통이라고 불리는 사람들과 함께 패널을 맡은 적이 있다. 모임에 참여한 패널들은 모두 대중에 잘 알려진 인사들이었지만 교육에 관심을 갖고 있는 인지심리학자인 나와는 거리가 있는 사람들이었다. 따라서 나에게는 나름 불편한 자리였다. 모임이 중반쯤 진행되었을 때 나는 그간 품어 왔던 의문 중 하나를 풀 수 있게 되었다. 패널 중 한 명이 '인텔리전스(intelligence)'라는 단어를 사용하자 다른 패널이 즉시 CIA의 지난 25년 동안의 실패 사례들을 인용한 것이다. 나중에 알고 보니 그때 패널들은 모두 각자의 이력에 등장하는 키워드에 주목하여 선정된 인사들로, 나를 비롯해 패널들 모두가 스스로를 '인텔리전스(intelligence; 나: 지능, 다른 패널들: 정보)'의 전문가라 평가한 것이다.

다양한 학문적 배경을 가진 개인들 스스로가 인텔리전스에 흥미가 있다고 설명할 때 심리학 훈련을 받은 이들에게 '인텔리전스'는 굉장히 구체적인 역사와 함축적 의미가 있는 단어로 다가온다. 최근 1세기 동안 이 단어는 주로 계량심리학자들이 사용했다. 이들은 대상자들이 학업과 관계된 일을 수행하도록 하는 단답형의 지능 테스트를 고안, 수행하여 점수를 매겼다. 이러한 시험에서는 단어 정의, 반의어 찾기, 구문 암기, 일반적 정보 제공, 기하학적 모양 조작하기 등을 다룬다. 계량심리학자들은 지능 측정(종종 IQ 테스트라 부름)에서 지속적으로 높은 수치를 기록했던 아이들을 똑똑하다고 생각했으며, 실제로 학교에서 생활하는 동안에는 이들이 똑똑하다고 여겨졌다.

이런 주장들을 마주하다 보면 때때로 객관적인 정보 같은 것이 동반되는 것을 관찰할 수 있다. 베스트셀러인 『종형 곡선(The Bell Curve)』(Herrnstein & Murray, 1994)에서 날카롭게 지적했듯이 개인은 특정한 지적 잠재력을 지니고 태어나는 것으로 여겨진다. 그러한 잠재력을 바꾸기는 어렵다. 또한 계량심리학자들은 어릴 때부터 우리가 얼마나 똑똑한지를 분별할 수 있다는 등의 주장을 펼친다. 저자인 리처드 헌스테인(Richard Herrnstein)과 찰스 머레이(Charles Murray)는 지속적으로 다양한 사회 병폐를 지능이 낮은 수준의 이들을 통해 추적하였으며, IQ 점수가 인종과 관련이 있을지도 모른다는 암시를 하였다. 후자의 주장으로 책은 높은 판매고를 올렸고, 선풍을 일으켰다.

그러나 20세기 후반에 이르러 지능에 대해 계량심리학이 가진 패권은 점점 도전을 받게 된다. 컴퓨터 전문가들은 이론을 발전시켰고 인공지능 어플리케이션을 개발하기 시작했다. 이들 중 일부 시스템은 일반적인 문제 해결의 도구 역할을 하였으나, 다른 시스템은 기술적인 전문성을 탑재하게 되었다. 신경과학자들과 유전학자들은 진화적 기원과 다양한 정신 역량의 신경 표현을 중점적으로 보려고 했다. 또한 심리학 분야 내에서 대체적 관점 역시 도입되었다.

내가 개발한 이론에 따르면 인간이 항상 언어 및 논리수학적 능력을 융합한 하나의 지적 능력만 가진 것으로 생각하는 것에는 문제가 있다. 그보다는 진화적 관점에서 진단할 때 인간이 음악 지능, 공간 지능, 운동 지능, 자연탐구 지능 등 상대적으로 자율적인 복수의 정신 역량을 가진 것으로 개념화하는 것이 더 일리가 있다. 또한 나는 추가로 두 가지 형태의 개인적 지능, 즉 대인관계 지능 및 자기이해 지능을 제안하는 바이다.

이렇게 복수의 이론을 발전시키면서도 나는 여전히 지능이 단일한 개념이라 생각했다. 몇 년이 걸려서야 세 가지 뚜렷한 지능의 의미를 구분하는 것이 중요하다는 것을 깨달았으며, 이는 다음의 문장에 나타나 있다.

1. 침팬지와 인간의 유전자 물질이 상당히 유사하다는 관점에서 볼 때 인간 지능(intelligence)에 대한 특징적인 부분을 기술하는 것이 어려워졌다.
2. 대부분의 흥미 수준에 있어 수잔은 존보다 단순히 더 많은 지능(intelligence)을 보였다.
3. 알프레드 브렌델(Alfred Brendel)의 피아노 연주를 돋보이게 하는 것은 브렌델의 연주 기술 그 자체가 아닌 순전히 브렌델의 지능(intelligence)이다.

지능의 첫 번째 의미를 적용할 때 우리는 인간(또는 인간이 아닌) 능력을 일반적으로 특징화하려고 시도한다. 예를 들어, 인간 지능과 복잡한 문제를 해결하는 능력 또는 미래를 예측하거나 패턴을 분석하거나 서로 다른 정보를 조합하는 능력 등을 말한다. 주요 학문 분야적 전통은 찰스 다윈(Charles Darwin)의 '인간의 유래' 연구에서 시작하여 장 피아제(Jean Piaget)의 어린아이들의 정신에 대한 연구로 지속되는데, 이러한 학문을 통해 지능의 독특하고 일반적인 부분을 포착하려고 하였다.

두 번째 의미의 지능은 심리학자들이 가장 널리 사용하는 의미이다. 심리측정학적 전통을 따르는 이들은 단일신주의든 다일신주의든 간에 지능은 키나 외향성과 같은 특성이라고 상정한다. 개인이 이러한 특성을 드러내거나 이러한 특성을 조합하는 정도에 따라 개인들을 유용하게 비교할 수 있다. 나는 이러한 방침을 관심 특성에 대한 개인차 검사라고 명명한다. 다중지능에 대한 나의 대부분의 연구는 각 개인에 대한 전반적인 지능 프로필이 다양하다는 설명을 수반한다.

세 번째 의미의 지능은 가장 흥미로운 부분일 수는 있으나 가장 적게 발견된 지점이기도 하다. 브렌델의 예에서 제시하였듯이 여기서의 초점은 과업이 수행되는 방식에 있다. 우리는 종종 이렇게 말한다. 현명한 선택이었는지 경솔했는지, 결정에 도달하게 된 방법이 영리했는지 어리석었는지, 지도 세력의 교체가 현명했는지 서툴렀는지, 또는 새로운 개념이 강의에 적절하게 도입되었는지 등에 대해 말한다.

이 세 번째 지능이 가지는 다른 지능과의 구별점은 무엇인가? 우리는 사안에 있어 목표나 목적에 대한 생각 없이 장르와 관련된 선택, 참가자들의 특정 가치 시스템 등을 고려하지 않고 어떠한 행동이나 결정을 똑똑하다고 특징지을 수 없다. 알프레드 브렌델의 연주는 일부 객관적인 지수를 기준으로 볼 때 더 기술적으로 정확하다 말할 수 없을 수도 있다. 그보다는 브렌델 자신의 목표, 피아노 연주에서 가능했던 선택, 청취자의 가치 등의 관점에서 거의 해석이 똑똑했다든가 아니면 모자란 부분이 있었다든가를 말하는 것이 맞을 것이다. 게다가 나는 브렌델의 해석을 싫어할 수도 있으나, 만약 브렌델이 성취하고자 하였던 것이 무엇이며, 그의 해석이 맞다고 보는 이유에 대해 나를 설득할 수 있다면 브렌델의 해석이 똑똑했다는 데에는 동의할 수 있다. 또는 다른 사람이 글렌 굴드(Glenn Gould)의 연주를 개인적으로 싫다 좋다 할 수 있겠으나, 브렌델과 같은 곡을 연주한 글렌 굴드의 연주가 똑똑했다고 내가 이 사람을 설득할 수도 있다. 현명하거나 어리석은 결정, 계획 과정, 지도부 교체, 수업 시 주제 도입 등을 구성하는 기준에 있어서 본보기가 없는 기준은 없다. 그러나 제시된 특정 예시를 동의하지 않는 것에 동의할 수 있을 때조차 목표, 장르, 가치 등의 정보로 무장한 채 과업 수행이 똑똑했는지 여부를 평가할 수 있다.

세 번째 지능과 다중지능과의 관계는 어떨까? 나는 과업들이 다른 만큼 다른 지능 또는 지능들의 조합이 관련될 것이라 추측하였다. 지능적인 음악 연주를 할 때 식사 준비, 코스 계획 또는 다툼 해소 등과는 다른 조합의 지능이 관련되어 있다.

따라서 누군가는 '지능의 의미론' 학습을 통해 무엇을 성취할 것인가를 질문할 수도 있다. 여기서 세 가지 가능한 배당금을 제시하고자 한다. 첫 번째는 어휘적인 것이다. 세 가지 구분되는 지능의 정의를 구분하는 것은 유용하고도 중요하다. 그렇지 않다면 우리는 이를 혼동하여 사용하는 우를 범하게 된다. 피아제 학파가 구태여 심리측정주의자와 충돌한다든지, 문학비평가가 학교심리학자와 동일한 종류의 노력에 종사하고 있다고 믿는 것 등이다.

두 번째 배당금은 연구와 관련되어 있다. 학자와 연구자들은 지속적으로 지능의 본질을 검사할 것이라는 점에는 이론의 여지가 없다. 우리는 새로운 지능 테스트, 새로운 형태의 인공지능 기계, 심지어는 지능유전자(유전자는 아니더라도) 등에 대한 내용을 읽을 수 있을 것이다. 일부 연구자는 '지능'이라는 용어를 사용하는 데 분명한 이해를 하고 있으나, 우리는 학자들이 그들이 연구하는 지능의 측면이 무엇인지, 그리고 그 지능이 다른 지능과 어떤 관계에 있는지에 대해 세세하게 제시하지 않으면 상당한 혼란을 겪으리라는 것을 예상할 수 있다.

마지막으로 내게 가장 중요한 것은 교육적 함의이다. 교육자가 첫 번째 의미의 지능에 대해 이야기할 때 그녀가 의미하는 것은 모든 인간에게 존재한다. 가정할 수 있는 능력에 대한 것이다. 아마도 다른 사람보다 좀 더 빨리 또는 극적으로 나타나는 경우가 있겠지만 궁극적으로 우리는 인간의 생득적인 부분을 다루고 있으며, 따라서 어떤 특별한 측정이 필요한 것이 아니다. 반면, '개인차'에 대한 지능이란 것은 개인의 잠재력에 대한 판단과 각자가 가장 효과적으로 배울 수 있는 방법은 무엇인가에 대한 것이다. 만약 (리처드 헌스타인과 찰스 머레이를 따라) 누군가 샐리가 대체로 지적 잠재력이 거의 없거나 (다중지능이론을 따라) 공간지능 개발에 있어 거의 잠재력이 없다고 가정한다면 이 사람은 분명히 교육적 선택에 직면하게 된다. 이는 포기에서부터 더 열심히 공부하는 것, 대안을 찾아 가르침을 전달하는 것, 즉 주제가 기하학이든 고대 역사든 고전 음악이든 간에 거기에는 다양한 선택이 있을 수 있다.

그래서 똑똑하거나 멍청하게 하는 것이 의미하는 바는 무엇인가? 가장 위대한 교육적 진전을 여기에서 성취할 수 있다. 너무나 종종 우리는 목표, 장르, 가치를 무시하거나 이런 것들이 너무 명백하여 굳이 강조할 필요를 느끼지 못한다고 가정한다. 그러나 연습, 즉 종이 시험, 프로젝트, 에세이 답변 등을 똑똑하게 혹은 어리석게 했는지에 대한 판단은 학생들의 경우 가능하기 힘들다. 이러한 평가가 잘 이해되지 않으므로 이러한 평가를 통해 얻을 수 있는 교훈도 거의 없다. 자질을 판단하는 기준을 마련하는 것도 그 자체로는 자질을 개선하는 데 충분하지 않을 것이다. 그러나 그러한 설명이 없다면 우리 학생들이 똑똑하게 공부할 것인지 예상할 수 있을 만한 이유가 거의 없다.

제 11 장
20년 후 다중지능이론

Paper presented at the American Educational Research Association,
Chicago, April 21st, 2003.

종종 다중지능이론에 대해 처음 생각하게 된 계기가 무엇인지에 대한 질문을 받는다. 아마 가장 정직한 답은 '모른다.'일 것이다. 그러나 그러한 답변으로는 질문자는 물론, 나조차도 만족시킬 수가 없다. 뒤늦게 깨달은 일이지만, 다음의 요인들에 대해 일부는 간접적으로, 또 일부는 직접 내가 발견한 내용을 바탕으로 언급하고자 한다.

1. 젊었을 때 나는 피아니스트였으며, 다른 예술 영역에도 열정적으로 관여했다. 발달인지심리학을 공부하기 시작했을 때 예술에 대한 언급이 사실상 없다는 사실에 충격을 받았다. 초기에 직업적으로 가진 목표는 학문적 심리학 내에 예술에 대한 자리를 마련해 주는 것이었다. 아직도 그 작업은 진행 중이다. 1967년부터 지속적으로 예술에 흥미를 갖고 있었기 때문에 프로젝트 제로(Project Zero)의 창립 멤버가 되었다. 프로젝

트 제로는 하버드 교육대학원의 기초 연구 그룹으로 저명한 예술철학자인 넬슨 굿맨(Nelson Goodman)이 시작한 프로젝트이다. 28년간 프로젝트 제로의 공동 디렉터직을 맡았고 프로젝트 제로가 계속 번창하고 있어서 기쁘게 생각한다(제3장 참조).

2. 박사과정이 끝나갈 무렵에, 저명한 행동신경학자인 노먼 게슈윈드(Norman Geschwind)의 신경학 연구를 처음 접하게 되었다(제4장 참조). 나는 한때 평범하고 재능 있던 사람이 불행히 뇌졸중, 종양 또는 다른 형태의 뇌 손상을 입었을 때 어떤 일이 벌어지는지에 대한 게슈윈드의 논의에 매료되었다. 종종 증상은 직관과 배치되었다. 예를 들어, 실독증이지만 실서증이 아닌 환자는 비록 단어를 읽는 능력은 상실했지만 여전히 숫자를 읽고 사물의 명칭을 말하며 보통 사람처럼 글을 쓴다. 그렇게 계획한 것은 아니었는데 나는 결국 신경심리학 분야에서 20년을 일하며 뇌에서의 인간 능력 조직에 대해 이해하려 노력하였다.

3. 나는 항상 글쓰기를 좋아했으며, 박사학위 취득 후인 1970년대 초에 게슈윈드와 함께 연구를 시작하였다. 세 권의 책을 썼고, 네 번째 책인 『부서진 마음(The Shattered Mind)』(Geschwind, 1975)에서 다른 형태의 뇌 손상으로 고통받는 개인에게 어떤 일이 일어났는지를 연대기처럼 정리하였다. 나는 뇌의 다른 부분이 어떻게 다른 인지 능력을 지배하는지를 기록하였다. 『부서진 마음』을 끝마친 후 인간의 다른 능력에 대해 심리학적으로 기술한 책을 써야겠다고 생각했다. 현대적으로 재공식화한 골상학이라 볼 수 있다. 1976년에 요점 등을 정리하고 잠정적으로 『마음의 종류(Kinds of Minds)』라는 제목을 달았다. 이 책을 결코 쓴 적이 없다고 말하는 이도 있을 수 있다. 실제로 몇 년 동안이나 이 책을 잊고 있었기 때문이다. 그러나 결국 캐비닛에서 나와 『마음의 틀(Frames of Mind)』(1983)로 탈바꿈했다고 말할 수도 있을 것이다.

이론적 원인(遠因)이 되었던 부분에 대해서 이 정도만 이야기하고자 한다.

1979년에 하버드 교육대학원과 관계된 일련의 연구자들이 네덜란드의 버나드 반 리어 재단(Bernard van Leer Foundation)에서 상당한 액수의 연구비를 받게 되었다. 이 연구비는 재단에서 제안한 거창한 목적을 위해 마련된 것이다. 인간 잠재력에 대한 프로젝트(Project on Human Potential)는 인간의 잠재력이 가진 본질과 어떻게 그러한 잠재력이 최고로 촉진될 수 있는지에 대한 학문적 연구를 수행하는 것이다. 우리가 각각의 프로젝트를 수행했을 때, 나는 흥미로운 과제를 받게 되었다. 생물학 및 행동과학에서 발견한 것들을 통해 인간 인지와 관련하여 확립된 내용에 대한 책을 쓰라는 것이었다. 이렇게 해서 다중지능이론이 나오게 된 연구 프로그램이 탄생하게 되었다.

반 리어 재단의 지원을 통해 나는 많은 동료의 도움을 받아 광범위한 연구 프로그램을 수행할 수 있었다. 나는 이를 나와 다른 이들이 정상적인 아이, 재능 있는 아이의 인지 능력뿐만 아니라 이러한 능력에 손상을 받은 병리학적으로 고통받는 아이들의 인지 능력 발달에 대해 배웠던 것들을 분석하고 집대성할 일생일대의 기회라고 생각했다. 나의 하루 일과에 대한 관점에서 표현하자면, 나는 아침에는 뇌 손상에 대한 연구를 통해 배우고, 이를 토대로 오후에는 인지발달에 관한 연구로부터 배우고 있었다. 동료들과 나는 뇌 연구, 유전학, 인류학, 물리학 등의 문헌을 샅샅이 조사하여 인간의 능력을 분별할 수 있는 최적화된 분류학을 확인하고자 하였다.

나는 이 조사를 진행함에 있어 많은 중요한 고비를 맞게 되었다. 언제였는지는 기억나지 않지만, 어느 순간 이 능력들을 능력이나 재능보다는 '다중지능'이라 부르기로 하였다. 이렇게 경미해 보이는 단어의 대체가 실제로는 굉장히 중요한 것이었음을 이후 증명할 수 있었다. 만약 내가 책을 쓰고 책 이름을 '일곱 가지 재능'이라고 했다면 『마음의 틀』이 받았던 만큼의 관심은 받지 않았을 것이라 확신한다. 동료인 데이비드 펠드만(David Feldman)이 지적했듯이(2003), 이러한 단어를 선택함으로써 나는 IQ 테스트를 중요하게 생각하던 심리학적 통념과 정면으로 부딪치게 되었다. 그러나 펠드만의 주장대로 내게 'IQ를 죽이고자' 하는 동기가 있었다는 생각에는 동의하지 않는다. 다큐멘터리도, 기억적 증거도 내가 그러한 대립에 흥미가 있었음을 보여 주지는 않는다.

두 번째로 중요한 전환점은 지능의 정의를 명확히 하고 지능에 속하는 것과 속하지 않는 것에 대한 일련의 기준을 설정하는 것이었다. 그러한 기준이 선험적으로 확립되어 있었던 것처럼 행동할 수는 없다. 그보다는 궁극적으로 여덟 개의 개별 기준이 된 내용을 가장 잘 설명할 수 있는 방법을 통해 인간의 능력이 무엇인지에 대해 배웠던 내용에 대한 조정과 재조정을 거듭했던 것이다. 나는 정의와 기준이 이 작업의 가장 근본적인 부분이라 생각하나, 책에서는 둘 다 많이 논의하지는 않았다.

책을 쓰기 시작했을 때 심리학자로서 책을 쓰고 있었고, 그러한 상황은 그대로 나의 기본적인 학문적 자료가 되었다. 그러나 반 리어 재단의 임무가 있었기 때문에 다중지능이론의 교육적 함의에 대해 뭔가 말을 할 필요가 있다는 사실은 분명했다. 따라서 교육에 대한 연구를 수행하였고, 결론을 내리는 장에서 다중지능이론의 교육적 함의를 다루었다. 이렇게 하기로 한 결정이 또 다른 중요한 전환점이 되었다. 왜냐하면 다중지능이론을 가장 흥미 있게 본 이들은 심리학자보다는 교육자들이었기 때문이다(다중지능이론에 대한 구체적인 내용은 제6장부터 제8장까지를 참조할 것).

『마음의 틀』이 출판되었던 1983년, 나는 이미 6~7권의 책을 출판한 상태였다. 각각의 책은 적당할 정도로 긍정적인 호응을 얻었고 적당할 정도로 판매가 되었다. 『마음의 틀』도 그럴 거라고 생각했다. 독자들이 읽기에는 길이가 긴 전문 서적이었다. 그러나 출판된 지 몇 달 안에 나는 이 책이 다르다는 사실을 깨달았다. 열광적인 서평 때문도 아니었고, 엄청난 판매고 때문도 아니었다. 이 책에는 진정한 '흥분'이 있었다. 강연 초대도 많이 받았는데, 현장에 나타나면 사람들은 최소한 다중지능이론에 대해 들어는 보았으며 열정적으로 더 배우고 싶어 했다. 예술가 앤디 워홀(Andy Warhol)을 따라 하면서 나는 때때로 '다중지능이론' 덕에 15분짜리 명성을 얻었다고 농담했다. 직업적으로 다른 많은 것을 하는 동안 내가 깨달은 것은 내가 항상 '다중지능의 아버지'나, 그만큼은 썩 마음에 들지 않으나 '다중지능 도사' 정도로 알려질 것이라는 점이었다.

『마음의 틀』을 출판한 지 첫 10년 동안 다중지능이론에 대한 두 가지 주된 관계를 가지게 되었다. 첫 번째 관계는 관객과의 관계였다. 많은 사람이 다중지능이론에 비추어 교육 관행을 수정하고 싶다고 말해서 굉장히 놀랐다. 이미 1년 전 세계에서 처음으로 다중지능이론과 관련되어 조직되어 학교를 운영하게 될 인디애나폴리스 출신 교사들을 만났다. 지속적으로 다중지능이론을 어떻게 다양한 학교나 인구에 사용할 것인지에 대해 묻는 질문이나 의견 등을 받았다. 이러한 대화에 답하면서 나는 항상 내가 심리학자이지 교육자가 아니라는 입장을 고수했고, 어린아이들을 가르치는 가장 좋은 수업 방식이나 초등 또는 중등학교를 운영하는 방식에 대해서 내가 알고 있다고 생각하지 않았다.

두 번째 관계는 다중지능이론을 기반으로 육성한 연구 프로젝트의 책임자로서였다. 가장 야심 찬 노력은 프로젝트 스펙트럼으로, 데이비드 펠드만, 마라 크레체브스키(Mara Krechevsky), 재닛 스토크(Janet Stork) 및 다른 이들과 협업으로 진행한 프로젝트였다(Gardner, Feldman, & Krechevsky, 1998). 프로젝트 스펙트럼의 목표는 어린아이, 즉 취학 전 아동이나 초등 저학년 아이들 같은 어린아이들의 지능 프로필을 확인할 수 있는 측정치를 만드는 것이었다. 우리는 결국 가능한 한 자연스러운 방법으로 지능을 평가할 수 있는 열다섯 개의 개별 검사를 고안하게 되었다. 스펙트럼 배터리를 고안하고 다양한 인구에 사용하는 것은 매우 재미있는 과정이었다. 또한 평가 방식을 만들어 낸다는 것은 상당한 돈과 시간의 투자를 요하는 어려운 작업이라는 사실을 알게 되었다. 나는 많은 말을 하지는 않았지만, 다른 사람이 다양한 지능을 평가할 수 있도록 도구를 만들어 내려 한다면 기쁘게 생각하겠으나, 나 자신은 평가 관련 사업에 종사하고 싶지 않다고 생각했다.

다중지능이론에 대한 첫 관심의 물결에서 파생된 몇 가지 연구 프로젝트에 대해 언급하고자 한다. 지능의 표준 관점을 비판한 예일 대학교의 로버트 스턴버그(Robert Sternberg)와 작업하면서 나와 동료들은 학교용으로 '실천 지능(Practical Intelligence)'(Williams et al., 1996)이라는 중학교용 교육과정을 만들었다. 미국교육평가원(Educational Testing Service: ETS) 사람들과 함께 작업하면서 나와 동료들은 세 가지 형태의 예술 학습을 기록하게끔 고안한 일련의 교육과정 및 평가도구를 개발하였다(제13장 및 Winner, 1992 참조). 교육에 컴퓨터를 사용하는 것과 관련된 공동 작업이 있었다.

놀랍게도 다중지능이론에 대한 흥미는 1990년대로 가는 전환기까지도 살아남았다. 그때쯤 몇 가지 새로운 활동을 수행하기 위해 준비하고 있었다. 첫 번째는 순수한 학자적 활동이었다. 다양한 종류의 지능에 대한 개념을 토대로 나는 특정 지능에 특출한 이들을 대상으로 사례 연구를 진행하였다. 이러한 작업을 통해 창의력[열정과 기질; 『Creating Minds』(1993a)], 지도력[통찰과 포용; 『Leading Minds』(1995a)], 더 폭넓게 뛰어난 성취를 거두는 것[비범성의 발견, 『Extraordinary Minds』(1997)]에 대한 책을 쓰게 되었다. 책 제목에 '마음 (Minds)'을 넣어 얼마나 많은 혜택을 봤는지 알 수 있을 것이다.

두 번째는 이론의 연장이었다. 1994년부터 1995년까지 안식년을 가지고 이 기간을 이용하여 새로운 지능의 존재에 대한 증거를 검토하였다. 나는 자연주의 지능에 대한 증거가 충분하다는 결론을 내렸다. 또한 "큰 의문이 드는 지능(the intelligence of big questions)"(Gardner, 1999)이지만 실증 지능이 존재할 수 있다는 것을 연상시켜 주는 증거도 있다고 결론지었다. 나는 또한 생물심리학적 잠재력으로 이해한 지능과 다양한 문화에 존재하는 다양한 영역과 학문 간의 관계를 훨씬 더 깊이 탐구하였다. 우리가 세상을 알고 분석하는 방식은 인간 지능의 일부임에 당연하다. 나는 또한 '지능'이라는 용어를 세 가지로 구분하여 사용하는 것을 소개하였다(제10장 참조).

- 모든 인간이 소유한 것(우리 모두 이 여덟 또는 아홉 가지 재능을 보유하고 있다)
- 인간이 서로 다르다는 관점(두 사람은, 심지어 일란성 쌍둥이라도 프로필이나 지능이 완벽하게 동일하지는 않았다)
- 인간이 목표를 위해 과업을 수행해 나가는 방식(조에겐 음악지능이 많을 수 있지만, 특정 곡을 해석할 때는 부족할 수 있다)

제3의 활동은 내 이론의 해석 혹은 이론 자체와 적용 사이의 관계와 관련된다. 처음 10년간은 단순히 다른 이들이 다중지능이론의 이름으로 말하고 행동하는 것을 관찰하는 것으로 만족했었다. 그러나 1990년대 중반쯤 다중지능이론에 대한 잘못된 해석이 많다는 사실을 깨닫게 되었다. 예를 들어, 지능을 학습 스타일과 혼동하는 것과 인간 지능을 사회 분야와 혼동하는 것 등이다(즉, 음악 지능을 특정 음악 장르나 역할을 터득하는 것과 동일시한다는 것이다). 나는 또 기분 상할 수 있는 관행을 알게 되었다. 예를 들어, 특징적 지능에 대한 인종 또는 민족 그룹을 다르게 표현하는 것이다. 또한 처음으로 나는 내가 생각하는 다중지능이론과 다른 사람들이 배우고 활용하려 했던 다중지능이론을 다르게 다루기 시작했다(제7장 참조).

이 두 번째 단계의 최종적 특징은 교육 개혁에 더욱 적극적으로 관여하는 것이다. 이는 실제적이고도 학문적인 형식으로 관여하는 것이다. 실제적인 수준에서 하버드 프로젝트 제로에서 나와 동료들은 다중지능과 기타 우리가 개발했던, 예를 들면 이해를 위한 교육 등과 같은 교육 프로그램을 학교에서 실제로 실행하고자 할 때 이들 학교와 함께 작업하기 시작하였다. 또한 연간 여름 교육기관도 출범시켰다. 학자적 측면에서는 내 교육철학을 설명하기 시작했다. 특히 대학 과정 전에 주요 학문에 대한 이해, 과학, 수학, 역사, 미술 등에 대한 이해가 중요하다는 점에 집중했다. 다양한 이유로 이러한 분야에 대해 이해한다는 것은 상당히 어려운 일이다. 너무 많은 것을 다루려 하다 보면 이해와는 멀어지게 될 것이다. 대부분의 경우 적은 수의 주제를 깊이 파면 이해를 잘할 가능성이 커진다. 일단 '다루기'보다 '다루지 않기'로 결정한다면 다중지능이론을 활용할 수 있다. 구체적으로 말하자면, 주제에 접근할 수 있는 방법은 많다. 다양한 영역에서 유추와 비교를 활용할 수 있으며, 다양한 상징적인 형태에서 주요 개념 등을 표현할 수 있다.

이러한 분석을 통해 어쩌면 놀라울 수 있는 결론이 나왔다. '다중지능'을 수용한다는 것 그 자체는 교육적 목표가 아니다. 교육적 목표는 자체의 가치를 반영해야 하며, 단순히 혹은 곧바로 과학적 이론에서 나오는 것이 아니다. 누군가 자신의 교육적 가치를 반영하여 교육적 목표를 설명한다면 존재한다고 추정되는 다중지능이 아주 유용하다는 점을 증명할 수 있다. 특히 교육적 목표를 통해 학문적 이해를 아우를 수 있다면 몇 개의 지능을 동원하여 높은 목표를 달성할 수 있기 때문이다.

내게 다중지능이론의 처음 20년은 이렇게 보였다. 다중지능이론에 관심을 보여 준 내가 속한 연구 그룹 및 미국 전역 그리고 전 세계 분들에게 감사를 표한다. 이분들의 의문에 답하려 노력하였고, 이분들을 통해 배운 것들을 토대로 발전하려 노력하였다. 일단 누군가 아이디어를 발표하게 되면, 비유전적 문화 요소인 '밈(meme)'이 우리가 아이라 부르는 유전자의 생산물을 통제하는 것보다 완벽히 그 행동을 통제할 수 없다. 간결하게 표현하자면, 다중지능이론은 지금까지 그리고 앞으로도 그 자체로 생명력을 가지게 될, 살아 있는 내 이론 중 내가 바랐던 것보다 가장 잘 알려진 지능이론이다.

내가 60세가 되는 해에 다중지능 역시 20세가 된다. 다중지능이론을 연구할 해가 앞으로 얼마나 남아 있을지는 모른다. 어떤 경우가 되든 지금이야말로 돌이켜 보고 분석과 실제에 대한 미래적 제안을 할 때이다.

시작하자면 새로운 지능들을 제안하기 위한 노력이 있을 것이다. 최근 몇 년간 감정 지능에 대한 폭발적인 흥미에 더하여 영성 지능과 성적 지능에 대해 설명하려는 상당한 노력이 있었다. 내 동료인 안토니오 바트로(Antonio Battro, 2002)는 디지털 지능이 존재한다고 제안하였고, 디지털 지능을 통해 내가 세웠던 기준이 어떻게 충족되는지를 제시하였다. 최근 주목받는 인지신경과학자인 마이클 포즈너(Michael Posner)가 내게 '관심'도 일종의 지능이라는 점을 고려해 달라고 도전하였다(2004). 나는 항상 최종에는 지능이라 판단하는 결정은 개인적 해석이지 알고리즘적 결론이 아니라는 점에 수긍했다. 지금까지 나는 지능이 8.5개라는 의견을 고수하고 있지만, 이 개수가 늘어날 수 있는 시간 또는 지능 간의 영역이 재구성될 그때가 곧 올 것이라 생각한다. 예를 들어, 소위 모차르트 효과가 신뢰성을 얻을 정도로 음악 지능과 공간 지능 간의 관계를 재고하고 싶을지도 모른다.

특정 교육학적 목표를 달성하기 위해 지능을 최고로 동원할 수 있는 방법이 무엇인지에 대해 답하기 위해서는 많은 노력이 필요하다. 나는 다중지능이론의 지지를 받아 만들어진 교육 프로그램이 미국 연방정부에서 현재 교육에 요청하고 있는 무작위적 통제 연구 같은 것들에 적합하다고는 생각하지 않는다. 그러나 잘 짜인 '디자인 실험'을 통해 다중지능 관점이 적절한 부분과 적절하지 않은 교육적 노력을 밝혀 줄 것이라 생각한다. 한 가지 예만 보자면 나는 학생이 물리학의 중력이라든지 역사의 시대정신 같은 어려운 새로운 개념을 터득하려 할 때 다중지능적 접근이 특히 유용하다고 생각한다. 그런데 다중지능 접근 방식을 사용하면 성공적이라고 주장하는 외국어 교사들을 존경하기는 하지만, 다중지능 접근 방식을 사용하면 외국어를 터득하는 데 유용할 수 있다는 주장에는 동의하기 어렵다(Haley, 2004 참조).

다중지능이론의 영향을 탐구할 더 많은 시간과 에너지가 주어진다면 이 귀중한 시간과 에너지를 두 가지 노력에 바칠 것이다. 먼저 앞서 지적한 바대로 나는 사회활동과 지식 영역이 부상하여 정기적으로 재구성되는 방식에 점점 더 매혹되었다. 복잡한 사회라면 최소한 100개에서 200개의 구분되는 직업이 있고, 규모가 있는 대학이라면 최소한 연구 분야가 50개는 된다.

이러한 영역과 학문 분야는 우연히 만들어진 것이 아니며, 이러한 영역과 학문이 진화하고 임의의 상황을 조합하는 방식 역시 우연은 아니다. 문화적으로 구성된 지식의 영역은 인간이 가진 뇌와 정신의 종류 및 이러한 뇌와 정신이 다양한 문화적 배경에서 성장하고 발전하는 방식과 일종의 관계를 가지고 있어야 한다. 구체적으로 말하면 인간의 논리수학적 지능이 과거 수천 년에 걸쳐 나타난 다양한 과학, 수학, 컴퓨팅 소프트웨어 및 하드웨어와 앞으로 1년 또는 100년 동안에 나타날 것들과 어떠한 관계가 있는가 하는 점이다. 무엇이 무엇을 만들며, 더 나아가 각 영역이 다른 영역과 어떠한 관계인가? 인간의 정신이 학제 간 연구를 어떻게 다루는가? 이러한 연구가 자연적 또는 비자연적 인지 활동인가? 나는 이러한 이슈들을 체계적인 방식으로 생각할 수 있었으면 좋겠다.

둘째, 처음부터 다중지능이론의 매력적인 측면의 하나는 생물학적 증거에 의존한다는 것이다. 1980년대 초 유전학이나 진화심리학과 관련된 증거는 거의 없었고, 그러한 이론들은 단지 넘어가기용이었다. 다양한 정신 능력이 존재한다는 신경심리학적 연구에서 강력한 증거를 얻었으며, 그러한 증거를 통해 다중지능이론을 정당화할 가장 강력한 토대를 구축하게 되었다.

20년 후 지식은 뇌과학과 유전학 분야 모두에서 경이로운 속도로 축적되고 있다. 과장되어 보이는 위험에도 우리가 1983년부터 2003년까지 배웠던 내용이 과거 500년간 배웠던 내용과 비슷하다는 명제를 방어할 준비가 되어 있다. 단편적으로 훈련받은 신경과학자이자 유전학자로서 나는 이 영역에서 한꺼번에 새로 발견되는 것들을 따라잡기 위해 최선을 다해 왔다. 나는 어떠한 발견도 다중지능이론의 중심 내용에 근본적으로 의문을 제기한 바 없다고 자신 있게 말할 수 있다. 그러나 또한 지난 20년 동안 발견한 내용에 비추어 다중지능이론의 생물학적 근거는 오늘날의 수준에 맞아야 한다고도 생각한다.

내가 직접 그렇게 할 만한 위치인지는 모르겠다. 그러나 그렇게 할 것이라 짐작하고 싶다.

다중지능이론을 소개했을 때 인간의 뇌와 인간의 정신이 굉장히 다른 영역이라는 것을 강조하는 것이 매우 중요했다. 하나의 정신, 하나의 지능, 하나의 문제 해결 능력이라 생각하는 것은 근본적으로 오해의 소지가 있다. 따라서 다른 많은 것과 함께 뇌 또는 정신은 많은 모듈, 기관, 지능들로 구성되어 있으며, 각각의 요소는 다른 요소와 상대적으로 자율적인 자체 규칙에 따라 작동한다는 주장을 하고자 하였다.

다행히 오늘날 모듈 방식은 잘 만들어졌다. '일반 지능' 그리고/또는 신경 가소성을 강력하게 믿는 이들조차도 자신의 입장을 지난 수십 년 동안은 필요 없던 방식으로 지켜야 할 필요를 느낀다. 그러나 일반지능과 특정 지능 간의 관계라는 문제를 다시금 생각할 때가 왔다.

이러한 재탐색의 과정은 다양한 흥미로운 방식으로 할 수 있으며, 또 그렇게 해 왔다. 심리학자인 로비 케이스(Robbie Case, 1991)는 중심 개념 구조(central conceptual structures)라는 개념을 주장했다. 특정 지능보다 폭넓으나 피아제식 일반지능처럼 모든 것을 아우르지는 않는다. 철학자 제리 포더(Jerry Fodor, 2000)는 관통할 수 없는 전용 모듈을 침투할 수 있는 중심 시스템과 대조하였다. 마크 하우저, 놈 촘스키, 티컴세 피치(Hauser, Chomsky, & Fitch, 2002)로 구성된 팀은 인간 인지가 지닌 고유한 우수성은 반복되는 사고에 있다고 하였다. 아마도 비공식적으로 자체를 참조하거나 저절로 새로운 사례들을 생성해 내는 체계가 지닌 잠재성으로서의 반복은 언어, 숫자, 음악, 사회관계 및 이외의 영역들 안에서 진보적인 생각을 특징으로 할 것이다. 전기생리학 및 방사능 연구를 통해 다양한 뇌의 모듈은 이미 갓난아기에게 활성화되어 있을 수 있다는 것이다. 신경 영상을 통해 개인이 IQ 스타일의 문제를 푸는 것을 보면 이런 종류의 문제를 풀 때 뇌의 어떤 영역이 가장 활용되는지를 알 수 있다. 또한 비범할 정도로 높은 IQ에 기여하는 유전자에 대한 증거가 있을 수 있다는 것이다. 왜냐하면 분명히 저지하는 유전자도 있기 때문이다. 평범하지 않게 높은 성취도에 대한 우리 자체 연구에 따르면, 한 가지 영역에서 뛰어난 이들(예를 들어, 음악가나 수학자) 사이에는 차이가 있다. 이는 박학다식하여 인지 능력 프로파일적으로는 상대적으로 평범함을 보였던 이들(정치인이나 기업 리더)과는 반대되는 경우이다. 나는 집중된 레이저 같은 지능을 보이는 이들과 언제나 경계하며 달리하는 탐조등과 같은 지능을 보이는 이들 간의 차이를 구체적으로 연구할 가치가 있을 것이라 생각한다.

내게 다른 생이 주어진다면 한편으로는 새로운 생물학적 지식과 관련 지능의 본질을 다시 생각하기를 원하며, 다른 한편으로는 지식과 사회 관습이라는 영역을 가장 세련되게 이해하려고 한다면 이것은 아마 인간 잠재력에 대한 또 다른 반 리어 프로젝트가 되는 것이다. 이러한 소망이 이루어질 것이라고는 기대하지 않는다. 그러나 20년 전에 일종의 첫걸음을 뗄 기회를 얻었다는 것이 기쁘다. 놀이판을 정기적으로 다시 방문하여 이러한 문제들을 제시하고, 다른 흥미를 가진 행위자들이 참여할 기회를 가질 수 있다는 것이 기쁘다.

제3부
예술교육

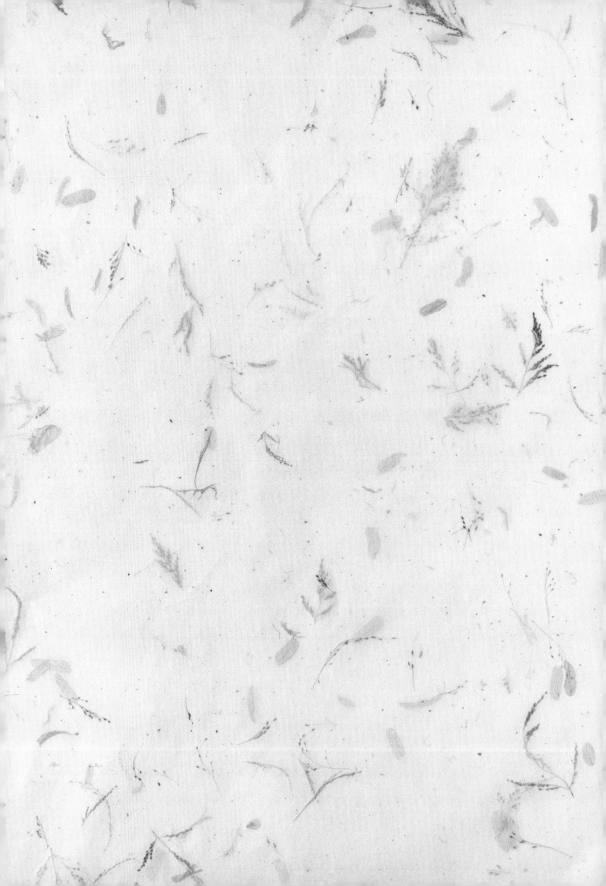

제 12 장
예술적 지능

Art Education, National Art Education Association, 1983, 36(2), 47-9.

어떤 문제로 학장이나 실험하는 심리학자를 건드린다면, 인간이 예술에 어떻게 참여하는지에 대한 관점과 마주하게 될 것이다. 춤에서 드라마에 이르기까지 예술은—느낌에서 일어나거나 느낌을 불러일으키는—감정의 문제로 여겨지는 듯하다. 일부 개인들은 예술적 재능을 받고 축복을 많이 받아 그저 영감이 찾아올 때까지 기다린다. 어떤 경험 영역도 예술보다 형식적 학교교육, 합리성, 과학적 진보와 거리가 이만큼 멀어 보이지 않는다. 예술이 신문기사에 흥미 있는 소재로 실리고 있고, 교회에서 보이는 것과 동일한 무분별한 경외감을 가지고 콘서트홀이나 미술관에 들어서는 것도 적절해 보인다.

경솔하거나 방어적인 예술가를 건드린다면, 그와 같은 예술에 대한 감정적 또는 영감적 관점을 지지하는 발언을 듣게 될 확률이 높다. 그러나 대부분의 예술가들은 더 잘 알고 있다. 그들은 그들의 작품에 투영되는 훈련과 수련 그리고 때때로 찾아오는 영감과 매일 꾸준히 쌓이는 노력 간의 차이를 분명히 알고 있다. 사실 그들의 비공식적인 대화 속에서 예술가들은 다양한 능력과 기술의 개발 및 이용에 대해 자주 이야기한다. 그러나 예술 실무와 관련된 힘든 훈련과 열정적인 정신적 노력과 관련해서 예술가들이 침묵을 지키는, 거의 음모와 같은 현실이 존재해 왔다. 왜 이런 것인지는 분석하기 어려운 일이지만 어떤 경우에도 대부분의 예술가들은 그들이 선택한 분야의 인지적 차원과 수요를 인정하기를 주저해 왔다.

'거래'의 내부 및 외부에서 흔히 마주치는 이러한 지적을 감안할 때 예술 참여에 대한 지배적인 지혜가 오랜 기간 동안 의도적으로 비(非)[혹은 반(反)] 인지적이라는 것은 놀라운 일이 아니다. 그러나 지난 수십 년 동안 미학자, 예술가, 예술교육자를 비롯한 인물들은 예술적 창작자, 공연자 및 관객들의 행위를 개념화하는 방식을 상당히 바꿔 왔다. 예술은 정신의 문제로 새롭게 혹은 다시 보이기 시작한 것이다. 이렇게 된 데는 시대정신(Zeitgeist) 및 인지 과학의 부상이 한몫했다. 이들은 때때로 모든 인간 중심의 학문을 압도할 듯 한 위력을 보이기도 했다. 이 점에 대해서는 예술의 인지적 측면을 강조하고 (예시를 들어 온) 몇몇 통찰력 있는 평론가—넬슨 굿맨(Nelson Goodman), 언스트 곰브리치(Ernst Gombrich), 루돌프 아른하임(Rudolf Arnheim), 레오나드 메이어(Leonard Meyer), I. A. 리처즈(I. A. Richards)—에게 상당한 공이 있다. 그리고 그와 같은 인지적 관점을 지지하고 상세한 증거를 제공해 온, 소수지만 영감이 있는 경험적 연구자 집단에게도 일부 공이 있다.

예술의 인지적 관점에 무엇이 수반되어 있는가? 우리가 하버드 프로젝트 제로에서 이 관점을 발전시켜 온 바와 같이 예술가적 기교는 최초의, 가장 중요한 정신의 작용이다. 다른 정신작용과 유사하게 예술적 인식과 생산은 상징을 사용한다. 이러한 '상징'의 사용이란 인간 인지의 특징을 잘 구성하여 활용하는 것을 뜻한다. 그러나 예술적 기교는 특정한 종류의 상징(예를 들어, 화학적 성분보다는 회화와 같이), 즉 특정 종류의 속성에서 사용되는 상징의 이용에 집중한다. 예술적 능력을 얻기 위하여 이러한 상징체계를 읽고 쓸 줄 아는 능력(literacy)을 얻을 필요가 있다. 그리고 예술적으로 능력이 있는 개인은 문학, 음악 혹은 조각과 같은 영역에서 상징을 '읽고' '쓸' 줄 아는 능력이 있는 사람이다. 이 같은 인지적 관점에서 감정의 역할은 분명히 인정된다. 그러나 감정은 상징을 암호화하고 암호를 해석하는 과정을 돕는 것처럼 보일 뿐, '완전한' 인지 행위에 어떻게든 반하는 것은 아니다. 다른 작품은 다른 가치 또는 장점을 가질 수도 있다는 점 또한 인정된다. 그러나 인지적 관점의 관심은 어떻게 한 사람이 예술적 상징과 상호작용하는지(혹은 알게 되었는지)에 대한 부분에 집중하고 있으며, 하나의 상징이 다른 상징보다 본질적으로 더 낫거나 혹은 부족한지 또는 더 아름답거나 혹은 덜 아름다운지에 관심을 갖는 것은 아니다.

이 사항을 감안하여 연구 주제는 다음의 내용을 다루게 된다. 예술적 지식에 대한 연구자는 기술을 지닌(그리고 숙련된 기술이 없는) 개인들이 예술적 상징을 다루는 방식을 연구한다. 연구 대상에는 그들이 설정하는 목표나 직면하게 되는 문제점들 그리고 예술적 상징을 만들어 내거나 해석하는 과정에서 거치는 단계들이 포함된다. 인간의 발달에 대해 관심이 있는 사람들은 아이들이 예술적 숙련 상태를 획득하기까지 거치는 단계를 연구한다. 성인의 예술 실무에 관심이 있는 사람들은 초보자와 전문가를 비교하거나, 각각을 기반으로 나름 수준 높은 작품 활동에 대한 연구를 진행한다. 그리고 예술적 비전의 교육에 관심을 집중하는 이들은 예술적 상징들을 암호화하고 해석하는 개인의 능력을 향상시키는 다양한 수단을 연구한다. 이와 같은 내용이 우리가 하버드 프로젝트 제로에서 시도해 온 프로그램의 준수사항이다. 그리고 다행스럽게도 이러한 연구를 진행하는 연구자들의 수가 점차 증가하고 있다.

예술적 상징화—성인의 측면, 발달 궤도, 교육 방식(Gardner, 1973a, 1982a; Perkins, 1981; Winner, 1982)—의 윤곽을 그리면서, 우리는 (다른 연구자들과 마찬가지로) 한동안 이들을 함께 묶어서 생각하는 것이 신중한 행동인가에 대한 중요한 질문과 마주하게 되었다. 이 질문은 예술적 형태 및 기타 형태의 지식 간 관계에 대한 질문이다. 예술은 비즈니스, 운동, 정치 그리고 무엇보다도 과학이 추구하는 바와 무슨 관련이 있는가? 예술 영역은 분리된 영역인가? 아마도 뇌의 한쪽 절반을 차지하는 영역이거나, 정신의 절반을 차지하는 분리된 영역인가? 혹은 노동의 인지적 분리가 보다 더 복잡하다고 증명되어, 예술과 기타 영역이 추구하는 것과의 관계가 여전히 대부분 미연구의 영역으로 남겨져 있는가?

이와 같은 질문을 해결하기 위해, 나는 최근 인간의 인지에 대해 지난 수십 년간 축적되어 온 상당한 양의 문헌을 검토하고 있다. 나의 특별한 목표는 지금까지 다른 것과 관계가 없었던 지식으로부터 얻은 통찰을 도태시키는 것이었다. 이 조사에 포함된 것은 (피아제와 많은 발달 학자가 설명한 바와 같이) ① 인지의 발달에 대한 검토, ② 다양한 종류의 뇌 부상으로 인한 인지 능력의 고장, ③ 천재, 특수 재능을 지닌 학습 장애자(idiot savant), 자폐 아동 및 기타 비상한 인지 능력을 보이는 사람들을 포함하는 특별한 인구의 능력(및 장애)의 속성, ④ 어떤 인지 능력이 다양한 사회에서 가치를 인정받는지에 대해 연대순으로 기록한 비교문화적 문헌 및 인지의 진화와 다른 종의 지적 능력에 대한 관련 (흩어져 있는) 정보이다. 다양한 증거에 대한 검토를 통해 나는 인간을 특별히 특징짓는 어떤 인지적 성향이 있는지 결정하기 위해 노력했다. 나의 결론은 『마음의 틀(Frames of Mind)』 (또한 제6장 및 제8장 참조)에 요약되어 있다. 나는 예술적 형태와 기타 형태를 갖는 지식 간의 관계를 설명하는 데 도움이 되기를 바라는 마음으로 잠정적인 결론을 여기서 내리고자 한다.

나는 인간이 몇몇 반독립적인 지적 영역에서 정교한 고도의 질서를 지닌 능력을 발달시킬 능력이 있다고 믿는다. 즉, 종으로서 우리는 다음 영역 ① 언어, ② 음악, ③ 논리 및 수학, ④ 시각-공간적 개념화, ⑤ 신체운동 감각 기술, ⑥ 다른 사람에 대한 지식, ⑦ 우리 자신에 대한 지식에서 우리의 지적 잠재력을 발달시킬 수 있는 잠재력을 지니고 있다. 이 목록은 완전한 목록이 아닐 수도 있다. 그리고 증거가 축적되어 감에 따라 개정하거나 이 목록을 다시 만들어 내는 것이 좋을 수도 있다(제8장, 제10장, 제11장 참조). 그러나 일반적인 관점에서 우리가 이 목록의 능력 중 일부 또는 아마도 모든 것을 고도의 수준으로 발달시킬 수 있다는 점은 내가 수행해 온 연구 중 비교적 확실한 결과로 보인다.

이러한 잠재력들이 상대적으로 특색이 없다는 꼬리표가 붙어 있다고 할지라도 나는 이들을 이미 문화적 맥락에서 분류하고 있다는 사실을 주목해야 한다. 나의 주장을 보다 정확하게 표현하자면, 인간이 반독립적인 정보처리 도구를 보유하고 있다는 것이다. 이 도구는 '말 못하는' 도구이지만 신뢰할 만한 컴퓨터로 생각할 수도 있다. 이 도구는 일정 형태의 환경 정보에 노출되면 그 정보에 대해 특정한 형식의 동작을 처리한다. 언어적 지능의 계산적 '핵심'은 음운론 및 구문론적 분석이다. 음악 지능의 '핵심'은 리듬 및 음의 높이이다. 논리수학적 지능의 '핵심'은 수적 패턴을 포함하여 되풀이되는 특정한 패턴에 대한 인식이다.

인간은 문화 속에서 살아간다. 그리고 이 문화로부터 특정 역할이 부여되고 그 특정 기능이 수행될 때에야 비로소 존재가 가능하다. 하나의 생존을 위한 수단은 이와 같이 중요한 기능들이 한 세대로부터 다른 세대로 확실히 전수되도록 하는 것이다. 이런 전달이 일어나기 위해서는 다양한 지적 잠재능력이 동원되어야만 한다. 내 생각에 이와 같은 동원은 다양한 형태의 상징적 산물―서적과 연설, 그림과 다이어그램, 음악적 작곡, 과학적 이론, 게임, 의식 등―의 발명과 해체를 통해 이루어진다.

이 과정에서 교육적이고 과학적인 목적을 위한 상징적 산물 측면의 분석은 신중한 작업이라는 점을 확인할 수 있었다. 한편으로 이와 같은 존재들은 충분히 실재하는 것들이어서 문화는 역할이 수행되는지 그리고 지식이 전수되는지를 평가할 수 있다. 그러나 다른 한편에서는 상징적 산물들을 '계산적

기구'가 담당하는 측면에서 볼 때 악랄한 정보처리에 민감할 수밖에 없다. 구체적으로 말하면 인간의 뇌는 이야기를 처리할 수 있으며, 동시에 이 이야기들은 한 세대로부터 다른 세대로 지식을 전달하는 훌륭한 문화적 수단임이 증명된 바 있다. 수 체계, 음악적 노래, 혹은 종교적 의식에 대해서도 동일한 내용이 적용될 수 있다. 앞서 언급한 인간의 지적 성향의 '사회화' 또는 '문화화'는, 내 생각에 우리 교육 시스템의 주요 과제이다.

이러한 지능에 대해 기대하는 임시변통의 이론이 어느 정도 타당성을 지니고 있다고 하더라도 그와 같은 계통적 서술이 예술적 영역의 설명과 관련이 있는지에 대해서는 여전히 의문이 남는다. 내 생각에 '지능들'은 분리되어서 혹은 함께, 예술과 과학 혹은 특정 문화 영역과 관련된 것으로 그 운명이 미리 정해져 있는 것은 아니다. 대신 그것들은 예술적 상징에 의해서나 예술적 목적을 위해서 집결될 수 있는 것으로서, 컴퓨터를 이용한 새로운 장치이다. 만약 그것들이 지시해 보일 때 다른 상징들이나 목적들을 위해 적절하거나 동등하게 보인다면 말이다.

그러므로 언어의 경우에는 개인의 언어적 잠재력이 왜 은유, 시, 이야기 혹은 드라마에 이용될 필요가 있는지에 대한 특별한 이유는 없다. 그러나 분명히 이와 같은 상징적 산물이 가능하다면 그리고 만약 (구성원, 기관 혹은 가치를 통해) 문화가 언어의 문학적 사용을 강조하고자 선택한다면 이 특정 예술적 기능이 개발될 것이다. 공간적 지능은 유사하게 '비논리적'이다. 기하학, 물리학, 공학 혹은 항해에 이용될 수도 있고, 혹은 조각, 회화 혹은 안무의 생산에 이용될 수도 있다. 사실 내가 제안해 온 각각의 '다중지능'은 예술적 행위에 동원될 수 있다. 일부는 음악처럼 이와 같은 방식으로 전형적인 방식으로 관련될 수도 있고, 반면에 논리수학적 능력과 같은 다른 지능들은 아주 드물게 이용된다[모리츠 코르넬리스 에셔(M. C. Escher)의 그림 또는 12음 음악 참조]. 그러나 어떤 주어진 지능이 반드시 하나의 미학적 형태로 만들어져야 한다는 법은 없다. 미학적 형태는 문화사적인 일과 관련이 있는 것을 확인했다.

그와 같은 인간의 지적 능력에 대한 설명은 우리가 정신에 대해 생각하는 방식에 대해 많은 것을 암시한다. 우선 이는 각 개인이 태어날 때부터 (더 좋게 또는 나쁘게) 부여받은 지능에는 단 한 가지 형태가 존재한다는 문화적 고정관념 대신, 보다 많은 수가 존재한다는 사실을 증명한다. 아마 개인들이 가지고 있는 각 지능의 잠재력은 서로 다를 것이다. 그러나 다수의 지능을 단독으로 혹은 복합적으로 발달시킬 수 있는 여지는 충분하다. 그리고 개인의 특정 발달 양상은 다양하고 복잡한 기술의 형태를 보일 것이다. 이러한 구조는 주변 문화가 개인의 다듬어지지 않은 지적 잠재력을 어느 정도 활용 가능한가를 결정하는 범위를 강조한다. 분명히 한 사회는—발리 또는 일본이 한 것처럼—상당히 예술적인 다이어트를 선택할 수도 있다. 혹은 한 사회는 보다 과학적이고 기술적인 또는 경제적인 방식을 선택해서 예술 상징적 산물의 발생 또는 중요성을 최소화할 수도 있다. 일부는 우리 사회가 비미학적 방향으로 향하고 있다고 주장할 수도 있다. 그러나 이 주장에 대해 주목할 만한 예외가 있다는 점도 분명하다.

여기에는 교육적 암시가 뒤따른다. 한 가지 흥미로운 점은 지능을 우리가 인식, 기억 및 학습과 관련해서 모든 내용에 동등하게 적용할 수 있는 극단적이고 일반적인 능력으로는 여기지 말아야 한다는 점이다. 나의 분석에 따르면, 각각의 지적 능력에 대한 인식, 기억 및 새로운 지식 습득의 특정 형태가 존재할 수도 있다. 적어도 선험적으로(a priori), 한 가지 특정 영역의 고양된 기억이 한 사람에게 있어서 이웃 (혹은 대조되는) 영역의 연상 기능에 대해 무언가를 암시한다고 여길 만한 이유는 전혀 없다.

다른 암시는 개인의 지적 능력에 대한 조기 발견과 관련이 있다. 개인적인 생각으로는 우리 각자가 가지고 있는 다양한 영역의 잠재 능력은 서로 다르며, 한 개인이 가지고 있는 강점은 상당히 이른 시기에 발견될 수 있다는 점이다. 패턴을 인식하고 그 패턴을 유지하는 능력은 생애 초기에 발견될 수도 있다. 그리고 이와 같은 능력은 한 사람이 한 가지 혹은 기타 지적 영역에서 타고난 재능을 가지고 있다는 데 대한 예민한 척도가 될 수도 있다. 이와 같은 개인의 '지적 특성'의 평가는 제한적이라기보다는 정보를 제공하는 것으로 의의를 두어야 할 것이다. 이와 같은 지식을 바탕으로 부모와 교육자들은 한 아이의 강점을 개발하고 약점을 보완하는 옵션을 택하거나 주어진 지적 영역에서 그다지 대단하지 않은 재능으로 대체하게 되는 특별한 훈련 혹은 인공 기관을 사용하는 옵션을 택하기도 한다.

내 분석에 의하면, 우리는 사회 속에서 언어 및 논리수학적 지능을 지나치게 강조하는 경향이 있으며, 다른 지적 영역에는 상대적으로 별 관심을 두지 않는다. 우리의 적성 및 성취도 테스트들 역시 언어 및 논리수학 영역의 성취에 훨씬 더 민감한 반응을 보인다. 예를 들어, 오랜 시간이 필요한 신체적 혹은 음악적 영역 테스트에서 한 시간 내로 진행되는 종이와 연필을 이용한 방법은 적절하지 않다. 오히려 개인들에게 이와 같은 '지능'에 대해 실제로 측정하는—춤을 추거나, 스포츠를 하거나, 노래를 부르거나, 악기를 배우는 등의—활동에 참여하라고 요청해야 할 것이다. 개인의 관심과 발달 잠재력을 주어진 지적 능력 내에서 측정할 수 있도록 하는 본질적으로 주목할 만한 행동(예를 들어, 단순한 게임)을 개발하는 것이 가능해져야 한다. 이와 같은 예술의 '확고한 경험'을 확인하는 것은 교육자들에게 중요한 과제이다. 적절하게 이용한다면 그와 같은 경험은 한 아동의 '잠재적 발달 영역'을 평가하는 데 쓰일 수도 있고, 평가된 잠재력이 실현되도록 가능성을 높이는 데 이용될 수도 있다.

이와 같은 지능에 대한 새로운 관점은 예술이 특히 다양한 개인의 지적 능력을 포괄하는 데 더 적합할 수도 있다는 점을 암시한다. 개인의 지적 기술이 얼마나 기이한지와는 상관없이, 그 기술을 이용할 수 있는 예술 형태와 산물이 존재해야 한다. 선택의 메뉴—문학과 음악, 회화와 춤, 연기, 조각, 그리고 조소—는 사실상 모든 개인이 즐거움을 얻기 위해 그리고 능력을 획득하기 위해 충분히 다양하다는 점이 증명되었다. 분명히 말하자면, 예술교육자들은 이와 같은 활동을 강요해서는 안 된다. 강요하게 되면 모든 과학, 모든 스포츠, 혹은 모든 상업적 노력의 다이어트로 잘못 인도될 수도 있다. 그러나 우리가 아이들에게 지적 잠재 능력을 충분히 발달시킬 기회를 주기를 원하는 한도 내에서, 한 가지 혹은 그 이상의 예술 형태에 참여해 보도록 촉진하는 것은 사실상 불가피하다.

다양한 예술 활동에 참여해 보는 것은 아이들이 인간이 이루어 낼 수 있는 가장 위대한 성취를 경험하는 가장 좋은 방법 중 하나인 것으로 증명되었다. 그리고 이 방식은 아이들이 자신의 문화에 기여할 기회를 주는 훌륭한 방식이기도 하다. 만약 아이들이 이와 같은 기회를 갖게 된다면, 이들은 분명히 자신의 정신을 최대한도로 이용할 것이다. 동시에 아이들은 감정적 즐거움과 영감의 순간 및 비평가들이 한때 예술의 특별 영역으로 여겼던 신비로운 참여의 감정도 느끼게 될 것이다.

승인
ⓒ 1983. 미술교육협회(National Art Education Association)의 허가를 받음.

제13장
제로베이스 예술교육:
아트 프로펠 소개

Studies in Arts Education, Blackwell, 1989, 30(2), 71-83,
Reprinted in *The Journal of Art and Design Education*, 8, 167-82.

이 장에서는 예술의 커리큘럼 및 평가에 대한 아트 프로펠(ARTS PROPEL)이라는 새로운 접근 방식을 소개하고자 한다. 아트 프로펠의 수많은 특징이 다른 프로젝트에서 공유되기도 하지만, 이 접근 방식은 지적 기원 및 구성요소의 특정 조합 측면에서 다르다. 그러므로 이 장은 하버드 프로젝트 제로(Harvard Project Zero)에서 지난 수십 년간 고안된 예술교육에 대한 일반적인 접근 방식과 실무 영역에서 현재 받아들여지고 있는 특정 형태에 대한 소개 역할을 할 것이다.

우선 내가 1970년대와 1980년대에 수장으로 참여한 개발 집단(Development Group) 내의 분석들을 소개하는 것이 적절할 것이다. 이 분석들은 대부분 아트 프로펠 작업으로 이어졌다. 연구를 시작한 초창기에 우리는 장 피아제(Jean Piaget, 1983)가 아동에 대해 연구할 때 고안한 선구자적 연구 방식을 넬슨 굿맨(Nelson Goodman)이 설명한 상징 사용 능력의 종류에 적용했다. 해당 작업은 결국 연구에서 중요한 세 가지 줄기로 분화되었다.

첫째, 우리는 (스타일 민감성 혹은 은유적 능력과 같은) 특정 능력에 대한 횡단면의 실험적 연구를 진행하고, 이와 같이 중요한 기술의 '자연적' 발달 궤도를 알아내고자 했다(Gardner, 1982a). 둘째, 우리는 아동기 초기의 다양한 상징 사용 능력의 발달에 대한 자연스러운 종적 연구를 진행했다(Wolf & Gardner, 1981, 1988; Wolf et al., 1988). 셋째, 과학적으로 관련 있는 작업 내에서 우리는 뇌 손상 조건하에 우리가 개체 발생에 대해 조사해 왔던 아주 상징적인 기술의 고장을 연구했다(Gardner, 1975; Kaplan & Gardner, 1989).

다수의 중요하고 때때로 예측하지 못했던 결과가 특히 1970년대에 주로 진행되었던 이 연구들을 통해 나타났다.

1. 대부분의 발달 영역에서 아이들은 연령에 따른 단순한 개선 과정을 보였다. 그러나 다수의 예술적 영역에서는 어린 시절에 놀라울 정도로 높은 수준의 능력을 보였던 아이들이 아동기 중기에 수년에 걸쳐 퇴보하는 경우가 있다는 증거도 나타났다. 이와 같은 들쭉날쭉하거나 'U자 형태'의 발달상의 커브는 인식의 선별적 영역에서도 아마 분명하게 나타날 수도 있겠지만, 특히 예술적 생산의 특정 영역에서 분명히 나타난다(Gardner & Winner, 1982).

2. 성과 측면에서 일정한 결함을 지니고 있음에도 불구하고, 미취학 아동들은 예술에 관한 상당히 많은 양의 지식과 능력을 획득한다. 자연적 언어와 마찬가지로 이와 같은 획득은 부모 또는 교사의 지도가 없이도 가능하다. 아이들의 그림 실력의 진보는 자연발생적인 학습과 발달에 있어 생생한 예시를 제시한다(Gardner, 1980). 이와 같은 측면에서 예술적 학습은 대부분의 전통적인 학교 과목과 분명한 차이를 보인다.

3. 거의 모든 영역에서 개인의 인식 또는 이해 능력은 생산 능력보다 훨씬 전에 발달한다. 그러나 다시 한 번 예술적 그림이 갖는 고도의 복잡

함이 증명되었다. 그리고 최소한 일부 영역에서 이해는 실제로 성과(공연) 또는 생산 능력보다 뒤처지는 것으로 나타난다(Winner et al., 1986). 이 연구 결과는 아이들에게 실제로 실행해 보고, 만들어 보고, 또는 '해보는 것'을 통해 배울 기회를 충분히 주는 것이 얼마나 중요한지 강조한다.

4. 전통적인 발달 이론에 따르면, 하나의 인지 영역 내 아동의 능력은 아동의 기타 영역 내 능력의 수준을 예측할 수 있게 해 주어야 한다. 다른 연구자들과 함께 우리는 다수의 영역에 걸쳐 동시성이 훨씬 적게 발현되는 점을 발견했다. 사실, 아이들이 하나 또는 두 가지 영역(예: 예술 형태 x)에서 강점을 보이면서 기타 영역(예술 형태 y를 포함하는)에서 평균 또는 평균 이하의 성취를 보이는 것은 전적으로 정상이었다(Gardner, 1983; Winner et al., 1986).

5. 수십 년 동안 뇌는 인간의 다양한 능력을 지원할 수 있는 각 영역에서 '동등한 잠재력을 가졌다.'고 믿어졌다. 해당 믿음은 신경심리학적 연구결과에 의해 그 지위가 심각하게 도전을 받고 있는 상황이다. 피질의 특정 영역이 특정 인지에 집중하고 있다는 것, 그리고 특히 아동기 초반을 지나면 신경체계 내 인지 능력의 표현상 '가소성'이 거의 없어진다는 것이 더 나은 설명이다(Gardner, 1975, 1986b).

우리가 이제 연구자들이 과학적 발달 또는 언어 능력의 발달을 설명한 것과 동일한 정도까지 예술적 발달을 이해하게 되었다고 말하는 것은 잘못된 설명이다. 우리의 '제로'가 일깨워 주듯이 이 주제에 대한 연구는 아직 유아 단계에 머무르고 있다. 우리 연구는 예술적 발달이 상당히 복잡하며 그 의미가 다양하다는 점을 확립했다. 예술적 발달은 일반화하기 어려우며, 일반화하는 도중에 자주 실패를 경험하곤 했다. 그러나 예술적 발달 및 우리가 다양한 장소에서 시도해 온 것들에 대한 우리의 주요 연구 결과들을 한곳에 모으는 것은 중요한 작업이었다(Gardner, 1973a; Winner, 1982; Wolf & Gardner, 1980).

예술교육에 대한 프로젝트 제로의 접근 방법

예술적 교육에 대한 우리의 인지적 관점을 고려할 때, 우리는 학생들이 예술과 관련된 개인들, 실천하는 예술가들 및 예술 객체의 문화적 맥락을 분석, 비평 및 연구하는 이들이 표현하는 사고의 방식을 알 필요가 있다고 믿는다. 그러나 '훈련 중심의 예술교육'을 옹호하는 일부의 입장과 대조적으로, 우리는 우리 입장에 대한 몇 가지 미묘한 차이를 소개하고자 한다. 이 미묘한 차이는 우리가 다양한 예술 형태의 교육에 우리만의 접근 방식을 제안할 수 있게 해 주었다. 프로젝트 제로의 모든 것―과거와 현재―에 대해 대변하려고 하지는 않겠지만, 다음의 몇 가지 사항에 대해서는 주목할 필요가 있다.

1. 특히 어린 시기(예를 들어, 10세 미만)의 생산 활동은 어떤 예술 형태에 시도 중심이 되어야 한다. 아이들은 그들의 주제가 되는 대상에 적극적으로 참여함으로써 가장 잘 배운다. 그들은 재료와 매체를 직접 다루는 기회를 갖고 싶어 한다. 그리고 예술에서 이와 같은 강점과 경향은 거의 항상 무언가를 만드는 것으로 나타난다. 게다가 어린아이들은 예술적 대상의 중요한 구성요소 또는 패턴을 파악하는 데 상당한 재능을 가지고 있으며, 그 자신만의 것을 '찾아낼' 기회를 가질 수 있어야만 한다(Bamberger, 1982). 이런 강조는 보다 '규율적인 시대'일지라도 지속될 만한 가치가 있는 진보적 시대의 유산이다(Dewey, 1958; Lowenfeld, 1947 참조).

2. 지각적, 역사적, 중요한, 기타 '예술 주변적' 행동들은 아동 자신의 생산

물들과 밀접한 관련이 있고 (가능하다면) 그 생산물들로부터 나타난 것이어야 한다. 즉, 다른 사람들이 만들어 낸 예술적 객체의 외부 맥락을 소개받기보다 아동들이 특정 예술적 산물과 문제에 스스로 참여하고, 가능하면 자신의 예술 객체와 친숙한 관계 속에서 그 객체들과 마주쳐야만 한다는 것이다(나이가 좀 더 있는 학생들과 성인들도 그와 같이 주변 예술적 활동에 대한 맥락화된 소개에게 도움을 받을 수 있다).

3. 예술 커리큘럼은 예술적 매개체에 대해 어떻게 '생각'해야 하는지에 대한 깊이 있는 지식을 지닌 교사 또는 기타 개인들이 설명해야 한다. 만약 그 영역이 음악이라면 교사는 '음악적으로 사고'할 줄 알아야 한다. 그리고 단순히 음악을 언어 또는 논리로 소개해서는 안 된다. 같은 이유로 시각예술의 교육은 '시각적으로 또는 공간적으로 생각'할 수 있는 개인의 손끝에서—그리고 눈을 통해서—이루어져야만 한다(Arnheim, 1969 참조). 교사들이 이러한 기술들을 이미 가지고 있지 않은 한도 내에서 그들은 이러한 인지 능력을 개발할 수 있는 훈련 과정에 등록해야만 한다.

4. 예술적 학습은 상당한 시간에 걸쳐 진행되며, 피드백과 논의 및 숙고해볼 수 있는 충분한 기회가 주어지는 의미 있는 프로젝트 중심으로 조직되어야 한다. 이와 같은 프로젝트들이라면 학생들이 관심을 갖게 되고 동기가 부여되며 기술을 발달시킬 수 있도록 격려할 수 있을 것이다. 그리고 이와 같은 프로젝트는 학생들의 능력과 이해에 대하여 장기적인 영향을 미칠 수도 있다. '일회성' 학습 경험은 가능한 한 지양해야 한다.

5. 대부분의 예술 영역에서 유치원부터 12학년까지의 순차적인 커리큘럼을 계획하는 것은 유익하지 않을 것이다(내가 생각하는 것은 힘들지는 않지만 너무 빈번하게 커리큘럼 목표를 세우는 것이다. 예를 들어, '네 가지 색의 이름을 댈 수 있다.' '세 가지 음정으로 노래 부를 수 있다.' '소네트 2편을

암송할 수 있다.' 등의 목표 말이다). 그와 같은 공식이 매력적으로 들릴 수는 있지만, 개인들이 습관적으로 (관례상) 공예 또는 지식 분야에 대해 통달하는 전체적·맥락적으로 예민한 태도에 반한다. 예술적 기교는 감정을 담아 한 악절을 연주하거나 강력한 예술적 이미지를 창조해 내는 것과 같은 지속적인 노출 또는 특정한 형태로 되풀이되는 문제들과 관련되어 있다. 커리큘럼은 이와 같은 예술적 학습의 '나선형' 측면에 뿌리내릴 필요가 있다. 커리큘럼은 개념과 문제를 점차 정교한 방식으로 다시 다룬다는 측면에서 순차적일 수도 있지만, 2학년 때 문제, 개념 또는 용어들을 한 세트 배우고, 3학년 또는 4학년 때 또 다른 한 세트를 배우는 것과는 다르다.

6. 예술에서 학습의 평가는 중요하다. 예술 프로그램의 성공 여부는 구체적인 증거를 수반한 주장으로 판단할 수 있는 문제가 아니다. 그러나 평가는 관련된 특정 지능을 존중하는 방식으로 이루어져야 한다. 음악적 기술은 언어 또는 논리의 '장막'을 통해서가 아닌, 음악적 수단을 통해 평가되어야만 한다. 그리고 평가에는 예술의 가장 중심적인 능력과 개념에 대한 조사가 선행되어야 한다. 평가에 알맞은 커리큘럼을 만들어 내기보다 어떤 예술 형태에 가장 중요한 것이 무엇인지를 공정하게 보여 주는 평가를 고안해야만 한다.

7. 예술적 학습은 기술이나 개념을 단순하게 숙달하는 학습을 의미하지는 않는다. 예술은 지극히 개인적인 영역이기도 해서 학생들은 다른 이들의 감정뿐만 아니라 자신만의 감정도 마주하게 된다. 학생들에게는 그와 같은 탐구를 가능하게 해 줄 교육 수단이 필요하다. 그들은 개인적 숙고가 존중되어야 하며, 중요한 행위라는 점을 알아야 한다. 그리고 그들의 사생활은 침해되어서는 안 된다.

8. 일반적으로 예술적 취향 또는 가치평가를 직접 가르치는 것은 위험하다. 그리고 어떤 경우에든 불필요하다. 그러나 예술이 예술에 진지하게

관여하고 있는 누군가에게 중요한 취향과 가치의 문제를 관통하고 있다는 점을 학생들이 이해하는 것은 중요하다. 이러한 이슈는 이와 같은 문제에 대해 신경을 쓰는 개인들과의 만남을 통해서 가장 잘 전달될 수 있다. 이 개인들은 자신의 가치를 소개하고 방어할 의사가 있지만 토론에 열려 있고 대체 관점에 대해서도 동의하는 인물들이다.

9. 예술교육은 어떤 집단이 '예술교육자들'로 지정된 집단이라 하더라도, 그 집단에게만 맡겨져 있기에는 너무 중요한 분야이다. 오히려 예술교육은 예술가, 교사, 행정가, 연구자 및 학생 자신이 직접 참여하는 협력적 기획이어야 할 필요가 있다.

10. 모든 학생이 모든 예술 형태를 공부하는 것이 이상적이겠지만, 현실적인 선택사항은 아니다. 다룰 수 있는 주제가 많다. 내 언어로 말하자면 너무나 많은 지성이 주목을 받기 위해 매일 경쟁을 벌이고 있다. 그리고 학교에서 보내는 날들은 이미 지나치게 많다. 내 생각에 어떤 예술 형태도 다른 예술 형태에 대해 본질적으로 우선순위를 가지고 있지 않다. 그러므로 특정 예술 형태에 관여하고 있는 사람들을 기분 나쁘게 할 위험을 감수하면서 나는 학생들은 어떤 예술 형태에 대해 보다 길게 노출되어야만 한다고 주장한다. 그러나 그 예술이 시각적 예술 중 하나일 필요는 없다. 사실 개인이 음악, 춤 또는 드라마에 정통한 것이 다수의 활발한 예술에 걸쳐 산만한 지식을 가지는 것보다 낫다고 생각한다. 전자에 해당하는 학생은 적어도 하나의 예술 형태에서 '생각'하는 것이 무엇인지 알 것이고, 이후에 다른 형태의 예술을 완전히 이해할 옵션도 여전히 보유하게 된다. 그러나 후자에 해당하는 학생은 호사가로 머물 상황에 처한 것으로 보인다.

앞의 사항들은 예술교육 내 몇 가지 프로그램이 생겨나도록 할 수도 있었다. 앞의 사항들은 현실적인 예시로 아트 프로펠이라 불리는 새로운 접근 방식의 발현에 기여했다. 1985년에 록펠러 재단(Rockefeller Foundation)의 예술 및 인문학 분과(Arts and Humanities Division)의 격려와 지원을 받아 하버드 프로젝트 제로는 교육 평가 서비스(Educational Testing Service) 및 피츠버그 공립학교들과 협력했다. 다년간에 걸친 프로젝트의 목표는 초등학교 고학년 과 고등학교 시절의 예술적 학습을 문서화할 수 있는 평가도구를 고안하는 것이었다. 아트 프로펠 아이디어는 내가 방금 언급한 파트너들과의 협력 덕 분에 생각해 낼 수 있었다는 점을 강조하고 싶다.

교육적 실험에 관여하는 누구라도 바로 인정할 수 있듯이 우리 목표를 실 행하는 것보다 말로 하는 것이 더 쉽다는 점은 증명된 바이다. 우리는 학생 들에게서 측정하고자 하는 능력을 설명하는 일부터 시작했다. 그리고 세 가 지 영역부터 작업에 착수하기로 결정했다. 바로 음악, 시각적 예술 및 상 상 글쓰기이다. 그리고 다음의 세 가지 능력을 살펴보기로 결정했다. 산출 (Production; 음악을 작곡하거나 연주하는 것, 그림을 그리거나 스케치하는 것, 상 상 속의 또는 '창의적인' 글쓰기), 지각(Perception; 한 예술 형태 내의 구별 또는 차 별에 영향을 미치는 것, 예술적으로 '생각하기'), 성찰(Reflection; 자신의 인식 또는 작품, 또는 다른 예술가들의 작품으로부터 한 걸음 물러서기, 그리고 목표, 방법, 어려움 및 성취한 효과를 이해하려고 노력하기)가 그것이다. 프로펠(PROPEL)은 이 세 가지 예술 형태 내의 능력 트리오의 머리글자를 따고 마지막에 학습 (Learning)에 대한 우리의 관심을 강조하기 위해 L을 삽입했다.

이상적으로 적절한 평가 수단을 고안하고 대상 연령 집단의 학생들에게 실시해 보는 것이 좋을 수 있다. 그러나 우리는 단순하고 중요한 진실에 곧 직면했다. 바로 학생들이 관련 예술매체와 직접 작업해 본 중요한 경험이 없 다면 능력 또는 잠재력일지라도 평가는 의미가 없다는 점이었다. 야구선수 를 스카우트하는 사람들이 이미 야구를 하는 학생들을 살펴보는 것과 마찬 가지로, 교육평가자들이 이미 예술 행위에 참여하고 있는 학생들을 조사할 필요가 있었다. 그리고 야구 신출내기들에게는 잘 훈련되고 기술이 좋은 코치가 필요한 것처럼, 예술을 배우는 학생에게도 교육 프로그램의 목표를 충분히 잘 숙지하고 있으며 필요한 예술적 기술 및 이해를 몸소 직접 보여 줄 교사가 필요하다.

따라서 이와 같은 목표를 실현하기 위해서 우리는 커리큘럼 교과목 단위를 고안하고 이 단위들을 평가도구와 연결 짓기로 결정했다. 우리는 커리큘럼 및 평가 개발을 위한 일련의 신중한 과정을 실행했다. 각 예술 형태에 대해 우리는 여러 학문이 연계한 팀을 꾸렸고 모두가 함께 예술 형태의 중심 능력을 정의했다. 글쓰기에 대해서 우리는 각기 다른 장르—예를 들어, 시를 쓰거나, 연극을 위한 대화를 창작하는 등—의 글을 창작하는 학생들의 능력을 지켜보았다. 음악의 경우 학생들이 진행 중인 리허설에서 배울 수 있는 방법을 조사했다. 그리고 시각예술 영역의 경우(내가 제시하는 대부분의 예시는 시각예술 영역에서 나올 것이다) 평가 대상인 능력에는 스타일에 대한 민감성, 다양한 구성 패턴의 이해 및 특정 제한 조건을 만족하는 작품을 창작하는 능력이 포함되었다.

우리의 운영 방식을 좀 더 구체적으로 설명하자면, 이렇게 지명된 각각의 능력에 대해 '영역 프로젝트(domain project)'라고 부르는 훈련을 고안했다. 이 훈련은 인식, 생산 및 반영적 요소를 반드시 가지고 있어야 한다. 영역 프로젝트는 그 자체로 완전한 커리큘럼을 구성하지는 않지만 커리큘럼과 호환되어야만 한다. 즉, 영역 프로젝트는 표준 예술 커리큘럼과 편안하게 잘 맞아야 한다. 영역 프로젝트는 교사들이 처음 시행하고 나서 비평한 것을 수렴해 수정을 거쳐 파일럿 형태로 학생들에게 실시된다. 그리고 나서 교사들이 예비 평가 시스템을 시도해 본다. 각 청중의 관점에서 볼 때 적절하다고 여겨질 때까지 영역 프로젝트는 이 과정을 반복한다. 일단 프로젝트가 완성되면 교사들이 '그대로' 사용할 수도 있고, 특정 커리큘럼 또는 가르치는 스타일 또는 특정 교사의 목표에 맞게 다양한 방식으로 적용될 수도 있다. 일부 평가 과정은 임시변통적이어서 학생과 교사들에게 단순히 그 학생이 무엇을 배우고 있는지에 대한 느낌만 줄 뿐이다. 그러나 중앙 학교 행정이 이용할 목적을 위해 요약된 점수를 생산하는 것이 가능한 것처럼 (연구 목적을 위한) 보다 상세히 분석하는 것도 가능하다.

한 가지 예로, 아트 프로펠에서 제법 널리 사용되고 있는 '구성' 영역 프로젝트에 대해 간단히 설명하겠다. 이 프로젝트는 형태의 배열과 상호관계가 작품에 어떻게 영향을 주는지와 예술작품의 영향에 대해 학생들이 인식하도록 돕기 위해 고안된 것이다. 학생들에게는 구성적 결정을 내리고 그와 같은 결정이 본인의 작품에 어떤 영향을 미치는지 그리고 널리 인정받는 예술의 대가들이 만든 작품들에는 어떤 영향을 미치는지에 대해 숙고해 볼 기회가 주어진다. 초기 단계에 학생들은 열 개의 이상하게 생긴 까만 기하학 모양들을 받는다. 그리고 이들은 하얀 종이 위에 이 모양들을 단순히 떨어뜨리라는 요청을 받는다. 이 작업은 계속해서 반복되는데, 두 번째 시기에는 학생들이 즐겁다고 느끼는 방식으로 모양들을 모아 보라고 요청한다. 그러고 나서 '임의적인' 작업과 '의도적인' 작업 간의 차이에 대해 생각해 보라고 요청한다. 노트에 그들이 본 차이를 기록하고 자신이 '의도적인' 선택을 하게 된 이유가 무엇인지 말한다. 처음에는 많은 학생이 무엇을 해야 할지 잘 모르지만 대부분의 학생은 이 작업을 재미있게 느낀다.

두 번째 단계로 학생들은 비공식적으로 구성의 특정 원칙들과 맞닥뜨리게 된다. 교사는 전형적이거나 위반하는 대칭 또는 균형으로 현저한 차이를 보이는 서로 다른 화풍과 시기의 예술작품 다수를 학생들에게 소개한다. 학생들은 자신에게 보이는 작품들 속의 차이를 설명해 보고, 이와 같은 차이를 포착하는 어휘를 개발하여 그 어휘를 다른 사람들에게 효과적으로 전달해 보도록 요청받는다. 조화, 화합, 반복, 지배적인 힘, 방사상 패턴, 놀라움 또는 긴장의 성취(또는 침해)가 언급된다. 이 단계의 마무리로 학생들은 대조적인 슬라이드들을 보고 유사한 점과 다른 점을 노트에 적어 보라는 요청을 받는다. 또한 학생들은 과제도 받는다. 이 단계를 진행한 다음 한 주간 동안 학생들은 매일의 환경에서 다른 작품의 예를 찾아야 한다. 예술가가 이미 성취한 작품들과 학생들 스스로 자연에서 장면을 '구조화함으로써' 창작한 작품들 모두가 대상이다.

세 번째 단계에서 학생들은 자신의 환경에서 관찰한 그 '작품들'에 대해 보고하고 예술 수업 중 관찰했던 작품들을 참고로 토론한다. 그리고 나서 학생들은 첫 번째 단계의 의도적인 작품으로 되돌아간다. 이제 이들은 '마지막 작품'을 만들어 보라는 요청을 받는다. 그러나 진행하기에 앞서서 이 작품의 계획에 대해 설명하라는 요청을 받는다. 그리고 나면 학생들은 깨닫기 시작하는데, 그들이 원한다면 마지막 작품을 수정하기 시작한다. 학생들은 자신의 작품에 대해 가장 놀랍다고 느낀 점이 무엇인지, 앞으로 어떤 변화를 더 적용하고 싶은지를 작업 진행표에 적는다.

학생들 각자의 구성들, 지각적 차별, 성찰과 더불어 교사들 역시 자신만의 평가표를 가지고 있다. 이 평가표로 교사는 작품이 시도하거나 성취한 종류의 측면에서 학생을 평가할 수 있다. 예를 들어, 다른 종류의 학습—예를 들면, 학생이 자신의 환경에서 재미있는 작품들을 발견하는 데 성공했거나 자신의 작품과 잘 알려진 예술가들의 작품을 연결하는 능력의 경우—도 마찬가지로 평가할 수 있다. 이와 같은 영역 프로젝트는 초기 또는 변경된 형태로 학생의 구성적 이슈에 대한 이해가 시간에 걸쳐 발달하는 정도를 알아보기 위해 반복해서 실행할 수 있다.

'구성' 영역 프로젝트 작업은 시각예술—형태의 배열—의 전통적 요소를 대상으로 하여 학생 본인의 생산적이며 지각적인 경험과 접합시키고자 한다. '작품의 전기'라고 불리는 두 번째 영역 프로젝트에서는 상당히 다른 접근 방법을 취한다. 이 경우 우리의 목표는 훨씬 더 폭이 넓다. 사실 우리는 학생들이 구성, 스타일 및 표현에 대한 과거 영역 프로젝트에서 배운 것을 합성할 수 있도록 돕기를 원한다. 그리고 완전한 작업의 발달을 추적하는 과정을 통해서 도울 수 있기를 바란다.

이 영역 프로젝트에서 학생들은 자신에 대한 무언가를 표현할 수 있는 방식으로 집에 있는 본인의 방을 그려 보라는 요청을 받는다. 다양한 매체(종이, 연필, 목탄, 펜 및 잉크 등)를 부여받고, 잡지와 슬라이드와 같은 일부 회화적 재료도 제공받는다. 첫 번째 단계에서, 학생들은 자신의 방의 요소 중 어느 것이든 선택하고, 어떤 소품 또는 객체이든 자신에 대해 나타내는 것을 더해 보라는 요청을 받는다. 그리고 예비 스케치를 준비할 때 이것들을 사용하라는 요청을 받는다. 이들은 작품에 집중해야 하지만 예술적 요소의 범위가 본인을 어떻게 표현할 수 있는지에 대해 생각하고 문자 그대로 무엇이 그림에 표현되는지에 대해 생각하지 말라는 요청을 받는다. 형태의 측면이 어떻게 비유적으로 개인의 속성을 표현할 수 있는지 몇 가지 예시가 주어진다.

두 번째 단계에서, 학생들은 예술가들이 어떻게 사물을 비유적으로 작품 속에서 사용하는지, 또한 특정 사물 또는 요소가 어떻게 여러 가지 의미를 전할 수 있는지를 보여 주는 슬라이드들을 조사하는 것부터 시작한다. 학생들은 예술가들의 스튜디오 또는 방 모습 슬라이드를 보고 예술가들의 세계를 보는 관점에 대해 어떤 것을 어떻게 이끌어 낼지 질문을 받는다. 학생들은 그 후 자신의 예비 스케치로 돌아가서 어떤 매체를 사용할 것인지 어떤 스타일, 색깔, 선, 질감 등을 이용할 계획인지 임시 결정을 내리라는 요청을 받는다. 초기 단계에서와 마찬가지로 학생들은 그들이 내린 결정과 왜 그런 결정을 내렸는지에 대한 이유 그리고 그들의 미학적 결과를 반영하라는 요청을 가지고 진행표를 채워 나간다.

세 번째 단계에서, 학생들은 자신의 예비 스케치와 '시험 시트' 모두를 검토하고 그것들에 대해 만족하는지 생각해 보고 마지막 작업을 시작한다. 학생들은 진행 중인 작품들에 대해서 다른 학생들과 논의한다. 그리고 그다음 주의 마지막 단계에 학생들은 자신의 작품을 완성하고 서로의 노력을 평가하며 자신의 스케치와 시험 시트 및 반영에 대해 검토한다. 마지막 주의 활동은 학생의 포트폴리오 모음집으로도 사용되는 일종의 설명 모델 역할도

하게 된다.

각 예술 형태를 위한 영역 프로젝트의 앙상블을 만들어 내는 것이 아트 프로펠에 대한 우리의 목표이다. 이와 같은 원형은 한 예술 형태의 중요한 개념 대부분을 포괄해야만 한다. 우리는 영역 프로젝트의 일반 이론(general theory)도 개발하고자 한다. 일반 이론의 내용은 어떤 일련의 활동들이 영역 프로젝트에 적합한지, 무엇을 배울 수 있을지, 그리고 영역 프로젝트 내에서 그 과정을 통해 어떻게 하면 학생을 가장 잘 평가할 수 있는지에 대한 것이다.

더불어 영역 프로젝트 모음집과 함께 두 번째 교육 수단[내가 때때로 '프로세스 폴리오(process-folio)'라고 부르는]인 포트폴리오도 도입했다. 대부분 예술가들의 포트폴리오는 한 예술가의 가장 멋진 작품들, 즉 경쟁에서 그 작가가 평가받고 싶은 것들만 포함하고 있다. 반면에, 우리의 포트폴리오는 '진행 중인 작품들(works-in-progress)'에 더 가까운 것들이다. 학생들은 이와 같은 포트폴리오에 완성된 작품들뿐만 아니라 원 스케치, 잠정적 초안, 자신과 다른 이들의 비평, 자신이 존경하거나 싫어하는 타인의 작품들과 현재 프로젝트와 어떤 관계가 있는 타인의 작품까지를 포함한다. 학생들은 때때로 재료의 모든 폴더를 보여 달라는 요청을 받는다. 그리고 때로는 자신의 발전에 특별히 유익하거나 중요한 것으로 드러난 몇 가지 작품만 선택해 달라는 요청을 받는다(Brown, 1987; Wolf, 1986, 1988a, 1988b 참조).

영역 프로젝트의 평가는 결코 단순하지는 않지만 적어도 교육학자들과 심리학자들이 일상적으로 수행하는 다른 종류의 평가들과 어느 정도 유사한 성격을 지니고 있다. 포트폴리오의 평가—최종 산물의 질에 대한 것이 아닌 학습의 과정에 초점을 맞춘 것일 경우—를 살펴보면, 우리는 학교에서 익숙하지 않은 지도를 만들어 나가고 있다.

그럼에도 우리는 조직적으로 연구하기 위해 일정 영역을 분리했다. 우리는 그와 같은 구성요소를 학생 산출물의 개별적 특징(혹은 개인적 프로필)으로서 평가할 수 있다. 이와 같은 개별적인 특징에는 다음 항목들이 포함된다. 즉, 한 프로젝트를 개념화하거나 수행하는 학생의 능력, 학생 본인의 작품과 관련이 있거나 그 작품을 표현하는 데 도움이 되는 역사적이고 중요한 재료의 포함, 포트폴리오 항목의 규칙성과 관련성 및 정확성, 예술적 매체를 통해 직접 생각할 수 있는 능력(예를 들어, 그와 같은 조작의 효과를 관찰하기 위해 조직적으로 작품의 한 측면을 다양화하는 등), 한 작품 혹은 일련의 작품과 다른 작품으로 발전 또는 연결되는 표시, 본인의 발전에 대해 학생이 예민한 정도, 개인적 의미를 표현하고 그 의미에 어떤 보편적인 형태를 부여하는 능력이 여기에 해당한다. 우리는 이런 각각의 차원을 객관적인 방식으로 평가하는 것이 쉽지 않을 것이라는 점을 깨닫고 있다. 그러나 초창기를 비롯한 수년에 걸친 발달 과정을 관찰해 보는 시도일지라도 가치는 있어 보인다.

앞서 언급한 바와 같이 예술적 학습의 중요한 측면은 의미 있는 프로젝트에 참여하는 기회를 갖는 것이다. 의미 있는 프로젝트를 통해 자신의 이해와 성장을 표면화할 수 있다. 학생과 교사 모두가 이러한 포트폴리오 활동은 매력적이고 신나는 작업이며 자기 자신을 위해서도 유용하다는 사실을 깨닫고 있다는 점은 분명하다. 포트폴리오의 개발을 격려하고 포트폴리오를 공감하며 조직적으로 관찰하면서 학교 내에서의 이와 같은 재료 및 활동의 활용을 증가시켜 나갈 수 있을지도 모른다. 대학들이 이와 같은 포트폴리오 정보를 주된 바탕으로 입학 허가 결정을 내리게 될 것이라고 기대하는 것은 무리이겠지만, 우리는 이와 같은 교육 수단이 학생들이 자신의 인지적 힘을 표현할 수 있게 해 줄 것이라고 기대한다.

교육학자들과 교육비평가들은 이론과 실제 사이의 간극에 대해 그리고 이론과 실천가들 사이의 간극에 대해 자주 통탄한다. 이들 두 집단의 전문적 목표가 다르다는 점은 의심할 여지가 없는 사실이다. 이론가들의 승리는 실무자들을 전혀 건드리지 않는 경우가 많고, 실무자들의 즐거움은 이론가들에게 전혀 흥미롭지 않아 보이기도 한다. 어느 정도의 기간 동안 교육적 실무와 동떨어져 있다는 점에서 프로젝트 제로를 비판하는 것이 유행이었던 적이 있었다. 동떨어졌다는 비난은 다음 두 가지 측면에서였다. 첫째, 프로젝트 제로의 연구가 교실에서 실제로 명백히 가르칠 수 있는 것보다는 '자연적' 발달에 더 집중하고 있다는 점, 둘째, 프로젝트 제로의 생각이 매력적이든지 매력적이지 않든지 상관없이 월요일 아침에 교실에서 무슨 일이 벌어지는지에 대한 직접적인 암시가 거의 없거나 전혀 없다는 사실이었다.

이와 같은 비난은 때때로 프로젝트 제로에 참여하고 있는 우리를 약간 기분 나쁘게 하거나 어느 정도 방어적인 입장을 취하도록 만들기도 했지만, 우리는 연구 과정에 대해 대체로 편안한 상태를 유지하고 있다. 우리는 중재를 검토하기 전에 '자연적' 발달을 살펴보는 것이 중요하다고 생각한다. 그리고 심리학적 사실을 확립하고 실무에 영향을 미치려는 시도를 하기 전에 한 사람의 교육적 철학을 발달시키는 것이 중요하다고 믿는다. 특히 실제 실행에 더 나쁜 영향을 미치는 것은 언제든지 가능하기 때문이다!

상대적으로 예술교육의 '상아탑' 탐구의 호화로운 측면을 감안할 때 우리가 교육 실험에 좀 더 직접적으로 참여할 수 있었던 것은 분명히 적절한 일이었다. 아트 프로펠은 이를 위해 좀 더 결연한 노력을 기울였다. 아트 프로펠이 지금의 '온실' 분위기에서 성공적일지라도 좀 더 많은, 멀리 떨어진 토양에도 성공적으로 옮겨질 수 있을지 판단하기는 아직 이르다. 그러나 연구자들이 학교 환경 내에서 자신의 아이디어를 실행해 보고자 시도하면서 상당히 많은 것을 배울 수 있었다는 점을 말하기에는 너무 이르다고 볼 수 없다. 언제라도 중단될 수 있다는 경계심을 가지고 있는 한, 지금의 이론과 실무의 혼합은 예술교육과 연관된 사람들에게 도움을 줄 수 있어야 한다.

제14장
예술 속에서 비교 설명하기

Henle, M. (Ed.), *Vision and Artifact*, New York: Springer, 1976.

1973년 여름, 미니애폴리스 미술연구소(Minneapolis Institute of Arts)는 다양한 개인 및 학교로부터 받은 수백 점의 예술작품을 전시했다. 이 전시에 포함된 것은 그림과 소묘뿐만 아니라, 책의 표지와 도자기까지 다수의 미적 매체를 대표하는 것들이었다. 이 전시는 '교육적 전시'라고 홍보되었다. 이것은 어떤 관점에서 볼 때 흥미로운 점으로 다가왔다. 왜냐하면 교육적이지 않은 미술관 전시는 상상하기 어렵기 때문이다. 그러나 그 전시 자체가 스스로 최고로 교육적인 목적을 띠고 있다고 주장하고 있기 때문에, 아마 그와 같은 설명을 정당화할지도 모른다. 나는 그 전시를 여러 번 방문할 기회가 있었고, 그 전시는 굉장히 재미있고 교화적인 미학적 체험이었다. 여기서는 나의 긍정적인 반응의 이유가 무엇인지 알아내고, 이 경험으로부터 좀 더 폭넓은 몇 가지 원칙을 추려 낼 수 있을지 생각해 볼 것이다. 그 전시를 출발점으로 삼음으로써, '비교를 설명하기(illuminating comparison)' 기술을 미학적 관심을 고양하는 수단으로서 검토할 예정이다.

미니애폴리스에 전시된 작품들의 절반은 미술관의 큐레이터와 임원들이 완전히 난처해할 만한 작품들이었다. 기획자와 큐레이터 직원들은 '모조, 위조품 및 그 밖의 속임수들' 컬렉션을 모아 놓았다. 모든 종류의 가짜는 그 가짜가 표현하고자 의도했던 진품 옆에 안성맞춤으로 나란히 놓였다. 이와 같은 적절한 배치 덕분에 관람객들은 진품과 위조품을 비교하고 대조해 보는 소중한 기회를 가질 수 있었다.

의심할 나위 없이, 그와 같은 컬렉션은 감정가에게는 진정한 축제가 되었다. 거의 전시가 되지 않는 작품들을 감정해 볼 기회를 가질 수 있을 뿐만 아니라, 각기 다른 역사적 시기에 가능한 방식과 재료에 대한 지식을 포함해서, 특정 작가가 사인하고 날짜를 기재하는 구체적인 방식, 그리고 캔버스에 결합한 독특한 마크에 이르는 다양한 기술적 분석 도구를 사용해 볼 수 있기 때문이다. 사실 다양한 학자 및 비평가가 미니애폴리스 전시를 방문하여 적절한 강의를 진행하고, 이 목록을 칭송하며, 전시를 하나 또는 다른 형태로 보존하자고 주장했다.

그러나 전시는 전문가만을 위한 것이 되는 경우가 많다. 가상의 평균 관객은 그와 같은 전문적인 역작(tours de force)에 의해 소외감 또는 버림받았다고 느낄 수도 있다. 분석 절차에 대한 필요한 배경지식 훈련을 받지 않은 관람객은 그 전시회의 이유와 선택된 특정 작품(그리고 생략된 것들)의 중요성, 목록의 기술적인 언어 및 큐레이터의 이러저러한 방백의 의도와 효과를 충분히 이해할 수 없다. 기껏해야 갤러리에 자주 가는 사람들은 하나 혹은 그 외의 작품에서 혹은 그 전시가 기획한 우아함에서 즐거움을 조금 느낄 것이다.

미니애폴리스 모임의 특별한 힘은 세련되지 않지만, 동기가 부여된 관람객이 전문가에게만 예외적으로 가능했던 통찰력을 얻는 데 도움이 되는 엄청난 잠재력에 있다. 전문가는 대가의 기술적 혁신, 고양된 표현력, 색채의 특별한 사용, 감정을 포착하고 장면을 구성하는 누구도 필적할 수 없는 능력을 이해하기 때문에 렘브란트(Rembrandt van Rijn)에게 경의를 표할 준비를 갖추고 있다. 일반적인 관객이 그저 전통적인 전시에서 흘깃 바라보기만 했던 대상이 이제 분명하게 드러났다. 마치 비평가의 렌즈를 통해 마법과도 같이 공급된 것처럼 평범한 관객도 렘브란트와 그보다 덜한 동시대 인물들을 대조해 볼 수 있고, 그보다 특히 이 네덜란드 대가를 뛰어넘으려고 했으나 성공하지 못한 후세 허식가들도 대조해 볼 수 있었다. 그리고 특히 다수의 가짜, 모조품 및 속임수들을 비교해 볼 기회를 가짐으로써 관객은 렘브란트가 가진 힘의 넓이와 깊이를 느낄 수 있었다. 또한 바랐던 효과를 성취하는 데 (교육적인 방식으로) 실패한 각각의 다양한 작가를 둘러볼 소중한 기회를 가질 수 있었다.

위조품을 폄하하는 것은 불필요하게 시비의 대상이 될 수도 있다. 물론, 렘브란트의 천재적인 비율 감각을 이야기하자면, 위조품을 희생한 어떤 비교라도 가능할 것이다. 그러나 그 이전에, 그리고 보다 더 중요한 것은, 좋고 나쁜, 더 낮고 더 나쁜 것에 대한 궁극적인 평가가 차이를 분별하고 이해하는 중요한 능력이라는 점이다. 작품을 관객에게 효과적이게 혹은 효과적이지 못하게 하는 것은 예술가가 직면하는 수많은 선택과 도전이 해결되는 방식에 달려 있다. 완성된 작품을 볼 때, 우리는 예술가가 선택한 기록—최종 캔버스에 나타나는 차이—과 마주하게 되며, 이 기록을 통해 우리의 최종 평가가 내려진다.

모든 판단과 모든 평가는 필연적으로 비교를 예상하며, 비교에 의존한다. 대부분의 전시에서 비교는 암묵적이다. 그리고 관객들은 유사한 목표와 수단을 가지고, 그러나 다른 능력, 계획 혹은 기술을 통해 예술가가 하고자 했던 것을 비교해야만 한다. 전문가는 이와 같은 암묵적 비교를 할 준비가 되어 있다. 왜냐하면 전문가는 현재 부재한 작품들도 여러 번 본 적이 있어 마음속 눈에 깊이 각인되어 있기 때문이다. 그러나 일반적인 관객들은 이런 식견을 거의 갖추고 있지 않다. '모조품' 전시에서 모든 관객은 전문가가 될 수 있는 기회를 가졌다. 익히 잘 알려진 정보를 통해 만들어 놓은 가공되지 않은 재료들이 제공되어 논리적인 판단을 성취할 수 있었다.

진실로 그 기회는 단순히 존재한 것 이상의 의미를 지녔다. 비교해 볼 수 있는 기회는 강렬했다. 두 개의 보티첼리(Botticelli) 작품을 마주하고, 그중 단 하나만 '진짜'라는 사실을 알게 된다면, 두 작품을 면밀하게 살펴보고 싶은 저항할 수 없는 유혹이 생긴다. 앞뒤로 자세히 들여다보고, 상세한 특징을 알아내기 위한 각각의 시도에 집중하며, 표현을 포착하고, 특정 빛깔을 이루어 내고, 그리고 차이를 파악한 후에는 어떤 작품이 '진짜 보티첼리'인지 정보를 바탕으로 판단해 보는 것이다. 이런 게임을 좋아하는 지배적인 인간의 성향을 영리하게 이용해서, 미술관은 모든 시의 버스에 두 개의 모나리자 그림과 함께 "진짜 모나리자, 일어나 주시겠습니까?"라는 유혹적인 문구를 실은 포스터를 부착했다. 노련한 전시 전문가들은 사물 또는 전시 가운데 유사성과 차이점을 찾고, 그와 같은 닮은 점과 차이점의 의미를 스스로 설명하고, 그와 같은 조사를 기반으로 작품들을 평가하고자 하는 인간의 성향을 이용한 것이다. 한편, "비교를 설명하기(illuminating comparisons)"라는 문구를 이용한 것은 이와 같은 과정을 믿을 수 없을 정도로 단순화한 관점을 낳을 수도 있다. 사실 그와 같은 비교의 성취는 오랜 시간이 소요되는 고통스러운 과정이며, 비교육적인 비교와 오해의 소지가 있는 결론을 내릴 가능성이 가득하다. 관련성이 있거나 계몽적인 것들과의 비교는 고사하고, 어떤 사물이나 작품들도 비교 대상이 되고 싶지 않을 것이다. 오히려 어려운 진단을 내리는 데 있어 자신의 기억의 상세한 내용에 의지하는 의사처럼, 큐레이터나 강사는 안목이 전혀 없는 사람들조차도 수업이나 비교에 있어 주목되는 부분이 어디인지 바로 알아볼 수 있는 한 쌍 혹은 세 작품을 선택하기 위해 수백 개의 기억이나 (실재하는) 목록을 살펴보아야 한다.

미니애폴리스 전시는 모조품을 일련의 진품 옆에 끝없이 나열했다면, 이 전시는 흥미롭고 적어도 적정하게 재미있었을 것이다. 그러나 내 생각에는 특별히 기억할 만한 전시는 아니었다. 그러나 다시 한 번 말하지만, 전시에 접근한 보이지 않는 손은 인간 심리의 기본적인 교리의 안내를 받았다. 비교를 자극하는 다양한 방법이 있었고, 우리는 다수의 탐색 루트를 제공받았다. 따라서 다양한 비교 방법이 포함되었다. 거의 모든 작품이 새로운 방식의 도전이었고, 한 가지 해법이 다음 작품에 자동으로 일반화되어 적용되지 않았다. 하지만 여전히 성공할 여지도 충분하고 새롭게 나타나는 패턴들이 충분해서 관객들은 절망에 빠지기보다 전시관의 다음 코스로 진행해 보고 싶다는 생각이 들었다.

효과적으로 비교할 수 있게 해 주는 교육학적 기술 몇 가지를 기록해 보고자 한다. 첫째, 거리(distance) 원칙에 관해 이야기해 볼 수 있다. 어떤 작품들은 비교를 원활하게 하기 위해 직접 병렬 배치되지만, 어떤 작품들은 어느 정도 거리가 떨어져 있어서 비교하기 위해서는 왔다 갔다 해야 했다. 이런 장치는 전문가가 항상 진품을 볼 수 있는 것은 아니라는 가르침을 일깨워 준다. 이 사실은 관객에게 진품을 기억하거나 재구성해 보도록 해 준다. 그럼으로써 현재의 비교를 성취할 수도 있고, 미래의 비교를 더 잘할 수 있게 될 수도 있다. 지리적 거리뿐만 아니라, 질적인 차이도 포함되었다. 때때로 진품과 모조품의 차이는 제법 분명해서 훈련을 가장 적게 받은 사람일지라도 구분해 낼 수 있을 정도이다. 하지만 다른 경우에는 그 차이가 정말 미묘해서 도구들이 필요하다. 미술관은 이런 경우에는 돋보기를 제공해 주었고, 관객들은 제공된 돋보기를 계속해서 이용했다.

그 이상의 인지적 연습은 폭넓은 비교를 포함함으로써 확실히 이루어질 수 있도록 마련되었다. 작품 중에는, 예를 들어 진품 한 점과 위작 한 점, 진품 한 점과 두세 점의 모조품, 각기 다른 시기에 제작된 석판 인쇄물들, 진품과 해당 작가의 유파에 속한 인물이 만든 복제품, 작가 본인의 감독하에 제작된 복제품들, 그리고 한 사람의 개인이 수집한 모조품 집단들이 포함되었다. 이와 같은 집합은 전문가가 지속해서 새로운 문제와 질문에 직면하고 있다는 사실을 드러내며, 모조품, 위조품, 유해하지 않은 연습 간의 명백한 경계란 없다는 점을 알려 준다. 관객은 전문가가 맡은 일을 해 보고, 이와 같은 각각의 대조를 통해 배워 보라는 도전을 받았다. 모든 작품은 새로운 메시지를 전달하거나, 오래된 메시지를 살짝 새로운 방식으로 보여 주었다.

게다가 관객이 안이한 결론을 내리지 않도록 경고하기 위해 몇 가지 전시는 의도적으로 오해를 불러일으키도록 구성되었다. 서명이 없는 진품, 질이 현저히 떨어지는 진품, 진품은 없이 모조품만 나열된 경우도 있었다. 이와 같은 예상치 못한 비틀기는 다시 한 번 전문가의 딜레마에 대한 특별한 통찰력을 제공했고, 이 전시에도 섬세한 터치를 더해 주었다. 마지막으로, 이 전시는 몇 점의 명예가 박탈된 모조품들도 전시했다. 위조 작업은 오직 부분적으로만 제거된 채로 위조범이 공을 들여 오래되고 무가치한 그림의 흥미로운 부분만을 두드러지게 했다. 명백한 그레코(Greco) 또는 홀바인(Holbein)의 작품은 위조범이 작업하는 극적이며 거슬리는 방식을 보여 주기 위해 부분적으로 가려졌다.

이 전시의 세 번째 분명한 특징은 다양한 역사 및 스타일 측면의 특징을 강조하는 방식에 있었다. 전시에 포함된 것 중에는 한 명의 위조범[예: 판 메이혜른(van Meegeren)]이 그린 여러 작품뿐만 아니라, 한 작가의 작품을 서로 다른 예술가들이 모방하려고 했던 것(여러 점의 렘브란트 위조 작품)도 있었다. 관객은 위조범의 스타일(위조범의 작품들을 한곳에 모아 놓으면, 그 시대를 드러내는 충분한 예를 찾을 수 있다)에 대한 느낌도 알 수 있었고, (하나의 렘브란트 작품을 망가뜨리는 여러 가지 방법을 봄으로써) 원 작가의 미묘한 스타일을 이해할 수 있게 되었다.

위조는 고대까지 거슬러 올라간다. 위조는 역사적으로 각기 다른 시대의 다양한 상황에서 발생했다. 근대 위조품들로 인해 생긴 특별한 문제점은 이 전시로 분명히 밝혀졌다. 우리는 우리 시대로부터 전혀 거리를 유지하지 못하고 있다. 기계적인 재생산을 위한 정교한 수단의 이용이 가능해졌다. (개넘 또는 팝아트와 같은) 특정 작품들은 특히 복제하기 쉬워 보이며, 적어도 우리 눈에는 그렇게 보인다. 그러나 클래스 올덴버그(Claes Oldenburg)의 작품인 〈통감자구이(Baked Potato)〉의 진품과 복제품 사이에는 분명한 차이가 보인다.

마지막으로, 이 전시는 전문가가 의심스러운 위조품을 만났을 때 맞닥뜨리는 과제의 느낌을 전한다. 전문가가 이용할 수 있는 서로 다른 힌트들에 대한 다음과 같은 통찰이 제공되었다. 바로 서명의 방식, 작품의 크기, 캔버스의 오래된 정도, 엑스레이 방식, 음영의 세밀한 상세 내용, 시대착오적인 디테일 혹은 색상에 대한 인식, 틀의 구성, 작가가 특정 주제를 좋아하고 기타 주제를 좋아하지 않았다는 데 대한 지식, 특정 표정을 포착하는 데 대한 실패 등에 대한 통찰이었다. 이와 같은 방식은 객관성, 기술에 대한 의존도, 작가의 다른 작품에 대해 알고 있는지에 대한 의존도에 따라 큰 차이를 보인다. 그러나 이 모두가 도움이 된다. 전시는 또한 어떤 속성들이 논쟁의 대상이 된다는 사실도 드러냈다. 그리고 이는 단 한 가지도 독자적으로 결정적이지 않은 이유가 모였을 때 어떻게 권위 있는 결론으로 이어질 수 있는지 설명해 준다. 그러므로 관객은 자신만의 판단을 내릴 때 다수의 기준에 의지할 수 있었다.

매우 아름다운 전시에 상당히 감명을 받았고 즐거움을 느끼기도 했지만, 나는 이 전시가 제기한 여러 문제점에 대해 인식하고 있었다. 교육적이라고 설명되기는 했지만, 그 전시가 단 한 사람이라도 교육했는지는 불분명하다. 나는 그 전시가 누군가를 교육했다고 믿고 있으며, 미술관 관계자들도 그렇게 믿고 있지만, 이를 증명할 방법은 없다. 비교하도록 자극할 의도로 전시한 것만으로도 그런 효과를 가질 수 있다고 단순히 추정하는 것은 충분하지 않다. 이런 전시는 의도하지 않은 결과를 얻지 못할 수도 있고 혹은 아무런 결과도 가져오지 않았을 수도 있다. 한 전시의 교육적 성공 여부를 평가하기 위해 정교한 기계 혹은 권위 있는 통계적 기술이 필요한 것은 아니다. 상식적인 접근 방법, 그리고 아마도 심리학자와의 상담이라면 관객의 학습에 대해 적절하면서도 좀 더 자유로운 방식을 도출해 낼 수 있을 것이다.

또 다른 어려움은 전시에 관여한 사람들이 추정하고 있는 관객의 세련된 정도 및 수준에 있다. 내 생각에는 대부분의 방문자가 그 전시를 즐겼고, 전시로부터 혜택을 보았다고 생각되지만, 상당수의 사람이 그 전시가 너무 어려웠다고 평가했다. 어떤 관객들은 캡션에 암시된 차이를 알아보는 데 실패했고, 또 다른 사람들은 전체적으로 전문가적인 기획에 대한 환멸을 표하기도 했다. "만약 전문가들이 이 모든 실수를 했다면, 내가 어떻게 진품을 찾아낼 수 있을까?" "아마 우리가 경의를 표하는 작품 중 절반은 가짜일지도 몰라." "전문가들은 우리가 아는 것 이상을 알지 못해."라는 식이다. 이와 같은 후자의 단평은 특히 당황스러운 것들이다. 전시 기획자들은 큐레이터가 의도했던 비교가 특정 관객들에게 의도한 대로의 효과를 거두지 못했을지도 모른다고 말한다. 사실, 관객들이 예술작품을 보고 감탄하는 일이 건전하게 감소했을 수는 있지만, 그 대가로 냉소주의를 얻게 된 것이다.

관객에 대한 전문가의 역할은 힘든 일이다. "내가 이 작품을 선택했으니까, 여러분은 이 작품을 좋아해야만 한다."라고 말하는 것으로는 충분하지 않다. 결국, 전문가는 어떤 우아한 꽃병을 전시할지를 아무 생기 없이 결정하는 것이 아니다. 그녀는 신화와 그리스의 조각 방식, 2천 년 전에 예술가들이 사용할 수 있었던 재료들, 의복, 종교, 철학, 풍습, 좋아하는 것들, 그리고 그 당시 개인들이 가지고 있던 편견에 대해 알고, 신경을 쓴다. 전문가가 가진 지식을 관객에게 단순히 선언하는 것만으로도 충분하지 않다. 그와 같은 기술적인 상세 내용은 준비되지 않은 정신에게 흡수될 수가 없다. 오히려 전시가 그와 같은 방식으로 기획되어 관객들이 미묘하면서도 재미있는 방식으로, 그렇지만 권위 있고 설득력 있게, 전문가들이 가진 지식에 접근할 수 있도록 해 줄 수 있다. 그럴 때만이 비로소 비전문가도 왜 이와 같은 작품을 오늘날 검토해 보는 것이 가치 있는지 이해할 수 있게 된다. 미니애폴리스 전시는 전문가의 세계가 관객들에게 생생하게 다가왔을 때 가장 성공적이었고, 그저 지식을 나열하거나 이해했다고 간주해 버릴 때는 덜 성공적이었다.

마지막으로, 일부 단평은 전시를 장식했던 보충적인 정보원－라벨과 프로그램 가이드－에 대하여 적절한 내용이었다. 이 같은 종류의 전시에서 일부 라벨링이 필수적이라는 점에 대해서는 의문의 여지가 없다. 자신이 추측하는 것이 옳다면, 옳다고 누가 이야기해 줄 수 있으며, 누군가의 판단이 옳지 않다면 어떤 특징을 봐야 한단 말인가? 좋은 라벨이 없다면, 전시는 제대로 이루어질 수가 없다. 라벨들이 눈에 띄는 장소에 있을 필요는 없다. 사실, 관객이 캔버스를 살펴보는 데 어느 정도 시간을 들이기 전까지 라벨을 볼 수 없도록 할 수 있다면 가장 이상적일 것이다. 그것이 무엇인지 그리고 어디를 찾아보아야 하는지에 대해 이야기를 들은 후에, 여러분이 무엇을 보았어야 했는지 본 것에 대한 결론을 내리기는 너무 쉽다.

일반적으로, 나는 '위조품' 전시의 라벨에서 두 가지 어려움을 발견했다. 이 어려움은 전시에는 제한된 어려움이다. 우선, 기술적 재료－회화 스타일, 신화의 인물들, 제작 및 추적의 방법 등 의심할 여지없이 많은 관객에게는 의미가 전혀 없는 점들에 대한 난해한 문헌들－에 대한 내용이 상당히 많았다. 그와 같은 참고문헌은 관객들에게 겁을 줄 뿐이다. 둘째, 불필요할 정도로 박식함을 표현했다.

효과적인 라벨은 관객들이 볼 수 있는 차이를 지적하는 것이다. "진품의 명암은 직접 구름을 향해 있지만, 모조품은 2밀리미터의 간극이 존재한다." "진품에는 숫자 5가 뒤집혀서 인쇄되었다." 효과적이지 않은 라벨은 너무 모호하거나 전문 지식을 요구하는 것이다. 나는 내가 도움이 되지 않는다고 생각한 라벨 일부를 목록으로 적어 보았다.

- A의 둔감 vs. B의 진동
- 이 작품은 기계적이며 둔하고, 아스텍 종교의 특징인 생명과 죽음에 대

한 세밀한 관심을 전혀 나타내지 않고 있다.

- 두 작품 간의 차이는 본질에 있지, 물질에 있지 않다.
- 세 폭 제단화(the triptych)는 피상적으로는 르네상스 양식으로 보이지만, 실제로는 가장 순수한 19세기 작품이다.
- 예술가는 경외를 표현했지만, 복제품은 단지 부끄러울 뿐이다.
- 위조품은 진품의 미묘한 우수성을 전혀 포착하지 못했다.
- 작가의 진정한 스타일 측면에서 조화롭지 못하다.
- 작가의 깊이 느껴지는 종교적 감정을 포착하는 데 실패했다.

인용된 차이점의 종류를 분류하는 것이 도움이 될 수도 있다. 그렇게 되면 적어도 라벨을 기록한 사람과 관객은 모두 객관적인 기술적 이유(틀의 시대), 객관적인 비기술적 이유(명암이 구름에 닿아 있지 않다), 쉽게 증명되는 해석("진품 속 성모 마리아는 아이의 눈 속을 직접 들여다보고 있다"), 그와 같은 증명이 필요하지 않은 해석("위조범은 진품의 종교적인 정신을 포착하는 데 실패했다") 간의 차이를 인정할 수 있게 된다. 나는 후자의 이유가 관련성이 없다는 말을 하는 것이 아니다. 현재의 맥락에서 그런 말은 너무나 많은 의미를 가질 수 있으므로, 관객의 이해도를 높이는 데 도움이 되지 않는다는 의미이다.

라벨과 예술작품에 대한 적용 가능성에 대한 논의는 시각적 전시와 언어적 교육 간의 관계에 대해 성가신 의문점을 제기한다. 한편으로 관객의 인지적 기술을 개선한다는 목표와 다른 한편으로 관객은 자신 앞에 있는 비교 대상으로부터 유효한 추론을 끌어내는 데 실패할 수도 있다는 위험을 고려하는 현재의 맥락에서 특히 이 질문은 중요하다. 그리고 이 질문은 극도로 논란의 여지가 있다. 한 학설은 '말로 표현할 수 없는' 작품에 대한 언어적 단평에 대해 굉장히 의심스러워한다. 한편, 주장이 강한 또 다른 학파는 언어적 교육을 미학적 감수성을 고양시키기 위한 이상적인 수단이라고 본다.

이 논쟁에서 루돌프 아른하임(Rudolf Arnheim)의 관점은 특히 유익하다.

예술의 이해를 위해 평생을 바친 사람으로서, 그리고 예술에 대해 유창하게 집필하는 사람으로서, 그는 의사소통의 언어적 또는 비언어적 방식의 장단점에 대해 매우 예민하다. 아른하임은 우리 교육제도 내에서 언어적 교육의 무비판적인 과잉 사용 및 잦은 잘못된 적용에 대해서는 수정이 필요하다고 제안했다. 언어의 본질적인 의사소통 측면의 역할과 특정 주제를 전달하는 데 적절한 점은 예외로 하고, 그는 언어가 모든 범위의 정보를 보여 주고, 사고 과정의 전반을 포착하는 가장 이상적인 수단이라는 널리 퍼진 믿음에 도전하고 있다. 아른하임은 사고 과정이 우리의 감각 양식들의 효과적인 기능 및 비언어적인 상징체계의 역할에도 지대하게 의존하고 있다는 점을 보여 주었다.

이론적 개념화와 예시를 통해, 아른하임은 예술을 설명하는 데 일상적인 언어의 적절한 역할을 명시하는 데 도움을 주고 있다. 미니애폴리스 전시가 어떤 점에서는 그랬듯이, 언어적 문서화에 의지하지 않더라도 바른 이해가 가능할 때가 종종 있다. 그런 경우에는 언어적인 설명은 필요하지 않고 바람직하지도 않다. 그러나 그 외의 경우에는, 회화적 전시에 대해 수많은 해석이 이루어질 수도 있고, 의도했던 교육적 원칙인 비교를 설명하기는 놓치게 될 가능성이 높다. 그럴 경우에 언어적 라벨은 유용한 보충적인 역할을 수행하게 된다. 라벨은 관객들이 고려해 볼 만한 가치가 있는 포인트를 알려 주고, 거의 분별이 되지 않는 요소의 중요성을 설명하는 데 도움이 된다.

그러나 효과적인 의사소통을 위한 가장 짧은 길은 언제나 직접적이거나 문자 그대로의 선이 아닐 수도 있다. 은유, 화신 및 기타 비유적 표현들은 특히 간결하고 효과적인 방식으로 중요한 점을 전달하는 데 큰 성공을 거둘 수도 있다. 특히 예술에서 함축적이고 암시적인 언어의 특징은 감각적인 교사 또는 작가를 위한 풍부한 원천을 구성한다. 예술교육으로부터 말을 없애서는 안 된다. 우리는 붓을 사용하거나 바이올린의 활을 움직이는 것처럼 정확하고 신중하게 언어를 이용해야만 한다.

모든 학습이 대조와 비교가 필요하다는 주장을 할 수도 있다. 변화가 없고, 차이가 없고, 간극이 없으며, 인식되는 구별점이 없다면, 우리는 아무것도 배울 수 없다. 미니애폴리스 전시는 다른 문화 및 교육적 실험 대부분을 무색하게 했다. 왜냐하면 단순하지만 우아한 기술을 이용해서 관객은 비교를 하도록 유인되었고, 비교의 적절성 덕분에 중요하고 새로운 미학적 통찰을 얻을 수 있었기 때문이다. 한 가지 간단한 예, 혹은 두 작품을 비교하여 설명하는 것은 한 가지 원칙을 더 깊이 있게 이해하는 시작점을 형성할 수 있다. 그러나 이 원칙을 미래에도 적용하기 위해서는 이 원칙의 근원적인 특징들을 찾고 어느 정도의 정확성을 가지고 표현할 필요가 있다.

나의 미니애폴리스 방문이 촉발했던 의문은 예술적 지식에서 비교의 역할에 대한 어떤 결론을 제안한다. 첫째, 교사 또는 전시 기획자는 어떤 교육적 포인트를 만들 것인지 머릿속에 분명히 그리고 있어야 하며, 그 포인트를 만들 가치가 있다는 자신감이 어느 정도 있어야 한다. 그리고 이들은 각기 다르며 접근 가능한 유행 방식으로 그 포인트를 설명하는 다양한 예시를 선정해야 한다. 그 포인트를 전달하기 위한 다양한 언어적 및 비언어적 보충제의 사용을 고려해야 한다. 그리고 만약 보충제를 사용했다면, 관련된 상세 정보에 대해 직접적인 관심을 끌 수 있도록 주의를 기울이되, 그 문구를 기록한 사람의 비상함을 나타내는 신호이거나 교육적 포인트를 애매하게 만들지 않도록 주의를 기울여야 한다. 그리고 마지막으로, 문제가 된 포인트가 진정으로 관객에 의해 이해되고 있는지 알아보기 위해 실험에 참여해야 한다. 그러나 이와 같은 가이드라인들과 더불어 미학적 교육의 일부 모델 또는 예시 또한 바람직하다. 그와 같은 모델을 찾는 이들에게, 나는 미니애폴리스 전시와 이 글에서 다룬 많은 원칙의 예시를 보여 준 루돌프 아른하임의 저술을 열정적으로 알려 줄 수 있다.

승인

이 장은 Rudolf Arnheim 교수에게 헌정된 기념논문집(Festschriff)에서 처음 나온 내용이다.

제 15 장
키 슬롯의 열쇠:
중국 열쇠에 있는 창의성

Gardner, H. *To Open Minds: Chinese Clues to the Dilemma of Contemporary Education*, Basic Books, 1989.

    가드너(Gardner) 가족이 1987년 봄에 한 달가량을 지냈던 난징의 편안한 호텔 진링의 호텔 방 열쇠는 방 번호가 양각으로 새겨진 큰 플라스틱 블록에 달려 있었다. 호텔을 떠날 때 투숙객들은 열쇠를 데스크 옆에 서 있는 호텔 직원에게 전해 주거나, 구멍 안에 넣도록 요청받았다. 열쇠 구멍이 직사각형 모양으로 좁기에 (플라스틱 펜던트가 달린) 열쇠를 손으로 조심스럽게 잘 겨냥해서 그 작은 구멍 안으로 넣어야 했다.

    한 해 전에 대만에서 입양한 아들인 벤자민(당시 20개월)은 그 열쇠를 들고 돌아다니면서, 손 안에서 흔드는 걸 무척이나 좋아했다. 벤자민은 열쇠 구멍에 열쇠를 넣으려고 시도하는 것도 좋아했다. 나의 아내와 내가 호텔 접수처에 벤자민을 팔에 안고 다가갔을 때, 벤자민은 열쇠를 구멍 주변으로 가져가서 구멍 속으로 밀어 넣으려고 노력했다. 아직 나이도 어리고 이해가 부족했기 때문에, 아들은 구멍 속에 열쇠를 집어넣는 데 대부분 실패했다. 하지만 거듭된 실패에도 불구하고 벤자민은 전혀 좌절하지 않았다. 그는 열쇠를 구멍에 부딪치는 것을 재미있어하면서, 부딪힐 때 나는 소리를 즐겼다. 그리고 이때 느껴지는 운동 감각적인 느낌도 즐거워했다.

나의 아내 엘렌 위너와 나는 기꺼이 벤자민이 열쇠 구멍 주변에 열쇠를 부딪칠 수 있도록 해 주었다. 그러나 나는 곧 재미있는 현상을 보았다. 중국인 호텔 직원이 종종 근처에 있었는데, 가끔은 주변에 중국인 통행인이 단 한 명 있거나, 그 사람이 다가와서 벤자민을 지켜보곤 했다. 그 관찰자는 우리 아들이 무엇을 하고 있는지 보고, 열쇠 구멍 속에 열쇠를 바로 넣지 못하는 것을 보자마자 바로 개입하려고 했다. 그녀는 우리 아들 손을 부드럽지만 단호하게 잡아 바로 구멍으로 향하게 하고, 필요하다면 방향을 다시 바로잡고는 열쇠를 쥐고 있는 손을 눌러 열쇠가 구멍에 들어가게 했다. 그리고 나서 그녀는 엘렌이나 나를 향해서 어느 정도 기대를 담은 미소를 보냈다. 마치 감사 인사를 기다리는 것 같았다.

아아, 우리는 이런 개입에 특별히 감사하지 않았다. 요컨대 그것은 벤자민이 어른들의 감독 없이 제멋대로 뛰어다니는 것과는 달랐다. 우리는 분명히 그의 부모로서 벤자민이 무엇을 하고 있는지 알고 있었고, 우리 아들이 하는 일에 개입하지 않고 있었다. 그러나 우리가 전혀 다른 태도를 다루고 있다는 사실 또한 분명해졌다. 아이들이 무엇을 해야 한다는 것에 대한 추정뿐만 아니라, 아이들의 사회화를 위해 어른들이 취해야 할 적절한 역할에 대한 태도의 문제였다. 아마 사실은, 이렇게 되풀이해서 발생하는 사건이 우리를 중국으로 부른 예술교육의 미스터리를 풀 수 있는 열쇠 중 일부였을지도 모른다.

미-중 예술교육 교환(U. S. A. China Exchange in Arts Education)의 목적으로 중국에서 지낸 몇 달 동안, 아이들은 중국에서 '만만한 대상'이라는 사실이 분명해졌다. 어른들은 (그리고 청소년일지라도) 아이를 기르는 과정에 관여하는 것에 대해 거의 거리낌이 없었다. 중국인이 대부분의 상황에서 무엇이 옳고 그른지 의견 일치를 보고 있다는 것이 동일하게 분명했다. 이들이 평상시 벤자민과 만났을 때 보여 주는 행동이 그들의 상식적인 믿음을 단순히 보여 주고 있었다.

무슨 일이 일어나고 있는지 정보를 모은 후에, 나는 나의 '열쇠 구멍' 일화를 중국인 교사, 부모 및 행정가들을 대상으로 한 강연 때 활용하기 시작했다. 나는 무슨 일이 있었는지 이야기를 들려주고, 청중의 반응을 살폈다. 거의 예외 없이, 중국인 청중은 호텔 직원과 같은 입장이었다. 이들은 이렇게 말했다. 어른들은 열쇠 구멍에 열쇠를 어떻게 넣는지 알고 있고, 그것이 열쇠에 접근하는 (유일하지는 않더라도) 궁극적인 목적이며, 아이가 스스로 그 동작을 완벽하게 하기에 충분히 성숙(혹은 영리)하지 않은데, 아이가 팔다리를 마구 움직인다고 해서 얻을 수 있는 게 무엇이 있겠는가? 그 아이에게 무엇을 어떻게 해야 하는지 왜 보여 주지 않는가? 아이는 행복해질 것이고(아이 주변에 있는 사람들도 행복해질 것이며), 어떻게 하면 더 빨리 열쇠 구멍에 열쇠를 넣을 수 있는지 배우게 되고, 더욱더 복잡한 행동을 할 수 있게 될 것이다. 때때로 아이에게 무엇을 할지 알려 주는 것이 중요하다는 점과, 우리 아들이 좌절하기를 바란 것이 분명히 아니었다는 점에 대해서는 동의했다. 그러나 우리는 벤자민이 열쇠 구멍에 열쇠를 넣으려는 시도 중에 거의 좌절하지 않았다는 점을 지적했다. 즐거움이 오히려 더 자주 볼 수 있는 흔한 반응이었다. 우리는 아들의 행동의 중요성에 대해 상당히 다른 관점을 가지고 있다는 점을 함께한 중국인들에게 전하기 위해 노력했다.

우선, 우리는 벤자민이 열쇠 구멍에 열쇠를 넣는 데 성공할지의 여부에 대해 신경 쓰지 않았다. 그런 건 중요하지 않았다. 벤자민은 즐거운 시간을 보내고 있었고, 자신이 좋아하는 일을 탐구하고 있었다. 그러나 보다 중요한 점은 바로 이것이다. 우리는 벤자민에게 무언가 과정 중에 있는 것—스스로 문제를 풀 수 있다는 점—을 가르치는 중이었다. 이 교훈은 미국 중산층의 자녀양육에 있어서 중요한 가치를 반영하는 것이었다. 아이가 무엇을 어떻게 해야 하는지 그 아이에게 정확히 알려 주기만 하면—그 일이 열쇠 구멍에 열쇠를 제대로 넣는 것이든지 혹은 수탉을 끌고 가는 법을 알려 주는 것이든지 상관없이—아이는 스스로 그 일을 어떻게 해야 하는지 알아내기가 점점 더 어려워진다. 아이는 분명히 원래 그 일을 하는 방식을 알아내기 어려울 것이다. 그리고 일반적으로—우리가 그렇듯이—삶을 스스로 생각해 봐야 하는 일련의 상황으로 바라보지 않을 가능성이 높아진다.

난징의 열쇠 일화를 생각해 볼 때, 나는 중국과 미국 사회 간의 가장 근본적인 차이의 일부에 대한 핵심을 알아차렸다. 이 차이점은 다섯 가지 포인트 혹은 주장을 통해 설명된다. 다섯 가지 차이점은 서로 관련되어 있으며, 아마도 서로 분리하기 어려워 보인다. 이 차이점들은 서로 맞물리는 개념들로, 일각에서는 이 전체를 유교라 지칭할 수도 있을 것이다. 차이점들을 어떤 순서로도 논의할 수는 있겠지만, 각기 다른 길을 통해 나머지 차이점에 도달하게 된다. 이 사실을 종합해 보면, 우리가 예술교육에서 지속적으로 관찰하는 차이점뿐만 아니라, 사회의 다양한 행위에 대해 영향을 미치는 보다 지배적인 차이점까지 설명하는 데 도움이 된다. 다시 한 번, 이 사실을 상대적인 차이점으로서, 각 사회에서 누구라도 반대 주장의 예시를 발견할 수 있을 것이라는 점을 분명히 강조하고 싶다. 입증된 교육 방식으로, 나는 중국 사회의 다섯 가지 주장에 대해 간결하게 논할 것이며, 각 주장에 대해 어느 정도 좀 더 넓고 미묘한 차이를 담은 길이로 여기저기서 검토하게 될 것이다 (Gardner, 1989b 참조).

1. 인생은 신중하게 묘사된 역할을 통해 마치 공연처럼 전개된다.
2. 모든 예술은 아름다워야 하며, 좋은 행동으로 이어져야 한다.
3. 통제는 필수적이며, 위로부터 시작되어야 한다.
4. 교육은 지속적으로 신중한 성형(成形)을 통해 이루어져야 한다.
5. 기본 기술은 근본적이며, 창의성을 격려하는 그 어떤 노력보다도 먼저 기본 기술이 갖추어져야 한다.

중국에 높은 가치로 인정받는 성과는 아주 먼 과거로 거슬러 올라간다. 무려 2,500년 전에 공자는—언어로 그리고 자기 자신의 예시를 통해—신사가 어떻게 행동해야 하는지에 대한 합성 초상화를 제안했다. 연구, 지식의 전달 및 적절한 삶을 이끌어 가기 위한 방법이 신중하게 제시되었다. 바람직한 수행의 정확한 모습을 알려 주는 전통은 중국에서 수 세기 동안 지속되었다. 사실, 명나라 시대(1368~1644년)까지 규정된 수행은 교양 있는 신사 또는 지식인에게 기대되는 행동 양식이었다. 즉, 교양 있는 지식인이라면 음악과 회화에 능하고, 시를 지을 줄 알며, 문화적으로 합의된 기준에 따라 서예를 할 줄 알아야 했다. 그리고 이와 같은 성과에 대해 적절한 반응을 보일 줄 알아야 했다.

그러나 단순히 기대되는 행동에 대해 이야기하는 것 혹은 성취되어야 하는 역할에 대해 이야기하는 것이 중국인의 약속이 실제 성취되도록 하는 것은 아니었다. 우리가 당시 만난 중국인 교육자들에게 이야기한 바와 같이, 방문자들이 공식적으로 중국에서 보는 모든 것이 공연과도 같았다. 그리고 그 공연은 아주 정교하고 완성된 것이기도 했다. 손을 포개어 책상 위에 올려놓고 앉아 있거나, 방 안에서 리드미컬하게 걷고 있는 어린아이들에서부터 자신의 학교에 대해 아침 조례 때 꼼꼼히 상세하게 설명하는 교장 선생님에 이르기까지, 그리고 방문객들에게 논의 내용에 관한 질문에 대해 생생한 표현력으로 답하는 학생에 이르기까지, 모든 것이 신중하게 미리 지시된 것이었다. 어린아이들이 공연하는 동안, 어른들은 거기 앉아 똑같은 말과 제스처를 하며 마치 조금이라도 헷갈리는 아이라도 있으면 알려 주기 위한 모델이 있다는 점을 확실히 하려는 듯이 행동했다. 더구나 이와 같은 장면의 배열과 배치는 그것이 마치 연극의 한 장면이거나, 텔레비전에 '생방송' 될 수 있을 것처럼 보였다. 모든 사람이 어떤 일이 벌어질지, 그리고 어떻게 보여야 하는지를 예상하고 알고 있었다. 어떤 일탈이라도 금방 눈에 띄었고, 그런 일탈은 공연을 '준비한' 사람들에게 꽤 괴로운 일이었다.

이렇게 우아하고 잘 실행된 공연을 위한 약속 때문에 중국인들이 벤자민의 행동을 고쳐 주려고 했던 것이다. 벤자민이 열쇠를 부딪치는 행동은 무질서하고, 순조로운 공연 관점에도 반하는 것이었다. 우리 아들의 행동을 고쳐 주려고 했던 어른들의 목표는 열쇠를 구멍 안에 잘 넣을 수 있도록 순조로운 행위를—누구라도 칭찬할 수 있을 정도로—쉽게, 그리고 가능한 한 빨리 할 수 있도록 해 주려는 데 있었다.

우리는 아트 클래스뿐만 아니라, 교육 시스템을 통해 삶의 여정 속에서 끊임없이 마주하게 되는 공연(performance)들에 감명을 받았다. 그러나 또한 우리는 좌절하기도 했다. 연구 미션을 진행하기 위해 어떻게 해서 그런 세련된 공연을 할 수 있었는지 보고 싶었다. 다시 말해, 우리에게 보이는 장면 이면의 것을 보고, 최종 버전이 되기 전 과정 중에 있는 리허설들을 보고 싶었고, 커리큘럼의 선택, 계획 및 평가가 어떻게 이루어지는지 배우고 싶었다. 우리는 분명히 중국의 아이들이 공연이 아닌 새로운 것을 배우는 예들을 보았다. 내 생각에 중국인들이 그런 장면을 우리에게 보여 주기 쉽지 않았던 것 같다. 왜냐하면 그건 '무대 뒤'에서 무슨 일이 벌어지는지 보여 주는 것이나 마찬가지이기 때문이다.

그러나 이와 같은 공연이 아닌 행동도 우리에게는 공연처럼 다가왔다. 내 생각에 그것이 '속임수'이기 때문은 아닌 것 같다. 오히려 중국에서 가르침이란 상세함의 마지막 수준에서 일어나는 일이며, 수업 하나가 이전 수업과 굉장히 통합적으로 그리고 강제로 이루어졌기 때문에, 융통성은 거의 발휘하기 어려웠다. 그리고 새로운 수업일지라도 과거의 공연과 아주 조금밖에 다르지 않았다. 마치 감독이 오래된 숙달된 대본에 대사 몇 군데만 손보는 것처럼 보일 정도였다. 그러나 우리에게 때때로 자발적인 행동이라고 설명해 주는 것일지라도 사실은 아주 신중하게 연습해 왔던 것이라는 것이 분명했다. 이런 일이 벌어질 때마다 우리는 정말로 불쾌했다.

물론 성취에 대한 강조는 독립된 일일 필요도 없고 나쁜 일도 아니다. 과거에 우리 사회는 '공적 성취' 측면에 대해 더 많이 강조했었다. 귀족이 있던 시절에 서양은 공식적으로 보이는 자신의 모습을 오늘날 중국에서 보이는 것처럼 양식화한 모습으로 보여 주기도 했다. 그러나 이제는 격식에 얽매이지 않는 것을 훨씬 더 강조한다. 클리포드 기어츠(Clifford Geertz)가 인도네시아에서 진행한 연구에서 잘 설명하고 있듯이, 많은 아시아 문화가 여전히 이와 같은 성취(겉으로 보이는 것)를 더 중시하고 있다. 교육을 받은 중국인들은 종종 제인 오스틴(Jane Austen)의 소설과 같은 유럽 소설이나 이디스 워튼(Edith Wharton)의 소설과 같은 미국 소설을 읽기를 좋아하는데, 아마도 이런 작품들은 성취를 특히 중요하게 여기는 사회를 기록하고 있기 때문인 것 같다.

나는 수행 기술을 배양하는 것은 좋은 일이라고 생각한다. 그리고 미국 아이들이 웅변 기술을 발달시키는 데 대해서도 옹호하는 입장이다. 그러나 수행 기술은 성취하는 사회와 동일하지 않다. 미국의 학생들은 격식에 사로잡히지 않는 상황과 중요한 토론에서 뛰어난 기량을 보이는 경우가 많다. 미국 아이들은 낯선 사람에게 말을 거는 상황 혹은 자신이나 다른 학생들이 작성한 글을 비평할 때처럼 중국 아이들이 편안해하지 않는 상황에서도 대부분 편안함을 느낀다. 이런 상황들은 속성상 연습할 수 없는 상황이다. 그러나 일부 미국의 교사들은 내 의견에 동의하면서도, 중국 학생들이 사실에 기반을 둔 자료를 더 잘 익히며, 기억력에 기반을 둔 논쟁을 할 때는 훨씬 더 정확성이 뛰어나다고 지적한다.

미국과 서양에서는 더욱더 일반적으로 성취와 이해를 비교한다. 우리는 무엇보다도, 학생들이 글, 문자, 과학 원칙, 예술작품의 표면에 드러난 것의 이면을 파헤치고, 근본적인 의미를 포함한 뜻을 이해할 수 있게 되기를 기대한다. 이러한 강조는 중국의 공자에 대한 강조만큼이나 오래된 것이다. 이러한 관점은 (공자와 아마 비슷한 시기였을) 소크라테스(Socrates) 시절로 거슬러 올라간다. 소크라테스는 그 무엇보다 지식과 논쟁의 가치를 크게 평가했다.

소크라테스 자신은 외모가 지저분했고, (그 자신이 효과적인 수행자였음에도 불구하고) '피상적인' 성취와 관련된 문제에 대해 신경 쓰지 않았지만, 사고와 추론의 질에 대해 집착했다.

물론 내가 교육 일반과 특히 예술 기술에 대해 인지 및 '이해'의 측면을 강조하는 것은 놀라운 일이 아니다. 나는 열정적인 인지심리학자로서, 예술을 정신의 문제로 바라보기 때문이다. 나는 또한 열정적인 서양인이기도 하다. 나의 한 동료는 서양에 대해 소크라테스가 문화적인 영웅인 곳이라고 풍자적으로 정의했던 적도 있다. 물론 이해는 본래 실행과 일치하는 것은 아니다. 사실 다른 곳에서는 내가 '이해의 실행(performances of understanding)'을 촉구한다. 그러나 이해와 실행에 대한 보통의 함축적 의미는 전혀 다른 방향성을 보인다. 만약 어떤 사람이 자신의 인지적 힘의 방향을 따르고 이해와 오해에 집중한다면, 그 사람은 오랫동안 유지되고 있으나 이해를 거의 또는 전혀 반영하지 않는 특정 실행 기준과 중도에 충돌하게 될 것이다.

중국을 이처럼 공연(실행)하는 사회로 설명함으로써 내가 마주하게 될 비난이 어떤 것들일지 나는 잘 알고 있다. 나는 '고위급' 중국 방문객이었다. 아마 내가 목격한 공연들은 해외에서 방문한 관찰자들이 없을 때 일반적으로 중국에서 벌어지고 있는 일과 거의 관련이 없을 것이다. 물론 내가 중국에 존재하지 않으면서 중국에 있는 실험을 진행하는 것은 불가능하다. 그러나 두 가지 이유로 내가 단지 중국을 방문했던 당시의 특수한 조건 때문에 벌어진 일로 내가 특징들을 규정짓게 된 것은 아니라고 생각한다. 우선, 중국인은 대단히 애를 써서 우리가 보는 모든 것이 세련되게 보이도록 했기 때문에 성과에 큰 가치를 부여하고 있다는 사실을 드러낸 것이다[엄청나게 노력해도 대부분의 미국인은 이런 성과(공연)를 따라 할 수가 없다]. 둘째, 나는 내가 이상적이라고 생각하는 상태, 즉 추구해야 하는 이상적인 상태를 설명하는 것이지, 일반적으로 성취하고 있는 상태를 설명하는 것이 아니다. 오늘날 서양에서는 격식에 구애받지 않는 상태, 태평스러운 태도와 단순 명쾌함을 가치 있게 평가하는 반면에, 중국인은 완벽하게 구현된 역할 및 의식 절차를 가치 있게 평가한다.

아름답고 좋은 예술

예술을 성취의 관점에서 보는 것은 예술이 아름다움과 적절한 행동을 수반한다고 보는 관점과 같다. 오늘날 지지되는 이와 같은 사물을 보는 관점은, 중국인들만의 전매특허는 아니다. 이 세상 어느 곳에 있는 개인이라도 대부분 예술의 이유에 대한 질문을 받으면 예술이란 사실 아름다움을 보여 주기 위한 것이라고 말할 것이다. 그리고 진실한 것, 아름다운 것, 옳은 것과 연결하려는 시도 자체를 애초부터 반대하는 사람은 거의 없을 것이다.

그러나 그와 마찬가지로, 오늘날 중국인이 성취(performance)를 다른 사람들보다 훨씬 더 잘하려고 노력하듯이, 예술과 관련된 문제에 있어서 아름다움에 대한 개념 또한 보다 더 정확하게 묘사하며, 더 적극적으로 적용한다. 중국의 부모들과 교사들은 아이들이 아주 어린 시기부터 그림은 어떻게 보여야 하며, 이야기는 어떻게 들려야 하고, 악기는 어떤 방식으로 연주해야 하고, 춤의 스텝은 어떻게 밟아야 하고, 서예는 어떻게 써야 하는지에 대해 아주 분명한 생각을 전해 주는 것이 본인들의 역할이라고 생각한다. 단 한 가지의 바른 방법(혹은 소수의 바른 방법)이 있으며, 틀린 방법은 아주 많다. 옳은 방법은 아름답고 반드시 그 방법으로 실행해야 하며, 옳지 않은 방법은 아름답지 않고 반드시 지양해야 한다. 따라서 학생들은 가르침을 받은 방식에 완벽히 세뇌당하기 때문에, 본인이 원하는 대로 해도 되는 경우에도 가르침을 받은 대로 계속해서 행동한다.

우리는 이와 같은 관점이 벤자민-열쇠 사건에서도 작동하고 있다는 점을 발견할 수 있었다. 열쇠 구멍에 열쇠를 바르게 넣는 방법이 존재하고, 그 방법이 또한 아름다운 방법이다. 이와 같은 미의 규범이 일찍 그리고 완벽하게 주입되어야 한다. 그래야 아이는 아름답지 않거나 방해가 되는 방식(예를 들어, 구멍에 열쇠를 부딪치는 등)으로 행동할 유혹을 받지 않을 것이다.

우리는 또한 현대 중국 내에서 왜 특정 형태의 예술만 승인되는지에 대한 통찰도 얻을 수 있었다. 예술이 구상주의적인 한, 그리고 음악이 내용을 담고 있는 한, 작품들이 분명한 규범을 지지하고 있는지를 검열할 수 있는 가능성이 있다. 그러나 추상적인 예술이 허용되면, 그것이 아름답고 옳은지의 여부를 어떻게 판단하고 결정할 수 있겠는가? 무규범성의 판도라의 상자를 열기보다, 오히려 모든 사람이 인식할 수 있고 합의적인 미의 판단이 바로 내려질 수 있는 것들에 대해서만 예술을 제한하는 편이 훨씬 더 낫다. 물론 중국의 모든 예술가가 이와 같은 관점을 비판 없이 수용하는 것은 아니다. 그러나 이런 생각에 공개적으로 도전한다면 위험을 감수해야 한다.

예술을 아름다움으로 바라보는 중국의 관점과 달리, 서양인은 어떤 관점을 지지하는가? 나의 주장과 마찬가지로, 서양의 우리는 문제에 대해 점차 인지적인 견해를 밝혀 오고 있다. 나는 예술이란 흥미롭고, 강력하고, 매력적일 것으로 기대되고, 해당 예술을 구성하고 있는 요소들을 개인들이 새롭거나 아마 우선 매우 불안한 방식으로 보고 듣고 또는 인지할 수 있게 해 주는 데 존재 의의가 있다고 생각한다.

우리가 위대한 예술가들에게서 추구하는 (그리고 찾는) 것은 아름다움의 어떤 형태, 그리고 고정된 혹은 예정된 감각으로 보이는 아름다움을 실증해 보이는 것—혹은 단순히 실증해 보이는 것—을 의미하지 않는다. 규범은 물려줄 수 있는 것이 아니다. 그렇다면 결국 고야의 전투 장면 혹은 피카소의 폭발 후 폐허를 그린 장면에서 아름답다는 것은 무엇을 의미하는가? T. S. 엘리엇(Eliot)과 제임스 조이스(James Joyce)가 아름다운 대상에 대해 글을 쓰며, 그렇게 하기 위해 화려한 언어를 사용하는가? 스트라빈스키(Stravinsky)의 〈봄의 제전(Rite of Spring)〉 혹은 바르톡(Bartok)의 〈현악 4중주〉가 전통적인 관점에서 아름다운가?

그렇지 않다. 적어도 지난 한두 세기 동안, 이 작가들은 우리의 개념을 다시 생각해 보고, 과거의 예술을 새로운 방식으로 다시 경험해 볼 수 있도록 해 주기 때문에 강렬한 것이다. 우리가 스트라빈스키 또는 바르톡의 음악을 듣고 난 후에는, 다른 음악과 그 밖의 소리에 대한 경험 자체를 변화시킬 수도 있다. 편안하고 의례적인 환경에서 일반적으로 기대하는 휴식과 달리, 우리가 경외하게 된 예술작품들은 반드시 완전히 소화해서 어떻게든 우리의 이해에 포함해야 하는 강력한 새로운 정치 또는 과학 이론처럼 기능한다.

그러므로 특히 오늘날의 예술과 관련해서, 아름다운 새를 그리는 화가나 봄에 대해 사랑스러운 노래를 작곡하는 작곡가에 대해―중국인들이 여전히 그러는 것처럼―이야기하지 않는다. 대신 우리는 세계에 대해 흥미롭거나 아주 매력적인 관점을 가지고 있는 창작자에 대해 이야기한다. 세계관(Weltanschauung)은 아마 작가가 한 가지 장르 또는 그와 상당히 다른 장르에서 작업하느냐의 여부를 통해 전달될 것이다. 중국에서 이해의 변화가 나타나고 있는 한도에서 이는 훨씬 더 오랜 시간에 걸쳐 일어나고 있으며, 혁명적이라기보다는 명백히 진화적인 면이 강하다.

이런 생각을 중국에서 제시했을 때, 나는 형식주의자―즉, 추상적이고 형식적인 문제에만 관심이 있고, 삶과 연결된 문제에는 무관심한 사람―로 불렸다. 한 간부는 "미국 사람들은 예술을 위한 예술에 관심이 있지만, 중국에서 우리는 삶을 위한 예술에 관심이 있습니다."라고 말했다. 나는 이 신사에게 "사실, 우리는 예술을 위한 예술에 관심이 없습니다. 우리는 정신을 위한 예술에 관심이 있습니다."라고 반박했다. 그러고 나서 많은 관찰자가 예술을 인지적 노력이자, 세계가 어떤 모습이 될 수 있는지 그리고 어떤 모습이 되어야 하는지에 대한 우리 지식의 지경을 넓혀 주는 또 다른 방법으로―어떤 면에서는 자연보다 과학에 더 가깝게―여긴다고 설명했다. 또한 참여와 교육뿐만 아니라, 제작, 인식 및 반영 기술에 대한 우리의 관심을 예술적 경험으로부터 흐르는 다양한 형태의 지식을 조정하는 더 나은 수단으로서 설명하고자 노력했다.

　중국이 예술을 도덕과 연결하려는 경향―아름다움(美)과 옳음(善)―은 아마 현대 서양에 그와 같은 것이 없을 것이므로 자세히 설명하기가 더욱 어렵다. 중국인이 이 점에 대해 나에게 설명해 준 바와 같이, 예술에 대한 참여는 선한 사람이 되는 과정이기도 하다. 만약 여러분이 아름다운 그림을 그리거나 악기로 아름다운 소리를 냈다면, 이것은 여러분이 가치 있는 사람이 되는 데 기여한다. 분명히 예술에 참여하면 가치 있는 사람이 되는 데 효과가 있기는 할 것이다. 그러므로 과거에는 그림을 잘 그리고 악기 연주도 뛰어난 유교 신사가 좋은 사람이기도 했다.

　이제, 냉소적인 서양 사람으로서 나는 이 주장을 자세히 분석해 보지 않을 수 없다. 나는 위대한 예술가 중 다수가 비열하고 비도덕적인 사람이라는 점을 지적했다. 그리고 미적인 경향이 전혀 없는 사람이라도 매우 도덕적일 수 있다는 점을 지적했다. 나의 중국인 동료들이 나의 의견을 인내심을 가지고 듣는 동안, 나는 곧 내 발언이 핵심을 벗어났다는 인상을 받았다. 우리는 여기서 실증적인 주장을 다루고 있는 것이 아니라, 오히려 하나의 신념체계, 즉 좋은 삶(선한 삶)이라는 일정 개념이 존재한다는 신념을 다루고 있다. 그 신념은 예술과 도덕성을 포함하며, 예술과 도덕성이 함께 가야―해야―한다는 신념이었다. 사실, 서양의 지식인들보다 훨씬 더, 아마 종교적 근본주의자들처럼, 중국인은 좋은 속성이 함께 나타난다고 믿는다. 그리고 어떤 사람에게 한 가지 측면이 부족하다면 다른 면에서도 뛰어나기 어려울 것으로 생각한다. 교육은 한 개인의 신체, 지식, 미적 감각 그리고 도덕성을 하나의 통합된 것으로서 발달시켜야 한다. 만약 이 모든 것을 성취하지 못한다면 교육이 실패한 것이며, 하나의 덕목을 다른 덕목들을 제외하고 발달시키는 것도 가능하지 않다는 사실을 분명히 암시한다.

계층의 중요성

성취(performance)나 아름다움은 접어 두고, 다음의 두 가지 개념은 사회의 바람직한 구조와 정보 및 성취 기준을 한 세대에서 다른 세대로 전해 주는 방법을 설명한다. 지난 천 년 동안 중국 사회를 관찰한 사람이라면 누구든지 중국 사회가 계층적으로 조직되어 있는 정도를 보고 인상적이라고 생각할 것이다. 격변의 시기를 제외하고 중국 사회는 언제나 사회의 우두머리가 누구인지가 너무나도 분명했다. 일반적으로 황제 또는 군 지도자였다. 그리고 권력의 중심, 절정과 관련해서 나머지 모두는 어디에 위치해야 하는지도 분명했다. 이와 같은 조직 구조에 대한 감각과 제휴하여 발생한 것이 바로, 개인들은 사회적 가치와 관례에 처음부터 적응할 수 있도록 신중하게 만들어져야 할 필요가 있다는 교육적 신념이다.

중국에서는 전통적으로 '인민(the people)'은 두 방향을 바라보아야 한다. 위로는 권력을 쥐고 있는 사람들을 바라보고, 뒤로는 과거의 전통을 바라본다. 이 양방향성을 통해 정돈된 모습으로 조상 숭배의 관습이 나타난다. 조상 숭배 의식 중에는 가족 중 자신보다 '높은' 지위에 있는 분을 우러러 보고, 시간상으로 멀리 떨어져 있는 분을 '뒤돌아' 본다. 중국인이 습관적으로 보지 않는 방향이 있다면, 이는 바깥쪽이다. 왜냐하면 중국은 전통적으로 세계의 중심—중국(Middle Kingdom)—이라고 여겨 왔기 때문이다.

학교의 구조는 전문적으로 그리고 정치적으로 이와 같은 생각을 반영한다. 교실에서 교사들은 모든 활동의 중심으로 여겨지며, 학생들의 행동과 말은 교사를 향한다. 교사는 태양이고, 학생들은 교사를 중심으로 공전하는 행성들이다. 모든 지식은 중국의 과거에 존재한다고 여겨지며, 교사는 자신이 맡은 지식을 가능한 한 성실하고 효율적으로 전수하는 역할을 담당한다. 어디에나 있는 속담들, 상세하게 열거한 목록, 그리고 꽁꽁 언 관용구들은 지식을 효과적으로 증류해 준다. 가끔 나는 생각에 대한 실험의 일환으로, 행동의 모범을 보이거나 올바른 답을 주는 것이 허용되지 않는다면 어떻게 하겠느냐고 교사들에게 질문했다. 교사들이 질문에 답하기 어려워한다는 점이 비서구적인 맥락에서 '진보적인' 개념의 교육이 얼마나 낯선 것인지를 보여 주었다.

유교 고전이 다시 커리큘럼을 지배하지는 않지만, 대부분의 중국 교실에서 과거를 앵무새처럼 흉내 내는 것은 주요한 요소이다. 과거의 압박은 말 그대로 압도적이다. 내가 한 교사가 한 행동 중 일부에 대한 근거를 듣고 이에 대해 반박하며 오랫동안 토론하고 있었을 때, 그녀는 다음과 같이 주장하며 대화를 효과적으로 마무리했다. "글쎄요, 우리는 오랫동안 이런 방식으로 가르쳐 왔기 때문에 이 방법이 옳다는 걸 그냥 알아요."

벤자민과 열쇠와 관련된 일화에서 이런 가치가 여전히 작용하고 있다는 사실을 알 수 있다. 나이가 많고 더욱 강한 권력을 가진 사람일수록 원하는 행동을 어떻게 해야 하는지 잘 안다. 그리고 어린 사람에게 그 행동을 어떻게 하는지 보여 주는 것이 그 사람의 역할이다. 이런 과정은 과거의 우월한 지식을 전달하고 현재 그의 세대의 권력을 확립함으로써 이루어진다. 가장 좋은 방법이 오래전에 발견되었고 완벽하게 만들어져 있는데, 왜 새로운 방법을 찾으며, 열쇠를 다른 방식으로 구멍에 넣으려고 시도하는가?

이러한 위계 조직화는 학문적 행동에 대해서 깊은 암시를 주고 있다. 훌륭함(혹은 아름다움)에 대한 기준이 상당히 분명한 사회에서, 한 개인은 자신과 같은 나라 사람들과 관련해서 쉽게 자신의 위치를 설정할 수 있다. 예를 들어, 바이올린 연주의 경우를 살펴보자. 만약 한 아이가 그의 반에서 연주를 가장 잘한다면, 그 아이는 학교에서 자기 또래 중 바이올린을 잘 켜는 집단에 속하게 될 것이다. 만약 그 집단에서도 연주를 가장 잘하는 것으로 확인되면, 그는 학교 전체에서 가장 뛰어난 아이들이 모인 집단으로 흡수된다. 그 아이가 계속해서 뛰어난 기량을 보인다면, 그 아이가 사는 지역, 도시, 지방의 다른 아이들과 궁극적으로 한 집단으로 묶이게 된다. 그리고 만약 그 아이가 그렇게 모인 집단 중에서도 정말 최고의 연주를 한다면, 전국적으로 잘하는 아이들과 한 집단이 된다. 사실 음악적으로 최고로 뛰어난 학생들은 결국 베이징이나 상하이의 예술학교에 가게 된다. 이 예술학교들은 중국에서 최고라고 여겨지는 곳으로서, 어린아이 중에 최고인 학생들을 데려간다.

그러므로 음악과 (수학에서 정치적 권력에 이르기까지) 총계를 낼 가치가 있는 어떤 영역에도 공통의 기준과 통상적인 경쟁이 존재함으로써 어떤 개인이라도 적어도 자신의 대략적인 순위를 확실히 알 수 있고, 이에 따라 자신의 수준 향상 여부를 계획할 수 있다. 이처럼 순위를 매기는 절차는 제국의 시험 체계 당시에 가능했던 서열화를 현대에 그대로 발현시킨 것이다.

모든 사람이 반드시 지켜야 하는 단 하나의 커리큘럼이 현대 중국에 존재한다는 것, 그리고 이 커리큘럼을 바꾸는 것이 지극히 어렵다는 것은 중국인들이 하나의 거대한 가족 또는 집단(중국 인구의 90% 이상을 구성하고 있는 한족)의 일원이라고 느끼고 있다는 사실을 반영한다. 이 집단의 모든 구성원이 경험과 공통의 유산을 공유할 수 있다는 것이 중요하다. 어느 정도 이 공통성은 인상적이고, 모든 중국인이 (적어도 원칙적으로는) 같은 나라 사람들과 하나라는 기분을 느낄 수 있게 해 준다. (오늘날 많은 미국인은 미국이 유사한 공통의 문화가 없다는 점 혹은 이를 상실했다는 데 대해 통탄한다.) 그러나 50여 개 소수 민족에 속한 이들에게 이런 상황이 매우 즐겁지만은 않다. 현재의 사회 혹은 교육 질서에 대한 개선을 제안하거나 변화를 가져오고 싶어 하는 사람들에게도 마음에 드는 상황은 아니다. 중국에서는 변화를 제안하는 일조차 어렵다. 왜냐하면 일부 미국의 불법 무장 단체 조직들처럼, 개인은 한 단계 위에 있는 사람에게만 제안을 할 수 있도록 허용되고, 개인이 최정상 가까이에 있는 이들에게 접근할 방법이 전혀 없기 때문이다. 미국에서와 같이 공개적으로 글을 쓰거나 다른 조직으로 전환하는 것은 아직 중국에서 불가능하다.

유교주의로부터 공산주의 시대에 이르기까지 권위주의적이고 위계적이며 가부장적인 방식이 중국에서 흔할지는 모르지만, 이런 방식은 서양의 지배적인 신념과 상당히 거리가 있다. 민주주의 체제에서, 그리고 특히 다원주의이며 종종 분열되어 있는 미국에서, 우리는 이처럼 잘 정의된 권력 구조를 가져 본 적도 없고 공통의 가치와 태도를 가져 본 적도 없다. 다시 한 번 상대적으로 이야기하지만, 과거는 지식의 공급원인 만큼 그와 마찬가지로 부담이 될 수도 있다고 여겨진다. 그리고 단 한 명의 지도자에게 엄청난 권력이 주어지는 것도 위험하다고 생각된다. 사람은 견제와 균형이 필요하다. 그리고 젊은 사람들은 영감과 정보의 공급원이 될 수 있으며, 그들의 자리에 있기보다 존중받아야 한다고 여겨진다. 통제와 과거로의 회귀에 대한 향수가 있을 때, 언제나 특별히 설득력 있게 주장할 필요가 있다. 왜냐하면 통제나 과거로의 회귀는 지배적인 지혜에 반하는 것이기 때문이다. 그리고 일반적으로 유행은 좀 더 실력중심주의와 다원주의적 환경으로 빠르게 되돌아간다. (이 글을 2005년에 검토하건대, 나는 이런 사실이 미국에 여전히 적용되는지에 대한 확신이 줄어들었다.)

태어나면서 형성하고 만들어 가기

중국 교육 및 훈련 체계 내에서 가장 인상적인 성과 중 하나는 가장 복잡한 행위라도 구성요소로 분해해서, 어린아이가 가장 단순한 단계부터 시작할 수 있게 하고, 그런 다음 그 단계를 완벽하게 익히도록 하고, 점차적으로 그러나 가차 없이 좀 더 복잡하고 인상적인 성과를 보이도록 이동해 나가는 것이다. 물론 모든 교육제도가 이런 절차를 사용하고 있기는 하지만, 중국만큼 가차 없이 철저하게 제도를 완수하는 곳은 거의 없다.

그러므로 선의의 중국인 관찰자들이 난징 호텔에서 벤자민을 구해 주기 위해 다가왔을 때, 그들은 벤자민의 손을 나처럼 어색하게 머뭇거리거나 갑

자기 단순히 끌어 내리지 않았다. 대신 아주 능숙하고 부드럽게 원하는 방향으로 벤자민을 인도했다. 이 중국인들은 단순히 벤자민의 행동을 옛날 방식으로 주조하려고 하지 않았다. 이들이 중국의 가장 좋은 전통이라 할 수 있는 '거대한 손과 발(ba je shou jiao)'에 따라 그의 손을 잡고 가르쳐 주었기에 그가 좀 더 나은 모습으로 행복하게 돌아올 수 있었다. 다른 중국어 문구를 빌려 말하자면, 이들은 한 손에 초콜릿을 들고 변화를 유도하고, 만약 필요하다면 전통적으로 다른 손에 쥐고 있는 채찍을 사용했을 것이다.

이처럼 만들어 가는 관습 이면에 존재하는 것 그리고 이 관습에 영감을 준 것은 오랫동안 확립된 서예를 익히는 과정이다. 그 과정은 수 세기에 걸쳐 수십억 번은 아니더라도 수백만 번에 걸쳐 숙달되어 온 과정임에도 위압적으로 복잡하다. 이 훈련 과정이 기능을 잘해서 중국인이 정당하게 자랑스럽게 느끼는 창의력을 발휘하는 데 도움이 되어 왔기 때문에 가능한 한 그 이상의 다른 많은 용도와 기타 많은 상황에서도 사용되어야 한다.

일반적으로 중국에서 자녀양육은 마치 이반 파블로프(Ivan Pavlov), B. F. 스키너(Skinner), 혹은 J. B. 왓슨(J. B. Watson, 행동주의의 창시자)의 책 내용을 따르는 것처럼 진행한다. 보상 또는 긍정적인 강화가 선호되는 훈련 방식이다. 그러나 징벌(또는 부정적인 강화)은 분명히 잘 알려지지 않았다. 사실 어느 정도 나이가 든 아이들이 공부를 하지 않거나, 복종하지 않고, 악기 연주를 연습하지 않을 때 '채찍'이 상당히 가혹하게 가해진다[모든 가혹한 처벌은 '은밀히' 이루어지기 때문에 대중적으로 알려진 중국식 수행(performance)의 일부는 분명 아니다]. 궁극적으로 수년에 걸친 감독하의 공부 끝에, 중국의 개인들은 이 방식을 내재화하고, 남은 생애 동안 재촉당하지 않고도 공부하도록(더욱 넓은 의미에서 스스로 교양을 기르도록) 기대된다.

지배적인 관념연합론적 심리학과 일관되게 중국에서 모든 가르칠 수 있는 성과(performance)는 한 번에 한 단계씩 보여 주고 익힐 수 있도록 가능한 한 가장 작은 단위로 분해된다. 그리고 (합리주의자와 반대로) 경험주의자의 입장과 일치하게, 인지, 생각, 사고, 추상적 지식에 대해서는 거의 관심이 없다. 대신, 문제는 올바른 관찰 가능한 성취를 달성하는 것이다. 예를 들어, 세련된 무용 공연이나 열쇠를 적절하게 내려놓는 것이 여기에 해당한다. 모든 학생이 완벽하게 성취하지 못한다면, 학교 수업은 성공적이라고 볼 수 없다. 미국의 교육자들이 학생 '대부분'에게 수업 내용을 전달하는 데 성공했을 때 경험하는 즐거움을 중국의 교육자들은 이해하지 못한다.

이 일로 나는 급진적인 결론을 내렸다. 소수 학문적 집단을 제외하고 중국에는 정말로 발달심리학이 없으며, 내가 알고 있는 것과 같은 아동기의 개념이 없을 수도 있다는 것이었다. 중국인들은 과거에 아주 어린아이들과 좀 더 나이가 든 아이들을 다르게 대했다. 예를 들어, 아이들이 4세 무렵이 될 때까지 응석을 받아 주었다가, 그 후에는 훨씬 더 엄격한 성인 중심적인 관리 방식을 적용한다(Levy, 1968). 그러나 이런 구별은 존 듀이(John Dewey)나 장 피아제(Jean Piaget)와 연관된 관점과는 거리가 멀다. 존 듀이와 장 피아제는 아동기를 긍정적인 방식으로 바라보았으며, 단순히 성인으로 가는 길목에 필요한 시기일 뿐이라고는 생각하지 않았다.

영향력 있는 서구 관점에 따르면, 아동기는 매우 특별한 시기로서 각 아동은 잠시 천재적인 형태를 보인다. 아이들은 어떤 것들에 대해서는 이미 알고 있는 상태로 태어나며, 더 중요한 사실은, 아이들이 사물을 어떻게 파악해야 하는지와 본인의 탐구를 기초로 어떻게 지식을 구축할 수 있는지에 대해 선천적으로 충분히 알고 있는 상태라는 점이다. 아이들은 일련의 단계를 거치며, 그러한 일련의 단계를 거치도록 예정되어 있다. 그리고 각 단계에서 지적으로 훌륭한 방식으로 세계를 인식한다. 아이의 양육을 담당하고 있는 사람들은 이런 단계들을 존중하고, 아이가 본인의 속도로 본인만의 방식으로 발달할 수 있도록 해 주어야 한다.

이 심리학과 일치하는 교육 방식은 다음과 같다. 학교는 공급하고 키우되, 지시하거나 형성하려고 하지 말아야 한다. 그와 같은 문명의 침입은 잔인하

며, 아이를 멍청하게 만들 수 있다. 아이는 꽃피울 수 있도록 허용되어야만
하는 자신만의 창의적인 천재성을 가지고 있다. 아이의 생각(mind) 속에는
충분한 구조, 즉 아이와 흥미로운 재료 사이의 접촉에 충분한 화학 반응이 일
어나기 때문에 개입할 필요가 없다. 따라서 벤자민은 열쇠를 가지고 놀도록
내버려 두어도 된다. 벤자민은 적절한 때에 중요한 것들을 파악할 것이다.

내가 소중하게 생각하게 된 이러한 관점들은 대체로 중국에서는 생소한
일이다(이러한 관점은 미국에서도 거의 지배적이지 않다는 점을 서둘러 밝힌다.
하지만 다수의 좋은 학교들이 존 듀이, 장 피아제의 관점을 수용하여 실행하려고
노력하고 있다). 내가 연구할 때 늘 민감하게 생각하는 기교 있는 낙서와 초기
의 상징은 중국에서는 무시해야 할 실수라며 묵살되고 있다. 학교는 장난스
럽고, 예측할 수 없으며, 비생산적이고, 유해할 수 있는 요소들을 가능한 한
빨리 몰아내기 때문에 중요한 곳이다. 또한 학교는 품질 관리를 담보하고 사
회 및 정치적으로 조화로운 사회에 대한 유교적 이상을 실현하는 가장 믿을
만한 방법이기 때문에 중요하다. 미국에서는 친구들의 예시나 책, 만화책,
영화 및 텔레비전과 같은 매체의 지시에 따라 이루어지는 학습 방식은 매
우 신뢰하기 어려운 것으로 간주되었다. 그리고 물론 가능할 때면 이와 같은
'매체 재료'는 학교에서 널리 반포되는 교훈에 대해 적대적이지 않고 일치하
도록 중국 정부에 의해 수정되었다.

수천 년 동안 크든 적든 효과가 있었던 교수 및 형성 방식은 불확실한 미
래를 다루기에 가장 적절한 방법이 아닐 수도 있다는 몇 가지 징후가 존재한
다. 그와 같은 깨달음 덕분에 1920년대와 1930년대 존 듀이의 작품들에 대
한 관심으로 이어졌고, 다양한 학교와 프로그램이 수년간 진행되었으며, 내
가 2004년 5월에 중국을 다시 찾았을 때는 다중지능에 대한 관심이 상당히
높아져 있었다.

창의성 이전에 기본적인 기술

중국 교실 또는 중국 사회의 기본 구조를 바꾸려는 시도는 우리가 중국을 방문하게 되었던 문제이자, 우리가 중국에 체류하는 동안 중심 의제였던 '기본적 기술과 창의성의 상대적 중요성과 이들의 관계'를 직접 건드렸다.

어떤 태도가 그렇게 다른지에 대해서 이슈가 약간 존재한다. 미국에서는 사회의 다수 측면이 혁신과 창의성을 독려하도록 설계되어 있다. 미국은 나라가 처음 세워졌을 때부터 미개척 영역을 찾고, 젊은이들이 새롭고 예상하지 못했던 방식의 삶과 지식을 형성하도록 기대해 왔다. 미국의 학교들이 가장 혁신적인 기관들은 아니지만, 다양한 실험을 오랫동안 견뎌 왔다. 그리고 많은 미국인의 관점에서 볼 때, 학교는 부모, 형제자매, 친구들, 다양한 통신 매체 및 더 큰 사회에서의 삶과 함께 사회화에 영향을 미치는 많은 요소 중 하나일 뿐이다. 각각의 요소가 해당 요소만의 고유하고 색다른 메시지를 전달할 수 있다.

세계에서 가장 오랫동안 지속되고 있는 문명으로서, 중국은 분명히 진화적인 속도로 펼쳐지면서 수십 년이 아닌 수 세기에 걸쳐서 혁신을 목도해 왔다. 전통 중심적인 중국인은 일반적으로 과거에 지나간 것들을 고수하기 위해 애써 왔다. (어떤 면에서는) 급진적인 새로운 정치체제하에서조차 이와 같은 과거로부터의 계속성은 두드러지며, 학교라고 불리는 본래 보수적인 시설에서는 그 어느 곳보다 더했다.

각각의 사회가 모두 다르기에 선호되는 방식 또한 다르다. 미국은 서구의 다른 나라들과 마찬가지로 가까운 과거로부터 급격하게 이탈하는 것에 대해 높이 평가한다. 그리고 최소한 시간이 흐르면서 베토벤(Beethovens), 피카소(Picassos), 조이스(Joyces), 아인슈타인(Einstein)과 같이 일생 동안 우리의 세계관을 수정하거나 적어도 급격하게 변화시킨 인물들에게 존경을 표한다.

흥미로운 점은 이런 인물 중 일부는 중국에서도 존경을 받고 있다는 사실이다. 그러나 중국인이 완벽한 예를 보여 주고 있는 우상 파괴(iconoclasm)는 이와 유사하게 소중하게 여겨지지 않았으며, 좌측으로의 빈번한 '변화' 중에서 좌절되었다.

벤자민이 열쇠를 가지고 놀았던 시간을 창의적인 행동의 원형이라고 볼 사람은 아무도 없겠지만, 이 작은 사건은 두 문화 속 창의성에 대한 태도에 대해 이야기하는 무언가를 포착하고 있다. 이 일에 대한 중국식 접근법은 간단했다. 벤자민은 성공하기 위해서 조작, 방향 설정 및 내려놓기의 기본 기술을 획득할 필요가 있었다. 이런 기술을 획득하는 수단은 잘 알려져 있고 문제가 안 되기 때문에, 단순히 가능한 한 효율적이며 건설적으로 그에게 전달되어야 한다. 나중에 그가 본인의 공격 형태에 살짝 변형을 가하는 것도 괜찮다. 사실, 이러한 작은 수정을 견디는 것이 중국에서 '창의성'이 어떻게 이해되는지에 대한 나의 생각과 가깝다. 거대한 혼란도 급격한 재개념화도 아닌 기존 제도 또는 관습에 대한 온건하고, 지속적이며, 누적적인 변화로서 말이다.

미국식 접근법은 열쇠 에피소드에 대한 나와 엘렌의 반응으로 잘 드러난다. 미국식 관점에서 볼 때, 새로운 영역에 대해 접근하는 가장 좋은 방식은 해당 영역을 탐험할 만한 충분한 기회를 독려받으면서 갖되, 어른들로부터 상대적으로 적은 양의 직접적 감독 또는 지시를 받는 것이다. 그와 같은 구조화되지 않은 탐험은 문제의 매개변수를 알 수 있고 그에 대한 본인만의 자신감을 발견하는 이상적인 방법이다. 만약 개인이 아무런 도움도 받지 않고 문제를 해결할 수 있다면 굉장히 환영할 만한 일이다. 새로운 방식으로 문제를 해결하거나, 그 과정에서 해결할 만한 가치가 있는 예상치 못한 문제를 발견하는 경우도 정말 칭찬할 만한 일이다.

개인이 좌절하거나 아무런 진전을 이루지 못했을 경우, 약간의 개입 또는 도움이 적절할 수 있다. 그리고 만약 나중에 개인이 스스로에게 지도를 받기

원한다면, 선생님들이 과거로부터 많은 양의 관련 지식을 활용할 수 있을 것이다. 그러나 점차 더 많은 교육자가 맹목적인 복제를 위해 직접적 모델을 제공하는 것을 미심쩍어 한다. 힌트를 주거나 제안을 하는 것, 또는 가능한 접근 방식을 알려 주는 것이 특정 기술을 획득하기 위한 지름길이 있다고 시사하는 것보다 훨씬 더 선호된다. 새로운 방향으로 본인만의 모험을 하거나 무엇이 복제할 가치가 있는지 스스로 결정하는 사람들이 가장 인상적이거나 혁신적인 성과를 가져오는 사례가 서구에서 매우 자주 발견되고 있다.

'미국의 입장'을 요약하는 한 가지 방법은 우리가 창의성의 가치를 더 높게 생각하며, 기본적인 기술 습득은 나중으로 미룬다고 하는 것이다. 그러나 우리에게 다른 기술들, 즉 새로운 문제를 고안하거나, 작업을 비판적으로 보거나, 자신의 감정에 의지하는 것과 같은 기술은 기본적이라는 비판도 가해질 수 있다. 한 사회의 기술이 다른 사회에서는 낡은 방식일 수도 있다.

그러나 내가 개발한 반대 이론이 아직까지 유효하며 기술과 창의성 모두를 기르는 것이 가치가 있다고 볼 때, 중요한 문제는 다음과 같다. 우리가 창의성과 기본적 기술과의 양극 간 최적의 균형을 맞출 수 있는 교육에 접근하는 우월한 방식을 중국과 미국의 사례 연구에서 모을 수 있을까?

이 질문에 대한 답은 각 나라가 자신의 방식이 성공할 수 있다는 점을 증명해 왔다는 사실을 밝히면서 시작하고자 한다. '진보적인' 환경에서 창의성을 기름으로써 시작하지만, 기본적 기술을 완전히 익히고 일부 문화 영역에서 혁신적인 방식을 성취해 낸 개인을 길러 낼 수 있다는 증거가 미국에 상당히 많이 존재했다. 중국에서의 내 경험에 기초하여, 나는 엄격한 기술 발전의 방법을 따르면서도 매우 독특하고 창의적인 제품들을 창조하는 것이 가능하다는 점을 확실히 인정할 수 있다. 나는 이런 사례를 개별 학생 및 교사들에게서 목격했다. 그리고 서구의 우리 중 다수가 기술 중심적인 환경에서 양육되었지만 더 나아가 창의적인 예술가, 과학자 또는 기업인이 된 중국 학생들과 가까이에서 일을 하고 있다.

그렇다면 최초의 답변은 다른 방식과는 대조적으로 한 가지 방식으로 시작하는 것이 아주 중요한 것은 아니라는 것이다. 사회가 기본 기술과 함께 창의성을 발달시키기를 원하는 한, 우리는 두 가지 모두를 가질 수 있다. 창의성에 대한 배타적인 경향, 또는 모든 노력을 기술 발달에 기울이는 것이 다른 기능의 발달 가능성을 불가능하게 하지 않도록 대체 접근법을 염두에 두는 것은 중요하다. 그러나 그와 같은 극단의 방식을 피하는 한, 한 가지 접근법에 대해 날을 세울 필요는 없어 보인다.

그러나 나는 "어떤 방식이든 괜찮다."라는 단순한 답으로는 만족하지 않는다. 나의 개인적 견해는 발달심리학상의 일반 연구와 해당 국가 및 기타 국가들에서 내가 관찰한 바에 기초할 때, 선호할 만하거나 최적인 순서(sequence)가 존재한다는 점이다. 나는 생애의 초기 몇 년을─간단히 말하자면 일곱 살이 될 때까지─학생들이 자기가 원하는 대로 진행하고, 스스로 매체를 탐색할 충분한 기회를 가질 수 있는 상대적으로 구조화가 덜 되었거나 '창의적인 방향'에 몰두하는 것이 더 좋다고 생각하였다. [전통적인 중국에서 일부 개인은 명백히 이와 유사한 견해를 가지고 있었다(Levy, 1968).] 그러나 내가 중국에 있는 동안 이런 견해가 인용되는 것은 전혀 들어 보지 못했다. 그 후에 아이의 점차 늘어나는 학습 규칙에 대한 성향을 감안하여 기본 기술을 심어 주는 것이 적절하며 권장할 만하였다. 이때는 아이들이 순조롭게 기술을 습득하며 그렇게 하는 이유에 대해 어느 정도 이해하게 되었다.

특히 우리 사회에서는 청소년기 도래와 함께 아동이 본인의 기술을 공적으로 그리고 가능하다면 개인적으로도 사용할 수 있기를 원한다. 그러므로 이때까지 본인의 노력으로 인해 실망하거나 당황하지 않을 수 있도록 충분한 기술을 획득하는 것이 중요하였다. 통제되어 있지 않은 환경의 탐구와 함께 초기 경험을 쌓고, 그에 따르는 기술 습득에 비춰 본인에게도 일리가 있고 그들의 문화 속에서 다른 사람들에게도 이야기할 수 있는 새로운 산물이 형성될 수 있는 좋은 위치에 있어야 한다.

이 전략에서 짚고 넘어가야 할 점이 하나 더 있다. 초점이 이상적으로 창의성에서 기본적 기술로 이동했다가 다시 돌아와야 하지만, 각 발달 단계에서 다른 대체 방법도 염두에 두는 것이 중요하다. 생애 초기 몇 년은 최소한 기술 습득의 일부 영역과 유용한 노동 습관의 개발을 포함해야 한다. 같은 이유에서, 아동기 중반의 몇 년 동안은 제약이 없는 연습 및 자유로운 제작과 함께, 무슨 일을 할 때 단 하나의 최고 방법이라는 것이 없다는 사실을 끊임없이 일깨워 주는 것이 필요하다. 이러한 대체 선택지, 즉 기술에 대한 강조와 창의적 솜씨를 언제나 염두에 두고 있는 한, 성장하는 아이는 두 가지 방향 모두로부터 최고의 것을 포착할 수 있을 것이다.

발달 단계 중 어느 시점의 강조점에 대해 변화를 둔다는 생각은 내 주장의 핵심이다. 사실, 중국인은 기술 발달에 좀 더 주안점을 두고 시작했다가(실제로도 그러하듯이), 보다 자유로운 탐색 기간으로 변화하기를(실제로 그런 경우는 거의 없지만) 원할 수도 있었다. 가장 바람직하지 않은 것은 연속적으로 한쪽만 강조하는 것이다. 만약 속박되지 않은 창의성의 방향으로 너무 한쪽으로 기울면, 즉 미국이 위험에 빠지게 되면, 아이는 기술을 습득하지 못해서 자신(그리고 아마 지나치게 응석을 받아주는 부모)하고만 소통할 수 있게 된다. 반면, 기술 발달에 집중하지 않으면 중국은 위험하다. 아이들은 자신이 흡수한 모델로부터 벗어날 수 없게 될 수도 있기 때문이다.

이 문제에 대하여 보다 균형 잡힌 교육학적 포트폴리오 획득을 추구하는 과정에서, 각 나라는 다른 나라로부터 배울 수 있다. 그리고 각 나라가 조심스럽게 관찰하고 신중하게 실험하는 것이 중요하다. 중국 내 창의성 훈련을 위한 너무도 많은 노력은 실패할 운명에 처해 있다. 왜냐하면 즐거운 분위기를 어떻게 유지하는지, 사회적 통념에 대하여 어떻게 도전하는지, 교육 환경 속에서 새로운 생각을 어떻게 반겨야 하는지에 대한 피상적인 이해에 기초하고 있기 때문이다. 미국 내에서 기본 기술에 대한 훈련을 시작하려는 너무도 많은 노력이 효과를 보지 못하고 있다. 왜냐하면 이들은 복잡한 기술을 철저히 익혀야 하는 경우 교사와 학생 쪽에서 필요한 반복 연습과 전념의 정도를 과소평가하기 때문이다. 이런 시도가 서투른 모방에 그치지 않으려면, 철저한 연구와 참을성 있는 연습에 기초할 필요가 있다. 우리가 1980년대에 참여할 수 있도록 특혜를 받았던 예술가와 학자 간의 교환 방문은 다른 문화의 기술과 그들이 왜 효과적으로 일하는지에 대한 이유를 이해할 수 있는 훌륭한 수단을 제공하였다.

승인

원래 하워드 가드너(Howard Gardner)의 『To Open Minds: Chinese Clues to the Dilemma of Contemporary Education』에 게재됨. Copyright ⓒ 1991. Perseus Boos, L.L.C.의 회원인 Basic Books의 허락을 받아 증판 인쇄함.

제4부
학문적 이해

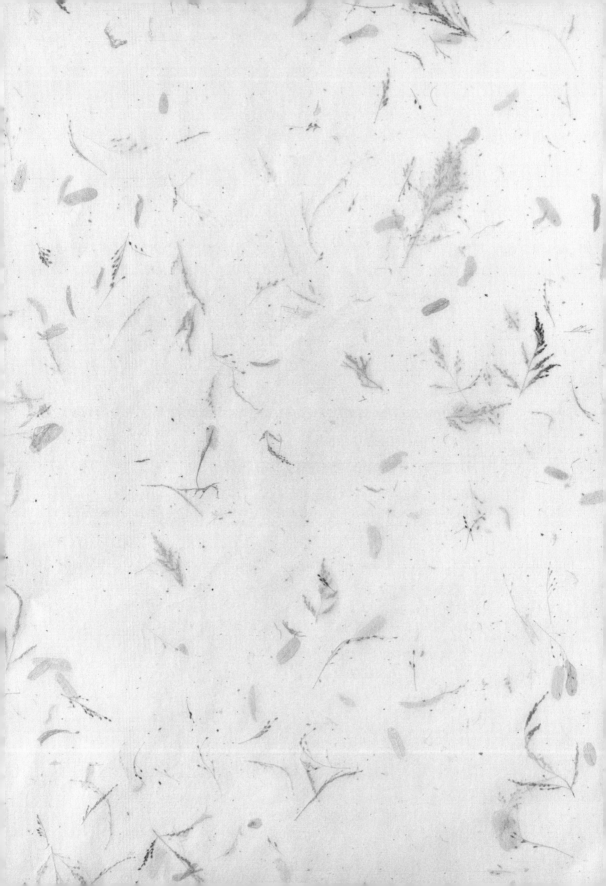

제16장

타고난 정신:
왜 최고의 학교에 다니는 우수한 학생들조차 이해하지 못할 수 있는가

이 장의 내용은 1992년 12월 국제학력평가시험기구에서
피터슨 강의의 일환으로서 처음 선보인 바 있다.
이 강연의 내용은 1993년 4월 *IBWorld*에 출간되었다.

　나는 발달심리학 훈련을 받았다. 발달심리학은 장 피아제(Jean Piaget)가
기여한 분야이다. 나는 다양한 문제에 대해 피아제의 생각에 도전하면서 매
우 의욕적인 경력을 쌓아 왔다. 내가 그의 의견에 대해 제기하는 세 가지 주
요 논점은 다음과 같다.

　첫째, 피아제는 만약 여러분이 아동에 대해 연구했다면 아동이 훗날에 무
엇이 될지—발달의 최종 단계가 무엇인지—알아야 한다고 믿었다. 피아제는
그게 바로 과학자의 자세이며, 자신이 바로 그런 사람이라고 생각했다. 그러
나 나는 나 자신에 대한 훈련으로 예술을 다루는 데 오랜 시간을 보냈다. 그
리고 나는 아동 발달의 마지막 단계로서 과학자의 정신에 대해서만 이야기
하는 이론이 무언가 잘못되었다고 느꼈다. 따라서 나는 가능한 최종 상태로
예술가, 혹은 비평가, 혹은 연주자, 혹은 전문가로서 예술에 참여하는 것을
누군가 생각하고 있다면, 발달이란 어떤 모습일지 탐구하기 시작했다. 이는

인간이 과학자가 되기 위해 노력하기보다 예술가가 되기 위해 노력해야 한다고 말하는 것이 아니다. 오히려 우리가 다양한 형태의 인간으로 발달할 수 있다는 점을 밝히는 것이다.

피아제에 대해 제기한 두 번째 반박이자 내가 인정을 받게 된 논점은 지능 테스트로 측정할 수 있는 지능이라고 부르는 단일한 존재가 있다는 생각과 관련된 것이다. 지금은 피아제가 알프레드 비네(Alfred Binet)의 연구실에서, 특히 비네와 함께 작업했던 테어도르 사이먼(Theodore Simon)과 함께 연구했다는 사실은 널리 알려져 있지 않다. 피아제는 아이들이 지능 테스트 때 하는 실수들 때문에 아동의 정신에 대해 관심을 갖게 되었다. 피아제는 모든 인간이 공유하는 일반적인 지능에 대해 설명했다(제1장 참조).

나는 지능이란 문제를 해결할 수 있는 능력, 또는 최소 하나의 문화 혹은 공동체에서 가치 있다고 평가받는 것을 창조해 낼 수 있는 능력이라고 정의한다. 지능을 연구하는 심리학자는 문제를 해결하는 것이 중요하다는 점은 인정한다. 그러나 무언가를—글을 쓰거나, 연극을 개최하거나, 건물을 설계하는 것을 비롯하여 기타 인간의 업적을—만드는 데에 대한 문제는 회피한다. 게다가 심리학자는 한 문화에서 가치를 인정받는 능력에 대해 이야기하면 기분 상해 한다. 왜냐하면 어떤 문화가 특정 기회를 제공하지 않는다면, 한 사람이 똑똑하게 보이지 않을 수도 있다는 점을 암시하기 때문이다. 많은 심리학자는 지능이 완전히 뇌 안에 있는 것이라고 믿는다. …… 그리고 만약 여러분이 측정기기를 어디에 두어야 할지 정확히 안다면, 그 사람이 얼마나 똑똑한지 알아낼 수 있다고 믿었다.

내가 생각하는 지능은 언제나 잠재력과 한 문화 내에서 가능한 것 사이의 상호관계이다. 예를 들어, 보비 피셔(Bobby Fischer)는 세계 역사상 가장 위대한 체스 선수 중 한 명이다. 그러나 만약 보비 피셔가 체스가 없는 문화권에서 태어났다면, 그는 그냥 이상한 괴짜에 불과했을 수도 있다. 그는 자기 문화권 내 무언가가, 즉 체스에 완벽하게 적합한 뇌를 가지고 있다. 그러나 그 외의 모든 것과는 전혀 맞지 않는다. 피아제는 본인이 지능에 대한 모든 것을 연구하고 있다고 생각했다는 사실을 지적하는 것이 적절하다. 그러나 내 생각에 그는 논리적 수학 지능을 연구하고 있었다. (생애 후반기에 들어서서 그는 자신의 연구가 무엇에 집중하고 있는지에 대해 나와 같은 결론에 도달했다고 생각한다.) 반면에, 나는 예술가도 지니고 있는 지능뿐만 아니라, 인간의 영역—세계적인 문제, 도덕의 문제, 가치의 문제 및 이와 비슷한 문제를 다루기 시작하면서 교육자가 큰 관심을 가지고 있는 것—에서 매우 중요한 역할을 하는 지능에 대해서 이야기하고 있다.

내가 피아제의 주장에 대해 반박하는 세 번째 논점은 그가 했던 주장 중 가장 흥미로운 것과 관련이 있다. 만약 피아제에 대해 공부한 내용이 기억난다면, 아동이 인지 발달의 단계들을 거친다고 끊임없이 주장했던 사실을 기억할 수 있을 것이다. 그러므로 아기들은 세계를 한 가지 방식으로 '이해하고', 다섯 살 유아는 다른 방식으로 이해하고, 열 살은 또 다른 방식으로, 그리고 열다섯 살 청소년은 또 다른 방식으로 이해한다. 아홉 살에서 열한 살이 되고, 열세 살에서 열여섯 살이 될 때, 세계를 바라보는 방식에 큰 변화가 생기는 것뿐만 아니라, 예전에 세계를 어떻게 이해했었는지 기억조차 못하게 된다.

예를 들어 보자. 여러분이 일곱 살이라면 다음의 서술되는 생각을 받아들인 적이 있다고도 믿지 않을 것이다. 만약 찰흙으로 만든 공이 찌그러진다면, 찌그러진 부분에는 찰흙이 적게 있을 것이라는 생각, 또는 물이 다른 용기에 부어진다면 물을 담는 그릇의 서로 다른 모양에 따라 담긴 물의 양이 달라질 것이라는 믿음 말이다. 그러나 전 세계 모든 네 살짜리 아동은 그런 사실을 믿는다. 내 생각에 피아제가 주장했던 내용 중 틀렸던 점은 사람들이 나이가 들어 감에 따라 세상을 다른 방식으로 바라보게 되며 예전에 세상을 이해했던 방식에 자신도 더는 접근할 수 없게 된다는 사실이다. 나는 우리 중 대부분이 자신의 전문 분야를 제외하면, 나머지 영역에 대해서는 다섯 살

때 생각했던 방식으로 계속 생각한다고 본다. 우리는 우리가 학교에 들어가기 전에 생각하던 방식대로 계속 생각한다. 이는 상당히 급진적인 가설이다.

따라서 내 발언은 이해를 위한 교육의 주제에 집중하고 있다. 만약 내가 여러분에게 '이해란 무엇이며, 이해했다는 것을 어떻게 결정할 수 있는가?'라고 질문한다면, 이 질문은 훨씬 더 어려운 질문이다.

나는 지식, 기술, 개념, 흔히 학교의 맥락, 즉 맥락으로부터 배우는 사실을 수용하고, 그리고 그 지식을 사용하게 될 것이라고 미리 경고된 적이 없는 새로운 맥락에서 지식을 사용하는 능력을 이해라고 정의한다. 지식이 소개되었던 바로 그 상황 그대로 지식을 사용하기를 요청받기만 한다면, 이해하고 있을 수도 있고, 이해하고 있지 않을 수도 있다. 우리는 그 사실을 분별할 수가 없다. 그러나 만약 새로운 일이 거리, 하늘 혹은 신문에서 발생했을 때, 여러분이 예전에 얻은 지식을 이용할 수 있다면, 그제야 나는 여러분이 이해했다고 추론할 것이다. 나는 나의 '문제 제기(problematique)'를 상당히 흔한 세 가지 예시를 통해 소개하고자 한다.

전 세계 아이들은 생애 첫 5년간 형식적인 교육은 거의 받지 않고 말하고, 이해하고, 이야기하며, 농담하고, 그림 그리고, 노래하고, 새로운 선율을 만들고, 가상놀이에 참여하는 법 등—피아제를 비롯한 심리학자들이 제시했던 모든 행동—을 배운다. 이런 행동을 어떻게 가르쳐야 하는지 아무도 모르지만, 어린아이들은 여전히 그 모든 행동을 배운다. 그리고 이 아이들은 학교에 가고, 학교는 아이들을 어떻게 가르쳐야 하는지 방법을 안다고 여겨지는 장소임에도 학교에 들어가면 갑자기 이 아이들을 가르치는 것이 매우 어려워지고, 아이들은 잘 배우지 못한다. 역설적인 상황이다.

또 한 가지 예시를 들어 보자. 물리학 점수가 매우 높은 미국의 (MIT와 존스 홉킨스와 같은 대학에 재학 중인) 대학생들은 궁극적으로 교실을 떠나 거리에서 혹은 게임을 하다가 해결해야 할 문제와 마주하게 된다. 각 문제는 다양한 물리 원칙을 포함하고 있다. 학생들은 학교에서 배운 것을 사용할 뿐만 아니라, 사실은 다섯 살짜리 아이들이 하는 방식과 똑같이 답변한다.

동전을 뒤집을 때 무슨 일이 벌어지며 어떤 힘을 얻는지 누구에게라도 물어보라. 대부분의 사람은 다음과 같은 답을 할 것이다(물리학 수업을 들은 사람일지라도 상관없다). 바로 여러분은 손에 일정량의 힘을 지니고 있다가 그 힘을 동전으로 옮기는데, 한동안 그 힘은 동전이 위로 올라갔다가 내려오게 하고, 힘이 소모되고 나면 동전은 지쳐서 땅 위에 털썩 떨어진다는 것이다. 그러나 물리학은 여러분이 동전을 손에서 놓고 나면, 동전이 얻는 유일한 힘은 중력이라고 가르친다. 이 권위적인 설명은 여러분이 어렸을 때 발전시킨 아주 강력한 직관에 반하는 것이다. 그리고 이 직관은 버려지는 것도 아니다. 이는 숙달되기가 매우 어려운 것으로 드러난 뉴턴(Newton)과 갈릴레오(Galileo)의 운동 법칙이다.

세 번째 예는 개인적인 예이다. 내 딸은 아주 모범적인 학생인데, 대학교 2학년이던 당시에 울면서 나에게 전화했다. 내가 "왜 우니?"라고 묻자, 그녀는 "물리학 때문에요. 이해가 안 돼요."라고 말했다. 나는 다음과 같이 말했다. "있잖아." (그리고 나는 진실을 이야기하고 있었다.) "나는 네가 물리학 수업을 듣기로 했다는 사실을 정말로 존중한다. 왜냐하면 물리학은 어려우니까. 그리고 나라면 물리학 수업을 듣지 않았을 거다." 그리고 다음과 같이 덧붙였다. "어떤 성적을 받든지 나는 상관없다. 그렇지만 네 물리학 수업을 네가 이해하는 것은 정말 중요하지." 그리고 이렇게 말했다. "강사에게 가서 네가 이해하지 못하는 부분을 설명해 달라고 하렴." 그러자 딸이 말했다. "아빠, 아빠는 전혀 이해를 못 해요! 나는 절대로 물리학을 이해 못 하겠어요."

이 대화는 나에게 심오한 영향을 끼쳤다. 내 딸은 자신이 사기꾼이라거나 잘난 척하는 사람이라고 말하는 것이 아니었다. 내가 생각하기에 그녀가 말하는 것은 우리들 대부분이 경험하는 것이다. 우리는 학교에서 어떤 행동을 해야 하는지, 그리고 좋은 성적을 얻기 위한 행동과 성공적인 학생이 되기 위한 행동이 무엇인지 알고 있다. 그러나 사람들이 다른 방법으로 우리에게 질문하면, 만약 우리가 정말 이해하고 있는지, 얼마나 이해하고 있는지 보려고 한다면, 모든 계획이 무너지게 될지도 모른다는 점을 우리는 알고 있다.

적어도 미국에는 이해를 막는 어마어마한 방해물이 존재한다.

1. 단답형 평가, 혹은 내가 '교과서/시험 맥락'이라고 부르는 것. 여러분은 교과서를 읽는다. 시험은 교과서를 기반으로 한 것이며, 교과서는 여러분이 어떤 답을 써야 할지 알려 준다.

2. 옳은 답안 타협이란 교사와 학생 간의 '협약'이다. 여러분이 어떻게 답하든지 상관없이, 아무도 그에 대해 더 질문하지 않는다. 아무도 불편해하는 사람은 없지만, 깊이 있는 이해는 피하게 된다.

3. 범위의 압박이란 다음을 의미한다. 즉, 책에 37개의 장이 있고, 학기가 끝날 때까지 반드시 37장 모두를 보아야 한다는 것을 의미한다.

따라서 세 가지 일화가 있다. 어린아이는 아주 쉽게 배운다. 학교에 들어간 아이는 어려움을 겪는다. 세계적으로 우수한 대학에서 A학점을 받는 학생들은 물리학 세계의 모델에서 여전히 아리스토텔레스 수준이다. 그리고 물론 가장 강력한 증거는 나의 딸의 일화이다. 무슨 일이 벌어지고 있는 것일까? 나는 이 일을 인지적 프로이트설(cognitive Freudianism)이라고 부른다.

프로이트(Freud)는 우리가 성인이 되어도 어린아이 시절에 가졌던 것과 동일한 성격적 특성을 계속해서 갖는다고 주장했다. 우리는 놀이방에서 부모 및 형제들과 다투었던 싸움과 동일한 싸움을 하고 있다. 현대 서구 사회에 사는 대부분의 사람은 프로이트의 주장을 믿는다. (만약 여러분이 이 주장을 믿지 않는다면, 나에게 한 시간에 100달러만 지급하면 내가 이것이 사실이라고 믿도록 설득할 수 있다.) 이것이 바로 정신분석이라는 것이다. 여기서 나는 프로이트가 전문가가 아니었던 영역, 그리고 피아제가 권위를 가지고 있었어야 하는 그 영역에서 프로이트가 옳았다고 주장하고 있다. 즉, 우리가 전문가인 분야를 제외한 나머지 영역에서 대부분의 우리는 다섯 살 때 가졌던 사고방식 그대로 생각한다.

전문가는 세계를 다르게 이해하게 된 사람이다. 그러나 그렇게 되기는 정말 어렵고, 그런 일은 아주 자주 벌어지는 일이 아니라는 점을 밝히고자 한다. 이것은 내가 세운 가설이다. 커리큘럼의 어느 부분을 살펴보든 상관없이, 물리학, 수학, 생물학, 문학, 예술 등을 이해하지 못하는 학생들은 언제든지 발견할 수 있다는 증거를 제시할 것이다. 이것은 어느 곳에서든 마찬가지로 발생하는 현상이다. 나중에 나는 이런 상황에서 우리가 할 수 있는 일들을 연대순으로 기록할 것이다. 이해를 위해 교육하는 것은 가능하다.

다섯 살짜리 아이의 정신이 가진 힘에 대한 나의 분석은, 이미 소개한 바 있듯이 세 가지 측면에 초점을 맞추고 있다. 자연적으로 습득하는 어린 학습자가 있다. 3, 4세 또는 5세 유아는 형식적인 교육 없이 세계에 대해 굉장히 많은 내용을 흡수하고 구축한다. 대부분 학교에 다니는 학생들은 학교에서 요구하는 내용을 기본적으로 숙달함으로써 다음 수준으로 올라갈 수 있게 된다. 그러나 여기서 내가 주장하는 바는, 이 학생이 정말 이해하고 있는 것이 아니라는 점이다. 그리고 우리가 원하는 개인이 존재한다. 이 사람은 새로운 상황에 지식을 활용할 수 있는 사람이다. 이것이 바로 내가 전문가라고 정의하는 바이다.

안다는 것의 형태(지식의 이론)는 이러한 세 가지 측면 모두를 가지고 있다. 전문가는 자신의 문화 내에서 가치를 평가받는 기술을 사용할 수 있는 사람이다. 따라서 한 가지 역사적 예시가 나오면, 그는 역사에 의지할 수 있다. 물리적 예시가 나왔을 때, 그는 물리학을 활용할 수 있는 식이다. 그것이 바로 우리가 원하는 것이다. 그것이 바로 우리가 학교에 가는 이유이다. 만약 사람들이 획득한 지식을 사용할 수 없게 된다면, 학교의 문을 닫아야 할지도 모른다. 학업 지식은 우리가 학교에서 아주 잘하는 것이다. 그러나 새로운 환경에서 학업 지식이 활성화되지 않는다면, 그 지식은 비활성 상태로 머물러 있으면서 본질적으로 무용지물이 되고 만다.

우리는 사람들에게 표기법과 종이 위에 구불구불한 선을 그리는 법, 공식적인 개념들—무엇이 중력인지, 무엇이 밀도인지, 그리고 무엇이 힘인지—을 가르친다. 사람들은 그것이 세상에서 어떤 것인지 전혀 모르면서도, 교실에서 요구받는다면 공식과 정의를 말해 줄 수 있다. 만약 여러분이 운이 좋아서 IB(International Baccalaureate) 학교에 다닌다면, 인식의 방식들을 얻게 될 것이다. 인식의 방식들은 사람들이 서로 다른 학문 내에서 생각하는 방식을 구성한다. 역사가처럼 생각하는 것은 문학비평가 혹은 생물학자처럼 생각하는 것과 같지 않다.

생애 첫 몇 년간, 선천적인 학습자는 피아제가 아주 훌륭하게 설명한 것으로부터 혜택을 본다. 그 내용은 감각운동 지식, 세계에 대한 학습, 손과 눈을 사용하기, 사물의 세계를 탐색하기, 하나의 용기에서 다른 용기로 부어진 액체의 세계, 그리고 내가 제1단계 상징적 능력이라 부르는 것을 포함한다. 사람들은 의미를 소통하기 위해 단어, 그림 및 제스처를 사용한다. 이는 모든 다섯 살짜리 유아가 하는 행동이다.

이것은 좋은 소식이다. 그러나 다섯 살짜리 유아는 한 가지 문제가 될 만한 일을 한다. 아이들은 직관적인 개념 혹은 이론을 형성한다. 사물에 대한 이론, 마음에 대한 이론뿐만 아니라 삶에 대한 이론까지 말이다. 모든 평범한 다섯 살짜리 아이들은 이런 이론들을 발전시킨다. 그리고 이 이론들은 세상을 살아가는 데 제법 쓸 만하다고 증명된다. 그러나 많은 경우에 이 이론들은 잘못된 이론이다. 학교는 이 잘못된 이론들을 더 나은 이론으로 교체하게 되어 있다.

그렇다면 사물에 대한 이론이란 무엇인가? 사물에 대한 이론이란, 만약 내가 한 손에 무거운 물체를 가지고 있고, 다른 한 손에 가벼운 물체를 가지고 있다가 동시에 놓으면, 무거운 물체가 더 빨리 떨어진다는 것이다. 그것이 바로 여러분이 직관적으로 배우는 것이다. 무거운 사물은 더 빨리 떨어진다.

그러나 갈릴레오는 피사의 탑 꼭대기에 올라가 두 물체를 떨어뜨렸다. 그리고 그 이후에 사람들에게 무거운 물체가 더 빨리 떨어지는 것은 사실이 아니라고 알려 주었다. 우리는 가속의 법칙은 무게(밀도)와 독립적이라는 사실을 이해하고 있다. 그러나 어릴 적에 우리는 사물에 대한 아주 강력한 이론을 발전시키기 때문에 그 이론은 아주 단단해서 쉽게 흔들리지 않는다.

삶에 대한 이론을 살펴보자. 모든 다섯 살짜리 아이는 움직이는 것은 살아 있다고 생각한다. 그리고 움직이지 않는다면 죽은 것이다. 이것은 매우 유용한 이론이다. 그러나 이 이론은 잠자고 있는 개에 대해서는 전혀 도움이 되지 않으며, 컴퓨터에 대해 생각할 때는 정말 큰 문제가 된다. 움직이는 이미지를 보여 주는 컴퓨터는 살아 있는 것인가, 아니면 죽은 것인가? 정말 말하기 어려운 문제이다.

마음에 대한 이론도 살펴보자. 나는 마음을 가지고 있다. 여러분도 마음을 가지고 있다. 만약 우리가 똑같이 생겼다면, 우리의 마음도 똑같다. 우리가 다르게 생겼다면, 우리의 마음도 다르다. 여러분이 나처럼 생겼다면, 여러분은 좋은 마음을 가지고 있다. 만약 여러분이 다르게 생겼다면, 여러분은 나쁜 마음을 가지고 있다. 이것은 매우 단단하게 자리 잡은 강력한 이론이다. 이 이론은 모든 종류의 장소에서 나타난다. 예를 들어, 그냥 텔레비전을 켜 보자. 이 개념은 교육이 다루기로 되어 있는 것이지만, 내 생각에 교육은 대체로 이 개념을 다루는 데 실패하고 있다.

왜 이런 오해가 생기고 지속되는 것일까? 그 까닭은 각기 다른 종류의 제약이 우리에게 작용하고 있기 때문이라고 생각한다.

첫 번째 제약은 우리가 어떤 종인가와 상관이 있다. 우리는 어떤 것들은 아주 쉽게 배운다. 우리는 어떤 이론은 아주 쉽게 발달시키며, 어떤 이론은 습득하기가 매우 어려운 것으로 밝혀졌다. 왜 이런 일이 벌어지는지는 정말 흥미로운 진화론적 질문이다.

그리고 제도적인 제약들이 존재한다. 만약 한 방 안에 30명 내지 50명의 사람들을 들여보내고, 한 사람을 이 사람들 앞에 세운다. 여기 있는 사람들 모두가 이해할 수 있도록 무언가를 설명하는 것은 매우 힘든 일이다. 고개를 끄덕이고 있는 사람이 한 명이라면, 세 명 정도는 졸고 있다.

또한 학문적 제약도 존재한다. 수 세기 동안 한 학문 내의 분석을 위해 발전한 행동들은 다른 학문 내의 행동과 아주 다르다. 물리적 인과관계는 역사적 인과관계 또는 문학적인 인과관계와 다르다.

우리가 할 수 있는 일에 대해 기대하고 있는 한 희망은 있다. 그 희망은 두 가지 제도에 의지한다. 한 가지는 매우 오래된 제도인 견습제도이다. 견습제도에 담긴 이해를 위해 어떻게 교육할지에 대해 수많은 강력한 실마리가 존재한다. 또 다른 하나는 새로운 제도로서 미국에서는 대부분의 다른 나라보다 좀 더 친숙하지만, 현재 급속히 퍼지고 있는 제도인 어린이 박물관이다. 어린이 박물관, 과학 박물관, 발견 박물관(discovery museum) 혹은 샌프란시스코 과학관(San Francisco Exploratorium)에서 예시를 발견할 수 있다. 매우 강력한 교육 암시가 두 가지 제도 안에 도사리고 있다.

이와 관련된 주장을 다음과 같이 요약해 보았다.

선천적인 학습자는 내가 '직관적 이해(intuitive understanding)'라고 부르는 것을 보여 준다. 아이는 어린 마음속에 이미 발달한 이론들을 되는 대로 마구잡이로 다룬다. 무슨 일이든 벌어질 때면, 어린아이는 벌어진 일을 설명하기 위해 마음, 사물 및 삶에 대한 이론에 의지한다. 그리고 이 경우에 이론들이 적절한지 아닌지는 전혀 상관이 없다.

반면, 학업적 학습자는 배운 이론을 적용하라고 지시받은 곳을 제외하고 어느 곳에나 적용해 보려고 하지 않는다. 따라서 학업적 학습자는 의례적인 성과를 보여 준다. 교사가 질문하면 학생은 미리 규정된 답을 하고, 만약 틀린 답을 하면 다음 학생으로 넘어간다.

훈련된 학습자, 즉 전문가는 이해의 규율을 생산한다. 즉, 전문가는 적용하기에 적절한 상황일 때 자신의 지식을 활용하며, 적절하지 않은 때에는 그 지식에 의존하지 않는다. 다섯 살짜리 아이는 무분별하므로 자기가 가진 지식을 어느 때나 사용한다. 열 살짜리 아동은 (무분별의 반대로) 억눌려 있어서 절대로 지식을 사용하지 않는다. 그러나 훈련된 이해를 지닌 사람은 훌륭한 감각을 가지고 있어서 적절한 때에만 지식을 사용한다.

만약 여러분이 인식론적인 것을 원한다면, 이해를 가르치는 것이 매우 어려운 몇 가지 깊은 이유가 존재한다고 나는 주장해 왔다. 이런 제약은 모든 학문에 적용된다. 나는 이미 물리학에 대해 언급한 바 있다. 대부분의 사람은 물리학을 배운다고 하더라도, 다섯 살 수준 혹은 아리스토텔레스 수준에 머무른다. 사실 천문학의 예이기는 하지만, 훌륭한 예를 한 가지 들어 보자. 방금 졸업한 25명의 하버드 대학교 학생이 모두 가운을 입고, 사각모를 쓰고 있다. 한 인터뷰어가 학생에게 말한다. "지구가 겨울보다 여름에 더 따뜻한 이유는 무엇인지 말해 주세요." 25명의 학생 중 23명은 질문을 듣자마자 똑같은 답을 한다. 내가 무슨 말을 하고 있는지 만약 여러분이 몰랐다면 했을 만한 대답으로, 즉 지구가 여름에 겨울보다 태양에 더 가까워지기 때문이라고 답한다. 이제 우리가 이에 대해 조금만 더 생각해 본다면, 이 말은 전혀 이치에 맞지 않는다. 이 답은 지구의 다른 지역의 계절은 전혀 설명하지 못하기 때문이다. 옳은 답은 지구의 자전축의 기울기와 관련이 있다. 그러나 25명 중 23명은 천문학 수업에서 배운 것을 적용해야 한다는 사실을 잊고, 다섯 살짜리가 할 법한 대답을 내놓는 것이다.

여러분은 물리학이 어렵다고 말할지도 모른다. 그렇다면 생물학은 어떤가? 연구 결과에 따르면, 진화에 초점을 맞춘 생물학 수업 하나도 아니고 두세 코스를 들은 학생들이 여전히 진화의 기본조차 이해하지 못하고 있는 것으로 나타났다. 학생들은 한 세대의 어떤 특징이, 이전 세대가 획득한 것일지라도 다음 세대로 전해질 수 있다고 여전히 믿는다. 학생들은 각 유기체가 보다 완벽해지려고 노력하며, 생태학적으로 꼭 맞는 특정 환경 안에서 단순히 변화와 선택을 하게 되는 것이 아니라 유기체들을 완벽으로 이끄는 보이지 않는 손이 있다고 생각한다. 따라서 물리학에서 마주하게 되는 문제점들이 생물학뿐만 아니라 기타 과학 분야에도 마찬가지로 적용되는 것이다.

그렇다면 수학의 경우는 어떨까? 수학은 완전히 추상적인 학문이다. 수학은 실제 세계와는 전혀 상관이 없다. 따라서 사람들은 수학 영역에 대해 오해할 것도 없을지 모른다. 대신, 사람들이 수학에 대해 가지고 있는 것은 완고한 알고리즘이다. 사람들은 수학 공식에 숫자를 채워 넣는 것을 배운다.

이 문제를 고려해 보자. 교수보다 6배 많은 학생이 존재한다. 만약 10명의 교수가 있다면, 학생들은 얼마나 많은 수가 있을까? 어쨌든, 이것은 아주 단순한 문제이다. 정답은 60명이다. 만약 이 정보를 학생은 S로, 교수는 P로 표기하는 방정식으로 표기해 보라고 한다면, 대부분의 사람은 다음과 같은 방정식을 적는다. 6S=P. 앞의 문장을 분석하면, 교수가 존재하는 것보다 6배 많은 수의 학생이 존재한다고 말하고 있기 때문이다. 그러나 실제로 사람들이 적는 문장은 '60을 6배하면 10이 된다.'라는 문장이다. 명백히 말도 안 되는 결과이다.

수학에서 일어나는 일은, 학생들이 공식에 숫자를 어떻게 집어넣는지를 배우고, 방정식을 푸는 법을 배우는 것이다. 정보가 특정의 표준적인 순서로 제시되는 한, 사람들은 바른 답을 얻는다. 그러나 만약 그 문제가 새로운 방식으로 제시되면, 즉 형식주의를 실제로 이해하고 있어야 하는 방식으로 제시되면, 대부분의 사람은 형식주의를 이해하지 못하기 때문에 바른 답을 얻지 못한다.

나는 나 자신의 교육에 대해 돌아보았다. 나는 2차 방정식을 배웠다. 그리고 2차 방정식으로 된 500개의 문제를 풀어야만 했다. 내가 학교를 졸업했을 때, 자면서도 2차 방정식을 풀 수 있었을 것이다. 2차 방정식이 무엇을 의미하는지 나에게 알려 준 사람은 아무도 없었다. 요즘의 내가 문제에 직면하게 된다면, 2차 방정식과 관련된 것에 대해 실마리도 찾지 못할 것이다. 어둡고 폭풍우가 몰아치는 밤에 2차 방정식이 무엇이었는지 기억할 수 있을지는 모르겠다. 그러나 이런 종류의 형식주의를 어디에 이용해야 하는지 예상하지 못하기는 했지만, 나는 수학 점수가 아주 좋았다.

따라서 과학의 문제는 오해이다. 수학의 문제는 완고하게 적용되는 알고리즘이다. 예술과 인문학의 경우는 어떨까?

예술과 인문학의 경우에 문제는 다르다. 나는 이 문제를 대본 혹은 고정관념이라고 부른다. 어린 시절에 아이들은 세상에 대해 아주 강력한 이론을 발달시킨다. 제일 좋아하는 대본은 레스토랑 대본이다. 네 살짜리 꼬마라면 레스토랑에 갔을 때 누군가 와서 앉혀 준다는 것을 안다. 메뉴를 받고, 주문한다. 음식이 나온다. 그 음식을 먹고, 계산서를 요청한 다음, 자리를 떠난다.

만약 맥도널드에 간다면 계산을 먼저 하게 되는데, 이는 대본의 예외 상황이다. 모든 네 살짜리 꼬마는 생일파티에 대해 알고 있다. 누가 오는지, 무엇을 대접하는지 등등의 것이다. 서로 다른 문화 속에서 규칙은 다르지만, 모든 사람은 자기 주변에서 일어나는 생일파티에 대해서 알고 있다.

여러분이 아주 어렸을 때 발전에 영향을 미친 또 하나의 대본은 스타워즈(Star Wars) 대본이다. 스타워즈는 영화 제목이기도 하고, 레이건 대통령의 전략적 방어 계획의 이름이기도 하다. 스타워즈는 다음과 같이 말한다. "큰 것은 좋은 것이다. 너 스스로 커져야 한다. 네가 크지 않다면, 누군가 큰 사람과 동맹을 맺어라." 만약 여러분이 이 사람과 비슷하게 보인다면, 여러분은 좋은 사람이다. 그리고 다르게 생긴 사람들은 나쁜 사람들이다. 이것이 바로 스타워즈 대본이며, 아주 강력하다!

세계 역사를 공부한 사람들을 만날 수도 있다. 그 사람들에게 제1차 세계대전의 원인에 대해 묻는다면, 그들은 "그 원인은 아주 복잡합니다. 당시에는 식민주의, 제국주의, 민족 투쟁과 장기적인 라이벌 관계가 존재했습니다."라고 말하면서 아주 미묘한 대답을 할 것이다. 그리고 여러분이 "그렇다면 1990년대 초반에 걸프전 당시에는 어떤 일이 벌어진 겁니까?"라고 묻는다면, 그들은 다음과 같이 답할 것이다. "글쎄요, 사담 후세인(Saddam

Hussein)이라는 나쁜 놈이 있는데, 만약 우리가 그 사람을 제거한다면 모든 문제가 해결될 겁니다." 자, 바로 이것이 스타워즈식의 설명이다.

아마 학교에서 예술을 교육받지 않은 정신의 가장 좋은 예는 영국 케임브리지 대학교의 예일 것이다. 1920년대에 I. A. 리처즈(I. A. Richards)라는 문학비평가이자 시인이 케임브리지 대학교 학생들을 대상으로 연구를 진행했다. 그는 연구 결과를 『실천비평(Practical Criticism)』(1929)이라는 책을 통해 보고했다. 그는 케임브리지 대학교에서 가장 우수하고 똑똑한 문학 전공 학생들을 골랐다. 그는 이 학생들에게 몇 편의 시를 나누어 주고 시에 대해 다음의 두 가지 질문을 했다.

- 시들이 의미하는 것은 무엇인가?
- 이 시들이 좋은가?

그는 시들의 내용 중 한 부분을 조작했다. 그는 시인들의 이름을 제거했다 (마치 루브르 박물관을 라벨 없이 관람하는 것과 마찬가지이다).

리처드가 발견한 것은 무엇이었을까? 그는 학생들이 (비평가들에 의하면) 어떤 시들이 좋은 시인지 그리고 나쁜 시인지 전혀 갈피를 잡지 못하는 사실을 발견했다. 학생들은 존 던(John Donne)의 시가 나쁘다고 평가했다. 그들은 제럴드 맨리 홉킨스(Gerald Manley Hopkins)의 시도 나쁘다고 평가했다. 학생들은 『케임브리지 크로니클(Cambridge Chronicle)』에도 실리지 못할 수준의 아마추어 시인의 시가 좋다고 평가했다. 그리고 무엇이 시의 품격을 설명하는지 질문했을 때, 학생들은 다음과 같이 답했다. 만약 시가 운을 가지고 있고, 운율이 맞고, 기분 좋은 대상을 다루고 있고, 지나치게 감성적이지 않다면 좋은 시이지만, 철학 또는 비극 등 추상적인 대상을 다루고 있다면 나쁜 시라고 말이다. 자, 이 대답이 문학을 공부하는 뛰어난 학생들의 답이다. 작가에 대한 실마리가 제거되었을 때(즉, 이 시는 훌륭한 시인이 쓴 시이다,

이 시는 뛰어나지 못한 시인이 쓴 시이다, 혹은 시인이 아닌 사람이 쓴 시이다 등),
이 엘리트 학생들은 문학을 전혀 배우지 않은 사람이 보였을 법한 취향을 보
여 주고 있다.

　　나는 커리큘럼의 모든 영역에서 여러분이 실질적인 문제를 가지고 있으며
이해를 위한 교육을 한다는 것이 얼마나 어려운 일인지를 규명해 왔다. 여러
분은 과학 분야에 대해 오해하는 바가 있고, 수학은 완고하게 알고리즘을 적
용하며, 사회과학, 인문학 및 예술 분야에는 대본과 고정관념을 가지고 있
다. 나는 결국 어느 정도 희망은 있다는 점을 주장할 것이다. 희망의 한 가지
근원은 오래된 제도인 견습제도와 새로운 제도인 어린이 박물관으로부터 몇
가지 교훈을 얻는 것을 수반한다.

　　이제 이 논점에 대해 분명히 하고자 한다. 사람들은 견습생과 주인 간의
7년 동안의 계약을 도입하고, 계약에 따라 고용 계약을 맺고 마루를 쓰는 등
그와 비슷한 일을 하는 제도를 도입해야 한다는 식으로 나의 주장을 오해한
다. 혹은 우리가 학교 문을 닫고 모든 사람을 어린이 박물관으로 보내야 한
다는 식으로 오해한다. 그것은 내가 의미하는 바가 아니다.

　　나는 이 두 가지 제도에 매우 강력한 교육적 메시지가 있다고 주장한다.
견습제도의 경우, 젊은 사람이 자신의 학문 혹은 기술 분야에서 달인의 경지
에 오른 사람을 위해 일한다. 그리고 그 달인은 해당 학문 또는 기술을 진정
한 문제 해결의 과정에 매일 사용하는 인물이다. 달인은 문제를 제시하고 견
습생에게 그 능력의 수준에 맞는 결과물을 가져오도록 요구한다. 견습생의
능력이 커질수록, 기준은 그에 따라 더 높아진다. 달인은 절대로 아이들을
데려다가 매 주말 혹은 매년 말에 시험하지 않는다. 왜냐하면 본질적으로 달
인과 학생은 매일 평가하고 있기 때문이다. 더불어 달인은 아이가 획득하기
를 바라는 학습 내용을 구현하는 사람이다.

　　미국에서 모든 교사는 읽고 쓸 수 있지만, 초등학교 교사 중 실제로 정기
적으로 읽고 쓰는 사람은 거의 없다. 사실, 평균적인 미국인 학교 교사들은

일 년에 책을 한 권 읽는다. 글을 읽고 쓸 줄 아는 세계에 살고 있는 사람으로서 읽고 쓰고, 자신이 읽고 쓴 내용에 대해 이야기하는 사람들의 아이들은 그들과 똑같은 행동을 할 것이다. 단순히 읽어야 한다고 말하면서 일곱 시간 동안 텔레비전을 켜는 사람은 전혀 다른 메시지를 주고 있다.

25년 전까지만 해도, 어린이 박물관은 거의 전혀 없었다. 어린이 박물관과 같은 현장은 학생들이 학교에서 배우는 많은 원칙을 생생하게 보여 주는 전시 내용을 담고 있다. 박물관들은 이러한 원칙과 생각을 자신만의 속도와 그 아이에게 편안한 방식으로 탐색해 볼 수 있도록 해 준다. 샌프란시스코 과학관(Exploratorium)을 설립한 프랭크 오펜하이머(Frank Oppenheimer)는 "박물관에서 낙제하는 사람은 없다."라고 말했다.

나는 어린이 박물관의 열정적인 추종자가 되었다. 왜냐하면 내가 아이들을 어린이 박물관에 데려갔을 때, 학교에서 똑똑하다는 말을 듣는 아이들이 '체험적' 기회에 잘 참여하지 못하는 모습을 가끔 발견하기 때문이다. 이 아이들은 아주 타고난 아이들이다. 그러나 학교에서 똑똑하지 못하다고 생각되던 아이들이 이런 어린이 박물관 환경에서 아주 잘 배우는 경우가 종종 있다.

내가 문제를 분석해 온 커리큘럼의 각 영역에서, 교육자들이 도움이 될 수 있게 만들려는 움직임이 보이고 있다.

오해가 있는 경우, 나는 크리스토퍼 콜럼버스(Christopher Columbus)의 이름을 딴 크리스토페리언 만남(Christopherian encounters)을 추천한다. 만약 여러분이 세상은 평평하다고 믿지만, 매달 혹은 매년 세계를 여행하고 여러분이 출발한 곳으로 돌아온다면, 그 사실은 세상이 평평하다는 생각이 거짓임을 보여 준다. 크리스토페리언 만남에서 여러분의 이론이 부당하다는 점이 드러난다. 만약 여러분의 이론이 끊임없이 불일치한다면, 여러분은 천천히 그 이론들을 버리고, 바라건대 더 나은 이론을 구축하게 될 것이다.

대부분 학교를 다니는 아이들은 스웨터를 입었을 때 따뜻한 이유가 스웨터가 따뜻함을 지니고 있어서라고 생각한다. 만약 학교에서 매년 겨울마다 밖에서 스웨터를 입고, 아침에 안으로 들어왔을 때 스웨터가 굉장히 차갑다는 것을 발견한다면, 스웨터 안에 따뜻함이 들어 있다는 생각이 부당하다는 점을 쉽게 알 수 있다.

크리스토페리언 만남은 반복해서 발생해야 한다. 뇌/정신이 생애 초기에 이와 같은 초기 이론들이 새겨지는 표면이라고 생각해 보자. 학교가 흔히 하는 일은 초기 이론이 각인된 위에 단순히 가루를 뿌려서, 그 이론들이 더는 보이지 않도록 만드는 것이다. 그리고 여러분이 학교에 다니고 있는 한, 관찰자가 볼 수 있는 것은 표면의 가루뿐이다. 학교를 떠나 문을 닫는 순간, 그 가루는 흩어지고 각인되었던 초기 이론들은 여전히 그 자리에 남아 있다. 크리스토페리언 만남에서 일어나는 일은 초기에 각인된 이론들을 천천히 보완하고 그 자리에 새롭고 더 나은 이론을 배치하는 것이다.

그러나 이 일은 한 번에 일어나는 일이 아니라는 점을 기억해야 한다. '단 한번에'라는 것이 무엇이 잘못되었는지 살펴보자. 나의 아들 벤자민이 일곱 살일 때 세상이 어떤 모양이냐고 묻는다면, 그는 둥글다고 말할 것이다. 이 대답을 듣는 여러분은 벤자민이 아주 똑똑하다고 생각할 것이다. 그러나 여러분이 벤자민에게 어디에 서 있느냐고 묻는다면, 그는 "그거야 쉽죠. 나는 평평한 부분 아래쪽에 서 있어요."라고 답할 것이다. 그의 이론은 전혀 영향을 받지 않았지만, 필요한 입자들은 받아들였다. 즉, 여러분이 여러분 아버지의 입을 막고 싶다면, 어른들이 말하는 바대로 세상이 둥글다고 말하면 되지만, 누가 그 사실을 믿을까?

그러므로 크리스토페리언 만남은 이런 초기 생각들에 대해 매일 도전한다.

수학에서 완고하게 적용되는 알고리즘에 대한 치료법은 관련된 의미론적 영역을 풍부하게 탐색해 보는 것이다. 여러분은 방정식이 무엇을 의미하는지 반드시 알아야 한다. 형식주의를 이해해야만 한다. 따라서 만약 여러분이—흔한 대수학 연습 문제인—거리, 비율, 시간 문제를 풀 예정이라면, 상당히 많은 양의 실험을 하게 된다. 여러분은 한 지점에서 다른 지점까지 가는 데 얼마나 오랜 시간이 걸릴지 예상해 본다. 여러분은 형식주의에 대한 직관을 발전시켜 그것을 배울 때, 이미 학습 내용을 이해하기 위한 직관을 가지고 있어 그것을 창조한다.

이 개념은 미적분학을 다룰 때 상당히 멋지게 이루어진다. 어떤 형식주의도 소개되기 전에, 학생들은 다양한 속도로 움직이는 자신의 신체에 대해 예측하고, 시간이 흐름에 따라 만들어지는 그래프를 그리고, 이와 같은 과정을 만드는 법을 배운다.

수학자는 모든 형식주의를 기억하는 사람이 아니다. 수학자는 자신이 형식주의를 기억하는지의 여부에 대해 신경 쓰지 않는 사람이다. 왜냐하면 수학자는 형식주의가 의미하는 바가 무엇인지 이해하고 있으므로, 필요하다면 그 형식주의를 다시 추론할 수 있기 때문이다. 그것이 바로 우리 대부분이 수학자가 아닌 이유이다.

인문학의 경우, 고정관념에 대한 치료법은 정기적으로 다수의 입장을 수용하는 것이다. 정기적으로 수많은 서로 다른 관점에서 사물을 바라보는 마음의 습관이 자리 잡으면, 여러분은 점차 고정관념적으로 생각하는 방식을 버리게 될 것이다.

걸프전 당시에, 내 아들 하나가 수많은 나라 출신의 아이들이 다니는 학교에 다녔다. 교사는 아주 좋은 생각을 하고 있었다. 모든 사람이 케이블 뉴스 방송에서 보도하는 것을 그대로 받아들이는 것이 아니라, 그 교사는 이란 출신 학생 한 명과 쿠웨이트 출신 학생 한 명, 그리고 이스라엘 출신 학생 한 명 등을 데리고, 각자 매일 일어나는 일에 대해 자신이 이해한 바를 이야기하도록 했다. 그리고 몇 주가 지난 후에, 교사가 학교에 다니는 아이들에게 다음과 같이 물었다. "모세가 이 일에 대해 어떻게 생각할 것 같니? 그리고 오마르는 이 일에 대해서 어떻게 생각할까?" 이러한 질문들은 학생들이 다른 사람의 마음속으로 들어가 볼 수 있도록 기회를 제공해 준다.

만약 피정복자의 관점과 정복자의 관점에서 어떤 혁명을 공부한다면, 여러분은 아주 다른 이야기를 갖게 될 것이다. 만약 미국 혁명을 식민지 폭동이라고 보는 영국인의 관점에서 공부한다면, 그리고 영국에 접근하기 좋은 기회라고 보는 프랑스인의 관점에서 공부한다면, 단순히 평범한 미국 교과서를 읽었을 때와 전혀 다른 이야기가 될 것이다. 이런 방법으로 고정관념적인 사고방식을 깰 수 있다. 그러나 이런 방식은 규칙적인 마음의 습관이 되어야 한다. 그렇지 않으면 전혀 효과가 없다.

　결론적으로, 내가 관여하고 있는 이해를 위한 교육에 대한 프로젝트에 대해 설명해 보겠다. 이 프로젝트는 하버드의 동료들과 함께 작업해 온 세 가지 중심 생각에 기반을 두고 있다.

1. 풍부하고 생성되는 생각들의 확인—오랜 시간을 보낼 가치가 있는 영양가 있는 주제들
2. 서로 다른 종류의 가르치는 언어의 발달—이와 같은 주제들을 접근하는 다수의 방법, 따라서 우리는 학생들이 이런 생각에 최대한 접근할 수 있다는 것을 확신할 수 있다.
3. 내가 '계속 진행되는 평가'라고 부르는 것

'계속 진행되는 평가(ongoing assessment)'(제19장 참조)는 학생들과 동료들뿐만 아니라 교사에 의해서 항상 이루어지는 평가를 의미한다.

　만약 여러분이 풍부한 아이디어를 확인할 수 있고, 다양한 방식으로 탐구하며, 학생들에게 자신이 배운 내용을 평가해 볼 수 있는 충분히 많은 기회를 준다면 이해를 위한 교육의 기회가 존재한다.

　나는 이제 이런 아이디어에 살을 덧붙이고 싶다.

　우선, 이해에 대한 가장 큰 적은 범위이다. 만약 책에 있는 모든 내용을 다루기로 결심했다면, 그 내용을 이해할 학생은 거의 없을 것이라는 점을 사실상 보장하는 것이나 다름없다. 따라서 이해를 위해 교육하고 싶다면, 무엇에

집중할지 어려운 선택을 해야 한다. 그리고 여러분은 보상이 가장 큰 것들에 분명히 집중해야 한다. 만약 역사 또는 사회과학 과정을 가르치고 있고, 예컨대 민주주의에 집중해야겠다고 결정한다면, 혹은 생물학 과정을 가르치고 진화에 집중하기로 선택한다면, 이런 주제에 집중함으로써 해당 과목의 많은 중요한 재료를 다룰 수 있게 된다. 그러나 이런 선택은 만약 역사를 가르치고 있다면, 모든 시대를 다룰 수 없다는 것을 의미한다. 생물학을 가르치고 있다면, 세포의 모든 사이클 혹은 모든 부분, 혹은 나무의 모든 부분을 다룰 수 없다는 점을 의미한다. 만약 여러분이 풍부한 개념을 가지고 있고, 그 개념들에 대해 충분한 시간을 보낸다면, 다양한 방식으로 그 개념들에 접근할 수 있게 된다.

나의 다중지능이론에서 발전시켜서, 나는 이제 시간을 보낼 만한 가치가 있는 거의 모든 주제가 적어도 여섯 가지 각기 다른 '창문'을 통해서 동일한 방안으로 접근할 수 있다고 주장한다.

1. 서술적: 이야기 방식
2. 숫자, 원칙, 인과관계를 다루는 수량적이고 논리적인 합리적 방식
3. 다음과 같은 기본적인 종류의 질문을 하는 근본적인 방식: 이것이 왜 중요한가? 이것이 근원과 어떻게 관련이 있는가? 오늘날 우리의 삶과 어떤 관련이 있는가?
4. 미학적: 그것은 어떻게 생겼는가? 어떤 소리가 나는가? 어떤 외관을 지니고 있는가? 패턴과 배열은 어떤 모습인가? 여러분에게 어떤 인상을 주는가?
5. 직접 경험: 이 일이 실제로 일어나고, 이 일을 실제로 하는 것은 어떤가? 만약 여러분이 진화를 공부하고 있다면, 초파리를 키워 보는 것은 어떨까? 민주주의를 공부하고 있다면, 합의에 의해 결정하는 집단에 속하는 것은 독재, 과두제 또는 기타 정치 원칙에 의해 결정되는 것에 반

하여 어떨까?

6. 개인적: 이 주제를 토론, 역할극, 프로젝트, 조각 그림 맞추기나 기타 공동 상호작용에 통합할 수 있는가?

이러한 다수의 입구들을 이용하는 것은 두 가지 장점이 있다. 우선, 모든 아이에게 접근 가능성이 더 높아진다. 왜냐하면 모든 아이가 동일한 방식으로 쉽게 배우지는 않기 때문이다. 그것이 다중지능이론의 부담 중 하나이다. 둘째, 첫 번째 이유와 동일하게 중요한 점은, 다수의 서로 다른 시점으로 하나의 주제에 접근한다면, 여러분은 전문가가 된다는 것은 어떤 것인지 학생에게 본을 보여 주고 있다. 왜냐하면 전문가는 지식을 한 가지 이상의 방식으로 늘 보여 줄 수 있는 사람이기 때문이다. 어떤 전문가도 자신의 주제를 단 한 가지 방식으로만 생각하지 않는다. 전문가들은 자신의 주제에 대해 생각하는 방식이 굉장히 유연하다. 여러분이 한 가지 주제를 수많은 서로 다른 방식으로 접근한다면, 여러분의 견습생들에게 달인으로서 본을 보이는 것이다.

이제 평가가 남는다.

진정한 평가는 단답형 시험과 거리가 멀다. 우리는 내가 성과 중심의 시험이라고 부르는 것을 지향한다. 이 시험은 실제로 여러분이 할 수 있어야 하는 일이 어떤 것인지 실제로 보여 주는 시험이다. 프로젝트, 전시, 포트폴리오 및 '프로세스 폴리오즈(process folios)'는 학생들이 실제로 이해하고 있는지 평가하는 좋은 방법을 제공해 준다.

지역 학교에 근무하는 교사들과 일할 때, 우리는 그들에게 '이해의 목표'를 정의해 보라고 요청한다. 이해의 목표란 광범위한 것으로서 과정 중에 성취하기 원하는 것이다. 이 목표들은 여러분에게 매우 친숙한 것일 것이다. 마치 과학적 방법에 대한 감각이 있거나 혁명의 속성에 대한 무언가를 이해하는 것처럼 말이다.

그다음 우리가 하는 일은 여러분에게 아주 친숙한 일이 아닐 수도 있다. 즉, '이해의 성과'의 전체 계통을 정의하는 것이다. 여기서 성과란, 한 학생이 모든 성과를 이루어 낼 수 있다면 이해했다는 증거로 여기는 것이다.

이것은 언어를 이용한 유희를 수반한다. 그러나 나는 이것이 중요한 유희라고 생각한다. 왜냐하면 사람들은 이해라는 것이 머릿속에서 일어나는 무언가라고 생각하는 경향이 있기 때문이다. 그럴 수도 있지만, 여러분이 이해한 것을 공개적으로 수행할 수 없다면, 우리는 여러분이 이해했다는 사실을 알지 못한다. 따라서 성취는 분석, 비평, 토론 및 여러분이 창조한 프로젝트, 여러분이 마련한 전시 등 그와 같은 것들과 관련이 있다.

마지막으로, '이해의 목표'와 '이해의 성과'를 고려할 때, 성과는 어떻게 측정되는가? 여러분은 평가 항목을 절대적으로 분명하게 만든다. 사람들은 이해를 수행하기 위해 무엇을 할 수 있어야 하는지 정확히 알고 있다. 놀라울 일도, 미스터리도, 정답의 비결도 없다. 그러나 오히려 무엇이 좋은 수행인지, 무엇이 좋은 수행이 아닌지, 견습생 수준부터 달인의 수준에 이르기까지 예시는 도처에서 발견할 수 있다.

나는 내가 최근에 가지고 있었던 몇 가지 생각을 정리하며 이 장의 내용을 마치려 한다.

- 심리학과 교육 분야에서 25년 동안 일하면서, 나는 주로 두 가지에 관심이 있다는 사실을 깨달았다. 첫째, 다중지능이론은 학생들을 보다 신중하게 관찰할 수 있는 방법이다. 둘째, 학생의 성취를 관찰하고 평가함으로써 그들의 모습을 신중하게 관찰할 수 있다.
- 내가 방문한 대부분의 학교는 학생들을 관찰하고 특정 학생들이 어떻게 배울 수 있을지 모델을 개발하는 데 많은 시간을 들이지 않는다. 그리고 학생의 수행 결과를 관찰하는 데도 충분한 시간을 들이지 않는다. 이것이 바로 내가 교사의 오류라고 부르는 것이다. 내가 훌륭한 수업을 했기

때문에, 학생들이 이해한다. 내가 가르치고, 따라서 너는 이해한다. 학생들이 이해했는지 알 수 있는 유일한 방법은 실제로 학생들이 그 작업을 할 수 있는지 보는 것이다.

- 미국에서 아주 유명해진 것은 미니트 페이퍼(minute paper)라고 하는 기술이다. 한 주제가 끝났을 때, 그리고 종종 각 세션이 끝났을 때, 여러분은 학생에게 그 기간에 배운 내용 한 가지와 여전히 가지고 있는 의문점 한 가지를 적어 보라고 요청한다. 이것은 폭로이다! 나는 미니트 페이퍼를 할 때, 절대로 배움을 그쳐 본 적이 없다. 이러한 과정을 통해 무엇을 오해하고 있는지 드러난다. 무엇을 오해하고 있는지 공개되지 않는다면, 오해는 밑에 여전히 남고 그 위에 가루만 쌓일 것이다.

- 포트폴리오는 훌륭하다. 그러나 나는 학생들이 작업한 것을 들여다볼 시간이 없다. 나는 너무 바쁘고, 진도를 나가야 한다는 압박감에 시달리며, 교무회의도 너무 많다. 나는 교직 이외의 직업도 가지고 있다. 학생들의 작업을 들여다볼 시간이 없다면 가르치지를 말아야 한다. 왜냐하면 여러분이 학생들의 작업 내용을 들여다보지 않는다면, 그들이 배운 것이 있기나 한지 전혀 알 길이 없기 때문이다.

- 나는 우리가 단순히 평가 방법을 바꾼다면 모든 것이 괜찮아질 것이라고 생각했다. 그러나 만약 커리큘럼이 좋지 않다면, 평가도 의미가 없다. 여러분은 훌륭한 평가와 함께 커리큘럼을 가질 수 있다. 그러나 만약 교사가 제대로 훈련받지 않았다면, 교사들이 가르치기 전 혹은 가르치는 와중에 교육받지 않는다면, 평가와 커리큘럼은 가치가 없다.

- 마지막으로, '학교는 여러분이 기억하는 방식일 필요가 없다.' 불행하게도, 학교에서 교육을 받지 않은 정신은 부모와 교사에게도 적용된다. 학교가 어떤 곳인지에 대해서는 다섯 살 때 고정관념이 형성된다. 즉, 방 앞쪽에서 나처럼 떠들고 있는 사람이 있고, 여러분은 조용히 하려고 노력하면서 자리에 앉아 있고, 모든 지식은 교사의 머릿속에 들어 있으며,

목적은 그 지식을 여러분의 머릿속에 집어넣는 것이다. 이것은 아주 강력한 생각이다. 사람들이 학교를 좋아하든 싫어하든, 대부분의 사람이 이 고정관념을 가지고 있다.

학교가 어떤 곳이 될 수 있는지, 무엇을 공부할 수 있는지, 어떻게 가르칠 수 있는지, 어떻게 배울 수 있는지 사람들이 다르게 생각할 수 있도록 도울 수 없다면, 이해를 위한 교육의 기회는 잡을 수 없을 것이다.

이제 피아제는 내가 고수하지 않았던 한 가지 가치 있는 사실을 이야기한다. 그는 발달심리학자들이 교육자가 되려고 노력하지 않아야 한다고 말했다. 그리고 그는 교육 이론을 제안하기를 피했다. 나는 오늘 사자굴에 들어와 있으며, 발달심리학에서 파생된 교육 이론을 여러분에게 제안하고 있다. 내가 피아제의 경고를 들었어야 했는지는 오직 시간이 말해 줄 것이다.

제17장
학술 및 그 이상의 이해를 위한 교육
-Howard Gardner & Veronica BoixMansilla-

Teachers College Record, Blackwell, 1994, 96(2), 198-218.

학문의 개념은 두 개의 날을 가지고 있다. 학문의 인기 있는 버전은 개인들이 엄격한 원칙에 따라 행동하는 것을 의미한다. 우리 문화권에 속한 많은 이들이 학문적 훈련이 필요하다는 점을 인정하지만('아이들은 훈련이 필요하다'), (아마 피학대 성애자를 제외하고) 훈련된 삶에 대해 열정적인 사람은 거의 없다. 훈련의 학문적 버전은 지식의 영역 또는 한 사회 내에서의 능력을 의미한다. 개인들은 학업적 혹은 비공식적인 견습제도에 등록하고, 한 학문 내에 어느 정도 수준의 전문성을 궁극적으로 성취한다. 대부분의 교육자들이 학문 분야의 습득의 필요성을 인식하고 있지만, 추구할 수 있는 즐거움이나 완전한 발달을 위해 절대적으로 유용하거나 필수적이라기보다 무조건적으로 여러분에게 좋다('아이들은 대학에 가기 전에 학문을 숙달해야 할 필요가 있다')는 신념이 널리 퍼져 있다.

이 장에서는 학문적 기반에서 긍정적인 관점을 수용한다. 우리는 개인들이 학문적 훈련이 규칙적이며 예측 가능한 속성이 된 삶을 영위하게 되었을 때 가장 온전하게 참여하며 가장 생산적인 삶을 살 수 있을 것이라고 믿는다. 이와 관련하여, 우리는 학업적 훈련은 지속적으로 중요한 문제에 접근하고 설명하기 위한, 재능이 있는 사람들의 어마어마한 성취와 수 세기에 걸친 노력을 표현하고 있다고 주장한다. 훈련된 지식이 없다면, 인간은 무지한 어린이의 수준, 진실로 야만인의 수준에 불과하게 될 것이다.

100년 전에는 학문적 훈련에 대한 방어가 필요하지 않았을 것이다. 그러나 요즘은 대학 전 커리큘럼의 구성에 대한 비판이 많고, 훈련이야말로 흔한 집중적인 비판의 대상이 되고 있다. 학교의 훈련에 대한 비판은 보통 여러 가지 형태를 가진다. 때때로 학생들이 개별 학문의 훈련을 숙달하지 못한 경우일지라도 여러 학제 간 혹은 주제와 관련된 커리큘럼을 촉구하기도 한다. 때로는 훈련은 시대착오적인 지식 조직 방식이라며, '앎의 방식' '학습 방식' 혹은 심지어 '지능'에 집중하는 것으로 대체하는 것이 낫다고 제안하기도 한다. 마지막으로, 훈련에 대한 비판은 커리큘럼에서 훈련에 집중하지 말아야 할 추가적인 이유로 훈련의 정의를 바꾸거나 '장르를 모호하게 하기'를 인용한다.

좀 더 책임감 있는 비평가들은 훈련의 역할을 인정한다. 그러나 이들은 종종 훈련이 오늘날 학교가 가진 문제의 중요한 부분을 구성한다고 교육가들이 결론 내리도록 만든다(Hirst, 1972; Jacobs, 1989; Phenix, 1964; Sizer, 1992). 반면에 우리는 훈련이 질적인 교육과 불가분의 관계에 있다는 사실을 깨달았다. 그리고 우리는 개인들이 '주제'라는 목욕물과 함께 '훈련'이라는 아기를 버리지 말아야 한다고 주장한다.

분명하게 더 온건한 관점을 취하면서, 우리는 훈련에 대해 유보 입장을 지니고 있는 사람들과 한 가지 측면에서 동의한다. 우리는 학문적 능력은 획득하기 어려운 것이며, 관찰자들이 지금까지 믿고 있는 것보다 훨씬 더 어렵다고 주장한다. 사실 초기의 '훈련받기 전' 앎의 방식이 너무나 강력하기 때문에 진정으로 훈련을 통해 숙달하는 것은 굉장히 힘든 일이다.

우리는 세 가지 주요 과제를 수행했다. 첫째, 학문적 지식이 인상적이지만 달성하기 힘든 성취를 나타낸다는 내용의 축적되어 온 증거를 검토했다. 다음으로, 우리는 학문적 훈련 과정 중 효과적인 이해를 할 수 있도록 설계된 교육적 접근법을 그려 보았다. 우리는 교사들이 이와 같은 '이상적인 유형'의 스케치를 여러 학문 분야에 걸쳐 학생의 이해를 고양시키기 위해 시도하는 연구를 통해 얻은 예비 결론들을 보고함으로써 설명했다. 이 논의는 개별 학문을 관통하는 이해를 간단히 고려하는 것을 포함한다. 따라서 이 부분은 제17장 제목의 '그 이상(and beyond)'에 해당한다. 마지막으로, 우리는 이해를 위한 교육을 시도하는 과정 중에 발생하는 실무적인 어려움으로 돌아가 이런 어려움 중 일부를 어떻게 다뤄야 하는지 설명한다.

대부분의 관찰자들이 '이해를 위한 가르침'의 목적을 수용하겠지만, 이 문장이 무엇을 의미하는지 정의하고 이 목표를 명백히 실현하기 위해 프로그램을 구성하려는 시도는 산발적으로 이루어졌을 뿐이다(Cohen et al., 1993). 우리 연구에서 '이해'는 현재의 지식, 개념 및 기술을 새로운 문제 또는 예상하지 못한 문제를 설명하기 위해 사용하는 능력이라고 정의한다(Gardner, 1991c; Perkins, 1992). 이미 직면한 적이 있는 문제를 설명하는 데만 그와 같은 지식을 사용할 수 있는 한, 얼마나 진정한 이해를 이루었는지 알 수 없다. 그러나 어떤 개인이 잘못 혹은 부적절하게 지식을 적용하는 것이 아니라 새로운 상황에서 지식을 적용할 수 있는 것으로 증명된다면, 그리고 만약 개인이 자발적으로, 그리고 그렇게 하라는 특정적인 지시 없이 그렇게 할 수 있다면, 진정한 이해를 하는 것이라고 자신 있게 결론 내릴 수 있다.

뛰어난 학생들의 경우일지라도 이해했다는 사실을 보여 주는 것이 얼마나 어려운지 방대한 양의 연구 자료가 이야기해 주고 있다(Gardner, 1991c 및 제6장 참조). 커리큘럼 어디를 들여다봐도 깊이 있는 이해를 했다는 증거는 거의 찾을 수 없다. 기껏해야 학생들은 극도로 뻔한 형태의 이해를 보여 줄 뿐이다. 과학에서 오해는 흔하다. 물리학을 배우는 학생들은 힘이 한 물체 또는 매개체로부터 다른 물체 또는 매개체로 비밀스럽게 이전될 수 있다고 믿는다. 생물학을 배우는 학생들은 진화가 계획적이며 합목적적인 과정으로서, 최종적으로 완벽한 인간이 되는 과정이라고 믿는다. 대수학을 배우는 학생들은 방정식에 숫자를 대입하면서도 그 방정식이 무엇을 의미하는지, 혹은 언제 적용해야 하는지(그리고 언제 적용하지 말아야 하는지) 거의 갈피를 잡지 못한다. 역사를 배우는 학생들은 복잡하고 다면적인 사건을 설명할 때 가장 단순한 고정관념적 모델의 적용을 고집한다. 문학과 예술을 배우는 학생들은 난해한 철학적 문제를 다루는 것으로 보이거나 명백히 아름답지 않은 주제를 다루는 것보다, 단순하고 현실적이며 감성적인 작품을 더 선호한다.

  이런 비생산적인 마음의 습관이 완고한 까닭은 무엇일까? 이해를 위한 교육이 이렇게 어려운 까닭은 무엇일까? 우리는 삶의 초기 몇 년 동안 아이들이 마음의 이론, 사물에 대한 이론, 삶에 대한 이론 등 세상이 어떻게 작용하는가에 대해 극단적으로 강력한 이론 혹은 일련의 믿음을 형성한다고 보고 있다. 진정한 질문과 탐구 정신과 같은 세계에 대한 아이들의 초기 이해의 일부 측면은 미래의 학문적 이해를 위한 유망한 기초 교육을 제공한다. 그러니 기타 많은 측면은 극복하기 어려운 방해물이 된다. 아이들은 사람들과 사건들에 대한 강력한 고정관념을 구축한다(자신과 다르게 생긴 사람은 악마처럼 생각할 가능성이 높고, 사건은 하나의 원인을 가지고 있다고 생각되거나 자기중심적인 관점에서 해석된다). 아이들은 사실과 절차를 배우는 습관을 반사적인 구문론적 방식으로 확립한다. 즉, 특정 문장이나 과정의 의미 혹은 암시는 간과한다. 그 결과, 의미 없는 사실과 알 수 없는 절차를 의례적으로 암기하게 된다.

  이와 같은 이론, 아이디어 및 절차는 인간의 정신 속에 깊이 뿌리내려서, 학문적 훈련을 통해 힘들게 구축한 보다 종합적이며 좀 더 현실적인 관점으로 대체되기가 정말 어려운 것으로 밝혀졌다. 오히려 유명한 트로이 목마처럼 강력하지만 잘못된 생각은 학교에 다니는 동안 기회가 되는 순간이 올 때까지 조용히 숨어 있다. 기회가 찾아오면, 이 생각은 상당한 힘을 가지고 나타나 대부분의 학생이 진정한 이해를 계속해서 할 수 없게 하는 경험을 겪게 한다.

학교에서 교육받지 못한 정신을 교육하기 위해, 두 가지 훈련이 필요하다. 우선, 고전적인 학문적 훈련으로서 물리학으로부터 시에 이르기까지 세상을 이해하기 위한 잘 확립된 수단을 제공한다. 만약 개인들이 이와 같은 훈련을 부지런히 추구한다면, 오해하고 있었던 개념들을 보다 더 적절한 생각과 실무로 대체할 수 있을 것이다. 실제로 전문가들은 예전의 불완전한 개념을 좀 더 쓸 만한 개념으로 교체하는 데 정말 성공한 사람들이라고 생각할 수 있다. 그런 전문가들은 정신/뇌 속에 한번 각인된 직관적이며 상식적인 생각들이 점차 사라져 가는 전형적인 예를 보여 준다. 궁극적으로 이런 초기 배치는 새롭고 더 적절한 각인으로 교체된다. 이와 같은 전문성을 획득하려면, 학생들은 변용이 가능하다는 의미에서 풍부한 훈련을 필요로 한다. 규칙적인 연습과 함께 피드백을 받고, 이해로 귀결되는 정신적 습관을 적용한다.

훈련을 통해 우리가 무엇을 의미하는지를 명시하는 것이 중요하다. 훈련은 자연 및 인간 세계로부터 얻은 본질적인 질문, 이슈 및 현상을 해결하기 위해 수 세기 동안 학자들에 의해 고안된 접근 방식으로 구성되어 있다. 훈련은 질문, 개념의 네트워크, 이론적 뼈대, 결론을 얻고 검증하는 기술, 적절한 이미지, 상징체계, 어휘 및 정신적 모형을 포함한다. 수 세기에 걸쳐 인간은 과거를 돌아보고, 생물학적 존재를 이해하고, 우리 자신을 이해하기 위한 이와 같은 특정 방법들을 발전시켜 왔다. 이 방식은 이제 역사, 생물학 혹은 심리학이라는 이름으로 진행되고 있다. 훈련은 역동적이다. 훈련의 대상, 방식, 이론 혹은 설명은 논쟁을 불러일으키며 이윽고 진화한다. 우리 아이들을 지식과 실천의 중심 속으로 사회화하기 위해, 우리는 훈련의 역동적이며 지속적으로 진화하는 속성을 인정하면서, 역사의 현시점에서 훈련이 갖고 있는 본질적인 특성에 집중할 필요가 있다.

훈련의 범위를 정의하는 것은 우리가 논의하고 있는 범위를 벗어나는 복잡한 인식론적 및 사회학적 과제이다. 일부 개념 및 방식이 특정 훈련(학문)의 원형적 특징인 반면, 그 밖의 개념 및 방식들은 두 가지 혹은 그 이상의 훈련(학문)들 간에 공유된다. 훈련(학문) 속의 지식의 속성 및 특정 이론적 입장에 대한 주장은 훈련 범위에 대한 논의를 형성한다(Schwab, 1978). 이와 같은 흐름에도, 우리는 이와 같은 각각의 훈련(학문)적 접근법들이 해결하고자 하는 본질적인 질문과 학생들이 적절한 정신 및 이해의 습관을 발전시키도록 돕는 '게임의 법칙'도 여전히 찾을 수 있다고 믿고 있다.

훈련은 주제 혹은 카네기 학점(대학 입학을 위해 중등학교에서 필수로 이수해야 하는 기준 수업 단위)과 다르다. 기껏해야 학교 과목 목록과 그 이면에 존재하는 학문(훈련) 간의 거친 관련성이 있을 뿐이다. 주제는 학생들이 배울 필요가 있는 내용의 모음집처럼 보이는 데 반해, 학문(훈련)은 학생들이 발전시킬 필요가 있는 세계를 생각하고 해석하는 특정한 방식을 수반한다. 훈련, 즉 작업 내에서, 개념 혹은 이론은 이들이 부상하게 되는 지식을 구축하는 과정에서 분리되지 않는다.

이와 같은 학문적 고려와 관련해서, 대부분의 학교와 대부분의 학생들에게 실제로 일어나는 일은 호기심 형태의 데탕트(détente)이다. 분명히, 학생들은 사실을 배우고, 개념을 암기하며, 교실 혹은 실험실에서 실무 및 실행을 숙달하게 된다. 그러나 대체로 그와 같은 '주제 지식'은 피상적이다. 학생들은 교과서에 암호화된 지식을 숙달하고 그 지식을 교과서에 얽매여 있는 시험에 쏟아 놓는다. 교사와 학생들은 '올바른 답안 타협'을 높게 평가하는 데 동의한다. 즉, 교육적 대화의 두 동반자는 문제가 되는 특정 이슈가 실제로 무엇을 수반하고 있는지에 대해 더 이상 서로를 압박하지 않으면서, 특정 형태가 숙달의 증거라고 받아들이는 데 동의한다. '에너지(혹은 광합성, 음의 수, 러시아 혁명)가 진정으로 의미하는 바가 무엇인지 나를 더 이상 압박하지 않는다면, 기말고사에서 그와 같은 정교한 이해에 대해 설명해 보라고 하지 않겠다.'라는 식이다.

그리고 마지막으로, 많은 교사가 '교사의 오류'라고 부를 만한 상황에 굴복한다. 가장 흔히 볼 수 있는 형태로 이와 같은 오류는 일련의 합리화를 수반한다. '나는 훌륭한 수업을 했다. 따라서 학생들이 이해해야만 한다.' 사실, 교사가 학생이 이해를 했는지 이해하지 못했는지를 알기 위해 과제를 신중하게 들여다볼 기회가 없다면, 자신의 가르침이 얼마나 성공적이었는지 알아낼 방법은 사실 전혀 없다. 우리가 생각하기에 자신의 학문(훈련)과 일반적인 학습 원칙에 대해 아주 잘 알고 있는 교사일지라도 교사가 자신의 가르침이 효과적인지 알아보려면, 학생들의 개념을 정기적으로 분석할 필요가 있다.

많은 국가의 대부분의 학교에서 이와 같은 혹독한 폐단이 나타나고 있음에도, 우리는 이해를 위한 가르침이 실제로 이루어지고 있는 학교가 있다고 믿고 있다. 일반적으로, 그와 같은 기관들은 '범위(coverage)'를 모두 다루기보다 '드러내는 것(uncoverage)'을 목표로 한다. 이들은 '적은 것이 더 낫다'라는 현대 경구를 수용한다. 분명히, 이해의 가장 큰 적은 범위이다. 범위란 교과서 혹은 수업 계획서에 적힌 것들이 거기 있기 때문에 모두 다루어야 한다는 압박으로서, 다양한 관점에서 자료를 보여 주는 데 시간을 투자하지 않는다. 다수의 관점에서 자료를 보여 주면 학생들이 처음에는 마음에 드는 방식으로 자료에 접근하지만, 궁극적으로는 도전이 되는 어려운 방식을 택하고, 가능한 한 직접적이고 융통성 있는 방식으로 이해를 평가할 수 있게 된다. 영국의 기숙학교로부터 프랑스의 국립 고등학교와 존 듀이(John Dewey)의 진보적 학교에 이르기까지, 다양한 학교가 커리큘럼에 대해 덜 바쁘되 좀 더 사려 깊은 접근법을 적용한다면, 이해를 위한 교육의 기회를 포착할 수 있을 것이다.

최소한 미국의 교실 안에서 벌어지는 일 중 상당 부분이 교육적 효과와 관련이 없는 이유들 때문에 일어난다. 가르치는 내용은 매우 의무적으로 부여된 학업 계획표에 의해 결정된다. 관행은 과거에 그렇게 했기 때문에 유지되거나, 대학 입학 자격시험의 추정적 필요 요건, 카네기 학점의 요건 혹은 지역학교위원회가 수용한 커리큘럼 개념을 만족하기 때문에 유지된다.

완전히 다른 형태를 취하는 교육을 실현하는 것은 가능하다. 그와 같은 접근, 즉 존 듀이, 테어도르 사이저(Theodore Sizer)를 비롯한 이들의 진보적인 전통에 뿌리를 내린 접근에 의하면, 커리큘럼은 처음부터 현실의 중심적 질문 혹은 발생적인 문제들을 기반으로 구축된다(Dewey, 1964a, 1964b; Sizer, 1992). 이 문제들은 전 세계의 사려 깊은 사람들이 제기한 문제로서, 다양한 문화에서 수 세기에 걸쳐 이 문제들에 대한 다양한 정도의 적절성을 지닌 답들이 널리 알려져 왔다.

이와 같은 기본적인 질문들은 한편으로 어린아이들에 의해 설명되기도 하고, 한편으로는 노련한 철학자들이 설명하기도 한다. 이 질문들은 학자들이 창조한 학문, 사회, 시 및 문화에 의해 형성된 종교가 수용한 역할들에 의해 해결된다. 본질적인 질문 중에 개념적 영역에 의해 분류된 바는 다음과 같다.

> 정체성과 역사: 나는 누구인가? 나는 어디로부터 왔는가? 나의 가족은 누구인가? 내가 속한 집단은 무엇인가? 그 집단의 이야기는 무엇인가? 다른 집단의 이야기는 무엇인가? 나를 둘러싼 다른 사람들은 누구인가? 그리고 세계의 다른 편에 있는 사람들은 누구인가? 그들은 나와 어떻게 비슷하거나 다른가? 그들은 어떻게 생겼는가? 그들은 무엇을 하는가? 그들의 이야기는 무엇인가?
>
> 타인과의 관계: 다른 사람들은 어떻게 대해야 하는가? 다른 사람들은 여러분을 어떻게 대해야 하는가? 무엇이 공평한 것인가? 무엇이 도덕적인 것인가? 어떻게 협력하는가? 분쟁을 어떻게 다루는가? 누가 우두머리이며 그 이유는 무엇인가?

세상 속의 나의 위치: 나는 어디에 살고 있는가? 내가 여기에 어떻게 해서 오게 되었는가? 나는 우주 속에 어떻게 적응하는가? 내가 죽으면 어떤 일이 벌어질까?

심리학적인 세계: 나의 정신이란 무엇인가? 다른 사람들은 정신을 가지고 있을까? 다른 사람들의 정신은 나와 비슷할까? 생각, 꿈, 감정이란 무엇일까? 나의 감정은 어디서 오는 것일까? 나는 이것들을 어떻게 다룰 수 있을까? 나는 사물들을 어떻게 기억하는가? 나는 어떻게 의사소통하는가?

생물학적인 세계: 다른 생물들은 어떨까? 살아 있다는 것은 무엇을 의미하는가? 죽음은? 동물은 생각을 할까? 식물은 어떨까? 동물은 서로, 식물 세계와, 그리고 인간과 어떻게 관련되어 있을까? 삶의 본질이 있을까? 그것은 어떻게 생기는 것일까? 삶의 본질은 불멸의 존재인가?

물리학적인 세계: 세상은 무엇으로 이루어져 있을까? 사물은 왜 움직일까? 우리는 태양, 별, 물, 암석에 대해 무엇―기원, 운명―을 알고 있는가?

형태, 패턴, 규모: 사물들이 그렇게 보이고 느껴지는 이유는 무엇일까? 세상에 존재하는 규칙성에는 어떤 것이 있을까? 그것들은 어떻게 발현되는가? 큰 것과 제일 큰 것은 무엇인가? 그렇다고 어떻게 말할 수 있는가?

이해에 초점을 맞춘 교육에서 이와 같은 문제는 어렸을 때부터 가졌던 학문적 탐구의 관련 측면을 반영하는 형태로 소개된다. 어린아이들은 자신의 나이, 발달 단계 및 학습 유형에 맞는 방식으로 이와 같은 질문에 접근한다. 대부분이 아니라면, 많은 커리큘럼이 이와 같은 질문과 직접적인 연관을 맺고 있다. 학생과 학부모, 교사는 오늘의 과제와 내일의 프로젝트 및 과제와 프로젝트를 하게 만든 질문들 간의 관계를 쉽게 분별할 수 있어야 한다. 사실, 이해에 초점을 맞춘 학교에서는 복도를 지나가다가 아무라도 붙잡고 그 학생이 지금 무엇을 하고 있는지 물어보고, 하고 있는 일에 영감을 준 질문 및 그 질문의 정교한 이해를 성취하기 위한 장기적인 목표와 현재의 활동을 연관 지을 수 있는 것을 볼 수 있어야 한다. 이런 상황은 배양될 중요한 이해에 대한 수준에 대해 합의가 이루어졌을 때만 일어날 수 있다.

질문을 둘러싸고 구성된 틀 안에 다년에 걸친 과제를 도입한다면 어떨까? 우선, 학생들은 이 문제들을 진지하고 참여적인 방식으로 해결하고 있는 개인들의 예('실제' 모습을 보는 것이 더 좋겠지만, 필요하다면 영상이나 컴퓨터상으로 보아도 된다)들을 만나게 된다. 이와 같은 예들은 학문적 전문가는 물론 포함하며, 예술작품에 표현된 개인뿐만 아니라 일하고 있는 평범한 사람들도 포함한다. 만약 한 사회가 '사람은 무엇으로 이루어져 있는가?'라는 질문의 가치를 높게 평가한다면, 그 사회에 속한 학생은 기초과학자들이 이 질문의 답을 구하려고 노력하는 모습을 관찰할 수 있을 것이다. 그리고 의미 있는 접근 방식을 통해 이 질문은 예술가, 최신 과학 기술 분야 전문가, 영적인 지도자, 혹은 철학자들이 답을 찾기 위해 노력하는 모습을 볼 수 있을 것이다. 이와 같온 관점들은 또한 바로 볼 수 있어야 한다.

이 문제와 질문들에 대해 숙고하거나 해결하기 위해 노력하고 있는 전문가들을 보고, 아이들은 무엇을 할까? 학생들이 기본적으로 글을 읽고 쓸 줄 아는 능력—읽고, 쓰고, 계산하는 것을 점점 더 편안하게, 자신감을 가지고 자동적으로 할 수 있게 되는 것—을 갖추는 것은 중요하다. 그러나 이 같은 능력은 수단—즉, 질문에 접근하는 수단, 사회가 기본적인 질문을 해결하고자 지속적으로 노력하고 있다는 점을 나타내는 학문을 배우기 위한 수단—으로 보일 필요가 있다. 이것은 '전체 언어' 교실 혹은 '프로젝트 중심의 교육'의 천재이다. 즉, 학생들은 글을 읽고 쓸 줄 아는 능력과 학문적 훈련을 습득할 기회를 스스로 동기부여가 되지 않는 목적으로서 갖는 것이 아니라, 사려 깊은 개인들이 오랫동안 씨름해 온 문제를 해결하기 위한 지렛대를 얻기 위한 노력의 일환으로서 그런 기회들을 갖게 된다.

　그러나 그와 같은 전체론적인 방식에는 수반되는 위험이 있다. 그와 같은 프로젝트가 글을 읽고 쓰는 능력 및 학문적 커리큘럼 위에 구축되지 않는 한, 그리고 프로젝트들이 다른 방향으로 엇나가는 한, 학교는 분열된 방식으로 기능하게 된다. 통합된 교육 환경에서, 글을 읽고 쓰는 능력 및 학문적 지식은 학생들의 프로젝트와 전시 속으로 쉽게 흡수된다. 글을 읽고 쓰는 기본적인 능력을 숙달한 사람들일지라도 학문적 숙달을 위한 길은 결코 깔끔한 길이 아니다. 실제로 필수적인 질문에 점점 더 정교한 방식으로 접근하기 위해 개인들에게 필요한 기술에 대해 생각해 볼 때, 앎에 대한 몇 가지 분명한 접근법들을 구분하는 것이 중요하다는 점을 우리는 알게 되었다.

　　초기 상식: 아주 일찍부터, 어린아이들은 자신의 초기 이론 및 설명을 위한 틀을 본질적인 질문에 접근하기 위해 활용할 수 있다. 우리는 아이가 구름이 움직이는 것에 대해 그 안에 모터가 있다거나 날아다니는 괴물이 구름이 하늘에서 움직이도록 숨을 불어 넣는다고 설명할 때 이와 같은 기본적인 관념들이 작용하는 것을 볼 수 있다. 초기 상식은 뛰어난 능력으로서, 매혹적이면서도 무장 해제시킬 수 있다. 이런 실행은 사용 가능한 상징 형태를 우리 주변 세계를 이해하는 데 사용하려는 종의 경향을 반영한다. 그러나 철학자인 넬슨 굿맨(Nelson Goodman)이 말한 바와 같이, 상식의 상당 부분은 실제로 말이 안 되는 내용인 경우가 많으며, 말이 안 된다는 점을 인정할 필요가 있다.

　　계몽된 상식: 그러나 상식의 수준에서 어린 아기의 흔한 상식보다는 정교한 상식이 우리가 '계몽된 상식'이라고 부르는 것이다. 이런 상식은 한 문화 내의 경험 및 숙고하고 질문하는 초기 습관의 산물이

다. 이것은 특정한 교육은 거의 필요 없이 자발적으로 발달한 것이다. 여덟 살과 네 살 사이의 차이는 여덟 살의 학문적 지식이 더 큰 것이 아니라, 질문에 대해 더 비판적으로 숙고하며, 관련이 있는 매일의 경험에 의지하고 토론과 대화에 참여하며, 그와 같은 상호작용을 통해 이득을 얻는 잠재 능력에 있다.

원형학문적 지식: 초등학교 중반기에 이르기까지, 대부분의 아이들은 학문적인 사상가의 습관 일부를 받아들일 준비가 된다. 이제 싹트기 시작하는 과학자로서, 아이들은 경험적 주장 및 그 주장을 지지하거나 약화시키는 증거에 대해 생각할 수 있다. 이제 막 발을 내딛는 역사학자로서, 아이들은 역사적인 서술과 허구적인 서술 간의 차이를 이해하고 역사적인 설명을 만들 때 기록과 글의 역할을 이해할 수 있다. 장차 예술가가 될 사람으로서, 아이들은 창작자의 역할뿐만 아니라 비평가의 역할도 맡을 수 있다. 우리는 이런 접근법을 '원형학문적'이라고 지칭한다. 왜냐하면 각 학문의 교재와 방법에 완전히 몰입할 필요는 없기 때문이다. 사실, 원형학문적 지식의 뿌리는 다른 사람과의 대화를 통해, 그리고 숙고하는 성인의 실무에 대한 가벼운 관심을 통해 생기를 찾게 되는 상식의 습관 속에서 찾을 수 있다. 원형학문적 지식은 내포된 상식의 범위를 벗어나 학문 기반의 접근법의 중요한 속성 일부를 포함한다. 이런 점에서, 학문의 형식적인 설명을 할 필요는 없다—그리고 사실 이 지점에서 학문적 토양은 지식에 대한 아주 적은 양의 구별되는 접근 방식들로 구성되어 있다. 사회 영역을 이해하는 것(사회과학)과 자연적 세계를 이해하는 것(자연과학) 사이의 중요한 구별만으로도 충분할 수 있다. 학문적 이해를 더 발달시킬 때, 학문들(역사, 사회학, 정치, 과학) 간의 세밀한 구분이 생길 것이다. 특정한 글을 읽고 쓰는 환경 혹은 학업 환경을 고려할 때, 일부 아이들은 직접적인 가르침

없이 원형학문적 지식을 성취할 수 있다고 확신할 수 있다. 그와 같은 기대는 '정상적인' 학문적 지식의 숙련에 대해 이야기할 때 현실적이지 않다.

일반적 학문 지식: 수 세기에 걸쳐서 학자들은 지식, 이론, 개념과 함께, 무엇보다도 오늘날의 학문을 구성하는 수단들을 축적해 왔다. 누구라도 이런 지식을 스스로 처음부터 조합하고 조직하는 것은 명백히 불가능할 것이다. 그러므로 학교는 학생들에게 일반적인 학문 지식—지식의 문서들, 문제와 의례화된 절차들—을 소개하는 특권적 지위에 놓여 있다. 왜냐하면 어린아이들이 이와 같은 내용을 스스로 이해할 수 있을 것이라 기대하는 것은 비현실적이기 때문이다. 일반적인 학문 지식은 중학교와 그 이후 학년의 주요 수업 내용을 구성한다(Kuhn, 1970). 그리고 이 지식은 규칙적으로 일어나는 '학문(훈련)'으로서 앞에서 언급한 유명한 용어적 의미하에, 개인들이 학문적 숙달을 이룰 수 있도록 해 준다.

대부분의 학교는 거의 모든 학생에게 주요 학문 분야의 절차를 전달하기 위한 성공의 수단을 얻는다. 그러나 학문은 피상적인 방식으로 전달되는(혹은 적어도 이해되는) 경향이 있다. 종종 사실의 숙달에 초점이 맞춰지는데, 이 사실은 진정한 학문 내용은 현저히 상실하고 있는 것으로 드러난다. 즉, 불소의 원자 질량을 아는 것은 콘스탄티노플이 함락된 날짜나 시스틴 대성당의 천장 벽화가 어떤 재료로 그려져 있는지를 아는 것과 인식론적으로 차이가 없다. 그러므로 숨길 수 없는 실마리나 틀이 주어지는 한, 학생들이 학문을 진정으로 이해하는 것처럼—혹은 적어도 요구되는 주제를 숙달한 것처럼—보인다. 그러나 일단 질문 혹은 문제가 익숙하지 않은 방식으로 표현되거나 기대하지 않은 시간에 제시되면, 진정한 이해가 이루어지지 않았다는 사실을 발견하게 될 것이다. 사실 충분한 자료를 통해 알 수 있듯이, 새로운 상황이 주어지면 기준 시험에서 좋은 점수를 얻은 학생일지라도 다섯 살짜리의 '학교 교육을 받지 않은' 정신이 답하는 것과 같은 수준으로 다시 퇴보한다. 학문적인 전략과 용어는 지속되는 것처럼 보일지 몰라도, 학문적 이해는 성취하지 못한 것이다.

앞에서 묘사한 지식에 대한 분명한 접근법들은 초기 상식으로부터 학문적 이해에 이르는 발달적 유행을 보여 준다. 이런 발달이 선형적으로 일어나는 것이 아니라는 점을 기억하는 것이 중요하다. 한 명의 개인은 특정 학문 영역 내에서 혹은 이에 걸쳐서 특정 주제나 자신이 작업하고 있는 맥락 혹은 주어진 발판의 한도를 숙달하는 등의 요소에 따라 서로 다른 즉흥적인 접근법을 이끌어 낼 수 있을지 모른다.

학문 영역을 넘어설 때, 세 가지 추가적인 앎의 형태—다학제 간, 학제 간, 메타학문적 지식—를 명심할 필요가 있다. 이와 같은 영역 내에서 이해를 수행할 때는 특정 학문을 숙달할 필요가 있기 때문에, 이와 같은 앎의 형태는 대학 이전의 교육체계에서 성공적으로 성취하기 어려운 경우가 많다.

다학제 간 연구: 한 주제 또는 문제를 수많은 학문을 순차적으로 활용함으로써 접근하는 것이 가능하다. 르네상스에 관심이 있으며 그 시대를 처음에 역사학자로서 접근하는 사람이, 나중에 과학자로서 그리고 예술가로서 다수의 학문을 활용할 수 있다. 그리고 이런 시도가 복합되지 않는 한, 모든 시도는 각 부분을 단순히 더한 것보다 더 대단하다고 볼 수는 없다.

학제 간 연구: 하나 이상의 학문을 적용할 뿐만 아니라 실제적으로 이들을 결합하거나 종합하는 데 매진하는 사람들이 있는데, 이들은 학제 간 연구라고 불리는 드물기는 하지만 의미 있는 분야에 종사하

고 있다고 할 수 있다. 많은 질문 혹은 문제들은 다수학문적 방식으로만 접근 가능하며, 대부분의 존경받는 사상가 중 다수는 여러 학문을 결합할 수 있는 사람이다.

그러나 학제 간 연구는 적어도 개인이 관련 학문들을 어느 정도 알고 있어야 정당하게 이루어질 수 있다. 이른 시기에 학제 간 혹은 다학제 간 연구라 불리는 것 중 많은 부분이 사실은 주로 상식에 의존하는 학문 이전의 '주제 기반'의 작업이다.

메타학문적 연구: 메타학문적 연구는 학문들을 하나의 주제 혹은 질문을 설명하기 위해 사용하기보다는 학문적 사고 자체가 지닌 본질적 속성에 집중한다. 즉, 학문들을 구성하는 것은 무엇이고, 그것들은 어떻게 상호작용하며, 어느 정도까지 함께 논의될 수 있는지, 그리고 관련된 메타인지적 관심에 집중한다. 메타학문적 연구에 참여하지 않더라도 훌륭한 스승이 될 수는 있다. 그러나 학문적 활동의 속성에 대한 어느 정도의 사색은 대부분의 학생(그리고 모든 교사)에게 도움이 될 것이다. 예를 들어, 학생들은 역사적 소설 혹은 영화와 역사적 글 혹은 영화적 다큐멘터리와 비교할 때 다양한 통찰을 얻을 수 있다. 그리고 그와 같은 메타학문적 입장은 이것과 같은 글을 읽고 쓸 때 확실히 프리미엄이 있다.

이런 순서는 정해진 것이라기보다 제안적이지만, 속도를 내거나 대체하는 것은 쉽지 않고 추천되는 방법도 아니다. 고등학교 수업시간에 아직도 학문 이전 단계에 머물고 있는 학생들도 있고, 이미 그 학문에 깊이 있는 이해를 갖고 있는 학생도 있다. 게다가 동일한 학생이 한 영역에 대해서 학문 이전 단계의 사상가이면서 다른 학문에는 상당한 학문적 이해도를 보일 수도 있다. 각 학생은 본인이 학문적으로 정교한 수준에 맞춰서 대해져야 한다. 그러나 동시에 모든 수준의 학생을 진정한 학문적 작업에 노출시킬 필요가 있

다. 그렇게 함으로써 학생들은 자신의 학문적 지식—발달된 정신—을 생산
적인 방식으로 사용하는 것이 어떤 것인지 이미지를 그려 볼 수 있게 된다.
학문적 순서는 발달적일 수 있으나, 교육 환경은 전체적이어야 한다.

　이 논의에 살을 덧붙이자면, 다음의 허구적이지만 설득력 있는 두 가지 상
황을 고려해 보자.

- 오늘 일자(발행된) 『홈타임 뉴스페이퍼(Hometime Newspaper)』에 현재
  잉글랜드 여왕이 퇴위하고, 윈저 왕가가 스스로를 폐지하기로 했다고
  선언했다고 발표되었다. 이런 결정 이후에 어떤 일이 벌어질까?
- 『뉴잉글랜드 저널 오브 메디슨(New England Journal of Medicine)』은 감
  기의 기원에 대한 연구를 설명했다. 두 집단의 학생들이 임의로 대응집
  단에 배치되었다. 집단 I은 수업을 마친 후 실내 체육관에서 함께 운동
  을 했다. 집단 II는 각자 컴퓨터실에서 단말기로 작업했다. 추후에 모든
  학생의 데이터를 분석한 결과, 집단 I에 속한 학생들이 집단 II에 속한
  학생들보다 감기에 걸릴 가능성이 두 배 높았다. 이 결과는 실내 운동이
  질병을 유발할 수 있다는 증거로서 유명한 매체에 보도되었다.

　앞서 소개한 용어로 말하자면, 앞에서 제시한 각 예는 본질적인 질문 혹은
주제에 집중하고 있다. 첫 번째 예는 '정치적 통일체'—권력, 지배, 통제의 속
성—에 집중하고 있다. 두 번째 예는 '신체'—건강, 힘, 질병의 의미—에 집중
하고 있다. 이러한 질문들은 다양한 연령, 배경, 문화에 속한 개인들이 지속
적으로 관심을 갖는 것으로 증명된 것이기에 본질적인 가치를 지니고 있다.
물론, 우리가 만들 특정 예시들이 모든 사람에게 흥미 있지 않을 수도 있다.
그러나 최소한 이런 질문들은 모든 취학 아동이 이해할 수 있는 용어로 제시
될 수 있다. 사람은 어떻게 아프게 될까? 사람은 아픈 사람 옆에 서 있어서
아프게 될 수 있을까? 누가 우두머리인가? 어떤 사람이 어떻게 우두머리가

될 수 있을까? 우두머리가 죽거나 권력을 포기한다면 무슨 일이 벌어질까?

이때, 앞에서 검토한 다양한 학문적 관점을 통해 학생들이 이러한 질문 혹은 이와 유사한 질문들을 어디까지 이해할 수 있을지에 관심 있는 사람이 있다고 생각해 보자. 그 질문들을 어떻게 꺼낼 수 있을까? 각자 다른 발달 수준을 반영하는 다른 정도의 이해도를 지닌 어린아이들로부터 합리적으로 기대할 수 있는 이해의 성취는 무엇일까?

> 초기 상식 이해: 이 수준에서는 학생들이 가까이에 있는 문제와 관련하여 자신의 직관적인 이론에 의지할 수 있는지 물어볼 수 있다. 신체의 경우, 직관적인 건강 이론(기분이 좋고 겉모습이 좋아 보이는 사람은 건강하다, 기분이 나쁘거나 겉모습이 안 좋아 보이는 사람은 아프다, 사람들은 나쁘기 때문에 혹은 자신이 아프게 하는 무언가를 했기 때문에 아프게 된다)을 학생이 적용할 수 있는지 관찰해 볼 수 있다. 정치적 통일체의 경우, 한 아이가 권력 이론(권력을 가진 사람이 가장 강한 사람으로서 다른 사람들을 좌지우지할 수 있다, 권력에 싫증이 나거나 힘을 잃는 경우 권력을 더 이상 유지하지 못하며, 사람들은 기존 권력자를 교체할 새로운 상관을 찾아야 한다)을 적용하는지 관찰한다. 이런 질문에 접근하는 데 특별한 교육이 필요하지 않다는 점을 기억하자. 질문을 충분히 이해하는 것만으로도 그 사람이 가지고 있는 직관적인 건강 혹은 권력에 대한 이론을 가능한 한 적절한 방식으로 이용할 수 있다.
>
> 계몽된 상식적 이해: 저학년이 끝나 갈 무렵, 아이는 일반적으로 본인의 직관적 이론을 비판 없이 이용하는 것 이상을 할 수 있다. 대신, 아이는 그 이론을 어느 정도 비판할 수 있게 된다(우두머리가 되기 위해 언제나 가장 강한 사람이 되어야 할까? 사람은 언제나 우두머리가 필요한가?). 건강 문제의 경우, 학생은 건강해 보임에도 사람이 아플

수 있는지 생각해 보게 될 수도 있다. 혹은 최근에 아팠던 사람이라면 감염을 피할 가능성이 더 높아질지 아니면 더 낮아질지 생각해 보게 될 수도 있다. 그와 같은 경우에 아이들은 관련된 질문, 문제 및 시험을 제기하기 시작하면서 본인의 엄격한 현상학 및 즉석 설명 이상으로 더 나아가기 시작한다.

원형학문적 지식: 이 단계는 일반적으로 초등학교 고학년이 될 때쯤 도달하는데, 아이들은 본질적으로 여기 제시된 형태의 질문을 받을 수 있다. 처음에는 아이가 예시를 잘 이해해서 다른 문장으로 다시 말하고, 다른 사람에게도 설명할 수 있게 확실히 하고 싶어 한다. 그리고 사회과학 학문 분야로 넘어가서, 아이들에게 잉글랜드 왕실에 대한 책을 읽고 과거의 퇴위 이후에 누가 왕좌를 지켰으며 임관식은 어떻게 이루어졌고 집행되었는지 기록하게 한다. 또한 학생들은 지금의 '상징적인' 군주제와 예전의 신성한 권력 기반의 절대 군주제의 예시들을 비교해 볼 수 있을 것이다. 그와 같은 전략은 학생들이 정치적 권력을 개인적 속성에 기반을 두고 생각하려는 경향에서 벗어나 제도적인 기반을 이해하도록 도와준다. 동시에, 역시적 관점에서 자료와 이성을 사용하도록 방향을 제시해 줌으로써 학생들의 원형학문적인 역사적 지식을 배양하게 될 것이다.

신체의 경우, 원형학문적 접근법은 아이가 사례의 기본적인 사실을 숙달하도록 확립한다. 학생에게 연구가 어떻게 진행되었는지 설명해 달라고 요청하고, 체육관에서 운동한 학생들이 더 아플 가능성이 높은 이유 중 일부를 제시해 보라고 요청해 본다. 그렇게 함으로써 학생들은 실험과학의 이해에 대한 기초(무엇이 어떤 일이 발생하도록 만들었는지 알아내는 방법)뿐만 아니라 생물학적 지식을 구축하는 감염 이론의 기초도 이해하게 된다.

'일반적인' 학문 이해: 중학교, 고등학교 및 대학교에서 제시되는 많은 부분은 학문적 이해가 필요하다. 앞서 제시된 질병에 대한 예시와 관련해서, 어린 스승이 경쟁적 실험 설계의 강점과 약점의 일부, 인과관계와 상관관계 간의 차이 및 질병, 감염, 신체 방어, 전염 및 관련 개념들의 속성에 대한 기초 지식을 설명할 수 있을 것으로 기대한다. 이와 같은 개념들에 대한 이해는 절대로 고정적이지 않다는 점을 기억하자. 게다가 의학이나 의술이 결여된 문화권에서는 질병의 과정이 전혀 다른 방식으로 설명될 것이다.

정치적 통일체의 경우, 학생들이 잉글랜드의 정부 체계의 속성, 의회 제도와 군주제 간의 관계, 군주제의 실제 권력 및 책임, 퇴위의 법칙 혹은 전례, 가장 개연성 있는 결과를 이해할 것이라고 최소한 기대할 것이다. 우리의 가설적 교실이 미국에 있기 때문에 학생들이 영국의 상황을 미국의 유사한 상황과 비교해 볼 것이라 합리적으로 예상해 볼 수 있다.

개별 학문 그 이상: 학문에 있어서 더 높은 수준의 정교함과 개별 학문을 넘어서는 사고를 추구하는 것은 정당한 일이다. 정교한 학문적 사고는 각기 다른 정부 체계에 대한 찬반 의견을 인정하는 것을 포함한다. 혹은 잉글랜드의 예의 경우, 군주제의 상징적 권력 및 제도가 퇴위와 군주제 폐지로 인한 빈 공간을 어떻게 채울지에 대한 예상을 고려할 것이다.

학제 간 사고의 예들은 두 학생 집단의 질병 발생이 다르게 나타난 것에 대한 생물학 및 심리학적 설명을 모두 고려해 본다. 이 관점에서 심신의 현상은 특히 흥미롭다. 정치 권력의 예의 경우, 학제 간 이해는 영국 생활 내 군주제의 역할을 검토함에 있어 시와 예술뿐만 아니라 역사를 고려함으로써 추구할 수 있다. 다학제 간 혹은 학제 간 수행이 이루어지는지의 여부는 학생들이 한 가지 이상의 학문으로부터 생각과 방식을 복합하기 위해 시도하는 한도에 달려 있다.

메타학문적 사고는 예를 들어, ① 질병의 조사, 즉 궁극적으로 감기에 대한 설명 및 치료를 알아낼 연구, ② 단 한 번의 역사적 사건에 대한 연구, 즉 제어 집단을 이용할 수 없는 경우, 누구도 사건에 대해 완전하게 설명할 수 있을 것이라 기대할 수 없는 경우와 미래에 어떤 일이 일어나게 될지 예측할 수 없는 경우 간의 차이에 대해 숙고해 볼 때 사용하게 된다.

마지막으로 우리 각자는 중요한 질문에 대한 자신만의 개인적인 해결책에 도달할 수 있어야 한다. 학생은 자신의 가치를 실제 연구에 대입해 보고, 신체 운동이 질병에 걸리는 것까지 감수하면서 할 정도로 가치 있는 것인지 지적하거나, 혹은 군주제가 다른 형태의 정부 체제보다 내재적으로 더 낫다고 방어해 볼 수도 있다. 학생이 점차 철학적인 성향이 강해지고 있다면—이와 같이 엮인 예시들을 포함해 보는 변덕스러운 동기와 함께—물리적인 몸과 정신적인 몸 사이의 유사성과 차이점에 대해 숙고해 볼 수 있었을 것이다.

본질적인 질문을 둘러싸고 상당한 규모의 커리큘럼을 조직해 보고, 다양한 발달 수준에서 그와 같은 질문들을 학문적으로 이해해 보고자 검증하는 것도 가능하다. 이와 같은 이상적인 형태의 전략은 일반적으로 지배적인 교육의 관점과는 상당히 다른 관점을 보여 준다. 그러나 교육적인 글에서 볼 때, 비전은 흔하지만 비전이 실현되었다는 증거는 훨씬 적다.

하버드 프로젝트 제로 및 기타 프로젝트에서 많은 동료와 일하면서, 우리는 이해를 위한 교육을 실현하기 위해 많은 노력을 기울였다. 우리 관점에서 볼 때, 이해를 위한 교육은 서로 역동적으로 상호작용하는 네 가지 본질적인 요소에 기반을 두고 있다고 생각된다(Blythe, 1998; Wiske, 1998; 제16장 참조).

1. 본질적인 질문들 또는 발생적 이슈들   본질적인 질문들 또는 발달적 이슈들은 풍부하고 흥미로운 주제로서 학생들(뿐만 아니라 학생이 아닌 사람들도 포함하여!)의 관심을 사로잡는다. 이것들은 커리큘럼의 핵심 아이

디어가 되어 프로젝트에 반영될 수 있고, 수많은 서로 다른 관점에서 접근 가능하다. 조사해 보고 싶은 마음이 일어나도록 만들고, 따라서 조사했을 때 깊이를 드러낸다. 아이디어는 발생적일 수 있는 한편, 목표는 해당 학문에서 중요한 이슈에 도달하고 대부분의 학생이 쉽게 참여할 수 있도록 만드는 것이다. 앞에 기록되어 있는 본질적인 질문들뿐만 아니라 검토한 두 가지 커리큘럼 예시는 생성되는 주제들의 예시들이다.

2. **이해의 목표**   어떤 수업, 진실로 어떤 강의나 실습도 이해에 대한 하나 이상의 목표를 가지고 있어야 한다. 이해의 목표는 한 학점 혹은 한 학기 동안 수업을 들은 결과, 학생들이 이해하기를 바라는 것이 무엇인지 명시하는 것이다. 영국 역사 수업이라면 학생들이 수 세기에 걸쳐 변화하는 군주제의 속성에 대해 이해하는 것일 것이다. 생물학 수업이라면 학생들이 질병과 건강에 대해 현재 지배적인 모델을 이해하고 이와 같은 모델들을 조사하는 데 사용되는 과학적 방법을 이해하도록 설계되었을 것이다. 물론, 하나의 커리큘럼이 사실과 기술을 학습하는 것뿐만 아니라 자존감을 높이는 것에 이르기까지 다수의 목표를 가지고 있을 수 있다. 하지만 이 목표 중 어느 것도 이해를 위한 목표는 아니다. 이해를 위한 목표는 취학 전에서부터 대학교까지 모두 다를 것이다. 따라서 발생적 이슈에 대한 이해의 다양한 수준을 평가하려는 노력 및 학생들이 이와 같은 주제를 보다 학문적으로 재해석할 수 있는 수준으로 진보하도록 돕는 목표를 정의하려는 노력 또한 모두 다를 것이다.

3. **이해의 성취**   이해의 목표는 교육을 위한 일반적인 맥락을 설정한다. 그러나 학생들이 필요한 이해를 사실상 성취했는지 보여 주기 위해 무엇을 해야 하는지 특정할 필요가 있다. 상기 논의 내용에서 우리는 각각의 다른 발달 수준에 있는 학생들이 군주제 혹은 질병 및 건강에 대해 이해했다는 점을 보여 주기 위해 학생들이 무엇을 보여 줄 것으로 기대해야 하는지 몇 가지 성취(performances)를 제시했다. 특히 생물학에서

이해의 성취는 학생이 보고된 실험 결과로 이어지게 된 요인 몇 가지를 설명하고, 이러한 경쟁 요인들 중에서 판결을 내릴 실험을 설계하도록 요구할 수 있다. 역사 수업에서 이해의 성취는 학생들에게 17세기 찰스 1세를 참수하고 그에 뒤따른 피보호국 상태와, 20세기 에드워드 8세의 폐위와 그 대신 등장한 조지 6세, 그리고 윈저 왕가의 가설적 해체를 둘러싼 상황 간의 유사성과 차이점을 설명해 보라고 요구해 볼 수도 있다.

수업이 시작할 때부터, 교사들과 좀 더 숙달된 학생들은 이처럼 기대되는 학문적 이해를 어떤 방식으로 보여 줄 수 있을 것이다. 이러한 사실을 처음 배운 학생들은 이와 같은 과제를 해결하려는 노력 중에 부분적이거나 예비적인 학문적 이해를 끌어낼 수 있을 것이다. 그와 같은 부분적인 이해의 성취는 좀 더 식견이 있는 개인들이 이해에 대한 보다 정교한 예시를 제안하고 모델화할 수 있는 여지를 제공해 준다.

4. 지속적인 평가 오늘날 일반적인 학교에서, 학생들은 상당히 많은 양의 자료를 익힌다. 보통 이런 자료는 사실과 관련된 자료이다. 그리고 특정 날짜에 교실이나 외부에서 개발한 시험을 통해 해당 자료의 내용을 다시 재생하도록 요구받는다. 흔히, 해당 자료의 내용은 학기가 끝나면 거의 곧바로 잊힌다. 이해의 성취는 교사들이 학생이 얼마나 이해했는지 평가해 볼 기회를 제공한다. 예를 들어, 학생들이 역사상 군주제상의 폐위 예시들 간의 유사성과 차이점을 설명할 때, 교사들은 한 학생이 과거를 현재 중심적으로 해석한다는 사실 혹은 다른 학생이 폐위에 내재된 권력 투쟁의 복잡한 성격을 이해하는 능력을 갖추고 있다는 점을 알아챌 수도 있다. 이해를 위한 교육에서 기대되는 목표 및 성취는 교육이 시작될 때부터 학생들과 공유되며, 교사들은 교육에 대해 평가할 것이다. 학생들은 이것들을 획득하고 연습해 볼 충분한 기회를 가지게 된다. 이 과정이 효과적으로 진행되기 위해서, 학생과 교사 모두 다음의 사항이 요구된다.

a. **성숙하고 기대되는 성취의 예시 및 높은 수준의 전시 및 프로젝트**   보여 줄 수 있는 예시가 많을수록, 학생들이 인지적으로 발달하고 스스로 성장할 수 있는 방법을 분별할 가능성이 높아진다. 학생들의 이해 수준은 이에 따라 더 향상된다.

b. **진행에 따라 본받을 수 있는 예시들**   단지 최종적이며 완전한 성취를 보는 것으로는 충분하지 않다. 사실, 이러한 완전한 성취의 예를 보는 것은 학생들이 지레 겁을 먹게 하거나 심지어 좌절하게 만들 수도 있다. 학생과 교사들은 진행 과정 중에 수많은 이정표 또는 표지들―즉, 처음 배우는 사람뿐만 아니라 장인 및 달인 수준의 성취의 예시까지―을 만날 필요가 있다. 그리고 기술이 부족한 성취와 그에 대한 비평을 보는 것도 도움이 된다.

c. **하나의 이정표에서 다음 이정표로 나아가는 방법에 대한 과정 및 모델**   최종 상태와 중간 지점의 패러다임적 예시로는 충분하지 않을 수 있다. 이럴 경우 상세한 지침이 유용하다. 하나의 이정표에서 다음 이정표로 나아가기 위해 무엇이 필요한지, 그리고 중간에 거치게 되는 곳은 어떻게 헤쳐 나가는 것이 가장 좋은 방법인지 명시할 수 있는 만큼 학생과 교사들이 성공을 거둘 가능성이 높아진다.

우리는 앞에서 설명한 공식들로 무장하고, 다양한 교사들과, 다양한 환경에서, 이들이 이해를 위해 교육할 수 있도록 돕기 위해 노력했다. 현장에서 얻은 초기 결과 중 일부는 다음과 같다.

1. 이해를 위한 교육은 어려운 작업이다. 이해를 위해 가르치기를 열망하는 개인들도 이 일이 어렵고 모든 이해관계자의 상당한 노력을 필요로 하는 일이라는 사실을 깨달았다. 다양한 학문에 잠재하고 지속되고 있는 오해 때문만이 아니라, 교육제도 내부에 종사하고 있는 대부분의 우

리에게 각인되어 있는 교수 및 학습의 습관 때문에 이해를 위한 교육을 성취하기가 어려웠다. 교육자들이—예를 들어, 초등학교 교사 혹은 대학교 교수라고 가정해 보자—이런 생각이 친숙하고, 이해를 위한 교육을 이미 하고 있다고 말한다면, 이 사람들이 생각하고 있는 것은 상당히 다른 것이거나 희망과 성취를 헷갈리고 있는 것일 때가 많다.

2. 잘 만들어진 적절한 수단이 없을 때, 실제로 이해했는지 판단하는 것은 불가능하다. 우리 중 다수가 앞서 언급한 교사의 오류를 범한다. '나는 훌륭한 수업을 했다. 따라서 학생들은 이해했다.' 사실, 이해를 잘했는지 직접 검사해 볼 수 있는 관련 있고 신뢰할 만한 항목들로 이루어진 진정한 평가가 가능하지 않다면, 거의 혹은 전혀 존재하지도 않는 이해가 이루어졌다고 추론하도록 속는 것도 제법 가능한 일이다. 또한 표준화된 단답형 시험은 오해나 부분적인 이해의 예들을 숨길 가능성도 충분히 있다.

3. 많은 학생은 처음에 이해에 필요한 요건들을 보고 움찔 놀란다. 그러나 학생들은 결국 어려움에 더욱 자극을 받을 수 있다. 만족스러운 점수를 얻지 못하는 경우일지라도, 표준 시험을 치르는 것이 훨씬 더 쉽다. 학문적 이해를 위해 가르치는 것은 교사와 학생들 간의 '올바른 답 타협'이라는 암묵적인 합의를 깨는 것을 수반한다. 따라서 처음에 많은 학생은 이해했음을 실제로 보여야만 할 때 자신이 부당한 요청을 받는다고 느낀다. 그러나 만약 학생들이 자신이 배우고 있는 것이 무엇인지 볼 기회가 있다면, 자신이 배우고 있는 것을 좀 더 폭넓은—그리고 심지어 친숙하지 않은 환경에서—맥락에서 사용할 기회가 있다면, 이와 같은 불만은 열정으로 바뀔 수 있다.

4. 이해에 대한 가장 큰 적은 범위이다. 교사가(혹은 학생, 부모 또는 행정 담당자가) 커리큘럼에 나와 있는 모든 것을 다루기로 결심하는 한, 그리고 그 덕분에 신중한 속도로 진도를 나가면서 학생들에게 다양한 관점에

서 본인이 이해한 것뿐만 아니라 오해하고 있는 것은 무엇인지를 표현할 기회를 많이 부여하지 않는다면, 향후 진정한 이해는 거의 이루어지지 않으리라는 점이 사실상 보장되어 있다.

5. 만약 교사 스스로 학문적 자료들을 이해할 기회가 없다면, 여기 요약되어 있는 것과 많이 비슷한 과정을 스스로 거쳐야 할 것이다. 말할 것도 없이, 이해를 위한 가르침을 이해하는 수준 및 이와 친숙한 정도는 각 교사마다 굉장한 차이가 있다. 수년 동안 같은 부서에서 함께 일하면서 같은 훈련을 받은 교사들일지라도 차이가 난다. 만약 교사들이 주어지는 대답보다 제시되는 질문들이 훨씬 더 중요한 교양과목 교육을 받지 않았다면, 이와 같은 교육적 접근법에 대한 연습이 필요할 것이다. 다행히, 이해를 결여한 교육을 받은 교사일지라도 자신의 삶에서 이해를 성취한 영역을 가지고 있을 것이다. 또한 그들은 이해를 성취한 전문가를 분명히 발견하게 될 것이다. 이런 이해의 조각들을 꿰맞춰 나가는 것은 가능하다. 게다가, 교사 스스로 학습에 대한 열정에 다시 불이 붙었다는 사실을 일단 발견하면, 좀 더 야심 찬 교수법에 대한 열의가 강화될 것이다.

6. 학문의 구조 수준 및 이해를 위한 가르침의 저항 간에는 놀라울 정도로 긴장감이 있다. 직감적으로, 나중의 학습이 이전 학습에 의존하는 과목의 경우에는 확실히 이해하도록 만들기 위해 더 끈질긴 노력이 있어야 할 것이다. 그러나 지금까지 우리가 연구한 바에 의하면, 그 결과는 정반대이다. 수학이나 과학과 같은 축적되는 과목의 경우, 학생들의 이해를 문서로 기록하는 증거와 독립적으로, 정해진 방식으로 커리큘럼을 진행해야 한다는 압박이 크다. 정반대로 역사와 특히 영어의 경우, 각 과목은 좀 더 개방형 탐구를 특징으로 하고 있으며 진행에 따라 설명되는 지식도 적어 교사들은 이해를 위해 필요한 시간과 탐구를 허용하기가 좀 더 용이하다.

다양한 개선의 흐름 속에서, 가장 중요한 질문들을 거의 목적의식을 가지고 피하는 경향이 있다. 교육이란 무엇을 위한 것인가? 우리가 이 목적을 달성하는 데 성공했다고 어떻게 말할 수 있을까? 우리는 제17장에서 교육의 목적이 이해를 향상시키는 것이어야 한다고 주장해 왔다. 그와 같은 이해는, 교육자들이 이해를 위해 어떻게 가르쳐야 하는지 지식을 거의 축적하지 못했고, 학생들은 이해의 성과를 보이는 것을 방해하는 많은 강력한 마음의 습관을 지니고 있기 때문에 성취하기 어렵다는 증거도 제시했다.

그러나 커리큘럼 중심에 이해를 두는 교육을 상상해 보는 것은 가능하다. 일단, 이와 같은 결단력 있는 조치가 취해진다면,—장애물이 많다고 하더라도—더 깊은 이해를 위한 방향으로 움직이는 것은 가능하다. 두 가지 강력한 동맹을 반드시 활성화해야 한다. 즉, 수 세기에 걸쳐 어렵게 발전된 지식의 학문들과 학생들이 규칙적이며 단호하게 지식과 기술을 숙달하고 이해를 통해 그 지식과 기술을 활성화하는 습관이 그 두 가지 동맹이다. 저명한 영국의 교육학자인 폴 허스트(Paul Hirst)가 학문이 정신을 훈련시키는 것이 아니라고 주장한 때가 있었다. 오히려 학문은 정신을 가지고 있는 것이 무엇인지 볼 수 있게 해 준다는 것이다. 그리고 그것은 분명히 목적으로 삼을 만한 가치가 있는 목표이며, 아마도 한 사람이 의미 있게 인생을 바칠 수 있는 목표일 수도 있다.

제18장
이해에 대한 다수의 접근 방법

Instructional-Design Theories and Models,
Lawrence Erlbaum Associates, 1999, 2, 69-89.

내가 수용하고 있는 교육적 접근법의 핵심 아이디어를 소개한다. 나는 모든 사람이 커리큘럼상의 자료 및 접근법의 중심을 숙달해야 한다고 믿는다. 그렇다고 해서 내가 특정한 규범과 결합하고 있는 것은 아니다. 제18장에서 나는 진화 및 홀로코스트의 예시를 골랐다. 이 예시들이 전혀 논란이 되지 않는 것은 아니지만, 교육을 받은 모든 사람이 마주치고, 다루어야 하며, 숙달해야 할 아이디어들의 총체에 편안하게 어울린다고 생각했기 때문이다. [나의 저서 『훈련된 마음(The Disciplined Mind)』(2000)에서, 나는 진실(진화)과 악(홀로코스트)의 예에 아름다움(모차르트의 음악)의 예시를 덧붙여 놓았다.] 나는 전통적인 교육자들—이뿐만 아니라 심리학 분야의 전통적인 학자들—로부터 거리를 두고, 이와 같은 주제들이 단 하나의 방식으로 가르쳐지고 평가되어야 한다는 주장에 반대한다.

학생들은 본인의 생물학적 및 문화적 배경, 개인사 및 개인적인 경험 때문에, 학교에 왔을 때 백지 상태도 아니고, 지적인 성취의 단일한 축과 함께 표면적으로 가지런히 정리될 수 있는 개인도 아니다. 학생들은 각기 다른 정신을 소유하고 있으며, 힘과 관심 및 정보처리 방식도 각기 다르다. 이와 같은 다양성(진화의 산물!)이 처음에 교사의 일을 복잡하게 하지만, 한편으로 이 특징이 사실은 효과적인 교수법의 동맹이 될 수도 있다. 교사가 다른 학문적 접근법을 사용할 수 있다면, 더 많은 학생에게 더 효과적인 방식으로 다가갈 가능성이 존재한다.

학생들의 차이는 무수히 많은 방식으로 설명될 수 있으며, 우선순위를 정하는 것은 간단하다. 나의 목적상, 학생들이 서로 다른 감정 지능을 가지고 있음에 대해 이야기하고자 한다. 그러나 이 논의 후에, 나의 지능에 대한 이론을 사람들이 수용할 필요는 없다. 지적인 경향 혹은 잠재 능력의 차이를 인정하거나 어떤 방식으로든 확인할 수 있는 접근법이라면 충분하다.

우리의 교육목표가 진화 이론과 홀로코스트라고 불리는 사건에 대한 이해를 고양시키는 것을 포함한다고 가정해 보자. 이 주제들은 생물학과 역사학에서 각각 선택했다. 특히 우리는 학생들이 진화, 즉 유전자형의 무작위 변형의 과정이 역사적으로 그리고 현재 존재하는 다양한 종 이면에 존재하는 추진력이라는 사실을 이해하기를 바란다. 유기체의 유전적 변형으로 발생한 다양한 표현형은 특정한 환경적 맥락에서 차별적으로 생존 가능하다. 번식하며 번영할 정도로 생존한 유기체는 다른 것들에 비해 경쟁적 장점을 가지고 있다. 그리고 생존하지 못한 유기체는 어떤 이유에서였든 주어진 생태적 환경에 적절하게 적응하는 경향이 적다. 만약 이런 경향이 장기적으로 유지된다면, 경쟁에 성공하지 못하는 쪽은 멸종할 운명이지만, 생존자들은 번영하게 된다. 화석 기록은 각기 다른 종들이 거치는 과정과 운명을 역사적으로 기록한다. 다양한 종 가운데 점차 증가하는 모습과 특정 종류의 후손들이 점차 복잡해지는 모습도 관찰할 수 있다. 다양한 계통의 초파리 번식에서부터 유전자의 기원에 대한 실험적 연구에 이르는 관련 연구를 통해 같은 과정이 지금 일어나고 있는지 연구하는 것도 가능하다.

홀로코스트로 주제를 바꿔 보자. 우리는 학생들이 유대인에게 그리고 그 외에 비난받았던 특정 소수 민족 및 정치적 반체제 인사들에게 1933년에서 1945년 사이의 제3제국 당시에 무슨 일이 일어났는지 이해하기를 바란다. 유대인을 비난하고 고립시키려는 노력은 단순한 언어 공격과 배제하는 법 규들로부터 시작되어 점차 더 폭력적인 형태의 학대로 진화했고, 결국 유럽 에서 유대인을 멸종시키려는 명백한 목표를 가진 캠프를 고안하는 것에 이 르렀다. 반유대주의의 윤곽은 히틀러(Hitler)의 초기 연설 및 글에 나타나 있 다. 그러나 계획으로부터 실제 일이 벌어지기까지 역사적인 과정은 몇 년이 걸렸으며, 다양한 능력을 지닌 수십만 명의 개인이 연루되었다. 제노사이드 (Genocide)—하나의 민족을 완전히 제거하려는 시도—는 전혀 새로운 현상 이 아니다. 이는 성서 시대까지 거슬러 올라간다. 그러나 문명의 현대 국가 에서 체계적인 방식으로 6백만 명의 유대인을 없애기까지 나아간 일은 전례 가 없는 일이다.

간단히 말해서, 이런 내용을 이해하는 것은 한 학기 혹은 과목의 합리적 인 목표가 될 것이다. 물론 이와 같은 내용을 순전히 외우거나 성실하게 다 른 말로 표현해 보는 것은 이해한 것이라고 볼 수 없다. 오히려 앞에 언급한 바와 같이 학생들은 이와 같은 생각을 융통성 있게 활용할 수 있으며 특정 한 분석, 해석, 비교 및 비평을 적절하게 수행할 수 있는 한도 내에서 이해하 고 있음을 보여 준다. 그와 같은 이해의 '진정한 척도'는 새로운 자료—아마 오늘 자 신문처럼 새로운 자료—와 관련해서 자신의 이해를 보여 줄 수 있는 학생의 능력이다.

이와 같은 어마어마한 주제는 어떻게 접근할까? 나는 다중지능의 관점에 서 관심이 증가하고 있는 세 가지 공격 방안을 제안하고자 한다.

진입점

학생을 사로잡고 해당 주제의 중심에 그 학생이 위치할 수 있도록 하는 방법을 찾는 데서 주제에 대한 접근이 시작된다. 나는 최소한 여섯 개의 별도의 진입점을 확인했다. 이 진입점들은 특정한 지능들에 맞춰 거칠게 조정될 수 있는 것들이다. 각각의 경우에 나는 진입점을 정의하고 우리의 두 가지 주제와 관련해서 해당 진입점을 설명한다.

1. 서술적 방식　　이야기를 통해 주제에 대해 배우는 것을 즐기는 학생들을 다룬다. 그와 같은 수단은―언어적이거나 영상을 통한 방식으로―주인공, 대립, 해결해야 할 문제, 성취해야 하는 목표, 높아지고 종종 가라앉는 긴장 등을 특징으로 한다. 진화는 (성경에서 이야기하는 기원에 대한 이야기와 대조되는) 다윈(Darwin)의 항해 이야기 측면에서 혹은 특정 종이 거치는 '과정'의 이야기를 통해서 소개된다. 홀로코스트는 특정 인물의 서술적 설명이나, 제3제국(1933~1945년, 히틀러 치하의 독일) 당시의 사건을 연도별 순서대로 서술한 이야기를 통해 소개될 수 있다.

2. 정량적/숫자로 나타내는 방식　　정량적 진입점은 숫자와 숫자가 만드는 패턴, 발현될 수 있는 다양한 작용, 규모, 비율 및 변화에 대한 통찰에 매력을 느끼는 학생에게 효과가 있는 방식이다. 진화의 관점에서 볼 때, 각각의 다른 생태 환경에서 서로 다른 개인 혹은 종들의 발생 정도를 들여다볼 수 있고, 합계가 시간이 흐름에 따라 어떻게 달라지는지 볼 수 있다. 홀로코스트와 관련해서, 개인들이 다양한 캠프로 이동했던 움직임과 각 캠프의 생존율, 각각 다른 도시 및 국가에 위치한 유대인 및 기타 희생자 집단들의 운명을 비교해 볼 수도 있다.

3. 근본적/존재론적 방식　　이 진입점은 근본적인 '핵심' 종류의 질문에 매

력을 느끼는 학생에게 효과적인 진입점이다. 거의 모든 어린아이가 주로 신화 혹은 예술을 통해 이런 질문을 제기한다. 철학적인 경향이 강할수록 이런 문제에 대한 논쟁을 구두로 제기한다. 진화는 우리가 누구인지, 그리고 우리가 어디로부터 왔는지—그리고 모든 살아 있는 물질이 나온 곳—에 대한 질문을 다룬다. 홀로코스트는 인간이 어떤 존재인지, 우리가 실현할 수 있는 선과 악은 무엇인지에 대한 질문을 다룬다.

4. 미학적 방식   일부 개인은 예술작품이나, 균형 있고 조화로우며 신중하게 설계되어 배열된 물질들을 통해 영감을 얻는다. 진화의 나무는 많은 가지와 간격을 가지고 있기 때문에 이런 속성을 지닌 개인에게 매력적일 수도 있다. 다윈 본인은 자연의 '복잡한 은행'의 은유에 흥미를 느꼈다. 예술, 문학, 영화 및 음악 작품에서 홀로코스트를 그리려고 하는 노력들이 있어 왔는데, 이는 홀로코스트 이후에 사망한 사람들과 당시의 공포를 포착하려 했던 생존자 및 관찰자들의 작업에서 이루어졌다.

5. 직접 체험 방식   많은 개인들, 특히 젊은 사람들은 무언가를 만들고, 자료를 조작하며, 실험을 진행하는 등 적극적으로 참여하는 활동을 통해 하나의 주제에 접근하는 것을 가장 쉽게 느낀다. 초파리를 번식시키기 위해 사육해 봄으로써 유전적 변형의 사건 및 운명을 관찰할 기회를 갖게 된다. 홀로코스트 전시는 이 사건에 대한 끔찍한 소개를 제공해 줄 수 있다. 학생들이 홀로코스트 전시 입장 당시에 대체 '정체성'을 부여받고, 이 사람에게 홀로코스트 당시에 무슨 일이 일어나는지 확인하게 될 때, 개인의 정체성은 매우 강력해질 수 있다. 인간이 규칙을 따르려는 경향을 기록한 심리적 실험의 대상이 되어 보는 것도 상당히 기억에 남는 경험이 될 수 있다.

6. 사회적 방식   앞서 설명한 진입점들은 지금까지 개인을 단일한 사람으로 다루고 있다. 그러나 많은 개인은 여러 명이 모인 집단 환경에서 더 효과적으로 학습한다. 집단 환경에서 사람들은 서로 다른 역할을 맡고,

다른 사람의 관점을 관찰하며, 규칙적으로 상호작용하고, 서로를 보완해 줄 기회를 가지게 된다. 하나의 학생 집단은 해결해야 할 문제 하나를 부여받을 수 있다. 예를 들어, 극적인 기후 변화가 생긴 이후에 주어진 환경 내의 다양한 종에게 무슨 일이 벌어질지에 대한 문제 혹은 강제 수용소로 이어지는 철로를 연합군에서 날려 버렸다면, 독일인은 어떻게 반응했을지에 대한 문제를 부여받을 수 있다. 혹은 변화하는 생태계 내에서 각기 다른 종의 입장에서 역할극을 해 보거나, 포위당한 유대인 거주 구역(게토)에서 반란군에 속한 각기 다른 참여자들의 역할극을 해 보라는 요청을 받을 수도 있다.

유추하기

'진입점' 관점은 학생들을 학문적 주제 한가운데로 직접 안내한다. 그럼으로써 학생들이 더 깊이 있는 탐구를 해 보도록 관심을 불러일으키고 인지적 관심을 유지시켜 준다. 그러나 진입점은 특정한 형태 혹은 방식의 이해를 꼭 심어 주는 것은 아니다.

한 교사가(혹은 학생이) 이미 이해한 내용으로부터 덜 친숙한 주제의 중요한 측면을 전달할 수 있는 유익한 유추를 해 보라는 요청을 받았다고 가정해 보자. 예컨대 진화의 경우, 역사 혹은 예술로부터 이끌어 낸 유추가 그 예시가 될 수 있다. 각 사회는 시간이 흐름에 따라 변화하는데, 때로는 점차적으로 그리고 때로는 세상의 종말이라도 온 듯이 변화한다. 인간 사회의 변화 과정은 종 내부 혹은 종 간의 생물학적 변화와 비교될 수 있다. 진화는 예술 작품에서도 관찰될 수 있다. 한 권의 책 속에서, 때로는 연작에 걸쳐 인물들이 변화한다. 퓌그(fugue)의 주제는 특정한 방식 속에서 진화하고 발달하며, (보통의 경우) 다른 방식으로는 진화하거나 발달하지 않는다.

홀로코스트에서도 유추해 볼 수 있다. 한 민족을 말살하려는 시도는 한 가지 사건 혹은 전체 문명의 흔적에 대한 제거로 유추해 볼 수도 있다. 때때로 이런 말살 시도는 고의적이다. 이는 마치 범죄자가 범죄에 대한 모든 증거를 숨기려고 시도하는 것과 마찬가지이다. 그리고 때로는 이런 노력은 시간이 흐름에 따라 결과적으로 벌어지기도 한다. 마치 고대 도시의 흔적이 사실상 파괴될 때 벌어지는 일과 유사하다(우리가 모르고 있는, 지금은 존재하지 않는 이런 고대 도시들과 관련된 역사적 기록은 자연 재해의 결과로 혹은 복수심에 불타는 적에 의해 흔적이 모두 사라져 버린 것이다).

유추는 강력할 수도 있지만, 사실을 혼동하게 할 수도 있다. 유추는 주제에 대한 중요한 면을, 그 주제와 친숙하지 않은 개인에게 전달하는 훌륭한 방법이다. 그러나 각 비유는 존재하지 않는 유사점들을 제시할 수도 있다. 예를 들어, 퓌그의 주제를 구성하는 유익한 지성은 생물학적 진화의 임의적인 속성과 다르며, 독자적으로 행동하는 살인자는 비밀리에 그러나 일제히 움직이는 사회의 한 영역과 다르다. 교사는 각 비유가 적절한지 확인하고 오해의 여지가 있는 비유가 학생들의 궁극적인 이해를 왜곡하거나 방해하지 않도록 할 의무가 있다.

핵심에 접근하기

진입점들은 대화의 포문을 연다. 유추를 함으로써 질문 속에 있는 개념의 일부를 드러낸다. 그러나 중심적인 이해를 전달하는 문제가 여전히 남는다.

우리는 우리의 분석 중에서 가장 괴로운 부분에 도달했다. 전통적으로 교육자들은 두 가지 반대되어 보이는 접근법에 의지해 왔다. 두 가지 방법 모두 꽤 분명한 교육을 제공하는 방식이다. 보통은 교훈적인 방식이다. 그리고 자료에 대한 언어적 숙달 측면에서 학생들의 이해도를 평가했다(진화란……

홀로코스트에 대한 다섯 가지 핵심 내용은……). 혹은 교육자들은 학생들에게 방대한 양의 정보를 제공하고, 학생들이 어떻게든 자신만의 정보 종합을 이루어 내기를 바란다(여러분이 읽은 내용, 박물관 방문 및 다양한 교실 내 활동을 기반으로, 만약 …… 한다면 여러분은 무엇을 하겠는가?). 일부 교사들은 두 가지 접근 방식을 동시에 혹은 순차적으로 모두 추구한다.

우리는 여기서 중요한 교육적 질문과 마주한다. 개인적 능력 및 표현 방식의 차이에 대한 지식을 신뢰할 수 있으며 철저한 방식으로 한 가지 주제의 가장 중요한, '핵심적인 생각'을 전달할 수 있는 교육적 접근 방식을 만들어 낼 수 있을까?

우선, 정형화된 접근 방식은 있을 수 없다는 점을 반드시 인정해야 한다. 모든 주제는—모든 수업의 맥락이 다른 것과 같이—다르다. 따라서 각 주제는 특정 개념, 개념, 이슈, 문제 및 오해의 민감성의 네트워크 측면에서 고려되어야 한다.

두 번째 단계로, 주제들이 고립되어 존재하는 것이 아니라는 점을 인정해야 한다. 각 주제는 이미 존재하고 있거나 생기고 있는 학문들의 총체로부터 발생하며, 어느 정도 그에 의해 정의된다. 따라서 진화에 대한 연구는 생물학 영역 내에서 일어나며, 보다 일반적으로는 과학적 설명 영역 내에서 일어난다. 그렇기 때문에 진화에 대한 연구는 모든 상황에서 모든 유기체에게 적용될 일반적인 원칙 및 모델에 대한 탐구를 포함한다(그러나 일부 표의 중심적 성향을 보이는 과학자들은 공룡이 사라진 것과 같은 특정한 사건을 설명하려고 노력하기도 한다). 반면, 홀로코스트에 대한 연구는 역사 내에서—그리고 때로는 이 역사적 사건을 전달하려는 문학 혹은 예술적 노력 내에서—이루어진다. 홀로코스트의 일부는 다른 역사적 사건과 유사할 수도 있다. 그러나 역사에 대한 근본적인 생각은 역사가 특정한 맥락에서 일어나는 특정 사건에 대한 설명을 제공한다는 것이다. 일반적인 원칙을 발견하거나 시험해 볼 수 있는 모델을 구축할 수 있기를 기대하는 이들도 있을 수 있다(그러나 일부 과학적 성향이 강한 역사학자들은 그와 같은 모델들을 구축하고 시험해 보고자 시도하고 있다).

세 번째 단계는 어떤 개념을 묘사하고 설명하는 흔히 사용되는 방식을 인정하는 것이다. 따라서 진화는 (예를 들어, 네안데르탈인의 소멸, 진화의 분기 나무와 같은) 특정한 예시들을 이용해서 전형적으로 묘사되는 한편, 홀로코스트는 (예를 들어, 히틀러의 『나의 투쟁(Mein Kampf)』, 1942년 1월 반세 회의의 최종 해결책의 공식화, 아우슈비츠에 보관된 기록들, 강제 수용소를 해방시켰던 첫 번째 연합군의 보고서, 생존자들의 으스스한 사진들과 같은) 특정한 주요 사건 및 기록의 측면에서 전형적으로 설명되곤 한다. 이와 같은 친숙한 예들은 임의로 선택된 것이 아니다. 오히려, 이 예시들은 학자들이 과거의 이런 주제들을 정의할 수 있도록 도움을 주었고, 최소한 합리적인 비율의 학생들에게 교육학적으로 효과적인 것으로 증명된 예시들이다.

그러나 이와 같은 예시들이 자신만의 이유를 가지고 있다고 해서 독특하게 혹은 영원히 특권을 가지고 있다고 유추해서는 안 된다. 이와 같은 예시들을 확실한 이해도 없이 설명하는 사람이 있을 수도 있다. 그리고 이와 마찬가지로, 진화 혹은 홀로코스트에 대한 이해를 다른 예시, 다른 자료, 다르게 형성된 인과관계에 대한 설명을 이용해서 향상시키는 것도 분명히 가능하다. 우리는 이 총계는 변화한다는 사실을 알고 있다. 왜냐하면 효과적이라고 증명된 새로운 교육학적 접근 방법뿐만 아니라 새로운 역사적 혹은 과학적 사실이 존재하기 때문이다(그러므로 예컨대, 컴퓨터 프로그램에서 진화 과정을 자극하거나 사실상의 현실을 창조하는 기회는 한 세대 혹은 두 세대 전에는 기대하지 못했을 교육적 기회를 낳는다).

핵심에 접근하는 중심 단계는, 개인이 핵심을 한 가지 이상의 방법으로, 즉 진정으로 여러 가지 방식으로 설명할 수 있는 경우에 그 개념이 잘 이해되었다고—그리고 이해에 대한 설득력 있는 성과를 보일 수 있다는 사실을—인정하는 것이다. 만약 다수의 설명 방식이 다수의 상징체계, 지능, 개요 및 틀을 이용한다면 더 좋다. 유추를 넘어서—진정으로 반대 방향으로 나아가며—설명은 가능한 한 정확하고 종합적인 것이 되도록 추구한다.

이런 주장이 내포하는 함의는 다양하다. 첫째, 한 가지 주제에 상당한 시간을 들여야 할 필요가 있다. 둘째, 해당 주제를 다양한 방식으로 묘사할 필요가 있다. 복잡한 내용을 표현하고, 반드시 다양하기 마련인 학생들 모두에게 도달하기 위해서이다. 셋째, 다수의 접근방식이 분명하게 다양한 지능, 기술 및 관심사를 불러일으킨다면 더욱 바람직하다.

내가 단순히 '스모가스보드(온갖 음식이 다양하게 나오는 뷔페식 식사)' 방식의 접근법을 교육에 요청하고 있는 것처럼 보일 수도 있다. 학생들에게 충분히 많은 양을 던지면, 그것들 중 일부가 정신/뇌에 맞아 남아 있게 되리라는 식이다. 나는 그런 방식이 전혀 장점이 없다고 생각하지 않는다. 그러나 다중지능이론은 말하자면, 단순한 변형 및 선택을 뛰어넘는 기회를 제공해 준다. 한 가지 주제를 상세히 검토해 보고, 어떤 지능이, 어떤 유추가, 어떤 예시가 해당 주제의 중요한 측면을 포착하고 상당수의 학생에게 도달할 가능성이 가장 높은지 결정하는 것이 가능하다. 여기에서 우리는—알고리즘적 접근방식에 예민할 수 없고, 앞으로도 예민해지지 않을 기술인—교육학의 가내수공업적 측면을 반드시 인정해야 한다. 그리고 이런 특징은—한 가지 주제를 지속적으로 다시 다루고 중요한 요소들을 전달하는 새로운 방식을 고려해 보는 기회가 주어진다는—교육의 재미있는 부분을 구성하기도 한다.

교육자와 학자들은 한 가지 주제의 핵심을 표현하는 최적의 방식이 여전히 존재한다고 계속해서 믿을지도 모른다. 이런 경우, 나는 다음과 같이 대답한다. 학문적 진보의 역사는 전문가들이 특히나 관심을 가지고 고찰해야 할 주제들—아마도 생물학에서의 유전적 돌연변이, 생태적 지위, 역사학의 경우 인간의 의도, 전 지구적 인구 통계학, 생태학의 힘—에 대해 필연적으로 생각해 볼 수밖에 없게 한다. 그와 같이 합의적 묘사는 합리적이다. 그러나 진화가 생물학에서 일어나지 않았으며, 홀로코스트는 역사학에서 일어난 것이 아니라는 사실을 간과해서는 안 된다. 이들은 관찰자 및 학자들이 자신이 할 수 있는 한 최대한 묘사하고 해석하고 설명할 수 있는 사건이자 과정이다. 새로운 발견뿐만 아니라 새로운 학문적 경향은 점진적으로 오늘날의 통설을 약화시키고, 내일의 학자는 우리가 이해하고 있는 내용을 재구성하게 될 수도 있다. 다윈이 진화에 대한 라마르크(Lamarck)의 관점을 다시 썼던 것과 마찬가지로, 단속평형이론을 믿는 사람들은 다윈의 점진주의를 전복시키려 하고 있다(Gould, 1993). 이와 마찬가지로, 대니얼 골드하겐(Daniel Goldhagen)의 『히틀러의 사형집행인들(Hitler's Willing Executioners)』(1996)은 앞선 세대의 역사학자들보다 홀로코스트에 대한 훨씬 더 '평범한 독일적인' 설명을 하고 있다.

접근 방식을 일반화하기

내가 두 가지 어려운 교육 주제에 대한 가장 좋은 접근법을 제시하는 데 어느 정도 성공했다 하더라도, 나는 커리큘럼의 대부분은 분명히 건드리지 않은 채 남겨 두었다. 나는 고등학교—아마도 대학교—가 다루는 주제들에 대해 집중했다. 나는 수학, 음악이나 기후학보다는 생물학과 유럽 역사에서 주제를 선택했다. 그리고 나는 이를테면 화학 반응이나 음율 분석 혹은 기하학적 증명보다는 주제 혹은 문제에 집중했다.

내가 여기 설명한 접근법이 계획표상의 모든 주제에 동일하게 적용될 수 있다고 암시한다면, 내가 태만한 것일 것이다. 사실 나는 의도적으로 상대적으로 풍부하며 다면적인 두 가지 주제를 선택했다. 그리고 이 두 가지 주제는 수많은 관점에서 고려해 보기가 용이하다. 나는 전달해야 하는 모든 종류의 주제 및 기술에 대해 동일하게 효과적인 것으로 증명될 교육적 접근법은 없을 것이라 생각한다. 프랑스어 동사 또는 인상주의의 기교를 가르치는 것은 러시아 혁명이나 뉴턴(Newton)의 역학 법칙을 다루는 것과 단순히 상응할 수 없다.

그러나 여기 설명한 접근법은 폭넓게 활용될 수 있다. 우선, 어떤 사람이 특정 주제를 왜 가르치는지, 학생들이 미래의 일정 시기가 되었을 때 보유하기를 기대하는 바가 무엇인지에 대한 질문을 제기한다. 우리가 가르치는 상당 부분은 습관을 통해 반복된다. 더 적은 수의 주제를 가르치고 더 깊이 있게 다루는 것이 더 타당하다. 그와 같은 접근법을 통해―생물학의 진화 혹은 역사의 홀로코스트(혹은 물리학의 에너지 또는 문학의 인물) 같은―소수의 중심 주제와 자료들을 관련지을 수 있게 하며, 합리적으로 일부 강력한 주제 혹은 직통선들과 합리적으로 연결될 수 없는 주제들을 제거할 수 있게 해 준다. 결국, 우리는 모든 주제를 생각할 수 있는 대로 모두 다룰 수는 없다. 우리는 또한 우리가 다루는 것에 있어서 일관성 있고 종합적일 수 있도록 노력해야 할 것이다.

어떤 주제가 지속적인 관심을 받아야 하는지 결정하고 나서, 모든 교육적 접근법을 탐구해 볼 수 있다. 간략히 말하자면, 어떤 진입점이 다양한 학생의 관심을 집중시키는 데 성공을 거둘 수 있을지 고려해 보기 시작한다. 그러고 나서, 어떤 예시, 비유 및 은유가 그 주제의 중요한 부분을 강력하지만 오해를 일으키지는 않는 방식으로 전달할 수 있을지 고려해 본다. 마지막으로, 문자 그대로 적절한 설명을 어떻게 할 수 있을지 알아보고, 적절하게 설명할 수 있는 예시들을 모아서 고려하고 있는 주제에 대해 풍부하고 차별화된 묘사들을 제공한다. 이런 모든 묘사는 학생들에게 전문가가 된다는 것이 어떤 것인지 알려 준다. 그리고 이런 묘사들이 다양한 상징 및 책략을 포함하고 있는 한도 내에서, 학생들에게 훨씬 더 견고하고 유용하다는 점이 드러나게 될 것이다.

자료를 제공하고 다수의 설명을 강화하는 것은 효과적인 교수법의 구성요소이다. 보완적 구성요소는 실행해 볼 많은 기회를 제공하는 것을 수반한다.

이 기회를 통해 학생과 관심 있는 관찰자들은 자료를 숙달한 정도를 드러낼 수 있다. 이해의 성취를 자극할 때, 교사들은 상상력을 동원하며 다원적인 태도를 취할 필요가 있다. 유효성이 이미 증명된 방식─단답형 시험, 에세이 질문─으로 돌아가기는 쉽지만, 그렇게 해야 한다는 법은 없다. 성취는 해당 주제의 서로 다른 면처럼 그리고 학생들이 가지고 있는 다양한 기술과 같이 다양할 수 있다. 다양하게 인정받은 성취는 더 많은 학생이 자신이 이해한 바를 보여 줄 수 있는 기회를 제공할 뿐만 아니라, 주제에 대한 학생의(혹은 출제자의) 이해에 부정적 헤게모니를 형성하지 않도록 전문가는 주제에 대해 어떠한 단일한 입장도 취하지 않는다.

우리의 현재 예시와 관련해서, 나는 교사들에게 학생들이 서로─홀로코스트의 원인에 대한 혹은 라마르크 주장의 장점에 대한─논쟁에 참여할 수 있도록, 그리고 진화 과정의 각기 다른 측면을 조사하는 실험을 진행하도록, 또한 홀로코스트 혹은 우리 시대에 일어난 다양한 세계 분쟁에서 생존한 개인들을 인터뷰하도록, 그리고 레지스탕스의 영웅들을 기념하는 예술작품을 창작해 보고, 매우 해로워진 환경에서 살아남는 생명체를 디자인해 볼 수 있도록 하라고 격려한다. 아마 가장 힘든 일은, 호모 사피엔스 사피엔스(Homo sapiens sapiens)라고 불리는 지금의 인류가 보여 주는 행동의 진화에 대해 우리가 알고 있는 것과 관련해서 홀로코스트가 일어나도록 만든 요소에 대해 토론해 보라고 학생들에게 요청할 필요가 있다는 것이다. 이런 이유로, 드디어 우리의 두 가지 주제가 서로 결합된다. 다른 교사와 함께 커리큘럼 가이드와 대화에 대해 협의하는 것은 다른 견본 커리큘럼의 기타 성취 측면에서 상상력을 자극할 것이다.

허쉬(Hirsch, 1996)가 비판한 바와 같이, 또 다른 프로젝트─진보 움직임의 죄─가 필요하다는 것을 보여 주는 것일까? 전혀 그렇지 않다. 학생 프로젝트는 주요하게 다음 두 가지 측면을 고려할 필요가 있다. 첫째, 장르의 예시로서의 적절성(일관성이 있는 에세이인가? 효과적인 기념물인가? 인과관계 설명으로서 적합한가?), 둘째, 개인의 이해를 성취하기 위한 사건으로서의 적절성 (토론자가 사람들이 대체로 동의하는 사실을 근거로 이야기하고 있는가 혹은 알려진 사실을 왜곡하고 있는 것은 아닌가? 새롭게 설계된 좋은 번식 및 자녀 양육이 가능한 수명을 가지고 있는가?)이다. 이해에 대한 피상적인 측정이 되지 않게, 그와 같은 프로젝트 및 성취는 학생들이 높은 기준—개념의 주요 속성들이 문화적 실행 가능성 테스트를 만족하는 매개체를 통해 수행된다—을 만족하도록 한다.

나는 지금까지 거의 완전히 극단적으로 단순한 형태의 기술—책, 연필, 종이, 아마 몇 가지 예술 재료, 간단한 생화학 실험실—로 나 자신을 제한해 왔다. 이것이 적절하다. 교육적 목표 및 수단에 대한 근본적인 논의는 최신 기술 발전에 의존해서는 안 된다.

그러나 여기 설명한 접근법은 현재 및 미래 기술에 의해 상당히 향상될 것이다. 교사들이 개인화된 커리큘럼 및 교육을 서른 명이나 되는 초등학교 학생들에게 제공한다는 것은, 백 명이 넘는 고등학생은 물론 말할 것도 없이, 쉬운 일이 아니다. 이와 비슷하게, 학생들이 다양한 성취를 보일 수 있도록 하고, 각 학생들의 서로 다른 성취에 대해 의미 있는 피드백을 제공하는 일도 어렵다.

다행히 오늘날 우리는 학생과 교사 모두에게 개인 맞춤형 서비스를 제공할 수 있는 비약적인 발전을 이루게 해 줄 기술을 가지고 있다. 각기 다른 지능을 다룰 수 있고, 다양한 입구를 제공하며, 학생들이 본인이 이해한 내용(이를테면 언어, 숫자, 음악, 그래픽 등)을 상징체계로 나타낼 수 있도록 해 주고, 교사들이 학생의 작업 내용을 유연하고 빠르게 검토할 수 있게 해 주는 소프트웨어를 만드는 일은 이미 가능하다. 학생들의 작업 내용은 메일, 비디오 컨퍼런스 등의 수단 덕분에 원거리에서도 검토할 수 있다. 학생들의 작업을 평가하고 관련된 피드백을 제공하는 '지능형 컴퓨터 시스템'의 발전은 이제 더 이상 공상과학소설 속 이야기가 아니다.

과거에는 개인화된 교육이―바람직하기는 하지만―단순히 불가능하다고 주장하는 것이 가능했을지 모른다. 이런 주장은 더 이상 타당하지 않다. 주저하는 것은 다른 배경에서나 정당화되어야 할 것이다. 다만, '일반적인 방식'으로 성공을 경험하지 못하고 있으며, 대체 형태를 실시하여 혜택을 볼 가능성이 있는 학생과 부모를 설득하기가 어려울 것 같다는 생각이 든다. 이런 저항감은 자료들을 개념화하는 새로운 방식을 만난 학자들이나 다양한 교육 및 평가 방법을 사용해 온 교사들에게도 마찬가지일 것이다.

교육자들은 언제나 유망한 기술들뿐만 아니라, 종이, 책, 강연장, 영상 필름, 텔레비전, 컴퓨터 및 인간이 만든 인공물들의 다양한 운명을 연대기순으로 기록한 교육의 역사 대부분에서 이런 기술들을 어설프게 고치곤 해 왔다. 현재의 기술들은 내가 여기서 주장하는 '다중지능 접근법' 류를 현실화하는 데 도움이 되는 맞춤형으로 보인다. 그러나 정말 그럴 것이라는 보장은 없다. 많은 기술이 사라졌고, 또 많은 기술이 피상적으로 그리고 비생산적으로 이용되었다. 또한 우리는―홀로코스트와 같은―인간 역사상 끔찍한 사건이 당시 현존하던 기술의 왜곡된 형태를 특징으로 보이고 있다는 점을 반드시 기억해야 한다.

그것이 교육에 대한 고려가 단순히 중요하다고 말하는 데 그칠 수 없는 이유이다. 단순히 컴퓨터라고 하기보다, 우리는 컴퓨터를 무엇에 쓸 것이냐고 물어야 한다. 보다 폭넓게 보자면, 무엇을 위한 교육인가? 나는 여기서 강한 입장을 취하겠다. 교육은 궁극적으로 인간의 이해를 향상시키는 면에서 그 자체를 정당화해야 한다. 그러나 그 이해 자체는 누구나 구할 수 있는 것이다. 결국, 물리학 지식은 다리 또는 폭탄을 만드는 데 사용될 수 있다. 그리고 인간에 대한 지식은 인간을 해방시키거나 노예화하는 데 사용될 수 있다.

나는 내 자녀들이 세상을 이해하기를 바란다. 그러나 그 까닭은 단지 세상이 멋진 곳이며 사람이 호기심이 많기 때문이 아니다. 내 자녀들이 세상을 이해함으로써 세상을 더 나은 곳으로 만들 수 있는 위치에 있게 되기를 바란다. 지식은 도덕과 같지 않다. 그러나 우리가 과거의 잘못을 피하고 생산적인 방향으로 움직이기 위해서 지식을 이해할 필요가 있다.

　이해의 중요한 부분은 우리가 누구인지 알고 우리가 무엇을 할 수 있는지 아는 것이다. 답의 일부는 생물학—인간 종의 뿌리 및 제한에 대한 학문—에서, 그리고 일부는 역사—사람들이 과거에 무엇을 했으며 그들이 할 수 있는 일이 무엇인지에 대한 학문—에서 찾을 수 있다. 많은 주제가 중요하지만, 나는 진화와 홀로코스트가 특히 중요하다고 주장하고 싶다. 이 두 가지 주제는 인류의 가능성—선과 악—을 담고 있다. 학생이라면 이 내용이 시험에 나오기 때문이 아니라, 이런 주제가 인간의 가능성을 기록할 수 있도록 도와주기 때문에 알아야 할 필요가 있다. 궁극적으로, 우리는 자신에 대한 이해를 반드시 종합해야 한다. 진정으로 중요한 이해의 성취는 세상에서 우리가 인간으로서 행하는 것은 불완전하지만—선을 위해 혹은 악을 위해—우리가 영향을 끼칠 수 있는 존재라는 점이다.

제5부
미래 주제

제19장
맥락상의 평가:
표준화된 시험의 대체 수단

Gifford, B. R., & O'Connor, M. C. (Eds). *Changing assessments: Alternative views of aptitude, achievement and instruction*. Boston: Kluwer, 1991.

평가의 대조적 모델들

오늘날 미국 어디에서나 볼 수 있는 장면은 수백 명의 학생이 큰 고사장으로 줄을 서서 들어가는 모습이다. 초조하게 자리에 앉아서 밀봉된 시험지가 배포되기를 기다린다. 예정된 시간이 되면, 시험 문제지가 배포되고, 간략한 설명이 주어지며, 공식적인 시험이 시작된다. 고사장은 각각의 책상에 앉아 2호 연필을 쥔 채 답안지를 채워 나가고 있는 학생들만큼이나 조용하다. 몇 시간이 지나고, 시험이 종료되고 시험지가 회수된다. 일정 기간이 지나면 점수가 기록된 문서들은 각 학생의 집으로, 그리고 그 학생들이 입학하기를 희망하는 대학으로 보내진다. 아침에 치른 시험의 결과는 각 학생의 미래를 결정하는 강력한 요소가 된다.

낯설지 않은 이와 같은 장면은 산업화 이전의 대부분의 사회에서 수 세기에 걸쳐 볼 수 있었던 장면이다. 10세 혹은 11세 정도 되는 아이가 무역에 통달한 사람의 집으로 들어선다. 처음에는 도장인의 일을 돕거나 하루를 마친 후에 가게를 청소하는 등의 허드렛일을 하라는 지시를 받는다. 이 기간에 아이는 도장인이 일하는 모습을 지켜볼 기회를 가지게 된다. 동시에 도장인은 아이가 자신의 특별한 재능이나 심각한 결점을 발견하는지 관찰한다. 수개월이 흐르는 동안, 이 견습생은 천천히 무역의 실무를 익히게 된다. 처음에는 무역과 관련해 주변적인 사무만을 도왔으나, 시간이 지나면서 차츰 기술이 필요한 작업 전반에 걸쳐 익숙해지게 된 것이다. 기본적으로 도장인은 전통적 방식에 따라 일을 분배하기는 하지만, 새내기부터 장인에 이르기까지 그들이 지닌 특유의 기술 및 동기에 맞춰 다양한 단계로 일을 세분하여 맡긴다. 그리하여 청년은 감독을 받는 몇 년 동안의 훈련 끝에 스스로 실무를 진행할 수 있는 기술을 갖게 된다.

두 장면 모두 이상적으로 그려지기는 했지만, 젊은 사람들을 평가하고 훈련하는 데 관심이 있는 사람이라면 누구라도 쉽게 인지할 수 있어야 한다. 사실 두 가지 장면은 양극단을 대표하고 있다. 첫 번째 장면은 '공식적인 테스트' 모델이 목표로 하는 것으로서, 일정 정도 비슷한 결과를 얻을 수 있다는 보장하에 폭넓게 이용되고 실행될 수 있는 탈맥락화된 형태의 평가이다. 두 번째 '견습제도' 모델은 기술의 독특한 요소들 안에서 자연스럽게 발생하는 맥락을 두루 살펴 이루어진다. 이 평가는 특정한 기술과 관련해 기술의 습득 정도를 사전에 분석하는 것을 기반으로 하고 있지만, 견습생에 대한 평가자의 개인적 판단, 자신과 다른 평가자와의 관계, 혹은 다른 종류의 서비스에 있어서의 필요성 등 주관적인 요소의 영향도 받을 수 있다.

이와 같은 두 가지 형태의 평가가 각기 다른 필요를 충족시키기 위해 설계된 것이라는 점을 분명히 해야 한다. 견습제도는 다양한 기술의 연마가 농촌 이외의 지역에 있어 청년 고용의 지배적인 형태일 때 이해가 된다. 공식적인 시험은 학교에서 교육받고 있는 수천 명의 학생의 성취도를 비교하는 현대적인 수단이다. 그러나 이와 같은 평가 형태들은 앞에서 설명한 두 가지 원형적 맥락에만 제한적으로 쓰이지 않는다. 중국 사회는 압도적으로 농경이 우위를 점하고 있음에도 2천 년이 넘는 기간 동안 공식적인 시험이 정부 관료를 뽑는 수단으로 사용되었다. 마찬가지로 고도로 산업화된 우리 사회에서 예술, 운동 실무 및 과학 연구(Polanyi, 1958) 등 수많은 영역에 걸쳐 견습제도 및 그에 수반되는 맥락을 통해 결정되는 형태의 평가가 지속적으로 사용되고 있다.

따라서 '공식적인 시험'을 '견습제도'에 반대되는 개념으로만 생각하는 것은 순전히 역사 착오적이거나 사회 내 생산을 위한 최초 수단이라는 것에만 함몰되어 있는 결과라 할 수 있다. 지금 현재 우리가 사용하고 있는 것보다도 더욱더 광범위하게 견습제도를 우리 사회 내에서 활용할 수도 있을 것이다. 오늘날 (나를 포함한) 대부분의 관찰자들은 의무적으로만 시행되는 견습제도의 통과 체제에 대해, 빈번하게 나타나는 지나치게 부당한 대우와 노골적인 성차별에 대해 통탄하지 않을 수 없다. 이러한 점들을 생각해 볼 때는 오늘날의 공식적인 시험이 더욱더 공정해 보임은 물론, 보다 쉽게 정당화될 수 있는 형태의 시험이라 할 수 있다. 그러나 견습생 모델의 여러 측면은 개인이 어떻게 배우고 개인의 성과가 어떻게 평가될 수 있는지에 대한 현재의 지식과 일치한다.

우리 사회는 공식적인 시험 방식을 지나친 수준까지 수용해 왔다. 나는 학습 및 평가에 있어—내가 '맥락화된 학습'이라고 부르는—견습생 모델의 속성을 우리 교육제도에 유익하게 다시 도입할 수 있을 것이라고 주장한다 (Collins, Brown, & Newman, 1989 참조). 표준화된 시험이 등장하게 된 배경 및 그것이 종종 암시하는 지적 활동에 대한 일차원적인 관점의 설명을 통해 이것이 지닌 과거의 교육적 신념을 읽어 낼 수 있다. 그러나 나는 그보다 인간의 정신 및 인간의 학습에 대해 좀 더 규모가 있는 관점을 제시하는 인지,

신경 및 발달 과학으로부터 얻은 몇 가지 증거를 가지고 이에 대해 검토하고
자 한다.

여기서 우리의 과제는 지금의 과학적 이해에 단단히 뿌리를 내리고 있으
며, 계몽적인 교육 목표에 기여하는 교육의 형태 및 평가 방식을 그려 보는
것이다. 나는 이런 새로운 형태의 평가의 속성을 일반적인 용어로 설명하고
자 하였다. 그리고 나와 내 동료들이 관여하고 있는 유치원부터 대학 입학
단계에 이르는 교육적 실험을 소개하고자 하였다. 이런 교육적 실험들은 지
도와 선택과 관련이 있는 정보를 취득하는 데 있어 대체할 수 있는 방식을
보여 준다. 나는 미래에 가능한 '개인 중심적' 학교를 설명하고 지지하는 것
으로 결론을 내렸다. 개인 중심적인 학교에서는 평가와 커리큘럼 간의, 학생
과 학문 간의, 학교와 공동체 간의 경계가 새롭게 그려진다. 그와 같은 학교
는 표준화된 시험은 버리고 맥락이 고려된 평가를 선호하는 사회에서 만들
어질 수 있다.

공식적 시험에 대한 충성과 동반되는 교육적 관점은 내가 '학교교육에 대
한 획일적인 관점'이라고 부르는 것이다. 이런 관점에 따르면 교복을 꼭 입
어야 하는 것은 아니지만, 다른 측면에서 균질화된 교육을 요구한다. 획일적
인 관점에 따르면, 가능한 한 많은 수의 학생이 동일한 과목을 배워야 한다
(이는 지배적인 문화 혹은 하위 문화의 가치에 대한 강한 투입을 포함할 수 있다;
Bloom, 1987; Hirsch, 1987; Ravitch & Finn, 1987 참조). 게다가 교과목은 학습
대상인 학생들에게 가능한 한 많이, 동일한 방식으로 전달되어야 한다.

학교교육과정은 획일적인 관점에서 자주 이루어지는 공식적인 시험을 통
해 평가되어야 한다. 더불어 이와 같은 시험이 획일적인 환경에서 관리되어
학생, 교사 및 부모는 학생이 얼마나 진전을 이루었는지 혹은 부족한 부분은
무엇인지 상세하게 알려 주는 정량적인 점수를 받아 들게 된다. 그리하여 이
런 시험들은 국가적으로 기준이 되는 도구가 되어야만 하기 때문에 최대한
비교해 볼 수 있어야 한다. 이때 가장 중요하게 다루어지는 교과목은 이와

같은 평가가 쉽게 이루어질 수 있는 수학과 과학 등의 영역이다. 다른 교과목의 경우 효과적으로 평가할 수 있는 내용에 가치(글쓰기의 '목소리'보다는 문법, 역사에서 해석보다는 사실)가 부여된다. 공식적인 시험에서 다루기가 제일 어려운 예술과 같은 학문은 학교교육에서 평가절하된다.

학교교육의 획일적인 관점에 대한 그림을 그려 봄으로써, 나는 내가 특정한 경향을 지나치게 강조하고 있으며 공식적인 시험과 밀접한 관련이 있는 사람들에게는 전적으로 공정하지 않은 방식으로 관점과 태도를 함께 묶고 있었다는 사실을 알게 되었다. 시험과 밀접하게 관련이 있는 일부 개인도 나와 똑같은 우려의 목소리를 내고 있다(Cronbach, 1984; Messick, 1988). 사실, 내가 이런 그림을 수십 년 전에 그렸더라면 너무 충격적인 캐리커처로 보였을 것이다. 그러나 1980년대 초반 이후에 진행된 미국 교육 내 경향은 내가 방금 묘사한 관점과 강한 유사성을 지니고 있다. 최소한 이런 관점은 19장의 후반부에서 설명할 맥락화되고 개인화된 시험 및 학교교육에 대한 '대비 사례' 역할을 한다. 이 관점들은 이와 같은 대조의 정신에서 살펴보아야 한다.

시험을 치르는 사회는 과학적인 규칙보다는 실용적인 필요에 더 응답해 온 한편, 인간의 속성에 대한 특정한 관점을 반영하고 있다. 시험을 치르는 사회가 기반을 두고 있는 과학적인 생각은 인지 및 발달에 대한 행동주의적, 학습 이론적, 관념 연합론적 관점이 지배하던 초기로부터 유래한 것이다(이에 대한 내용의 요약은 Gardner, 1985a 참조). 이들 관점에 따르면 '선천적인' 인간의 능력, 유아기로부터 노년기에 이르기까지 매끈하고 아마도 선형적인 학습 곡선을 보이는 것, 학문의 위계질서 및 신중하게 통제되며 최대한 탈맥락화된 조건에서 잠재력과 성취도를 평가하는 것이 바람직하다는 것을 믿는 것이 합리적으로 느껴질 것이다.

그러나 지난 수십 년간 시험 체계에 기반을 두고 있는 다양한 주장이 발달, 인지 및 교육적 연구에 의해 점차 약화되었고, 상당히 다른 관점이 부상하고 있다.

맥락을 고려한 학습 평가의 바람직한 성격

표준화된 테스트와 전형적인 실험 설계가 비서구 문화 맥락에 처음 소개되었을 때, 이는 한 가지 결론으로 귀결되었다. 문자를 모르는 개인과 비서구 출신의 사람들이 서구의 제어 집단보다 훨씬 더 기술을 갖추지 못했으며 지적으로도 떨어진다는 것이다. 그런데 흥미로운 현상은 그 이후에 발견되었다. 단순히 자료, 시험 환경 혹은 지시 내용을 바꾸는 것만으로도 성취도가 극적으로 개선되는 결과가 나타난 것이다. 우리 문화권 내 인물과 다른 문화권 출신 사이의 '성취도 간극'은 좁혀지거나 익숙한 자료가 사용된다거나, 개정된 지시 내용이 주어지거나, '동일한' 인지 능력이 비서구적 맥락 내에서 좀 더 말이 되는 형태로 이용될 때는 심지어 그 간극이 사라지기도 했다(Laboratory of Comparative Human Cognition, 1982).

이제 하나의 목표 청중을 위해 설계된 평가 자료는 다른 문화권에서 직접적으로 이용될 수 없다는 사실을 알려 주는 실험적 증거는 굉장히 많이 존재한다. 순수하게 문화적으로 공평하거나 문화 맥락을 무시할 수 있는 자료란 존재하지 않는다. 모든 도구는 자신의 기원을 반영한다. 서구문화적인 맥락에서 이해가 되는 공식적인 시험은 학생들이 그와 같은 자료의 습관적인 적용이 배제된 장소에서 자료에 대해 학습하는 것이 익숙하기 때문이다. 그러나 학교교육을 받지 않거나 학교교육을 가볍게 받은 환경에서는 대부분의 가르침이 그것이 행해진 그 자리에서 이루어진다. 따라서 맥락상 유사한 평가를 진행할 때만 이치에 맞게 된다.

이러한 비교문화적인 연구를 구축함에 있어 다양한 종류의 전문가들이 행한 인지 능력에 대한 연구 결과도 축적된다. 전문가들은 자신의 계산 혹은 추론 능력을 '공식적으로' 측정하는 데 종종 실패하지만, 자신의 일상적인 작업 과정 중에 나타나는 동일한 기술—옷을 재단한다거나, 슈퍼마켓에서 쇼핑을 하며 트랙 위에 유제품 케이스를 싣는다거나, 논쟁 중에 자신의 권리를 방어하는 등—을 정확하게 보여 주는 것으로 나타났다(Lave, 1980; Rogoff, 1982; Scribner, 1986). 그와 같은 경우에 실패하는 것은 사람이 아니라 개인의 능력 수준을 기록하게 되어 있는 측정도구가 실패한 것이라고 볼 수 있다.

개인의 머리 밖에 위치한 능력과 기술

방금 검토한 연구는 또 다른 새로운 개념화를 낳았다. 한 가지 과제를 수행해 내는 데 요구되는 지식이 단일한 개인의 정신 속에 완전히 존재한다고 결론 내리는 것은 많은 경우에 있어 잘못된 결론이다. 이런 지식은 '배포'될 수 있다. 즉, 한 가지 과제의 성공적인 수행은 개인들로 이루어진 하나의 팀에 달려 있을 수도 있는데, 이 팀에 속한 누구도 단독으로 필요한 전문성을 모두 보유하고 있지는 않더라도, 이들이 다 같이 함께 일할 때 신뢰할 수 있는 방식으로 과제를 성취할 수 있다(Scribner, 1986). 개인이 필요한 지식을 '보유'하거나 '보유하지 않고 있다'고 말하는 것, 그리고 그러한 지식이 적절한 인간적 및 물리적 '계기'가 있다면 확실히 나타날 것이며, 그렇지 않은 경우에는 조사할 수 없도록 보이지 않을 것이라는 것은 지나치게 단순한 표현이다(Squire, 1986).

인간의 인지 능력을 각기 다른 세 구성요소의 교차를 통해 점점 더 명확하게 부상하고 있는 능력이라고 생각하는 것은 이해가 된다. 각기 다른 세 구성요소 중 첫 번째는 자신의 기술, 지식 및 목적을 가지고 있는 '개인'이다. 두 번째 구성요소는 이 같은 기술들이 사용되는 '지식 영역'의 구조이다. 세 번째 구성요소는 특정한 성과가 받아들여질 만한지, 그리고 사양을 만족하지 못한 것인지 판단하는 일련의 제도와 역할—둘러싸고 있는 '분야'—이다 (Csikszentmihalyi, 1988; Csikszentmihalyi & Robinson, 1986; Gardner & Wolf, 1988). 지식의 획득과 전달은 이러한 세 가지 구성요소 사이에서 스스로를 뒷받침하는 역학관계에 달려 있다. 특히 아동기 초기 몇 년이 지난 후부터 인간의 성취는 자신의 문화뿐만 아니라, 기회, 진보 및 인식에 영향을 미치는 다양한 '분야의 힘'과 같이 서로 다른 영역의 지식을 알고 있을 것으로 추정한다. 공식적인 시험은 단일한 순간에 한 사람의 정신 안에 자리 잡고 있는 지식에 집중하게 하여 그가 더 넓은 사회 환경 속에서 가능한 기여를 왜곡하거나, 확대하고, 혹은 지독하게 과소평가할 수도 있게 한다.

앞서 언급한 연구 결과는 최소한 일정한 방식으로 공식적인 시험보다 전통적인 견습제도와 훨씬 더 닮은 평가에 대해 차별화되고 미묘한 관점에서 지적하고 있다. 이러한 연구 결과를 고려할 때 오늘날 진행되고 있는 평가 계획은 발달 단계와 궤도에 있어 민감하게 행해져야 한다. 이를 위해 유아기 이후 몇 년 간에 걸쳐 나타나는 인간의 상징적 능력을 적절한 방식으로 조사해야 함은 물론, 실용적인 지식과 더불어 일차 및 이차 수준의 상징 기술 간의 관계를 조사해야 한다. 또한 서로 다른 지능과 다양한 인지 및 양식적 특징이 존재한다는 사실을 인정해야 한다. 그리고 이와 같은 다양성에 대한 인식을 평가에 반영해야 한다. 또한 서로 다른 영역에서 창의적인 인물들에게 나타나는 속성을 이해해야 한다. 마지막으로 새로운 평가 계획은 맥락이 성과에 영향을 미친다는 사실을 인정하고, 평가되는 인물의 피부 바깥으로 연장되는 맥락 등을 포함하여 능력을 평가하는 가장 적절한 맥락을 제공해야 할 것이다.

이와 같은 요구사항 및 필요조건을 모두 만족하는 것은 매우 어려운 일이다. 사실 공식적인 시험이 매력적인 이유는 방금 정리한 대부분의 속성을 함께 묶거나 최소화할 수 있기 때문이다. 그러나 평가 대상인 인물에게 진실되며 인간의 인지 속성에 대한 최선의 이해를 반영하는 평가 방법을 찾고 있다면, 내가 방금 정리한 생각을 무시할 수 없을 것이다.

평가와 관련한 새로운 접근 방법이 지닌 일반적인 속성

만약 어떤 사람이 오늘 논의한 평가에 대한 신선한 접근법을 그림에 담고자 한다면, 다음의 주요한 속성들을 포함시키고자 시도할 것이다.

시험보다 평가를 더 강조함

미국에서 시험을 좋아하는 경향은 지나치다. 일부 목적을 달성하기 위해서는 시험이 유용하다고 할 수 있지만, 전반적으로 생각해 보았을 때 시험 산업은 거의 이해가 되지 않을 정도로 유행하고 있다. 이는 타당한 결론을 도출해 내기 위해 근본적인 이론 혹은 개념적 기반을 바탕으로 이해하고자 하는 많은 사람에게 실망을 주고 있다. 많은 시험이 필요를 충족하기보다 필요를 창출하기 위해 설계된 것으로 보인다.

나는 시험에 대해 애증이 엇갈리는 감정을 가지고 있지만, 평가에 대해서는 좀 더 분명한 감정을 가지고 있다. 내 생각에 교육을 받고 있거나 교육을 담당하고 있는 사람이라면 자신의 목표, 목표를 이루기 위한 다양한 수단, 목표를 성취함으로써 얻게 되는 성공(혹은 목표의 결여) 및 목표와 과정에 대해 다시 한 번 생각해 보기 위해서라도 평가가 필요하다고 생각한다. 평가가 암시하는 내용에 대해 규칙적이며 적합한 숙고의 과정에 참여하는 것이 적절하다고 판단된다.

나는 평가라는 것이 개인에게는 유용한 피드백을 제공하고, 주변의 공동체에게는 유용한 데이터를 제공한다는 두 가지 목표와 더불어 개인의 기술과 잠재 능력에 대한 정보를 얻을 수 있는 것이라고 정의한다. 평가를 시험과 구분하는 기준은 평가가 일상적인 수행 과정에서 정보를 이끌어 내는 기술을 선호하며, 공식적인 도구를 중립적이고 탈맥락화된 환경에서 사용하기가 일반적으로 쉽지 않다는 데 있다.

내가 생각하기에는 평가의 과제를 맡고 있는 심리학계 및 교육학계 종사자들이 그와 같은 평가를 용이하게 해야 할 의무가 있다(Crossand Angelo, 1988 참조). 우리는 평가에 도움이 될 만한 규칙적이고 체계적이며 유용한 수단과 방법을 고안해야 한다. 일부의 경우 우리는 결국 '공식적인 시험'을 만드는 데 그칠 수도 있다. 그러나 대부분의 경우에는 그렇지 않을 것이라고 기대한다.

단순하고 자연스러우며 신뢰할 수 있는 스케줄에 따라 이루어지는 평가

평가는 연중 예측하기 힘든 시기에 '외부에서' 주어지기보다 자연스럽게 학습 환경의 일부가 되어 진행되어야 한다. 즉, 가능한 한 학습이 행해지는 상황의 일부로서 자연스럽게 '그때그때' 이루어져야 한다. 처음에 평가는 명백하게 소개되어야 할 것이다. 그러나 어느 정도 시간이 흐른 후에는 상당 부분의 평가가 학생과 교사 편에서 분명하게 인식하지 못하거나 누구 편에서 이루어지는 것이라는 표지도 필요 없이 자연스럽게 이루어질 것이다.

전문가의 인지 능력에 대한 평가 모델이 이와 관련이 있다. 한편으로 생각해 보았을 때 경쟁에 참여하는 것이 아니라면 전문가가 다른 사람에 의해 평가 받을 일은 거의 없어 보인다. 전문가들은 외부의 감시를 거의 받지 않고, 자신의 일을 할 것이라고 여겨진다. 그러나 사실 전문가도 끊임없이 평가의 과정을 거치고 있다. 이런 평가는 자연스럽게 이루어져서 작업을 진행하는 도중에 평가가 이루어지고 있다는 의식적인 반영이 거의 없다시피 하다. 처음 글을 쓰기 시작했을 때만 해도 나는 교사와 편집자들의 자세한 비평에 굉장히 많이 의존했다. 그러나 지금은 필요한 평가의 대부분이 내가 책상에 앉아서 적거나, 초안을 타이핑하거나, 자료의 초기 버전을 편집하는 동안에, 즉 전의식(前意識) 수준에서 이루어진다.

평가가 점차 학습의 일부가 되어 감에 따라 나머지 교실 활동과 더 이상 구별할 필요가 없어졌다. 좋은 견습제도를 활용함으로써 교사와 학생들은 언제든지 평가가 가능하다. 또한 '평가를 위한 교육'도 필요 없어진다. 왜냐하면 평가는 어디에서나 이루어지기 때문이다. 사실 공식적인 평가의 필요도 함께 줄어들게 될 수도 있다.

생태학적 정당성

대부분의 공식적인 시험은 정당성에 문제가 있다. 즉, 일부 기준과의 상관관계와 관련한 문제가 존재한다(Messick, 1988). 이미 언급한 바와 같이, 창의력 테스트는 타당성이 적절하게 확립되지 않았기 때문에 더 이상 사용되지 않는다. 지능 테스트 및 학업 적성 테스트와 같은 경우에는 예측의 정당성에 대해 학교교육을 받은 이후부터의 성과를 예측하는 데 제한적이라는 관점에서 종종 의문이 제기된다.

우리가 제시했던 견습제도로 돌아가서 살펴보면, 스승(도장인)이 내린 판단의 정당성에 의문을 제기하는 것은 타당하다고 보기 어렵다. 도장인은 자신의 견습생과 긴밀한 관계를 맺고 있어서 견습생의 행동을 아주 정확하게 예측하는 것도 가능할 것이다. 이런 예측이 확실하게 이루어지지 않을 때 문제가 발생한다. 나는 현재의 평가 방식이 본래 다루고자 했던 영역을 크게 벗어나 있다고 생각한다. 개인들이 '실제 작업 조건'과 아주 비슷하게 닮은 상황에서 평가받는다면 궁극적인 성과에 대해 보다 나은 예측이 가능할 것이다. 일단 학교를 떠나면 학교의 공식적인 시험에서 쓰였던 것과 비슷한 도구를 마주칠 가능성이 희박한데도, 대부분의 미국 학교를 다니는 학생들이 공식적인 시험 단 하나를 위해 수백 시간을 쓰고 있다는 건 이상한 일이다.

'지능적으로 공평한' 도구

이미 언급한 바와 같이, 대부분의 시험 도구는 두 가지 종류의 지능―언어 및 논리·수학―을 선호하는 방향으로 상당히 왜곡되어 있다. 실제로 언어 및 논리·수학적 지능이 뛰어난 사람들은 조사 영역에 특별히 능숙하지 않더라도 거의 모든 종류의 공식적인 시험에서 좋은 성적을 거둘 가능성이 높다. 마찬가지로 언어 혹은 논리수학 지능, 또는 이 두 가지 측면 모두에서 문제가 있는 사람은 단지 대부분의 표준적인 도구의 특정 형태에 숙달할 수 없다는 이유로 다른 영역에 대한 평가에서 좋은 성적을 거둘 수 없다.

이 문제에 대한 해결책은―실현하는 것보다 설명하기가 더 쉽다―'지능적으로 공평한' 도구를 고안하는 것이다. 지능적으로 공평한 도구는 언어와 논리를 통해 우회하기보다 작동 중인 지능을 직접 들여다보는 것이다. 공간 지능은 평가 대상에게 익숙하지 않은 지형에서 길을 찾아보도록 함으로써 평가할 수 있다. 신체 지능은 평가 대상이 새로운 춤이나 신체 활동을 어떻게 배우고 기억하는지 관찰하여 평가할 수 있으며, 대인관계지능은 판매원과 논쟁을 벌이거나 어려운 회의를 진행하는 모습을 관찰함으로써 평가할 수 있다. 이러한 편안한 예들은 굳이 심리학 실험실이나 고사장에서 이루어지는 평가가 아니더라도 '지능적으로 공평한' 평가를 설계하는 것이 가능하다는 점을 알려 준다.

다수 측정법의 이용

교육에 있어 아동용 웩슬러 지능검사(Wechsler Intelligence Scale for Children)처럼 단일한 검사들의 합성 점수를 가지고 폭넓은 교육적 의미를 도출해 내고자 하는 것보다 더 비도덕적인 실무는 없다. 지능검사일지라도 최소한 하위 검사와 특정한 항목들을 접근하는 데 필요한 전략 및 이러한 검사에 대해 '소량'일지언정 고려해야 할 권고사항들을 포함하고 있어야 한다 (Kaplan, 1983).

평가 대상인 능력의 다양한 측면을 다루기 위해 특별히 설계된 다양한 방법에 관심을 기울이는 것은 더더욱 바람직하다. 예를 들어, 영재를 위한 프로그램의 입학 기준에 대해 생각해 보자. 보수적으로 말해서 미국의 영재 프로그램 중 75퍼센트가 단순히 IQ를 기준으로 아이들을 받아들인다. IQ가 129이면 프로그램에 들어갈 수 없고, 131이면 합격이다. 얼마나 불행한가! 나는 IQ를 고려하는 데 대해서는 반대하지 않는다. 하지만 한 아이가 이미 일구어 낸 다른 결과물들에 대해서는 왜 관심을 기울이지 않는 것일까? 그리고 프로그램을 향한 아이의 목표와 열정, '재능 있는' 아이(영재)가 시험 기간 동안의 성과 및 그 과정에서 보여 준 행동들에는 왜 관심을 기울이지 않을까? 나는 종종 이런 생각을 한다. 만약 교육부 장관이 단 하나의 일차원적인 표만 제시할 것이 아니라, 각각 학습 동기 및 생산성에서 구별되는, 서로 다른 면을 감시할 수 있는 대여섯 가지의 전혀 다른 그래픽을 배경으로 텔레비전 카메라 앞에 나서기만 해도 교육이 엄청나게 진보하지 않을까 하는 생각을 한다.

개인의 차이, 발달 수준 및 전문성 형태에 대한 감수성

개인의 발달 수준 및 다양한 영역의 전문성에 있어 나타나는 엄청난 차이점들을 고려하는 데 실패한 평가 프로그램은 점점 더 시대착오적인 것으로 평가되고 있다. 공식적인 시험은 원칙적으로 이와 같이 문서로 기록된 다양한 차이점을 고려하여 조정될 수 있다. 그러나 공식적인 시험을 조정하기 위해서는 비용을 비롯한 효율적인 도구에 대한 선호 및 주요 속성 측면에 있어 개인의 획일성과 같은 표준화된 시험의 핵심 추정들 중 일부를 포기해야 할 필요가 있다.

또한 개인 간의 차이는 교사와 평가자를 교육할 때도 강조되어야 한다. 어린아이들을 평가할 책임을 맡은 사람들은 공식적으로 그와 같은 차이점에 대해 배울 필요가 있다. 왜냐하면 교사 스스로 개인의 차이에 대해 경험적으로 유효한 분류를 할 수 있으리라 기대하기 어렵기 때문이다. 개인 간의 차이에 대해서는 교육과정 중에 혹은 견습생을 지도하는 가운데 소개받아야 한다. 이런 차이가 존재한다는 점을 소개받고, 각기 다른 특징을 가진 아이들을 관찰하며 그 아이들과 함께 지낼 기회를 갖게 되면 교사들도 이런 차이점들을 실감하게 된다.

그러고 나면 암묵적인 방식으로 이런 차이점을 고려하는 것이 가능해진다. 좋은 교사라면 초등학교 2학년 학생들에게 산수를 가르치고 있든지, 유아들에게 피아노를 가르치고 있든지, 혹은 대학원생들에게 연구 설계에 대해 가르치든지 관계없이 다른 성향을 가진 각각의 학생들에게 서로 다른 접근법이 효과적일 것이라는 점을 항상 인지하고 있을 것이다. 이와 같은 개인 간 차이에 대한 감수성은 교사의 능력의 일부가 되며, 보통의 교육뿐만 아니라 평가 중에도 활용된다. 또한 교사가 개인 간에 나타나는 차이에 대한 직관적인 감각을 특정한 정신 작용에 의해 만들어진 개인의 차이에 대해 신중하게 평가하는 데 활용하는 것도—아마 그렇게 하는 것이 최적의 상황일 것이다—가능하다.

본질적으로 흥미롭고 동기 부여가 되는 자료의 이용

앞에서 거의 다루지는 않았지만, 공식적인 시험의 속성 중 가장 불쾌한 점은 자료가 본질적으로 지루하다는 것이다. 시험에 대해서 혹은 시험의 특정 항목에 대해서 기분이 좋아져서 종종 흥분을 하는 사람이 한 명이라도 있을까? '햇볕' 입법의 결과로 수험자들이 시험 기관에서 사용하는 정답에 대해 의문을 제기하는 것이 가능해지면서 비로소 개별적인 시험 항목에 대한 논의를 누구라도 자발적으로 읽을 수 있도록 출간되었다.

　꼭 이런 방식을 취할 필요는 없다. 좋은 평가도구는 학습 경험이 될 수 있다. 그러나 더 중요한 것은, 문제, 프로젝트 또는 학생들이 진정으로 참여할 수 있게 만든 제작물들을 가지고 학생들이 작업하는 맥락에서 이루어지는 평가야말로 정말 바람직하다는 것이다. 이와 같은 문제, 프로젝트 또는 제작물들은 학생들의 관심을 사로잡고, 더 잘할 수 있도록 동기를 부여한다. 그와 같은 활동을 표준선다형 항목으로 설계하기란 쉽지 않을 수도 있다. 그러나 그렇게 함으로써 한 학생이 보유하고 있는 모든 기술의 레퍼토리를 끌어내고 후속 조언 및 배치에 도움이 되는 정보를 생산할 수 있다.

학생에게 도움이 되는 평가의 적용

　앞과 마찬가지로 공식적인 시험의 통탄할 만한 속성 하나는 성적의 활용이다. 시험을 치른 개인은 성적표를 받고, 자신의 백분율 순위를 확인하면서 학업 성적에 대한 결론을 내리게 된다. 내 관점에서 볼 때 심리학자들은 개인들의 순위를 매기는 데 지나치게 많은 시간을 할애하면서, 그들을 돕기 위해서는 충분한 시간을 내지 않는다. 평가는 주로 학생들을 돕기 위한 목적으로 시행되어야 한다. 평가자가 학생에게 현시점에서 도움이 되는 피드백을 제공할 필요가 있다. 즉, 약점뿐만 아니라 강점은 어떤 영역에서 나타나는지 알려 주고, 무엇을 공부하거나 무엇을 더 연습해야 할지 제안하고, 어떤 습관이 생산적인지 그리고 어떤 습관이 생산적이지 않은지, 또한 향후 평가 방식으로 기대할 수 있는 것은 무엇일지 등에 대한 정보를 제공해야 한다. 피드백의 일부가 구체적인 제안의 형태를 취하며 비교 대상인 학생 집단 내에서의 순위와 관련 없이 조금 더 구축해야 할 상대적인 강점을 지적하는 것이 특히 중요하다.

　인간의 인지 및 발달에 대한 연구 결과를 바탕으로, 그리고 평가에 대한 새로운 접근법을 위해 필요한 것들을 고려하여 오늘날 존재하는 것보다 훨씬 더 적절한 프로그램을 설계하기 시작하여야 한다. '공식적인 시험에 대한 새로운 대체재'를 창조하기 위한 원대한 설계도 없이, 하버드 프로젝트 제로에 참여하고 있는 동료들과 나는 지난 수년 동안 평가를 위한 새로운 접근법을 다루는 수많은 프로젝트에 참여했다. 제19장 후반부에서는 우리가 주요하게 기울였던 두 가지 노력을 소개할 것이다. 그리고 이러한 노력을 학교 및 사회 전체의 더 큰 평가의 그림 안에서 배치해 보고자 한다.

유치원 수준의 프로젝트 스펙트럼 평가

프로젝트 스펙트럼은 공동 프로젝트로서 하버드 프로젝트 제로의 몇몇 연구자와 터프츠 대학교의 데이비드 펠드만(David Feldman), 매사추세츠주 메드포드의 엘리어트-피어슨 칠드런즈 스쿨(Eliot-Pearson Children's School)의 직원 및 학생들이 함께 진행했다. 이 프로젝트는 3세 및 4세 유아들로 구성된 대표 집단 내에서 서로 다른 지능적 강점 혹은 '지능들'을 평가하기 위해 본래 디자인된 것이었다. 그러나 뒤에서 밝히겠지만, 이 프로젝트는 유치원의 커리큘럼에 속한 4년의 시간 동안 다양한 지점의 평가 항목과 함께 진화했다(Gardner, Feldman, & Krechevsky, 1998 참조).

우리가 프로젝트 스펙트럼을 처음 시작했을 때만 해도 3~4세 유아의 인지적 특징이 서로 구별될 수 있을지에 대해 관심이 있었다. 다시 말해서, 우리는 『마음의 틀(Frames of Mind)』에서 확인된 일곱 가지 지능의 초기 항목들을 찾고 있었다. 그러나 프로젝트를 시작한 지 얼마 되지 않아서 검증해야 할 지능적 능력이 일곱 가지가 훨씬 넘는다는 사실이 분명해졌다. 더구나 3~4세 연령대에서는 '순수한' 인지 능력뿐만 아니라 인지 혹은 작업 형태(집중, 계획성, 과제를 반영할 수 있는 능력)를 검토하는 것도 중요하다는 사실이 분명해졌다. 따라서 우리는 십여 가지가 넘는 양식적 특징뿐만 아니라 각기 다른 인지적 강점의 점수를 추적·관찰하였다(〈표 19-1〉 참조).

〈표 19-1〉 프로젝트 스펙트럼에서 검토하는 차원

서로 다른 인지적 강점을 표본 조사하는 활동		
음악	창작 수단	생일 축하 노래
–	–	새로운 노래들
–		– 아직 미정이다(up in the air).
–		동물 노래
–	인식 수단	몬테소리 종
–	–	우발적인 음악 과제
언어	서술 수단	이야기 보드
–	묘사 수단	보고 과제
숫자	수 세기 수단	공룡 게임
–	계산 수단	버스 게임
과학	가설–시험 수단	물 타자 활동
–	논리적 추론 수단	보물찾기 게임
–	기계적 수단	정렬 과제
–	자연주의 수단	발견 영역
시각적 예술	그리기 수단	예술 포트폴리오
–	–	농장 동물, 인물, 상상 속의 존재
–	3D 수단	찰흙 활동
움직임	창의적 움직임 수단	격주 움직임 커리큘럼
–	운동 능력 수단	장애물 코스
사회적	사회적 분석 수단	교실 모델
–	사회적 역할 수단	아동의 상호작용 형태의 관찰
작업 스타일의 측정		
아동	• 활동에 쉽게 참여한다. / 참여를 망설인다. • 자신감이 있다. / 자신감이 없다. • 장난기가 많다. / 진지하다. • 집중력이 좋다. / 산만하다. • 맡은 과제를 끈질기게 한다. / 과제 때문에 좌절한다. • 자신의 일에 대해 숙고한다. / 충동적이다. • 천천히 작업하는 경향이 있다. / 빠르게 작업하는 경향이 있다. • 말을 많이 한다. / 조용하다.		

아동	• 시각적 · 청각적 · 동작적인 신호에 반응한다.
	• 계획적인 접근을 보인다.
	• 과제에 개인적인 주제 · 강점을 이용한다.
	• 예상하지 못한 방식으로 자료를 이용한다.
	• 성취한 바에 대해 자부심을 표현한다.
	• 상세한 내용에 관심을 보인다. / 관찰을 잘한다.
	• 자료에 대해 호기심을 보인다.
	• '올바른' 답에 대해 문제를 제기한다.
	• 성인과의 상호작용에 집중한다.
	• 과제/자료를 변형한다.

우리가 검토하는 기술의 범위를 넓혀야 하기는 하지만, 평가 프로젝트의 속성도 재개념화하게 되었다. 평가 분야에서 일하는 대부분의 사람과 마찬가지로, 처음에 우리는 커리큘럼이나 교육을 통하지 않더라도 '잠재력'이나 '재능'을 직접 평가할 수 있을 것이라고 여겼다. 그러나 우리는 이제 이런 추정에 결함이 있다는 사실을 안다. 하나의 영역이나 상징체계와 작업한 경험과 무관하게 '순수하게 잠재적인 능력'이란 존재하지 않는다. 평가자가 평가하는 순간에 그것이 특정 목표 영역과 관련이 있다고 여겼는지, 그렇지 않았는지 상관없이 예전의 학습 내용의 일부 형태를 평가하게 된다. 그리고 관심 영역을 평가하고 있다는 확신이 필요하다면, 개인들에게 해당 영역에 대한 풍부한 경험을 제공하는 것이 좋다.

예를 들어, 어떤 사람이 체스를 두는 재능을 평가하는 데 관심이 있다고 가정해 보자. 이 사람은 평가 대상인 인물이 얼마나 빨리 섬광에 반응하는지 살펴볼 수도 있고, 해당 인물의 어휘력이 어느 정도인지 검토해 볼 수도 있다. 이 두 가지 항목에 대한 측정이 체스 재능과 관련이 있다고 생각할 수도 있지만, 두 가지 모두 다 관련이 없다고 하더라도 나는 전혀 놀라지 않을 것이다. 그리고 어떤 사람은 체스를 각 요소로 분해하고 개인의 공간적 상상 혹은 논리 추론 기술 혹은 상대방의 허점을 찌르는 대인관계 기술을 평가해 볼 수도 있다. 상상컨대, 이러한 측정 결과를 통해 평가 대상인 인물이 체스를 위한 재치 혹은 지혜를 가지고 있는지 예측할 수 있을 것이다.

분명한 것은 앞의 두 가지 예시 모두에서 알 수 있듯이 체스와 관련이 있는 능력으로 드러나든지 혹은 그렇지 않든지와 관계없이 평가자가 무언가를 평가한다는 사실이다. 평가자는 단순히 체스판을 아이들에게 주고 아이들이 얼마나 체스를 잘 두는지 볼 수도 있다. 그러나 체스 규칙을 모르는 상태의 아이들은 마치 속담에 나오는 원숭이들이 셰익스피어(Shakespeare)의 연극을 펜으로 적는 것처럼 체스를 둘 것이다.

하지만 체스판을 준다는 것은 내가 지지하는 방향을 가리킨다. 체스를 두는 잠재 능력을 평가하고 싶다면 학생들에게 게임의 규칙을 알려 주고 몇 달 동안 서로 체스를 두게 해 주어야 한다. 단언컨대 학생들은 머지않아 '체스 적성'의 측면에서 상당히 신뢰할 만한 수준으로 자신을 구분하게 될 것이며, 30 내지 40 게임 정도를 두고 나면 해당 학생 인구 내 체스 재능의 분포도가 나타날 것이다.

동료들과 나는 언어, 음악 및 신체적 지능을 포함한 다양한 지적 영역을 조사할 때 이와 같은 생각의 흐름을 따랐다. 각각의 경우에 우리는 학생들이 특정한 관심 영역을 경험하도록 하면서, 그 과정에서 학생들이 해당 영역에 참여하는 과정을 관찰했다. 관찰된 내용을 기록함으로써 해당 관심 영역에서 학생들이 재능이나 잠재력을 얼마나 보여 주고 있는지에 대한 강력한 통찰을 얻을 수 있었다.

프로젝트 스펙트럼의 일반적인 철학과 접근 방법은 앞에서 언급한 바와 같다. 이제 실무적으로 어떻게 작동하는지 설명해 보겠다. 스펙트럼 교실은 풍부한 자료를 갖추고 있다. 교실에 구비된 음악 도구와 공상 놀이 영역의 도구들은 물론이거니와 퍼즐 및 게임을 가지고 숫자 및 논리적 사고를 자극할 수 있으며, 자연 영역에서는 학생들이 다양한 생물학적 준비물을 탐구해 볼 수 있다. 그 밖에도 학생들의 관심을 끌 만한 기타 자료를 가지고 놀도록 격려함으로써 해당 영역의 지능이 자극될 수 있도록 한다. 또한—'주말 뉴스' 처럼—규칙적인 활동을 통해 관찰자들은 아동의 구두 언어 기술을 관찰할 기회를 갖게 된다. 신중한 관찰자라면 아동들이 한 학기 혹은 일 년 동안 이런 자료와 상호작용하고 활동에 참여하는 것을 지켜보면서 각 아동의 관심 분야가 무엇인지 상당한 정보를 얻을 수 있고, 자료가 보여 주고 있는 정교한 수준도 인식할 수 있게 된다.

이와 같이 풍부한 자료를 갖추고 활동이 가능한 교실로의 보완은 각각의 다른 지적 영역을 살펴볼 수 있도록 설계된 과제 및 측정 항목들이다. 이와 같은 과제들은 아동들에게 매력적이며, 자연스러운 교실 교환 과정 중에 소개될 수 있다. 예를 들어, 수 영역에서 두 가지 게임을 마련했다고 가정해 보자. 공룡 게임은 아이와 실험자가 공룡의 입에서부터 꼬리로 도망가는 경주를 하는 게임이다. 움직이는 숫자와 방향은 두 개의 주사위로 결정된다. 하나의 주사위는 숫자를 나타내고, 두 번째 주사위는 플러스와 마이너스 표시를 가지고 있다. 게임 참여자는 주사위를 던진다. 그리고 때때로 게임에 참여한 아이에게는 자신의 주사위 혹은 실험자의 주사위를 '고칠' 수 있도록 허용된다. 이 게임에서 아동이 성공을 거둔 결과는 완전히 수량화될 수 있다. 그리고 그 점수는 아이의 수적 정교함에 대한 '이용자 편의적인' 지표를 제공한다.

공룡 게임에서 한계를 보이는 아동들에게는 버스 과제가 부여된다. 이 게임에서 실험자는 '우두머리' 역할을 하고, 아이는 버스 기사 역할을 맡는다. 버스가 길을 따라가는 동안 각 정류장에서 일부 아이들과 어른들이 버스에 타고, 또 일부는 내린다. 때때로 '우두머리'가 전화를 걸어서 버스 기사에게 현재 버스 안에 몇 명의 어른과 아이들이 타고 있는지 세어 보도록 한다. 숫자를 세기 위해 토큰을 사용하는 것도 가능하다. 이 시기의 아이들은 보통 숫자를 적거나 기타 기록체계를 사용하지 않는다. 그러나 이런 게임에 단순히 참여하는 것만으로도 아이들이 버스에 탑승하고 하차하는 사람의 수를 더욱더 잘 셀 수 있게 되는 '온라인' 체계를 발달시키도록 자극하는 효과가 있다.

다른 영역의 경우, 비유 게임이나 연습이 고안되었다(〈표 19-1〉 참조). 일부 연습은 완전히 수량화할 수 있는 점수체계를 가지고 있다. 그리고 다른 것들은 좀 더 전체적이며 주관적인 점수체계를 적절히 활용한다. 어떤 영역은 특별한 연습을 고안할 필요가 없다. 예를 들어, 우리는 한 아동이 '자발적으로' 그린 그림들을 모아 놓고 그것에 대해 평가함으로써 그 아동이 지닌 시각적 예술 측면의 재능을 평가한다. 그리고 아이들이 일상적으로 활동하는 가운데 특정하게 '부여된' 상황에 대해 어떻게 반응하는지 조사하는 체크리스트를 통해 사회적 강점을 평가하기도 한다(예를 들어, 한 학교에 새로운 아이가 들어오고 싸움이 벌어졌을 때 우두머리 행세를 하는 아이가 자기 힘을 과시한다). 우리는 점수를 매기는 방식이 가능하면 정확하고 신뢰할 수 있었으면 하고 바라지만, 세련되지 못한 방법도 유용할 수 있다는 사실을 깨닫게 된다.

특정한 방법을 통해 아이들의 재능을 측정하는 동안 2주 간격으로 학기가 나뉜다. 교실이 실험적인 곳이라면 활동은 실험자에 의해 부여되고 평가된다. 보통의 평범한 교실에서는 각 교사가 목표로 삼고 있는 평가에 어떻게 접근할지를 결정한다. 우리가 기대하는 것은 교사들이 과제들을 공식적으로 부여하지 않음은 물론, 우리의 점수표를 활용해서 학생들을 이질적으로 평가하지 않았으면 하는 것이다. 대신에 교사들은 아이들의 활동을 비공식적인 방식으로 관찰하고, 우리가 고안한 테스트와 점수표를 아이의 능력에 대해 판단하기가 불확실할 경우에만 주로 사용하기를 바란다(아이들이 '위험'에 처한 것으로 보일 때 도움이 될 수 있는 방식으로, 지능 테스트와 같은 표준화된 도구를 사용할 때도 동일한 철학을 적용해야 한다고 생각한다).

연말까지 교사 또는 실험자는 한 반의 모든 학생이 지닌 지적 강점 및 작업 유형에 대한 방대한 양의 정보를 축적할 수 있을 것이다. 이런 자료는 스펙트럼 리포트의 기반이 된다. 스펙트럼 리포트란 아이의 강점, 약점, 유형적 특징 등 한 아이가 나타내는 특정한 패턴을 설명하는 간단한 에세이이다. 이 정보는 상대론적으로 제시된다. 즉, 각 아동의 강점은 그 아동의 다른 강점과 약점을 참고로 하여 설명된다. 미취학 아동 전체와 비교했을 때 해당 아동이 두드러지는 지능이 드문 경우에는 '절대적인' 강점 혹은 약점이 표기된다.

스펙트럼 리포트에서 설명된 강점의 궤도만큼 중요한 것은 함께 제공되는 권고사항의 목록이다. 심리학자들이 학생들의 순위를 매기기보다 그들을 도와야 한다는 믿음과 스펙트럼 리포트에서는 일관되게 집에서, 학교에서 그리고 공동체에서 특정한 능력 및 성향을 지니고 있는 경우 무엇을 할 수 있는지 구체적인 제안을 포함시켰다.

프로젝트 스펙트럼은 구체적인 평가와 연말 보고서를 통해 그와 같은 작업이 타당한지의 여부를 포함해 수많은 질문을 제기한다. 이런 상세한 평가가 정말 필요할까? 이런 평가가 어떤 면에서 볼 때 해롭지는 않을까? 우리의 초기 목표가 개인차가 존재하고 그 개인차를 어린 시절에 문서화할 수 있는지 알아내는 것이었다는 점을 상기해 보자. 그러나 우리는 단지 호기심 때문에 이 질문에 답을 하고자 하는 것이 아니라, 그런 정보가 교육적으로 도움이 될 수 있다는 믿음이 있기 때문에 행하는 것이다. 미취학 아동의 정신은 유연하며 훈련시키는 것이 가능하다. 따라서 만약 초기에 무엇을 어려워하는지 발견할 수 있으면, 훨씬 더 쉽게 고칠 수 있다. 마찬가지로 만약 우리의 측정 방식을 통해 예전에 놓치고 있었던 흔하지 않은 강점이 발견된다면, 부모와 교사는 특별한 도움 및 훈련을 제공해 줄 수 있게 된다.

그러나 스펙트럼을 통해 조기에 아동의 능력을 판단한다는 것에는 분명히 위험한 요소도 존재한다. 특히 아동의 능력을 쉽게 설명할 수 있는 (예를 들어, 무용가, 박물학자, 중재인과 같은) 성인의 '최종 상태'로 설명하고자 하는 현행 관습을 고려할 때가 위험하다. 즉, 빠르고 쉽게 설명하려는 시도가 결국 자기충족적 예언이 될 수도 있는, 너무 이른 판단에 따른 위험이다. 이런 위험은 두 가지 절차를 통해 완화될 수 있다. 첫째, 스펙트럼 리포트를 이용하는 사람에게 해당 리포트의 설명은 특정한 역사적 순간에 적용되는 설명이라는 점을 강조하는 것이다. 특히 아이들이 어리고 활동적일 때 능력을 보이는 분야와 능력을 보이지 않는 분야의 특징은 해가 지남에 따라 극적으로 변할 수 있다. 둘째, 매년 스펙트럼과 같은 절차를 유지하는 것이다. 학생들이 다양한 형태의 흥미로운 자료와 활동에 지속적으로 노출되는 한, 그리고 평가가 단지 한 회에 그치는 단발적인 행사가 아닌 한, 인지적 특징은—정적으로 머물러 있지 않고—진화하며, 후속 리포트는 새로운 특징을 정확하게 포착할 수 있으리라고 확신할 수 있다.

또 다른 질문은 프로젝트 스펙트럼의 궁극적인 목적에 대한 것이다. 프로젝트 스펙트럼이란 단순히 평가 프로그램인가? 아니면 더 폭이 넓고 통합적인 기능을 수행할 수 있는가? 프로젝트 스펙트럼의 명백한 목적은 언제나 평가이다. 그리고 우리의 노력 중 상당 부분은 신뢰할 수 있으며 교실에서 학생들을 가르치는 교사들이 사용할 수 있는 과제와 도구를 만드는 데 초점이 맞춰져 있다. 그런 이유로 우리는 일련의 핸드북을 출간해 왔다(Gardner, Feldman, & Krechevsky, 1998). 그러나 스펙트럼은 어떤 공식적인 평가와도 독립적으로 가치 있는 개입을 구성한다. 즉, 제공되는 다양한 활동과 다루어지는 수많은 지적 영역은 대부분의 취학 전 프로그램에서 제공되는 것들에 비해 더 낫다. 본래 스펙트럼 평가 자료에 관심이 없었지만 단순히 게임에만 관심이 있다고 교사들이 판단할지라도, 혹은 특별한 문제가 있는 아이들에게만 스펙트럼 평가도구를 이용했을지라도, 이런 자료는 여전히 중요한 교육적 목표를 이룰 수 있다.

사실 이러한 커리큘럼 및 평가 이용의 잠재력은 커리큘럼과 평가 사이의 경계가, 특히 어린아이들 수준에서 자연스럽게 지어져야 한다는 우리의 믿음과 일치한다. 게다가 스펙트럼 자료를 규칙적으로 활용하는 교사들이 우리의 공식적인 절차를 이용할 필요 없이 온라인 평가를 할 수 있게 하는 개인적인 차이에 대한 '육감'을 발전시킬 수 있을 것이라고 우리는 기대하고 있다. 그러므로 스펙트럼 자료는 잠재적으로 교사의 이해를 형성하고, 그에 따라 우리가 기대하는 방식으로, 즉 개인의 잠재력을 발달시키는 방향으로 교사의 실무 관행에 영향을 미칠 것으로 보인다.

현재 미국의 정치적 분위기는 미취학 아동에게 좋은 프로그램을 제공해야 한다는 압박이 엄청나다. 대부분의 프로그램은 (애착과 사회적 유대관계에 대한) 가정 내 양육의 연장선상에 있거나 (글을 배우기 전의 기술 등) 학교로부터 내려오는 교육과 연결되기도 한다. 몬테소리 접근 방식과 같이 일부 소수의 프로그램만이 '전형적으로' 취학 전 아동들의 마음에 특별한 힘과 필요를 만들어 주는 것으로 보인다. 따라서 스펙트럼 자료의 또 다른 잠재적인 목적은 혁신적이며, 발달 면에서 민감하고, 취학 전 (유치원) 커리큘럼을 학생 중심으로 개발하는 것을 돕는 것일 수도 있다. 우리는 우리 프로그램이 유치원에 다니고 있는 유아들의 폭넓은 잠재력에 대해 이야기한 바가 있으며, 인공적인 방식으로 발달을 제한하지 않고 창의력을 향상시킴은 물론 상상력을 배양한다고 생각한다. 그러나 아무리 잘 고안하더라도 우리 프로그램이 효과를 증명해 보일 수 없다면 채택되기 어렵다. 학생의 발전을 다양한 분야의 능력 면에서 평가하는 방대한 도구가 있어야 스펙트럼 프로그램이 그 목표를 달성할지 기록할 수 있다.

아트 프로펠: 중학교 및 고등학교 수준의 평가

여러 가지 예술 형태를 통해 학생 학습을 평가하기 위한 노력에 대한 설명은 제13장을 참조하기 바란다.

우리의 평가 실험은 대체로 미국 교육의 질을 향상시키기 위한 수단으로서 설계된 것이다(미국뿐만 아니라 다른 곳의 교육의 질도 향상시킬 수 있을 것이다). 이와 같은 목적의 선택을 위한 도구는 2차적인 고려 대상이었다. 물론 원칙적으로 스펙트럼 및 아트 프로펠을 위해 개발된 자료들은 초등학교 혹은 고등학교 교사들의 배치 목적을 위해서, 그리고 프로펠(PROPEL) 프로세스-폴리오(process-folio)는 대학교 입학 사정을 위해 사용할 수 있다. 나는 이런 목적을 위해 사용하는 데 대해 편안하게 여기고 있다. 왜냐하면 이와 같은 형태의 정보는 더 흔히 사용되고 있는 표준화된 시험 도구들을 유용하게 보완할 수—어쩌면 대체할 수도—있다고 생각하기 때문이다. 이와 더불어 우연한 일은 아니지만, 우리가 현재 고안하기 위해 노력하고 있는 평가 기술은 학생들의 선택 여부와 관계없이, 학생들에게 유용한 피드백을 제공할 수 있다. 평가 기술은 그 자체로 가치 있는 교육적 목적을 가지고 있다.

다른 연령대의 평가

우리의 주요 연구는 프로젝트 스펙트럼과 아트 프로펠에 초점을 맞추고 있다. 다른 연령대와 기타 과목 영역에도 유사한 평가 프로젝트를 그려 보는 것도 분명히 가능하다. 여기에서는 우리 연구 집단이 관여했던 분야에 집중해 몇 가지 관련된 평가에 대해 앞서 다루지 않은 평가 영역을 중심으로 간단히 논의해 보고자 한다. 물론, 제19장에서 설명된 연구 프로그램 전체와 실행은 종합적이지 않다. 그러나 우리는 좀 더 폭넓은 교수 및 평가 맥락에서 반드시 다루어야 할 주요 이슈 중 몇 가지를 언급하였다.

초기 아동기

내 생각에 영아 혹은 어린 유아들의 지적 경향 혹은 유형을 평가할 만한 실용적인 근거가 전혀 없다. 이 무렵의 아이들은 평가에 사용되는 대부분의 자료를 경험해 본 적이 거의 없다. 그리고 이러한 평가의 결과는 잘못 사용 되거나 과대평가될 가능성이 아주 높다.

그러나 연구상의 이유에서 볼 때 표준적인 심리학 혹은 정신력을 측정을 하는 것보다 좀 더 폭넓게 인간의 능력을 표본 조사하는 데 훨씬 더 도움이 된다. 1세 혹은 2세 유아의 능력이 각기 다른 감각적 정보, 언어적 소리, 음악적 소리, 음악적 리듬, 추상적인 회화 패턴, 숫자 배치 등에 익숙한지(혹은 이것들을 구분할 수 있는지) 검사해 볼 수도 있다. 또한 다양한 운동 혹은 감각 운동적 장면을 배우는 기술도 분석해 볼 수 있다. 너무 어린 나이의 유아들이 나타내는 인지 지표를 과도하게 강조하지 않도록 방지하는 한편, 이런 검사가 초기 징후와 프로젝트 스펙트럼을 통해 나중에 발견되는 능력의 특징들 간의 연속성이나 연속성의 결여 등을 추적하는 데 도움이 될 것이라고 본다.

초등학교 저학년

프로젝트 스펙트럼에서 3~4세 유아에게 사용되는 방식은 유치원과 초등 학교 저학년 아동에게까지 연장하여 잘 활용할 수 있다. 풍부한 탐구를 위한 환경을 제공하고, 아이들이 참여할 수 있는 과제를 부여하며, 성장을 평가할 수 있는 비간섭적 방식을 고안하고, 부모를 위한 상세한 스펙트럼 형식의 보고서를 준비하는 것 모두는 수준이 올라갔을 때에도 쉽게 활용할 수 있는 활동이자 부모와 교사가 사용할 수 있는 정보를 잘 전달해 줄 수 있는 것들이다. 사실 스펙트럼 접근법의 주요한 가치는 1년이 넘게 수행할 수 있고, 혹은 심지어 5년 단위로 갱신될 수도 있다는 데 있다.

프로젝트 스펙트럼 아이디어가 초등학교까지 거슬러 올라가 적용될 수 있는 것처럼, 아트 프로펠 접근법은 초등학교 수준에도 유용하게 적용될 수 있다. 도메인-프로젝트(domain-projects), 프로세스-폴리오(process-folios) 및 기타 활동은 8~12세 학생들을 가르치는 교사에게 유용한 도구가 될 수 있다. 1년 단위의 범위를 벗어나 연장되는 학생의 성장 기록은 어린아이들에게 가치가 있는 만큼 좀 더 나이가 많은 아이들에게도 가치 있다(Carini, 1987).

인디애나폴리스에 위치한 키 러닝 커뮤니티(Key Learning Community)는 모든 스펙트럼의 인간 지능을 배양하는 데 헌신하고 있다. 이와 같은 목적을 달성하기 위해, 교사들은 음악, 무용, 시각예술, 컴퓨터 및 스페인어뿐만 아니라 읽기, 수학 및 사회과학 등의 '기초' 과목에 대한 규칙적인 교육을 제공한다. 그러나 이 학교가 다른 학교와 다른 또 하나의 특징은 수많은 특별 활동을 제공하거나 계획을 조직한다는 것이다.

우선 각 아동은 '흐름 영역', 즉 학교의 스펙트럼과 유사한 풍부한 코너들에 참여하여 게임을 할 수 있고, 본인의 특정한 지능 및 관심 특성에 맞는 활동을 하게 된다. 학생들은 매일 '파드(pods)'라고 불리는 작은 통합 연령 집단에 참여한다. 여기서 건축학에서부터 천문학 및 히스패닉 문화에 이르기까지 특별히 관심 있는 영역의 견습제도에 참여할 기회를 갖게 된다. 학교의 이질적인 부분들을 한데 묶기 위해 9주에 한 번씩 바뀌는 학교 전체적인 주제도 존재한다. 초기 주제는 '연결'과 '시간 및 장소의 변화'를 포함한다.

이제까지 키 스쿨(Key School)에서 이루어진 평가는 보통의 수업 활동 중에 주로 수행되는 종류이다. 다른 초등학교에서와 마찬가지로 교사들은 문제나 어려움이 발생할 때 개입한다. 그러나 한 가지 이 학교만이 지닌 특별한 특징은 매 9주 기간 동안 개별적인 프로젝트에 참여하고 있는 모든 아이가 학교 전체의 주제에 개입된다는 점이다. 이러한 목표는 아이들에게 '학교 주제'를 실현하는 데 자신의 능력을 동원할 기회를 부여한다. 아이들은 자신의 프로젝트의 결과를 발표하고 이를 비디오테이프에 기록한다. 비디오테이프는 학교에서 유지하는 보관자료의 일부가 되며, 졸업할 때 각 아동은 자신의 모든 프로젝트 발표 현장이 기록된 테이프를 받는다. 이러한 시각적 기록은 향후 교사에게도 유용할 뿐만 아니라 졸업할 때가 되어 이제 많이 성장한 학생에게도 상당한 관심의 대상이다.

버몬트주의 푸트니 스쿨(Putney School)과 같은 학교는 수년에 걸쳐 주요 학생 프로젝트를 진행했고, (마찬가지로 버몬트 주에 있는) 프로스펙트 스쿨 (Prospect School)과 소수의 엄선된 학교의 경우 학생 포트폴리오를 무기한으로 유지한다(Carini, 1987). 이와 같은 활동이 학교와 학생을 위해 본질적으로 가치가 있다는 점은 의문의 여지가 거의 없다. 왜냐하면 이런 활동을 통한 학습은 집중적이고 광범위하게 이루어지기 때문이다. 그리고 학습은 장기간에 걸쳐 점차 축적된다. 프로스펙트 스쿨의 포트폴리오는 또한 교사들이 학생의 작업과 개별 학생들의 특별한 속성에 대해 생각해 보도록 도와준다.

놀랍게도 내가 알고 있는 바로는 기록 자체에 대한 평가나 학생과 교사의 기록 사용에 대한 평가는 거의 이루어지지 않았다. 아마도 평가 활동에 상당한 비용이 들고, 학교 활동 중 다른 분야에도 비용이 소요되기 때문인 듯하다. 그러나 이미 수집한 자료는 다양한 목적으로 활용할 수 있는 귀중한 정보를 제공하며, 이 정보는 아트 프로펠에서 발달시킨 기술을 통해 평가될 수 있다. 그와 같은 학습 및 문서화 방식의 활용은 1930년대 진행된 8년 연구 (Eight Year Study)에 나타나 있다. 8년 연구는 비전통적인 방식의 교육의 효과를 알아보기 위한 특별한 연구 조사였다(Aiken, 1942). 나는 이 연구가 오늘날 다시 실시된다면 교육 절차가 지닌 정당성이 다시 한 번 입증될 것이라고 생각한다.

도메인-프로젝트를 위한 컴퓨터 지원

프로젝트 제로에서 우리는 컴퓨터 소프트웨어와 함께 사용할 추가적인 도메인-프로젝트 세트를 개발했다. 우리가 분석한 바에 따르면 한 영역 (domain)에 있어 이미 전문성을 보유하고 있는 개인들이 사용할 만한 훨씬 더 강력한 소프트웨어가 존재한다. 몇 가지 예를 들면, 음악가들이 작곡할 수 있게 해 주는 소프트웨어, 예술가 및 건축가들이 초안을 그릴 수 있도록 해 주는 소프트웨어, 프로그래머들이 문제를 푸는 소프트웨어 등이 그것이다.

우리는 초보자들이 그들의 소프트웨어를 설계하기 위한 활동에 참여하더라도, 이와 같은 소프트웨어의 대부분을 사용할 수 없다는 사실을 발견했다. 초보자들은 전제 요건이 되는 기술 및 개념을 갖추지 못하고 있는 반면, 소프트웨어 자체 역시 가능한 사용법에 대한 충분한 실마리를 제공하지 않는다. 그래서 우리가 고안한 것은 '컴퓨터 도메인-프로젝트'이다. 즉, 샘플 문제 및 해결책이 소프트웨어에 수반하는 데이터베이스로서 제공되며, 초보자들이 소프트웨어를 '스스로 자신을 가르치기 위해' 어떻게 활용할 수 있는지 알려 주는 매뉴얼도 제공된다.

지금까지 컴퓨터 도메인-프로젝트는 파일럿 기반으로만 이용되었다. 그러나 그 결과는 고무적이다. 음악적 지식 수준이 보통이지만 작곡하고 싶은 열망을 가진 인물들이 컴퓨터 단말기 앞에서 단 몇 시간을 보낸 후에 5행시(limericks)를 작곡하고 '오케스트라용으로 편곡'할 수 있었다. 컴퓨터 도메인-프로젝트는 충분한 지원을 제공하여 초보자가 달인의 수준은 아니더라도 장인의 수준으로 과제를 수행할 수 있게 해 준다. 이와 유사한 도메인-프로젝트가 컴퓨터 프로그래밍 영역(학생들이 PASCAL을 이용하여 학습할 수 있도록 돕는 것)과 사회과학 영역(학생들이 19세기 중반 보스턴 이민자들이 직면한 문제를 재창조하고 해결할 수 있도록 해 줌)에서 제작되었다.

다시 한 번, 우리는 독창적인 커리큘럼 접근법이 학생들이 더 많이 참여할 수 있게 하며, 문화적으로 가치 있는 영역의 '대상'을 직접 접할 수 있게 한다는 사실을 알게 되었다. 그리고 다시 한 번, 두 가지가 무관하지 않다면 커리큘럼과 평가 사이의 경계가 모호해짐을 알 수 있었다. 컴퓨터 도메인-프로젝트의 경우 광범위하고 개별적인 평가를 할 필요는 없다. 진행에 대한 평가 및 결과물에 대한 평가는 도메인-프로젝트 자체를 활용하는 과정에 직접 포함될 수 있다. 따라서 어떤 요소가 몇 가지 도메인-프로젝트를 성공적으로 수행되도록 이끌었는지, 그리고 교육적 수단으로서 도메인-프로젝트가 어떻게 개선될 수 있는지에 대해 초점을 맞춘 연구를 직접 진행할 수 있다.

개인 중심의 학교

제19장 초반부에 나는 학생들이 모든 과목이 동일한 과정에 따라 교육되는 획일적인 커리큘럼을 만나고, 동일하게 적용되는 공식적인 '표준' 도구에 따라 평가받는 '획일적인 학교' 추정을 설명한 바 있다. 이런 획일적인 학교가 여전히 우리 사회의 이상을 구성하고 있음에 대해 의문을 제기하고자 한다.

전달되는 공식적인 지식의 양이 적고, 인류에게 개인 간의 차이에 대해 알려진 바가 적었던 시대라면 획일적인 학교가 말이 될 수도 있다. 그러나 오늘날 현존하는 지식의 극소량이라도 배우겠다고 하는 것이 아니라면 개인은 어떤 지식을 배울지 불가피하게 선택해야 하며, 게다가 개인 간에 존재하는 수많은 차이점 중 일부를 이제 우리가 알기 때문에 마치 그런 차이점이 존재하지 않는 것처럼 사람들을(그리고 우리 자신을) 대한다는 것은 점점 더 옹호하기 어려워졌다.

앞서 언급한 분석을 기초로 할 때, 내가 '개인 중심적 학교'라고 일컫는 다른 학교를 상상해 볼 수 있다. 이런 학교는 특정한 기본 기술과 특정한 상식이 모든 학생에게 필요하다는 점을 인정한다. 그러나 동시에 이 학교는 교육에서 선택의 필요와 학생 간의 기록 가능한 차이를 진지하게 받아들이며, 이 점을 교육과정에서 중심 요소로 삼기 위해 노력한다(제6~9장 참조).

이러한 학교를 만들기 위해서는 수많은 방식으로 실현될 수 있는 세 가지 역할을 구분하여 설명할 필요가 있다. 세 가지 역할은 ① 평가 전문가, ② 학생-커리큘럼 중개인, ③ 학교-공동체 중개인이다.

평가 전문가

평가 전문가는 학교에 재학 중인 아이들에 대한 규칙적이고 적절한 형태의 평가를 실시하고, 이런 평가 결과를 문서화하며, 평가 결과는 적절한 형태로 교사, 부모 및 (궁극적으로는) 학생 본인이 볼 수 있도록 해 주어야 한다. 평가는 폭넓은 자료, 절차 및 도구를 다룰 것이다. 그와 같은 학교에서는 평가가 규칙적으로 그리고 지속적으로 이루어지기 때문에 현재 상태의 정보를 제공하기 위해서는 설명 보고서가 지속적으로 업데이트되어야 한다. 물론, 특별한 문제, 필요 혹은 기술이 있을 경우에 보다 적극적인 개입이 필요할 수도 있다.

우리 프로젝트는 개인 중심적 학교에서 수많은 형태의 평가가 이루어질 수 있다고 제안해 왔다. 그러나 '공식적인 표준 평가 기술'이 활용된다 하더라도, 평가 결과를 소비자가 이용할 수 있도록 만드는 것이 중요하다. 즉, 학생들이 다음 단계에 무엇을 해야 하는지에 대한 구체적인 제안을 명확하게 서술하는 것이 중요하다.

학생-커리큘럼 중개인

학생-커리큘럼 중개인은 평가 전문가가 수행한 관찰 및 분석 결과를 가져다 학생들에게 제공하는 구체적인 제안으로 변화시키는 사람이다. 이와 같은 제안에는 개별 학생이 보유하고 있는 강점과 약점을 고려하여 수강할 과정 및 선택 과목이 포함된다. 또한 해당 학생이 수강해야 할 과정의 버전(혹은 섹션)을 학생의 독특한 학습 유형을 고려하여 제안한다.

나는 선택 과목 시스템에 대해 공감하는 편이다. 선택 과목을 고르는 것은 정보를 기반으로 한 것이기 때문이다. 그리고 학생-커리큘럼 중개인은 학생들이 흥미를 느낄 수 있으며 본인에게 유익한 과정을 선택할 수 있도록 도와 주는 훌륭한 위치에 있다. 그러나 특정 선택 과목에 학생을 '배정'하는 것에 대해서 나는 전혀 찬성하지 않는다. 사실, 학생을 배정한다는 생각은 모순된 개념이다. 학생들에게 선택지를 제공하고 스스로 선택할 수 있게 해 주어야 한다. 만약 학생들이 흥미를 가져야 할 과정을 건너뛰려고 한다거나 적성이 없는 것이 명백한 과정을 선택한다면 이러한 방식은 완벽하게 타당하다. 사실, 많은 개인은—나를 포함해서—선천적인 재능이 명백하게 거의 없는 영역에 도전함으로써 활기를 얻는다. 적절하게 '공지'되는 한 고집을 부리는 것은 괜찮다.

물론 이처럼 '이상적인' 학교를 포함한 어떤 학교에서도 필수 과정이 있을 것이다. 이 필수 과정들이 모든 학생에게 같은 방식으로 가르쳐질 필요가 있는지가 문제이다. 다른 교수 방식을 선호하거나 한 가지 이상의 방식으로 가르칠 수 있는 교사가 존재하는 한, 다양한 교수 방식에 대한 정보를 제공하여 학생들이 적절한 '섹션'을 선택할 수 있도록 해 주어야 한다.

'개인 맞춤형 교수법'을 실시할 수 없다고 하더라도, 개별 학생들이 가장 효과적인 방식으로 배울 수 있도록 돕는 것은 여전히 가능하다. 많은 교육 및 기술적 개입을 통해 정보를 다루거나 분석하는 특별한 방식을 보유한 학생들을 도와 이들이 어려움을 겪지 않도록 할 수 있다. 예를 하나만 들어 보자면, 공간적 상상력이 없거나 부족한 학생은 지리학 및 물리학을 배울 때 종종 어려움을 겪는다. 지금은 '온라인'으로 제공되는 소프트웨어가 상상력을 보충해 줄 수 있기 때문에 해당 과목들에 쉽게 접근할 수 있게 해 주며, 학생이 더 흥미롭게 배울 수 있다. 학생-커리큘럼 중개인의 과제는 그와 같이 좋은 학생-소프트웨어의 만남이 영향을 줄 수 있도록 기회를 늘리는 것이다.

학교-공동체 중개인

모든 교육적 요구가 각 학교 내부적으로 만족될 수 있다면 이상적이겠지만, 그와 같은 종합적인 서비스는 실현하기 어렵다. 학교는 전통적인 커리큘럼을 다루고 있어 일부 지능을 개발하는 데 뛰어나지만, 모든 요구를 만족시키고 모든 지능을 배양하며 모든 과목을 다룰 것으로 기대하는 것은 비현실적이다.

여기서 학교-공동체 중개인의 역할이 필요하다. 학교-공동체 중개인은 공동체―견습제도, 멘토 제도, 클럽, 직업, 예술 기관, 누나, 형 등―가 교육 기회를 제공하는 것이 가능한지 조사하고, 그 결과를 데이터베이스 내에 조직하는 것이다. 지면과 미디어 자료에 대한 정보도 조사 대상에 포함된다. 이 정보는 학생들에게 제공되어 방과 후 프로그램, 혹은 아마도 학교 수업 기간 중에 학생들의 배움의 폭을 넓히는 선택지 역할을 한다. 만약 이 중개인의 역할이 성공을 거둔다면, 학생들이 좀 더 폭넓은 지능을 개발할 가능성이 높아짐은 물론, 본인의 공동체 안에서 적절한 직업 및 취미를 찾을 가능성도 높아진다.

사실, 나는 언어 및 논리적 성취도가 높은 학생들에 대해서 걱정하지 않는다. 이들은 학교, 표준화된 재능 프로그램, 혹은 특별 상급 섹션이나 영재 집단에서 보상받을 가능성이 높다. 교육적으로 어려운 점은 표준적인 학교 커리큘럼으로 잘 다루어지지 않는 인지 및 개인적 강점을 보유하고 있는 학생들에게 비슷한 기회를 제공한다는 것이다.

과거에 이런 학생들은 스스로―만약 찾았다면!―우연히 혹은 우발적으로 '자신에 대해 발견'했다. 개인이 평생 직업이나 취미를 발견하도록 돕는 데 아주 중요한 역할을 할 수도 있는 결정적인 체험은 미리 계획하는 것이 거의 불가능하다(Walters & Gardner, 1986). 내 생각에 한 학생의 인생에서 가장 중요한 교육적 사건은 그 학생이 한 영역에 대해 보다 더 깊이 이해할 필요가 있는 자료를 숙달하겠다는 결심을 하도록 자극하고 동기 부여하는 일정한 상황이나 자료를 발견하는 것이다. 보다 다양한 분야에서 좀 더 자주 구체화하는 것은 학교-공동체 중개인의 역할이다. 무엇보다 구체화된 경험은 대체로 공동체에서는 가치를 인정받지만 학교 내에서는 그렇지 않은 경우가 많다.

여기서 학생들에게 실현 가능한 직업 선택지로 보이지 않는 영역을 만날 수 있도록 권하는 것이 타당한지에 대해 의문이 제기될 수 있다. 물론 학생의 성향과 맞고 직업과 관련된 선택지를 찾기 위해 노력해야 한다. 그러나 나는 '유용하지 않은' 경험의 위험에 대해 걱정할 필요가 없다고 생각한다. 첫째, 학생이 전혀 경험하지 않는 것보다 어떤 종류라도 경험하는 것이 낫다고 생각한다. 자신감과 더불어 한 영역을 숙달한 경험은 상당한 가치를 전달해 준다. 둘째, 현재 학교에서 가치 있다고 평가받는 학업 능력이 훗날의 직업적 성공을 반드시 예측하지는 않는다. 직업적 성공을 위해서는 개인적 지능이 훨씬 더 중요할 수 있다. 셋째, 미래에 어떤 지능들을 조합하는 것이 가치 있을지, 그리고 어떤 조합이 특정 인물에게 도움이 될 것인지 미리 계산해 보는 것은 근시안적인 생각이다. 마지막으로, 한 가지 경험이 어떤 직업적 선택을 하게 될지 직접적으로 알려 줄 수는 없지만, 최소한 해당 인물이 미래에 개인적인 혹은 취미 측면의 만족을 얻을 것으로 기대할 수 있는 영역을 설명해 줄 수는 있다고 생각한다.

나는 이와 같은 커리큘럼, 평가 및 교육적 기회를 오직 편의를 위한 개인적인 역할 측면에서만 설명했다. 학교 시스템은 이런 역할을 실현하기 위한 편안한 수단으로 발달할 수 있다. 즉, 생활 지도 카운슬러 혹은 기타 기존의 인물들에게 의존하거나 정보의 집중된 자료를 만듦으로써 학교 시스템을 발달시킬 수 있다.

그러나 이런 역할을 수행하는 것은 학교와 주변 공동체가 폭넓은 스펙트럼의 영역 및 능력에 대한 교육적 헌신이 없다면 거의 소용이 없다. 지원하는 교육 공동체와 함께, 학생들의 개인적 차이가 진지하게 받아들여지고 소중하게 다루어지는 동시에 가치 있는 개인 및 공동체의 목적을 위해 동기 부여될 수 있는 학교를 실현함으로써 이와 같은 역할이 도움을 줄 수 있도록 해야 한다.

미래의 학교에 대해 설명하면서 내가 학교의 시험 및 평가의 역할을 폐지하려 한다는 두려움을 가라앉히고자 한다. 내가 설명한 프로그램이 만약 실현된다면, 지금은 존재하지 않는 전문가들을 발달시켜서 현재 심리학자, 생활 지도 카운슬러 및 시험 전문가가 실시하고 있는 것보다 훨씬 더 중요한 작업을 수행하도록 요청할 것이다. 나는 시험을 없애자고 로비하고 있는 것이 아니라 평가의 역할을 좀 더 폭넓고 깊이 있게 만들자고 주장하는 것이다.

동시에 나는 교사들의 역할을 최소화하고 싶은 생각이 전혀 없다. 사실 나의 전략은 교사들이 편안하게 느끼는 방식으로 전문가답게 가르칠 수 있도록 자유를 주는 것이다. 이런 종류의 교육은 교사들이 고도로 전문화되고 자신의 커리큘럼을 짜고 본인의 교실을 지휘할 책임을 질 때 비로소 가능할 것이다. 이 과업에 가장 핵심적인 가르치는 조건의 개선과 교사-훈련 프로그램의 질을 높이는 문제는 우리 사회가 다루어야 할 중요한 주제이다.

사회에 대한 평가를 위하여

제19장은 교육제도 전반 및 평생 학습의 궤도에 걸쳐 자연스럽게 이루어지는 규칙적인 평가를 옹호하는 글의 연장선이다. 상당한 규모의 이론적 혁신 및 실험적 증거를 검토해 온 바, 이 증거들은 대체로 표준 공식적인 시험이 독점적인 형태의 평가가 되었을 때 발생하는 문제를 지적하고 있다. 수많은 연구 결과가 평가가 자연스럽게 이루어지는 환경을 조성하고, 도메인-프로젝트와 프로세스-폴리오와 같은 커리큘럼을 설계하여 제작하는 과정에서

평가가 이루어지도록 하는 것이 보다 유익할 것이라고 보고 있다. 내가 견습제도를 다시 도입하자고 주창했다고 한다면 과장이겠지만, 우리가 평가 형태 측면에서 지나치게 나갔다는 점은 지적하고 싶다. 현재의 평가제도를 통해 얻는 정보는 전통적인 견습제도와 연관된 개념 및 추정으로도 충분히 얻을 수 있는 정보이다.

사실 '공식적인 시험'과 '견습제도 유형의 평가'를 평가의 양극단으로 생각한다면, 오늘날의 미국은 공식적인 시험 쪽으로 지나치게 치우쳐서 그쪽 방향만 배타적으로 강조했을 때 발생하는 비용과 제약을 적절하게 고려하지 않았다고 볼 수 있다. 물리학 영역 바깥에서조차 지나친 작용은 반작용을 불러일으킨다. 즉, 이것이 제19장이 보다 자연스럽고, 맥락에 예민하고, 생태학적으로 유효한 유형의 평가를 강조하는 이유이기도 하다. 표준적인 공식적 시험이 맡고 있는 역할이 있기는 있다. 예를 들어, '위험에 처한' 인구를 처음에 걸러 내는 것이 표준적인 공식적 시험의 역할이다. 그러나 이런 유형의 시험을 사용하는 사람들이 사용하는 도구에 한계가 있다는 점도 알고 있어야 한다.

여기에서 설명한 관점에 대한 이의도 있을 수 있다. 한 가지 반대 의견은 공식적인 시험이 표명하고 있는 바와 같이 그것이 객관적이며 내가 주장하는 평가는 주관적인 형태로의 퇴보라고 주장하는 것이다. 나는 이 주장에 대해 두 가지 이유로 반대한다. 첫째, 원칙적으로 도메인-프로젝트, 프로세스-폴리오 혹은 스펙트럼 유형의 평가 방법이 본질적으로 다른 형태의 평가보다 덜 객관적이라고 볼 만한 이유가 전혀 없다. 이러한 영역에서도 신뢰도는 획득할 수 있다. 신뢰도의 확립은 우리가 파일럿 프로젝트를 진행하며 중요하게 생각했던 부분은 아니다. 그러나 개념적이며 정신력 측정용 도구는 이런 경우의 신뢰도를 조사하기 위해 존재한다. 더구나 이런 평가도구들은 '생태학적으로' 더 타당할 가능성이 높다.

둘째, 표준적인 공식 시험이 객관적이라거나 왜곡이 없다는 주장에 대해 반박해 보겠다. 기술적인 측면에서 최고의 표준 공식 시험은 주관성이나 통계학적 위험이 없다는 것이 사실이다. 그러나 어떤 종류의 표준 공식 시험이라도 한 종류의(혹은 몇몇 종류의) 개인과 하나(혹은 소수의) 지능 및 인지적 유형에 맞게 왜곡되기 마련이다. 공식적인 시험은 특정한 언어 및 논리적 지능을 갖춘 개인과 비맥락화된 환경에서 제한 시간을 둔 비인격적인 조건에서 평가받을 때 편안하게 느끼는 인물들에게 유리하다. 마찬가지로 공식적인 시험은 이런 지능을 보이지 않는 인물들과 지속적으로 유지되는 프로젝트에서 혹은 제자리에서 평가받을 때 더 뛰어난 능력을 보여 주는 인물에게는 왜곡된 평가 결과를 나타낸다.

특히, 자원이 부족한 경우에 모든 사람은 자신의 강점을 표현할 수 있는 기회를 가질 수 있어야 한다고 생각한다. '고득점자'가 대학 입학 사정관에게 완벽한 점수를 보여 주는 데 대해서 반대하는 것은 아니다. 마찬가지로 기타 인지 혹은 유형적 강점을 보유한 인물도 높은 평가를 받을 수 있어야 한다.

여기서 추구하고 있는 분석 방식에 공감하지만 비용 혹은 효율성 측면에서 반대하는 사람도 있을 것이다. 이런 주장을 하는 사람들에 따르면 단순히 우리가 주장하는 방식, 즉 지속적인 형태의 평가를 나라 전체적으로 실시하기에는 지나치게 비효율적이거나 비용이 너무 많이 든다고 주장한다. 그렇기 때문에 공식적인 시험이 완전하지 않을지라도 그 제도를 유지해야 하고, 가능한 한 현 상태에서 개선하고자 노력해야 한다는 것이다.

이런 주장은 표면적으로는 그럴 듯하게 보이지만 나는 이에 대해서도 반대한다. 공식적인 시험이 비용 면에서 효과적인 것은 사실이다. 그러나 실시한 지 수십 년이 흘러 지금과 같이 완벽과 너무나도 거리가 먼 상황에 이르는 데 수백만, 아마 수십억 달러가 들었을 것이다. 현재의 시험제도에 더 많은 돈을 투자한다고 해서 조금이라도 개선될 것이라고는 전혀 생각되지 않는다.

맥락상의 평가를 방해하는 가장 큰 요소는 사용할 수 있는 자원이 있느냐의 여부가 아니라, 의지의 부족이다. 오늘날 미국 전체적으로 교육을 획일화하고 싶은 강렬한 열망이 존재한다. 즉, 모든 학생을 같은 방식으로 대하고, 동일한 종류의 일차원적인 매트릭스를 모두에게 적용하고 싶어 한다. 이런 경향은 과학적으로 적절하지 않을 뿐만 아니라, 윤리적인 관점에서 보아도 불쾌한 방향이다. 지금의 정서는 일부 과도했던 과거의 교육 실험에 대한 거부감 때문이어서 일면 이해가 가기도 하다. 그러나 이 정서는 불쾌할 정도로 학생, 교사 및 학습 과정에 대한 일반적인 반감에 기반을 두고 있다. 교육과정의 가치가 높게 인정되는 다른 국가에서는 일차원적인 교육적 사고 및 평가 방식에 의하지 않고 더 높은 수준의 교육을 제공하는 것이 가능하다는 점이 증명되고 있다.

시험과 획일적인 학교가 좀 더 많이 필요하다는 잠정적인 국가적 합의에 대한 이유를 드는 것은 어렵지 않다. 1980년대 초반에 학생들의 성취도가 낮았던 데 대해 불만이 생겼던 점은 이해할 만하다. 이 불만 때문에 지금의 교육 형태가 일반적으로 실시되게 되었지만, 이제는 이 교육 형태는 다수의 사회악으로 비난받고 있다. 정부 관료들, 특히 주 행정관 및 입법자들이 설전에 가담했다. 재정 지원 증가에 따른 대가는 간단하다. 시험을 더 많이 치르고 시험에 대한 책임도 더 많이 지우는 것이었다. 이런 형태의 교육을 받은 학생들 중 이 진단이나 의도된 치유에 대해 완전히 편안한 사람들이 소수 있다는 사실은 무의미하다. 결국, 정치 관료들은 관련 문헌을 자세히 들여다보는 경우가 거의 없다. 이들은 거의 반사적으로 '희생양을 찾아' 바로 실시할 수 있는 '임시변통'을 원할 뿐이다.

불행히도 이런 문제에 대해 기존 관점을 대체할 수 있는 관점을 제시하는 공무원이나 사회적 지도자들이 거의 없다. 미국의 중요한 세력 혹은 이익집단들이 여기서 설명한 평가 및 학교 교육철학에 대해 동의하는 다른 교육 모델을 도입하는 데 노력을 기울인다면, 지나친 비용을 들이지 않고서도 대체 교육을 실시할 수 있을 것이라고 확신한다. 그리고 더 많은 사람이 '협력'할 필요가 있다. 공동체 일원들은 멘토 제도와 견습제도 혹은 '특별한 파드(special pods)'를 제공하고, 부모는 아이들이 학교에서 무엇을 하고 있는지 알고 아이들의 프로젝트에 함께 참여(혹은 최소한 아이들을 격려)할 필요가 있다. 이런 제안이 혁명적으로 들릴 수도 있지만, 미국 및 해외의 훌륭한 교육 환경이 갖춰진 곳에서는 매일 일어나는 일이다. 사실 질 높은 교육은 이와 같은 협력이 없다면 상상하기 어렵다.

내가 생각하기에 궁극적인 정책 논쟁은 교육의 목적에 대한 서로 다른 개념에 대한 논쟁에 초점을 맞춘 것이다—혹은 최소한 그래야 한다. 내가 앞서서 지적한 바와 같이 '형식적인 표준 시험'의 관점은 교육 개념을 비맥락화된 환경에서 숙달하고 다시 그런 환경에서 토해 내는 정보의 개별 요소를 모아 놓은 것과 같다고 생각한다. 이런 '버킷 관점(bucket view)'은 충분한 양의 정보를 획득한 개인이 사회의 효과적인 일원이 될 것이라고 기대한다.

'평가 관점'은 장기적인 프로젝트에서 배양되는 생산적이며 반영하는 기술의 개발을 가치 있게 평가한다. 생기를 주는 충격은 수업 중이나 방과 후에 동일한 정신 및 학문적 습관이 유용할 것이라는 생각에 학교 활동과 방과 후 활동 간의 간격을 좁히고자 한다. 개인의 강점에 대해 특별한 관심이 기울여진다. 이런 관점에 따르면 평가는 가능한 한 일상적인 활동 중에 비간섭적으로 이루어져야 하고, 평가에 의해 획득한 정보는 유용하고 경제적인 형태로 게이트 키퍼(gate keepers)에게 제공되어야 한다.

'평가 관점'은 앞서 설명한 개인 중심의 학교교육과 잘 맞는다. 평가에 대해 공감하는 일부 개인은 개인 중심적 관점은 비실용적이거나 로맨틱한 관점으로 교육을 바라본다며 여전히 반대할 수도 있다. 이들은 엄격한 커리큘럼을 제공하면서 보다 자연스러운 형태의 평가가 이루어져야 한다고 선호할 수도 있다. 놀라울 수도 있겠지만, 나는 이런 의견을 가진 사람들에게 엄격함의 중요성을 긍정하면서 대답한다. 엄격함에 의문을 제기하는 '개인 중심적' 접근법은 없다. 사실, 괜찮은 견습제도는 완고할 것이라고 추정된다. 피상적인 안위를 위해 진정한 엄격함을 희생시키는 것은 미숙한 '선다형 겸 고립된 사실(multiple-choice-cum-isolated-fact)' 사고방식이다. 나는 개인 기반의 학교에서 엄격한 커리큘럼을 실시하는 데 대해 전적으로 찬성한다. 단지 커리큘럼 선택의 폭을 좀 더 넓혀야 한다고 주장하는 것뿐이다.

평가 접근법 및 개인 중심적 학교는 좀 더 새로운 교육 비전을 제시한다. 이 두 가지는 미국의 민주적이며 다원주의적 가치를 지키는 데 더 도움이 된다(Dewey, 1938). 나는 또한 이 비전이 최근 몇십 년 동안 인간의 성장 및 학습에 대한 과학적 연구를 통해 확립된 사실과 더 일치한다고 생각한다. 미래의 학교는 이런 비전과 일치하는 방향으로 변화되어야 할 것이다. 결국 '공식적인 평가'가 어떤 형태가 될지, 그리고 실제로 이루어질지의 여부와 상관없이 학교에서 실제로 이루어지는 일상적인 학습은 '공식적인' 학교교육을 마친 후에 자극받아 이루어지는 학습과 함께 그 자체로 보상이 있어야 한다.

승인

제 20 장
순수의 시대를 재고하다:
심리학과 교육에 있어 최고의 진보주의적 전통을 지키기
-Howard Gardner, Bruce Torff, & Thomas Hatch-

Olson, D. R., & Torrance, N. (Eds.),
The handbook of education and human development.
Blackwell, 28-55, 1996.

세기 중반의 심리학 및 교육의 표준적 관점

시간이 흐르고 논의가 긴박하게 이루어지면 과거가 매력적으로 단순하게 보일 수 있다. 이런 압박에 굴복해서 아이와 교육에 대해 손쉽게 낙관적인 관점을 형성할 수도 있다. 이런 관점에 대해 문제가 제기되지 않을 수 없을 뿐만 아니라, 과거와 연관된 이런 관점은 아동기의 속성과 선호하는 교육과 정에 대한 현재 논의의 틀을 형성하는 데 기여하고 있다.

발달심리학은 루소(Rousseau)의 전통으로부터 중요한 수단으로 부상한 것으로서, 여기서 아동을 상대적으로 독립된 정신으로서 미리 결정된 일련의 단계를 온전히 거칠 운명으로 보는 관점이 생겨났다. 모욕적이지 않은 환경만 존재한다는 가정하에, 피아제 이론상의 아동(Piaget, 1983)은 우선 물리적 세계에 대해 자발적이며 자연스러운 작용을 통해 직접적으로 배우게 된다. 그리고 난 후에 이미 정해진 방식으로 보다 복잡한 인지적 구조를 익힌다. 그리고 아동은 자신이 구축한 세계를 설명하는 추상화 및 능력이 증가하면서 '정신적 작용'을 수행할 수 있게 된다. 이 이론과 평행선을 그리는 것으로, 에릭슨 이론의 아동(1963)은 심리 성적 및 심리사회적인 긴장과 대립한다. 그리고 다시 한 번 상대적으로 도움이 되는 환경이 조성되었다는 가정하에, 아동은 한 공동체의 신뢰할 만한, 자율적이며, 능력 있고 성공할 수 있는 일원으로 부상할 수 있을 것이다. 덜 전체주의적인 전략을 주장하는 한편, 다른 발달주의자들은 이와 같은 기본적인 선형적이고 진보적인 관점을 지지한다(Bruner, 1965; Kohlberg, 1969; Werner, 1948). 그리고 어떤 이들은 아동의 성장에 분명히 사회적인 측면을 더하기도 했다(Mead, 1934; Vygotsky, 1978).

이러한 지적 전통은 특히 아동기 교육에 깊은 관심을 가지고 있는 사람들의 교육적 관점의 기틀이 되었다. 듀이(Dewey, 1916, 1938)와 그의 '진보주의' 후계자들은 아마도 더더욱, 아동을 교육의 가장 중요한 작품이라고 생각했을 것이다. 아이들은 그들을 둘러싸고 있는 세계를 탐구함으로써 가장 잘 배운다. 자신의 관심사를 본인의 속도에 맞춰서 찾아볼 수 있는 기회가 중요한 요소이다. 발달의 전통을 소환하는 방식으로 듀이는 어린아이들이 학교와 공동체 내에서 겪는 일상적인 경험에서 자신만의 의미를 구축해야 한다고 주장했다.

원형적 발달주의자보다도 더 단호한 사회적 비전으로 무장한 채, 듀이는 특히 잘 훈련된 교사와 같이 다른 사람들의 지원의 중요성과 소속된 공동체의 역할 및 관행에 대해 배우는 것이 바람직하다는 점을 강조했다. 그러나 듀이는 주요 학문을 아이들에게 가르쳐야 할 필요성에 대해 근본적인 의문을 제기하지 않았다. 그는 공동체 안의 더 프로젝트 중심적인 활동에서 좀 더 학문적인 학업으로 자연스럽고 문제없는 진전이 이루어질 것이라고 생각했다.

이러한 발달 및 교육적 전통은 각 전통에 대한 상대적인 의존 속에서 진화해 왔지만, 본질적인 양립 가능성을 강조하는 것이 중요하다. 아동의 관심사 및 개인적으로 시작된 활동 모두에 대해 집중하고, 학문적 숙달을 이루고 공동체 내에서 시민의 역할을 충분히 수행할 수 있도록 비교적 부드럽게 진전할 것으로 기대된다. 각 관점이 아동들이 서로 다른 특징을 지니고 있다는 점을 인정하고 있기는 하지만, 관심사와 선천적인 지적 잠재 능력에 있어서 두 관점 모두 이런 차이점을 숙고하지는 않았다. '아동들(the children)'보다 '아동(the child)'이라고 말하는 편이 좀 더 자연스러운 방식이다. 그리고 아마 놀랍지 않을지 모르지만, 두 전통 모두 각 전통이 생긴 환경을 반영하고 있다. 즉, 오늘날의 관점에서 본다면 중산층과 민주주의 사회 배경으로 스위스의 어느 주나 뉴잉글랜드의 어느 마을이 배경이라고 보면 적절할 것이다.

우리는 이런 표준적인 관점에 대해 어느 정도 비판적인 입장을 취할 것이기 때문에, 이와 같은 진보주의적인 관점이 반응하는 개념 몇 가지를 설명하는 것이 중요하다. 아동 연구를 진행할 때, 피아제(Piaget)와 에릭슨(Erikson)과 같은 학자들은 환경 결정론이 강한 형태들을 비판하는 한편, 생물학적 결정론도 비판한다. 로크(Locke)나 스키너(Skinner) 등 경험주의자들이 주장하는 '백지 상태(blank slate)'와 달리, 이들은 인간이 발달하는 과정상 유기적인 제약이 있다는 점을 인정한다. 열성적인 유전론자들과 달리, 이들은 특정한 환경과의 상호작용의 필요성과 발달이 적절한 속도나 적절한 방향으로 이루어지지 않을 가능성을 강조한다. 보다 긍정적으로 이들은 아동이 순서는 정해져 있지만, 질적으로 다른 단계를 거친다고 보았고, 각 단계는 고유한 조직과 진실성을 가지고 있다고 보았다. 아이들은 단순히 체구가 작은 혹은 지적으로 덜 발달한 성인이 아니다. 아이들은 자신만의 고유한 현실에 대한 관점을 구현하며 자신이 살아가는 환경에 적합한 방식으로 인지 및 감정적인 문제를 다루었다. 사실, 한 명의 통일된 인간을 구성하는 아동의 다양한 측면—인지, 감정, 사회적인 측면—을 살펴보는 것이 중요하다.

'아동 중심적' 교육학자들은 과거에 지배적이었던 관점들에 대해서 유사하게 특유한 응답을 하였다. 이들은 능력심리학자들이 아동을 각각의 독립적인 정신 능력의 집합체로 보는 관점에 대해 반대했다. 능력심리학자들은 각각의 분리된 정신 능력이 독립적으로 배양되어야 한다고 보았다. 아동 중심적 교육학자들은 커리큘럼을 고립된 사실 혹은 각각의 구분된 기술들을 보여 주고자 했던 현학자들의 원자론적인 관점에 대해서도 이의를 제기했다. 이들이 보기에 특히 문제가 많은 관점은 공장형 교육이었다. 공장형 모델에 따르면 아이들은 그들에 속도에 따라 행진해야 하고, 궁극적으로는 점차 산업화되고 있는 사회에서 적절한 역할을 맡을 수 있도록 분류되었다. 진보주의자들은 머릿속에 정보로 가득 찬 성인이 있는 교실에서 가능한 한 많은 정보를 가능한 한 효율적으로 작지만 성장하고 있는 아이의 머릿속으로 집어넣기 위해 노력하는 것을 반대했다. 진보주의자들은 아이들이 적극적으로 자료를 탐구하고, 사회적으로 지원받는 환경에서 민주주의 사회에서의 인생을 '예행연습'해 볼 수 있도록 도와주는 교육적 공간을 구상하고자 노력했다.

새로운 통찰

심리학 및 교육학적 진보주의자들의 입장을 설명하는 것이 중요하다. 우리(이 글의 저자들)는 아동에 대한 성인 중심적 시각에 대해 진보주의자들과 마찬가지로 반감을 가지고 있다. 한편, 교육을 다른 사람에게 전달한다는 관점에 대해서도 반감을 가지고 있다. 사실, 우리는 듀이와 피아제 등의 학자들이 20세기 초반에 형성한 비전의 대부분을 여전히 중요하게 생각하고 있다. 그러나 표준적인 '순진한' 관점이 처음으로 통합된 후 수십 년이 흐르는 동안 새로운 관점들이 부상했다. 후에 최근 수십 년 동안 부상한 아이디어에 대해 언급하도록 하겠다. 그리고 우리는 보다 최신의 통찰을 담으면서도 표준적인 관점의 강점을 보존하고자 하는 새로운 접근법—'상징체계 접근법'—
을 소개할 것이다. 우리는 인간의 발달에 대한 관점과 상징체계 접근법의 관
점에서 재구성될 교육에 대한 접근법의 방식들을 검토함으로써 새롭고 아마
도 훨씬 더 강력한 지적 실용적 통합 이론을 도출해 낸다.

　지난 몇십 년 동안 부상한 관점들 중에서 우리는 새로운 관점을 향한 길을
제시하는 여섯 가지 통찰을 골라 특별히 언급하고자 한다.

　1. **보편성을 넘는 영역의 존재**　발달심리학의 광범위한 스펙트럼은 모든
　　인간의 삶의 부분인 개념 및 영역을 조사함으로써 아마도 적절하게 시
　　작되었다. 그러므로 피아제는 칸트(Kant)의 영역인 시간, 공간 및 인과
　　관계를 칭할 개념의 발전에 집중했다. 콜베르그(Kohlberg, 1969)와 아른
　　하임(Arnheim, 1974)과 같은 다른 학자들은 도덕성과 예술 등 보편적이
　　라고 추정되는 기타 영역을 연구했다. 그러나 한 문화 내에서 가장 가치
　　있다고 여겨지는 대부분이 다른 문화권에서 꼭 가치를 존중받거나 심지
　　어 공유될 필요는 없다. 서구 문화에서 사실상 필요한 읽고 쓰는 능력은
　　많은 토착 문화 속에서 최근까지 전혀 알려지지도 않았다(Olson, 1994).
　　그리고 체스를 두는 것에서부터 미적분학의 숙달 및 다양한 춤과 의식
　　을 실행하는 것에 이르는 그 밖의 활동들은 특정한 문화나 하위 문화만
　　의 특유한 활동이라는 점도 증명되었다. 펠드만(Feldman, 1980)의 연구
　　덕분에, 우리는 하나 혹은 몇 개의 문화권에서는 중요하지만 보편적으
　　로 가치를 인정받지는 못하는 영역을 더 잘 알게 되었다. 그리고 이러한
　　각각의 영역에 걸쳐서 획득한 발달은 상당히 배타적인 궤도도 고려해
　　보게 되었다.
　2. **특정한 지식 및 전문성의 중요성**　보편성을 넘는 영역의 존재를 점차 더
　　욱 인정하게 되면서, 일반적인 지식과 일반적인 기술이 실제로 존재하
　　는지에 대한 회의론이 증가하고 있다(Carey & Gelman, 1991; Gunnar &

Maratsos, 1992; Resnick, 1989). '일반적인 생각'과 '일반적인 문제 해결' 기술이 있다기보다, 이제는 대부분의 기술이 훨씬 더 구체적이고 여러 맥락을 거슬러 전달이 된다고 해 봐야 의문의 여지가 있는 것으로 널리 인식될 뿐이다. 장기간에 걸쳐 규칙적인 작업에 의해 개인은 전문성을 획득하고, 특정 영역의 기술도 획득하게 된다. 그리고 두 가지 기술이 매우 밀접한 관련이 있는 것이 아닌 한, 한 분야에서 높은 수준의 기술을 획득했다고 해서, 다른 영역에서 어떤 수준의 기술을 획득할 것이라고 전혀 보장되지 않는다. 이러한 연구 결과가 오래된 능력심리학과 일정 부분 표면적인 유사성을 보이지만, 특정한 능력들은 심리학적 일관성을 보유하며, 기술 획득 과정은 각기 다른 '영역별로 특정한' 전문성 개념을 존중하는 방식으로 묘사된다(Ericsson & Charness, 1994).

3. 개인 간의 차이를 설명해야 할 필요성   각 영역 및 작업의 차이점에 대한 우려는 개인 간의 차이에 대한 관심과 유사하다. 물론 평범한 사람과 과학계 모두에서 개인 간의 차이는 항상 지적되어 왔지만, 이러한 차이점들은 한 가지 측면(대략 지적인 측면) 또는 일반적인 방식(서로 다른 개성, 기질, 유형 등)을 통해 보이고 있다. 그러나 늦기는 했지만, 중요할 수 있는 차이점에 대한 훨씬 더 특정한 제안이 나오고 있다. 유형적인 문제에 관심이 있는 이들 중에는 분야-의존성 혹은 독립성 간의 차이점(Witkin et al., 1962)을, 그리고 기질에 관심 있는 이들 중에는 수줍음 또는 충동성 간의 차이를 제안하는 이도 있다(Kagan, 1993). 우리의 연구 중 특별히 중요한 것은 개개인이 지적 강점의 특징 면에서 다를 가능성이 있느냐는 것이었다. '다중지능이론'은 개개인이 상당히 다른 정신적 기술을 강조할 수 있으며, 각기 다른 강점과 약점을 보유한다고 상정했다. 그리고 그에 따라 이와 같은 차이가 개개인이 학습하는 방식과 궁극적으로 실현하게 될 창의적이거나 전문적인 성취의 종류 측면에서 중요하다고 상정한다(Gardner, 1983, 1993c 및 제6~9장).

4. **강력하고 지속적인 오해의 존재**　피아제(1929)의 지속적인 유산 중 일부는 어린아이들이 세상에 대해 독특한 개념을 종종 보여 준다고 설명한 것이다. 이런 개념들은 때로 통렬하게 애니미즘적이고, 인공적이거나 자기중심적이기도 하다. 피아제가 본래 보편적인 영역에 관심 있었기 때문에 이런 오해는 자발적으로 사라진다고 기록할 수 있었다. 학문적 전문성의 획득에 대한 최신 연구는 하나의 불안한 현상을 확립하고 있다. 간단히 말하자면, 전문가들을 제외하고 대부분의 개인은 어려서 형성한 오해를 계속 유지한다. 상당한 교육을 받거나 반대되는 증거를 보더라도 마찬가지이다(Gardner, 1991c). 따라서 대학교 물리학과 학생들조차 힘과 기관에 대해 아리스토텔레스적인 생각을 가지고 있는 경우가 많다. 이와 마찬가지로 인문학 및 사회과학 분야에서 상급 수준인 학생들도 가장 단순한 형태의 고정관념적 사고방식을 가지고 있다. 이런 오해를 없애고, 대신 그 자리에 보다 근거가 타당하며 복잡하고 종합적인 관점을 심어 주기 위한 교육적인 움직임이 필요하다. 이를 실현하기란 상당히 쉽지 않은 것으로 나타났다(제16~18장 참조).

5. **맥락상의 간접적인 역할의 중요한 역할**　모든 행동 및 인지과학자들은 주변 맥락의 중요성에 대해 최소한 입에 발린 말 정도는 한다. 그러나 진보주의적인 발달 전통은 가장 광범위한 용어로만 맥락이 거론될 뿐이다. 왜냐하면 보편적인 속성이 주요 관심사였고, 맥락에 따라 달라지는 차이점은 덜 중요하게 여겨졌으며, 맥락의 영향을 상세하고 정확하게 분석하기 위한 개념적 장치가 존재하지 않았기 때문이다. 비고츠키(Vygotsky)와 기타 콘텍스트 이론가들의 연구에 자극을 받은 연구자들은 이제 해당 인물이 태어난 사회와 자라난 가정의 유형과 가치, 공동체의 문화 및 교육 제도의 절차를 비롯해서, 특히 각 아동이 성장하여 궁극적으로 변화되는 모습에 막대한 영향을 미치는 지배적인 미디어에 의해 전달되는 오늘날의 메시지에 이르기까지 설득력 있는 연구 결과를 제공하

고 있다(Bruner, 1990; Collier, 1994; Heath, 1983; Rogoff, 1990). 물론 특정한 보편적인 인지 및 감정적 지표는 맥락에 따라 다른 점이 적을 수도 있다. 그러나 일단 개인들이 지닌 가치를 다루기 시작하면, 개개인이 자신의 경험을 조직하고, 반영하며, 상징화하는 방식과 개개인이 다른 사람들과 상호작용하는 방식 및 맥락 및 매개적 요소의 지배적인 역할을 무시할 수 없다.

6. 작업 판단 기준의 적용 모든 발달 중인 인간을 둘러싸고 있는 엄청난 양의 맥락적 요소 및 매개 가운데 한 가지는 따로 언급할 가치가 있다. 인간의 작업 수용 가능성 및 질에 대한 판단을 내리도록 해 주는 이와 같은 개인 및 기관—때때로 '분야(the field)'라고 불린다(Csikszentmihalyi, 1988)—에 대해 논해 보겠다. 모든 문화는 해당 문화가 가치 있게 평가하는 산물과 행동에 대해 명백하고 암묵적인 신호를 내보낸다. 그리고 이 가치는 학교와 기타 교육 및 문화적 기관에 퍼진다. 그러나 이런 기관들 내부에—교사로부터 행정관 및 상 수여자, 백과사전 저자에 이르는—특정한 인물들이 누가 무엇을 인식하는지에 대해 막대한 영향력을 행사한다. 사실, 다음 세대의 기준 및 가치는 현세대 중 현장에 있는 일원들의 작용에 의해 대체로 결정된다. 학업 핸드북은 다음 세대 연구자 및 교육학자가 소화할 수 있을 신호나 '비유전적 문화 요소들'을 통제할 수 있는 노력에 대해 설명하고 있다.

이러한 여섯 가지 통찰 내용은 앞서 언급한 다른 내용과 함께 다음 세대 노동자들이 만나고 숙달하며 평가하게 될 유산에 해당한다. 피아제의 비유를 사용하자면, 이런 작업을 기존의 교육 혹은 심리학적 뼈대에 비유하는 것도 가능하다. 그러나 이와 같은 새로운 통찰 내용을 새로운 복합적 해석을 창조하는 기반으로 이용하는 것도 가능하다. 이렇게 얻은 새로운 해석은 오늘과 내일의 연구 및 실용적인 이슈에 더 적합할 것이다.

상징체계 접근법

우리는 여기에서 앞에서 그려졌던 고전으로 여겨지는 전통에서 생긴 인간발달의 연구에 대한 접근을 소개하고자 한다. 그러나 그것은 우리의 관점에서 새로운 연구 방식의 사용을 더 잘할 수 있고, 우리 시대에 유효한 교육적 접근을 구축하는 데 더 적합하다. 우리는 우리의 접근 방식을 '상징체계(symbol systems)' 접근 방식이라 칭하며, 그것의 독창성에 대해 부당한 주장을 하지 않고 여기에 그 기본 가정 및 시사점을 제시하고자 한다.

적어도 백 년 동안 인간의 독특한 특성—아마도 그 독특한 특성—은 다양한 종류의 상징체계를 이용할 수 있는 인간의 능력이라는 점이 인정되어 왔다. 상징체계란 다양한 정보 및 의미의 여러 가닥을 나타내거나 표현하거나 아니면 전달하기 위한 물리적 또는 자연적 요소들을 의미한다. 처음에는 학자들의 관심은 언어와 논리의 상징이 중심이었다. 언어와 논리는 수학과 과학의 중요한 범위의 숙달뿐만 아니라 일상적인 의사소통을 가능하게 만드는 일관적인 일련의 체계를 의미한다. 그러나 1957년 카시러(Cassirer)와 1942년 랭거(Langer), 1968년 굿맨(Goodman)의 중대한 집필 이후에, 다른 종류의 상징체계도 존재한다는 점이 인정되었다. 예술적 상징체계는 정밀도와 보다 전통적인 상징체계의 정확성과 명확성은 결여하고 있을지 몰라도, 강력함이나 다른 표현할 수 없는 의미를 전달하거나 만드는 능력이 이제 학계에서 인정되고 있다. 게다가 학자들은 상징체계의 구문과 의미의 특성뿐만 아니라, 그들의 사용—화용론—에도 적응하게 되었다. 그리고 그들은 각 상징체계의 잠재력이 서로 결합될 수 있으며, 새로운 개인적 혹은 심지어 공공 상징체계를 만들기 위한 인간의 능력을 인지하게 되었다(Feldman, 1980; Gardner & Nemirovsky, 1991; 제3, 6, 7장).

발달심리학자에게 상징체계를 언급하는 것은 널리 인정받는 현상을 불러일으키는 것이다. 다른 부류의 모든 실무자들은 개인이 직접 물리적 접촉을 통하거나 개인적 관심을 통해서뿐만 아니라 단어, 이미지, 숫자 등과 같은 매개를 통해 의미를 전달하고 포착할 수 있게 될 때 아이의 삶에서 중요한 이정표를 인식한다.

따라서 일반적으로 상징화의 속성에 대한 많은 작업이 늦게 이루어졌고, 개체 발생과 특정한 영역의 상징화의 발전에 있어서도 늦게 이루어져서─최소한 인지발달심리학─발달심리학을 상징체계의 숙달 측면에서 사실상 다시 쓸 수 있게 되었다. 그러나 여전히 우리가 아이들, 개발 그리고 교육에 대해 어떻게 생각하는지에 대한 상징체계의 중요한 특성과 그 영향은 이상하게도 충분히 숙고되지 않았다.

상징화에 대한 집중은 실질적이고 분석적인 관점 모두에서 심오한 의미가 있다. 유아가 사전상징적이라고 말할 수 있는 지점이 있다. 물리적 세계와의 유아의 상호작용과 다른 인간 세계와의 관계는 아마 인간에게 프로그래밍된 메커니즘을 사용하여 직접, 비매개적인 접촉의 측면에서 주로 발생한다. [이 표현은 유아가 사용하는 정신 표현 양식의 문제 또는 '멘털리즈(mentalese; 마음속 언어─역자 주)'에 대해 중립적이다(Mandler, 1983 참조).] 그러나 생애 첫 해가 끝날 때쯤 공공연히게 상징적인 프로세스는 전면에 나서기 시작하고, 일생 동안 지배적으로 유지된다. 의미를 만드는 이러한 형식의 일부는 분명히 개인적이다. 모든 아이는, 모든 가족은 자신만의 고유한 신호와 상징의 형태를 발전시킨다(Bruner, 1990). 그러나 상징적 형태의 대부분은 수 세기 동안 여러 문화에 걸쳐서 진화하였고, 모든 아이가 점진적으로 내재화해야 하는 의미 결정 방식을 반영한다(Vygotsky, 1978).

5세 정도의 나이까지, 충분히 풍부한 환경을 가정할 때, 상징체계 내에서 능력의 개발이 많은 직접적인 명령 또는 조작된 조정을 필요로 하지 않고 발생한다. 이와 같이 아이들은 주변에서 표현되는 다양한 언어 중에서 손쉽게 선택하는 종의 일원이 되어 가며, 그 언어를 생산적으로 유창하게 사용하기 시작한다(Heath, 1983). 연구자들은 다른 상징적인 역량에 대한 궤도의 차이를 언급하는 계정과 반대로 상징화 중 하나인 포괄적인 이야기—소위 '기호학적 트랙'—를 지지하는 정도에 대한 차이가 있다(Karmiloff-Smith, 1992). (우리 입장은 발달 경로가 구문의 문제에서 매우 다르지만 그 의미론적 실용적인 차원에서는 강한 유사성을 가지고 있다는 것이다; Gardner & Wolf, 1983 참조). 그러나 어떤 사람이 일원주의자이거나 다원주의자이든 상관없이, 초기 아동기 동안 상징 코드에 의한 지배가 점점 증가하는 것에 대해 이의를 제기하기는 어렵다(Bates, 1976; Bruner et al., 1966; Olson, 1994; Mandler, 1983; Werner & Kaplan, 1963).

상징적인 발달은 아동기 내내 계속되지만, 인생의 첫 5년이 지난 후에 특히 문자 문화에서 다른 빛깔을 취한다. 교육에서 가장 중요한 상징체계의 사용은 보다 공식적인 환경—견습제도, 기예 학습, 종교적 훈련뿐만 아니라 물론 학교라고 불리는 기관—에서 이루어진다(Scribner & Cole, 1973). 일부 교육은 제1차 상징체계의 정제로 구성된다. 그러나 문자 문화는 제2차 상징체계—그들 자체가 제1차 상징적 암호들을 나타내는 표시/표기법—에 의해 정의된다. 그리고 고등교육의 도달에, 더 미묘하고 고차원의 상징체계가 사용되는 고등교육에 도달하면, 현상은 복잡하고 계산적인 체계에 의해 표현된다.

이 시점까지 우리는 우리의 용어 '상징체계'의 사용에 있어 중요한 모호성을 무시해 왔다. 사실 이 용어는 두 가지 분명한 의미와 학문적 역사를 지니고 있다. 철학 그리고 기호학과 언어학과 같은 동종의 지식 분야에서, 상징체계는 공개적으로 검토할 수 있는 일련의 기호로 구성되어 있다. 기호의 구문과 의미는 훈련된 분석가들에 의해 식별 및 해부 가능하다. 문자 언어로부터 춤 표기법, 과학적 도표에 이르는 코드들은 모두 외부의 상징체계와 같은 기능을 한다(Eco, 1976; Goodman, 1968). 심리학과 인지적인 경향이 있는 다양한 학문 분야 내에서 상징체계는 주로 내부적인 측면—일종의 멘털리즈 또는 사고의 언어의 인지적 표현—에서 생각된다(Fodor, 1975; Gardner,

1985a; Newell, 1980). 치열한 논쟁을 통해 이 내부적인 상징적 표현의 정확한 성격과 특성에 대해 알 수 있지만, 어떤 종류의 정신 코드는 인지적 과학의 가정을 정의한다(하나 주의해야 할 점은 최근의 병렬-분산된 모습은 제외한다는 것이다; Rumelhart & McClelland, 1986; Smolensky, 1989).

상징체계의 논의에서 내부/외부 대조를 고려하여, 우리는 상징체계의 관점에서 받아들일 수 있는 분석적 역할에 대한 논의로 이동한다. 학문 분야는 우리의 연구와 제도적인 삶에서 중요하고 참으로 필수 불가결한 역할을 한다. 그러나 많은 중요한 문제가 학문상의 경계를 존중하지 않으며, 연구의 목표는 학문적 관점 간의 적절한 연결고리를 구축하는 것이라는 주장에 의문을 제기하는 사람들은 거의 없을 것이다.

여기서 상징체계 접근 방식이 특별한 장점을 나타낸다. 아이의 마음과 교육과정의 완전한 이해는 한편으로는 인간의 생물학 및 진화적 유산으로부터, 다른 한편으로 인간의 문화 기관과 실행의 작용까지 아울러서 이루어져야 한다. 그러나 유전자와 신들 사이의 거리는 너무 멀어서 간단하게 연결하기 어렵다.

그러나 '상징체계'의 분석 구조에 의해 어떤 학문적인 대화에서 사용할 수 있는 역할을 고려해 보자. 하나의 종으로서, 인간은 상싱을 사용하는 생명체가 되도록 자신의 유전자에 프로그래밍되어 있고, 신경체계를 갖추고 있다. 그러나 하나의 일반적인 인지 능력을 보여 주기보다는, 신경체계가 수많은 서로 다른 인지체계가 서로 다른 종류의 정보를 처리하는 것과 관련이 있다고 생각하는 것이 보다 유용하다는 점을 발견했다. 우리는 이런 체계를 '다중지능'이라고 지칭한다(제6장 및 제8장 참조).

다중지능은 일련의 중립적인 신경생물학적 잠재력으로서 시작된다. 그들은 결정화되고, 특히 이미 주어진 문화 속에 존재하는 의미 결정의 체계에 의해, 인간 사이에서 일어나는 커뮤니케이션에 의해 동원된다(Bruner, 1990). 언어적, 음악적, 수의 잠재력을 각각 운영하며 상호작용하는 지능들로 따로 따로 변환시키는 것은 구어, 불리는 노래 및 공동의 수 체계의 존재이다. 여기서 뇌는 세계의 소리, 풍경과 만나면서 보이기 위해 제공되는 외부 상징체계와 개개인이 자신의 문화의 진화한 상징체계에 참여하고, 이용하며, 심지어 개정할 수 있게 해 주는 멘털리즈의 특정 변수들인 내부 상징체계 간의 변증법을 야기한다.

어떤 사람은 의인화의 관점에서 다음의 주장에 대해 숙고할 수도 있다. 기능하고 있는 문화는 반드시 지속적으로 존재해야 한다. 비유전적 문화요소(memes)의 생존은 종을 위한 유전자의 생존만큼 문화를 위해 중요한 것으로 입증되었다. 문화는 유전자, 두뇌 또는 심지어 지능을 관찰할 수 없다. 그러나 문화는 외부 상징들의 존재와 사용을 관찰할 수 있다. 그리고 진실로, 문화는 상징체계가 학습되고 흡수되며 활용되고 사회의 젊은 구성원들에 의해 변형되는지의 여부와 어느 정도까지 그렇게 되는지, 그리고 얼마나 적절하게 이런 작용이 이루어지는지 감독하는 제도를 창조함으로써 문화의 생존 정도를 결정한다. 더 구체적으로 말하면, 책임 있는 성인들은 지역사회의 신화, 속담, 의식, 예술작품, 과학 실무와 철학적 체계가 자라나는 아이들에게서 나타나는 것(또는 나타나지 않는 것)에 주목한다.

이때 여기서 우리는 어떤 종합적인 인문학 속에서도 상징체계가 맡을 수 있는 강력한 분석적인 역할을 보기 시작할지도 모른다. 직접적으로 말하면, 상징체계는 분석가를 위해 필수 불가결한 제3의 것(tertium quid)의 역할—유전자들과 신들 사이에서 안전하고 존경받으며 신성한 '중간'—을 한다. 도식적으로 살펴보기 위해, 인문학의 연속체 내에서 상징체계의 위치를 고려한다.

유전자	뇌	내부의 상징체계	외부의 상징체계	문화적 역할, 기관, 분야
–	–	(하나 또는 다른 코드 에서 정신적 표현)	(외부적 표시, 패턴, 일련의 행동들)	–

그러나 이 상징체계 접근 방식은 일반적으로 공식적 또는 비공식적인 교육 시스템을 통해 초기 생물학적 성향에서부터 문화의 보존과 전달까지 전체에 걸쳐 구체적인 방식으로 어떻게 전개하는가?

다음 내용에서 우리는 몇 가지 세부 사항에서 음악적 인지와 공간적 인지의 두 영역의 상징적 체계의 적용을 검토한다. 각각의 경우에 우리는 문화 내에서 유능한 실무자들이 달성할 것으로 기대되는 성인의 최종 상태의 종류를 밝힘으로써 시작한다. 그런 후에 우리는 다음에 해당 영역 내에서 생물학적 상태, 문화적 메시지 그리고 전문성이 쉽게 획득될 만큼 해당 영역에 대한 우려가 불충분한 것으로 증명되는 방식들을 고려하여 표본 발달 과정을 추적한다. 이런 조사의 목적은 가치 있는 형태의 능력에 반드시 뒤따르는 복잡한 궤적을 표시하는 것이다. 그리고 그 과정에서 상징체계 접근 방식은 발달심리학과 교육 분야의 초기 당당했던 '진보주의' 방침의 한계 중 일부를 미연에 방지할 수 있음을 시사하는 것이다. 마지막으로 교육학적 문제의 보다 직접적인 관심사를 살펴보자.

음악적 인지

서구 사회에서는 음악적 발전의 과정은 다수의 최종 상태로 귀결된다. 우선, 개인은 주변 음악 문화에 참여할 수 있을 정도의 능력을 갖추게 된다. 예를 들어, 모든 사람이 아니더라도 대부분은 음악 스타일(예: 재즈 vs. 락)을 구별하는 것과 같은 인식적인 과제를 해결하고, 합리적인 음성 버전인 '생일 축하' 노래를 만드는 능력을 발전시킨다. 그러나 더 널리 알려진 음악 인지의 최종 상태는 전문적인 영역—공연, 작곡, 음악학, 음악 이론을 포함하는 음악 학문 중 하나를 숙달하는 것—에 속한다. 전문 음악가는 일련의 기초적인 기술과 글을 읽고 쓸 줄 아는 능력(예: 청각 교육, 표기법 읽는 법)뿐만 아니라 특정 학문에 대한 특정 요소(예: 악기 테크닉)들도 보여 준다.

이와 같은 최종 상태를 성취할 수 있도록 개인들을 장려하기 위한 설계된 음악 교육 관행은 종종 암시적으로 특정한 '민속심리학'과 음악적 정신의 '대화교육학'에 기반을 두고 있다. 서구 사회에서 두드러진 '민속교육학'은 음악적 성취의 비교적 간단한 모델을 발전시킨다. 즉, 타고난 재능이 수년의 연습을 통해 드러난다. '인재 모델(talent model)'은 적절한 유전적 재능과 충분한 교육과 연습을 갖추었다고 가정할 때, 해당 인물은 음악 기술을 문제없이 축적할 수 있을 것이라고 예상한다.

다음 내용에서 음악 숙달을 쉽게 도달할 수 있다는 관점이 지나치게 낙관적일 수 있다는 것을 시사하고자 한다. 상징체계의 유리한 관점에서 음악을 봄으로써, 우리는 음악의 다른 표현들이 서로 충돌할 수도 있다는 사실을 이해하지만, 결과적으로 발생하는 문제들을 해결하기 위해 특정한 조치가 취해질 수 있다는 점도 알고 있다. 이 주장을 위해, 우리는 음악에 대한 상징체계의 접근을 간단히 요약하고, 그에 대한 교육적 함의가 무엇인지 논의할 것이다.

음악 상징화에 대한 보편적이고 타고난 능력이 존재한다는 주장은 세 가지 연구의 지지를 받고 있다(Gardner, 1983). 첫째, 거의 모든 아이가 어렸을 때 일찍 놀라운 가창력을 드러낸다. 멜로디와 인토네이션 및 음운 실험의 기간이 지난 후, 아이들은 1세 반 정도 되었을 때 '자발적인 노래'—환경적인 입력의 영향을 상대적으로 덜 받는 개인적 탐구—를 부르기 시작한다. 둘째, 유아는 인상적인 인토네이션의 차이를 만들 수 있다. 1세 그리고 아마도 더 이른 시기에 아이들은 우연보다는 더 나은 확률로 음의 높이를 맞출 수 있고, 인토네이션 패턴을 모방할 수 있다(Kessen, Levine, & Peindich, 1978). 셋째, 신동에 대한 연구(예: Feldman, 1986)와 심각한 학습 결함이 있는 '학자들'에 대한 연구(예: Viscott, 1970)는 뛰어난 실력이 연습이나 훈련만으로 이루어진다고 쉽게 보기 어렵다는 점을 밝히고 있다.

'모듈식' 정신의 관점과 일치하는 또 다른 증거는 음악 지능이 대체로 자율적이라고 지적한다. 즉, 대부분의 경우 언어와 관련된 기타 지적 능력과 구별된다. 음악 인식에 대한 연구는 다른 음의 높이를 파악하는 메커니즘과 언어를 처리하는 메커니즘이 다르다는 증거를 제공한다(Aiello, 1994; Deutsch, 1975, 1982). 게다가 뇌영상 기술(예: Sergent, 1993)을 사용하는 신경심리학적 연구와 뇌 손상을 입은 개인에 대한 연구(예: Basso & Capitani, 1985; McFarland & Fortin, 1982)는 '언어와 음악의 소통과 신경 기질의 구조 독립성에 내재된 정신 과정의 기능적 자율성'을 제시한다(Sergent, 1993, p. 168).

음악적 행동 면에서 어려서부터 개인 차이가 크다는 점은 음악 지능이 높은 유전적 속성을 보유하고 있음을 보여 준다(Gardner, 1982a; Torff & Winner, 1994; Piechowski, 1993). 생물학적 기반의 '재능'은 음악적 성취에 영향을 미치는 요인이지만, 우리가 알아야 하는 것은 문화와 훈련에 대한 고려도 필수 불가결한 역할을 맡고 있다는 점이다.

녹음된 음악과 어른들의 노래에 규칙으로 노출되는 서양의 아이는 노래에 몰입한다. 이와 같은 노출은 공식적인 교육을 많이 받지 않고도 몇 년 동안 음악적 발전—주변 문화에 의해 받아들여진 특정한 음악적 상징체계와 아이가 점차 조화를 이루어 가는 발진—이 발생할 수 있게 하는 촉매를 제공한다.

약 2세 반까지 아이들은 다른 사람이 부른 곡들을 알고 있다는 사실을 보다 명확하고 확장적으로 보여 주기 시작한다(Gardner, 1982a). 아이들은 처음에 리듬 구조를 맞춤으로써, 나중에는 멜로디의 윤곽을 따라 함으로써, 그리고 결국에는 별개의 음을 노래함으로써 익숙한 유치원 노래 리듬의 재생산을 시도한다(Davidson, 1994). '학습된 노래'가 지배하기 시작하면, '자발적인 노래'는 덜 자주 하게 되고 결국에는 모두 사라진다.

자신을 둘러싼 세계의 표현적이며 맥락상의 의미를 이해하면서, 아이는 주변 음악 문화의 상징적 형태를 획득한다. 이러한 예로 하모니와 분위기의 연결을 들 수 있다. 서양 문화의 일상생활에서 아이는 단조가 슬픔을 전달하는 한편, 장조는 행복을 상징한다는 것을 알게 된다. 다른 예는 음악을 상황과 연결하는 것이다. 어떤 노래는 〈세서미 스트리트(Sesame Street)〉의 시작을 알리고, 다른 노래는 생일파티나 종교적인 의식의 시작을 알려 준다.

이런 자생적인 음악적 발달의 이야기는 아이들이 취학할 나이가 되었을 때, 음악 문화의 일상적인 몰입이 촉매의 힘을 잃은 것으로 나타났을 때, 끝나게 된다. 최소한 서구 문화에서 교육이 이루어지지 않는다면 음악적 발달이 7세가 넘어도 지속된다고 볼 수 있는 증거는 거의 없다(Gardner, 1973a; Winner, 1982). 따라서 음악적 지능은 다른 영역에서 '5세 아동의 정신'이 도달하는 것과 같은 종류의 발달 정체기를 보여 준다(Gardner, 1991c).

그 결과는 한때 강력했지만 제한적인 음악적 정신이다. 음악 문화에 소비자로서 참여할 정도의 능력을 갖춘 음악적으로 훈련받지 않은 인물들은 인식 테스트(Dowling, 1994; Dowling & Harwood, 1986; Krumhansl, 1990), 생산 테스트(Sloboda, 1994; Swanwick & Tillman, 1986), 그리고 표현 테스트(Bamberger, 1991; Davidson & Scripp, 1988)에서 인상적인 능력을 보여 준다. 동시에 표시된 제한들 또한 분명하다. 첫째, 고정관념이 생성되었을 수도 있다. 예를 들면, 연구에 따르면 대학생들은 규칙적인 박자, 운율 그리고 높은 비트의 톤—학문적 전문가들은 수용하지 않는 제약—을 갖춘 시의 가치를 높게 평가하는 것으로 나타났다(Richards, 1929). 아이들이 일반적으로 고전 형식을 존중하는 노래를 부르고, 서정적인 내용의 노래를 지향하는 것과 같이(Gardner, 1982a; Gardner, 1973b), 유사한 고정관념적 편애가 음악에서 만연한 것처럼 보인다. 둘째, 노래는 동일한 음에서 시작하고 끝나야 한다는 관념과 같은 오해가 나타날 수 있다(Davidson, Scripp, & Welsh, 1988). 마지막으로, 교육이 시작되면 음악의 직관적인 개념과 학문적 개념 사이에서 충돌이 나타날 수도 있다.

음악의 학문적 전문성과 설명

음악 수업과 견습 기간에, 아이는 학문의 개념과 흐름과 맞서고 본인 문화의 음악의 상징과 상징체계에 더 깊이 빠지게 된다. 처음에는 1차 상징체계가 정교해진다. 예를 들면, 음악 연주의 전형적인 견습제도 환경에서 연주의 지도는 보다 미묘한 표현의 차이와 작곡의 계획적인 측면을 이해할 수 있게 해 준다(Davidson, 1989). 이와 더불어 2차 상징들이 작용하기 시작한다. 예를 들면, 언어적 상징들은 연주 지시어[예: '레가토(legato)']와 은유[예: '나비처럼(like a butterfly)']에서 나타난다. 마지막으로, 표기 체계는 ('전통적인' 문화와 블루스와 락과 같은 서구의 하위 문화와 반대되는) '제2차' 음악 문화에서 사용된다.

교육은 학문의 상징체계가 직관적 음악 정신과 접할 수 있게 해 준다. 일부의 경우, 향상된 연주/작곡, 인식적 예리함 및 반영 기술로 표현되는 학문적 전문성을 쉽게 획득하기도 한다. 그러나 학문적 전문성을 획득하는 것이 더 어려운 경우도 있다.

밤베르거(Bamberger, 1991, 1994)는 특정한 맥락에 각인된 직관적인 '수식적인' 이해와 음악적 표기법과 같은 '형식적인' 체계 간의 충돌이 있다는 점을 보고했다. 숙련되거나 숙련되지 않은 실험 참여자들은 '하나, 둘, 심벌을 집어, 셋, 넷, 문을 닫아'의 리듬 패턴의 발명된 표기법을 만들도록 요청받았다. 이 패턴은 박수 두 번을 치고(그룹 A), 세 번 박수를 친 후(그룹 B), 그룹 A에서 두 번 박수를 치는 것과 그룹 B에서 박수를 치는 것 사이의 오랜 시간 동안 침묵을 지키는 것이 특징이다.

일반적으로 숙련되지 않은 참가자는 적당하게 박수를 모아 표기법을 만들었지만 쉬는 부분의 길이는 무시했다.

.. ..

이 표기법을 '읽으려는' 시도를 하는 사람은 두 개 또는 세 개의 그룹을 재생산하지만 일관된 형태로 쉬는 부분을 재생산하는 것은 실패한다. 이와 대조적으로 숙련된 참가자는 박자와 쉬는 부분에 얼마나 많은 시간을 들여야 하는지 인지하는 운율적인 패턴을 따른다.

. / . / . . / . / . / . / . . / .

이런 결과는 문자적으로 옳다. 그러나 그 패턴 자체를 연주해 달라는 요청을 받았을 때, 숙련된 참가자는 순수한 표기법과 연주에서 강조되는 리드믹한 그룹['프레이징(phrasing)']의 느낌을 재생산하는 데 실패할지도 모른다. 운율적으로 정확하지만 프레이징을 포착하는 데 실패한 표기법을 만들면서, 숙련된 참가자는 완전히 적절하고 포괄적인 표기법보다 '올바른 답변 타협'을 생산한다. 밤베르거(Bamberger)의 용어를 빌리자면, "공식적인" 지식(표기법 체계)이 패턴의 직관적인 "수식의" 지식을 압도했다. 전문 음악가들은 수식적이거나 형식적인 해석에 제한되지 않는 반면, 밤베르거의 주장에 따르면 학생들은 그것의 표기법에 "노래가 어떻게 흘러가는지"에 대한 직관적인 지식을 맞출 때 어려움을 겪는다. 문화의 형식적인 기호체계는 직관적인 음악적 능숙함과 충돌한다.

밤베르거의 연구와 유사한 맥락에서 데이비드슨, 스크립과 웰시(Davidson, Scripp, & Welsh, 1988)는 학생들이 표기법 과제에서 인식적 지식과 개념적 지식 간의 충돌을 보인다고 보고한다. 서양의 음악의 표준 표기법 체계를 사용하는 〈생일 축하(Happy Birthday)〉 노래를 표기하기를 시도할 때, 학생들은 부정확한 표기법을 만들었다. 그들은 노래는 같은 음계에서 시작하고 끝나야만 한다는 오해를 기반으로 노래의 마지막 악구의 키를 바꾸기로 선택했다. 그들의 표기법으로 노래하는 것을 요청받고, 학생들은 그들의 표기법에 오류를 발견하지 못하고 고전적인 버전의 노래를 다시 만들어

냈다. 그들의 표기법에서 학생들은 계획이 잘못된 개념의 지식을 선호하고 노래의 정확한 지각적 지식을 무시했다. 노래를 부를 때, 그들은 인식적 지식에 의존하고 그들의 표기법의 부정확성을 간과했다. 해당 연구진에 의하면, 그 학생들은 음악의 인식적 지식과 음악 표기법의 형식주의 간의 괴리를 경험한다.

앞서 말한 예들은 음악에서 묘사나 이해의 다른 형태 사이에서 존재할지도 모르는 긴장을 강조한다. 이런 많은 사례는 교육에도 불구하고 계속된다. 진보적인 움직임은 체험 학습을 찬성하는 음악에 대해 지식(예: 독서, 강의)의 직접적인 전달을 중요하게 여기지 않도록 음악 교육자들을 격려했다. 그에 맞춰 음악교육에는 연주―음악적 기교를 즉시 들을 수 있는 측면―를 압도적으로 강조하는 경향이 있다. 종종 인상적이기는 하지만 본질적으로 분석되지 않은 성과로 귀결되는 전형적인 교육은 학문적 전문가에게 요구되는 모든 기술에 학생들이 접근하는 것을 제한하고, 오해가 생기지 않게 유지한다.

상징체계의 접근은 어떻게 적절한 교육이 전문 음악가에 의해 전형적인 예시가 되는 기술을 발전시킴으로써 직관을 넘는 이해로 귀결될 수 있는지를 드러낸다. 그와 같은 음악교육의 밑그림을 그리기 시작하며(우리의 제안은 독창적이거나 포괄적인 어떤 부당한 주장도 하지 않으면서), 우리는 음악에 대한 이해를 가르치는 것에 대한 새로운 아이디어와 전통적인 견습 모델의 장점을 결합하려고 한다.

세계 각국에서 음악가들은 연장된 기간 동안 최고의 연주자들에게 견습함으로써 경험을 쌓는다. 전문 음악가에 의해 사용된 학문적 관습(예: 움직임, 테크닉, 개념, 가치, 범주, 미학)과 학습 지속적인 상호작용을 제공하는 견습은 몇 가지 중요한 측면에서 배움을 맥락화한다.

처음에 교사는 종종 레슨에서 연주하거나 작곡할 수도 있는 활동적인 음악가이다. 게다가 학습자는 종종 녹음과 연주를 분석하는 것이 요구된다. 모델링은 학생들이 멀고 은밀한 가치들과 목표뿐만 아니라, 즉각적이고 명백한 절차 및 규칙을 볼 수 있게 만든다. 그러나 학생들은 단순히 모델에 노출되는 것으로 충분하지 않다. 학생은 또한 모방할 기회가 충분히 있어야 한다. 그러므로 견습제도는 학습자가 모델을 찾고, 모델과 비슷한 행위를 수행하려고 하는 2단계의 연속적 접근에 참여할 기회를 제공한다. 사이클이 반복될 때, 학습자는 모델이 된 행동에 가까이 움직인다. 게다가 학생들은 코칭―교사가 개별 학습자에게 적응한 개인화된 피드백(구두 또는 음악적)―으로부터 혜택을 본다. 종종 학생들의 연주에 관한 언급과 설명의 형식을 취하는 코칭은 학습자의 연주의 장점뿐만 아니라 무엇을 개선해야 하는지와 그것을 개선하는 방법을 다루는 것을 강조한다.

전통적인 견습제도만큼 도움이 될 수도 있지만, 지속적인 오해의 존재는 음악의 진정한 이해를 위한 교육의 추가 조치의 설계가 필요하다는 점을 알려 준다. 현대교육의 연주에 대한 지나친 강조가 흔히 이루어진다는 점을 고려할 때, 학생들이 음악에 대한 직관적인 개념을 마주하고 다시 생각하도록 격려하는 '이해의 목표'와 '이해의 성취'를 명시하는 것이 중요하다(제17~18장 참조). 이는 우리가 아트 프로펠(제13장 참조)과 기타 교육적 실험에서 따르는 절차이다. 이 절차는 제작(연주 또는 작곡), 인식(청각적 차별화 기술) 및 반영(인식 또는 제작에 대한 비판적 평가에 집중)을 결합한다.

전통적인 견습제도 모델의 힘과 음악의 이해를 고양시키려는 적극적인 조치를 결합함으로써, 우리의 접근법은 학생들이 학문적 전통과 마주하고 음악에 대한 잘못된 직관적 개념을 저항하도록 격려하면서, 달인 음악가들에 의해 전형적으로 보이는 진정한 이해를 학생들이 성취하는 것을 목표로 한다.

공간인지

어린아이들의 작품을 말하는 데 있어, 피카소(Pablo Picasso)는 다음과 같이 역설하였다. "내가 어린아이일 때, 나는 라파엘로(Raphael)처럼 그림을 그릴 수 있었지만, 어린아이처럼 그리기 위해서는 평생을 바쳤다."(Gardner, 1993a, p. 145) 피카소의 발언은, 예술적인 능력이 개발될 필요가 없다—이것은 불러일으켜져야 한다—는 예술가들에게 인기 있는 신화를 뒷받침한다. 그러한 개념에서는 교육의 자리가 거의 없어 보인다. 비슷한 관점은 많은 공간 발달 측면에 적용될 수 있다. 우리는 사전에 엄격한 훈련과 경기를 거쳐 챔피언 전에 이르는 것보다 겉보기에는 연습한 것이 아닌 자연스러운 체스 영재들의 사례에 더욱 친숙하다. 지도를 사용하는 것과 같은 예에서 증명되는 더욱 일상적인 공간 능력은 뚜렷한 훈련 없이 쉽게 개발되는 것처럼 보인다.

공간 도메인(영역)의 중추가 되는 능력과 이해는 우리의 유전적 자질의 한 부분이 된 재능에서 비롯한다. 그러나 화가가 되거나 지리학자가 되기 위해, 또는 공간 발달의 수많은 '최종 단계' 중 한 가지를 성취키기 위해서는 그리한 재능만으로는 충분하지 않다. 지리학자가 되기 위해서는 지도와 그들이 대표하는 세계의 측면 간의 영상적 관계를 가정하기 위해 천부적 재능을 뛰어넘어야 한다. 지리학자는 어떻게 보이는지 같은 표면적 측면을 넘어서 왜 그렇게 보이는지에 대해 이해해야 한다. 그러한 이해는 상징들과 교육을 통해 발달된 상징적 관계성을 통달하는 것을 포함한다. 즉, 지명을 암기하고 도로를 기억해 내는 것 이상으로 새로운 지도를 읽고 새로운 지리적 표현을 만드는 등 '이해의 성과'를 표현해 내는 것이다.

비슷하게, 시각예술가가 된다는 것은 문화적 관습을 투시화로 통달했다는 것을 포함한다. 시각예술가의 업적은 색깔, 모양 그리고 구성이 미적 효과를 위해 어떻게 사용되는지를 이해하는 개발에 달려 있다. 더 나아가, 예술가들은 사람들이 배우는 문자 그대로의 사실적인 묘사를 넘어서야 한다. 예술가들은 자신이 익혀 온 문화적 관습을 자신이 이해한 방식으로 표현하고, 그것에 도전해야 한다. 모든 경우에, 개발적 과정은 유용한 재능과 상당한 장애물 그리고 표시(표현), 실습과 공간 도메인(영역)의 역할에 대한 궁극적인 통달 가능성을 포함한다.

광범위한 연구에서 새로운 경로를 학습하는 것, 정신적 이미지를 형성하고 조작하는 것, 공간 표현을 창조하는 것과 같은 공간 능력에 강력한 생물학적인 근거를 제시한다. 예를 들면, 꿀벌, 개미, 쥐를 포함한 광범위한 동물과 곤충들이 경로를 찾는 것과 같은 특화된 공간 능력을 수행하는 데 도움을 주는 요소를 가지고 태어났다는 연구 결과가 있다(Cheng, 1986; Dyer & Gould, 1983; Gallistel et al., 1991; Margules & Gallistel, 1988).

비단 비인간인 종들만이 증거가 되지는 않는다. 사실 동물과 인간의 연구 결과가 일치하는 점은 공간 능력의 생물학적 원인에 대한 가장 강력한 증거 중 하나이다. 몇몇 연구는 인간과 원숭이 뇌의 특정 부위들—특히 우뇌 측 부분들—이 특정 공간 기능을 수행하기 위해 마련되었다는 것을 보여 주었다(Stiles-Davis, 1988). 덧붙여, 공간 업무를 할 때 인간 행동에 있어 성별과 생물학적 요소들—호르몬 수치와 육체적 성숙도 같은—간의 관계에 대한 광범위한 증거가 있다(Harris, 1981; Witelson & Swallow, 1988). 비버(Bever, 1992)는 인간과 쥐의 미로 찾기 업무 수행 시 성별 유사성이 있음을 보여 주었다. 여성과 암컷 쥐는 주요 지형지물(랜드마크)에 더 의존하는 모습을 보였고, 남성과 수컷 쥐는 공간의 배치 형태에 초점을 맞추는 것을 보였다.

생태학적 자질은 유아가 공간 세계를 탐험하고 개척할 준비를 할 수 있게 한다. 그러나 그들이 자랄수록, 그리고 표시(표현)와 공간 도메인(영역)에서 발전한 지식을 맞닥뜨릴수록, 어린아이들은 진화가 예상하지 못한 많은 상황을 겪는다. 지도와 투시도는 개발을 가능하게 하는 상징 표식의 두 가지난제이다.

지도는 단순히 지명을 저장하거나 장거리 여행을 위한 참고자료가 아니다. 지도는 수백 년에 걸쳐 넓은 공간에서 얻어진 관계에 대한 누적된 지식을 대표하는 표기법이다. 시각장애가 있거나 없는 어린아이들 모두 간단한 지도를 사용할 수 있음에도(Landau, 1988; Landau et al., 1984), 지도 표현을 통달하는 것은 다양한 성취를 수반한다. 가장 중요한 것은 지도와 지시 대상 사이에 직접 또는 상징적인 관계가 없다는 것을 깨닫는 것이다. 그러한 이해가 결여됐을 때, 아이들은 많은 오해를 보인다. 일반적인 오해는 섬이 바다 위에 떠 있고, 국가와 국가를 분리하는 선이 지구에 표시되어 있다는 믿음을 포함한다(Gregg & Leinhardt, 1994; Hewes, 1982). 심지어 그래픽 표현의 관습적인 특성을 배워 감에 따라 어린아이들은 항공 사진에서 땅은 바닥에 위치해야 하고, 하늘은 위쪽에 위치해야 한다는 것을 가정하는 등 지나치게 일반화한다.

불행하게도, 인간의 생물학적 유산은 시각예술가가 극복해야 하는 문제에 대해 더 이상 신뢰할 만한 근간을 제공하지 않는다. 관점의 정확한 묘사는 공간 능력의 개발에 특히 문제가 되는 단계이다. 르네상스 시대가 오기 전까지, 인간은 일원적 관점에서 개체와 장면을 표현하는 방법(원근법)을 알아내지 못했다. 이런 공간 문제가 해결된 지금까지도, 대부분의 아동이 이 방법을 터득하기까지는 상당한 시간이 걸린다.

어린아이들의 그림에서, 다른 물체 위에 있어야 하는 것이 페이지에 떠 있는 것처럼 그려질 가능성이 높다. 아홉 살 정도 나이가 되어야 대부분의 아이들이 3차원에 입각하여 그리려고 시도하고, 10대쯤에 자신의 작품에 다소 제대로 된 원근법을 표현할 수 있다(Willats, 1977). 아이들의 인지 능력의 전반적인 발달에 있어 학업 환경은 이러한 성취에 확실히 일조하지만, 미술작품에 노출되는 것, 그리고 우리 문화에서 발달한 관습적인 해결책 또한 이러한 발달에 필요한 부분일 확률이 크다(Gombrich, 1960; Goodman, 1968).

교육과 공간 도메인(영역)에서의 성취

대부분의 사람이 지도를 읽고 원근법을 그리는 데 능숙하지만, 전문 지리학자나 화가가 되기 위해 필요한 이해를 습득하는 사람들은 극소수이다. 비정규 또는 정규 교육 경험이 없으면, 오해와 암기식 수행이 지속될 가능성이 높다.

대부분의 성인이 지도는 상징적인 표현이 아니라는 것을 배웠음에도 그들은 우리의 세계와 그 표현에 대해 지속적으로 다양한 잘못된 가정을 한다. 적어도 부분적으로, 성인에서 이러한 오해는 사람들이 그렇다고 여기는 '상식'과 인식과 기억에 있어 간단한 경험을 사용하는 경향에서 발생한다. 그러므로 대서양이 아메리카 대륙의 동쪽에 위치한다는 것과 태평양이 서쪽에 있다는 것을 알고 있는 성인은 파나마운하의 대서양 입구 수로(Atlantic entrance)가 태평양 입구 수로(Pacific entrance)보다 더 동쪽에 위치한다고 잘못 가정한다(Stevens & Coupe, 1978). 비슷하게, 많은 성인이 지리적인 대칭을 생각하여 북아메리카가 남아메리카의 바로 위에 위치한다고 믿는다(Tversky, 1981). 심지어 앞에 지도를 두고도 이탈리아 모양이 장화라는 일반적 연상은 사람들이 다소 왜곡되고 중요한 세부사항을 잘못 지시하는 지도 표현을 만들게 한다. 또 다른 오류들은 지도가 어떻게 그려졌는지 명확한 이해 없이 사용하는 경향에서 발생한다. 예를 들면, 3차원을 2차원으로 줄일 때 왜곡이 일어난다는 것을 이해하지 못하는 사람들은 지도에서 제일 크게 보이는 그린랜드가 사실은 사우디아라비아 크기 정도라는 것을 인지하지 못한다(Liben & Downs, 1991).

그러한 오해는 의심할 여지없이 지도는 단순히 장소의 이름과 위치를 가르치기 위해 사용되는 참조 도구라는 기존의 지리학 접근 방식에 의해 촉발된다. 그런 교육은 근본적인 공간 관계나 지도 표현에 있어 정교한 추론을 얻는 데 실패한다. 대조적으로, 3학년 지리 수업을 가르치는 모범적인 교사의 예를 들면, 그녀는 세 가지의 근본적인 물음을 던지며 수업을 이끌어 간다. '어디에?' '왜 그곳에?' '그래서 무엇을?'(White with Rumsex, 1993)이라는 물음이다. 그 과정에서 학생들은 암기 지식을 뛰어넘어 무엇이 지도상의 장소들을 연결하는지 이해하게 된다. 이러한 수업은 학생들이 자신만의 지도를 구성하고 익숙하지 않은 장소의 지도 표현을 해석하는 활동을 수행하며 학생들의 이해를 입증하게 하는 강력한 지식의 열쇠를 제공한다.

도시 시대의 지리(Geography in an Urban Age: GUA; Association of American Geographers, 1965, 1979)는 1960년대 후반에 개발된 교육과정으로, 지도와 지리의 심화된 이해를 달성할 수 있는 예시를 제공해 준다(Gregg & Leinhardt, 1994). GUA 교육과정은 학생들이 사례 연구를 통해 실제 문제에 참여하게 한다. 그 과정에서 학생들은 다음과 같은 질문을 포함한 여러 가지 질문을 고려할 것이 요구된다. 어디에 있는가? 비슷한 종류의 다른 것들과 비교하여 어디에 있는가? 그것이 어떻게 거기에 있게 되었는가? 그곳의 성장에 어떠한 것들이 영향을 미쳤는가? 그곳이 거기에 있음으로 인해 나에게, 사회에게 어떤 차이가 있는가? 다른 어떤 것들이 또 있는가? 한 장소에 있는 것들이 서로 어떻게 연관되어 있는가? 다른 장소에 있는 것들과는 어떻게 연결되어 있는가? 이러한 질문을 헤 니기며 학생들은 지도를 사용하는 이유와 접하게 된다. 학생들은 장소를 찾고, 관련을 짓고, 표시를 하며 공간 관계에 대한 이해의 성과를 수행하도록 요구된다.

많은 사람이 시각예술에서 원근법과 색채, 구도를 따르는 매우 사실적인 묘사를 그리는 법을 배운다. 이것의 성과는 아이들이 교육의 문화적 관습과 씨름할 때, 유년기 중반에 발생하기 시작한다. 이 시기에 아이들은 정확성과 그들의 표현을 '현실적'으로 만드는 데 사로잡힌다(Gardner, 1982a; Winner, 1982). 이 '상상력이 부족한, 문자 그대로의 단계'는 아이들이 규범과 지배적인 문화의 규칙에 순응하는 데 관심을 두는 단계이다.

많은 청소년과 성인은 문자 그대로의 단계를 넘는 일이 결코 없으며, 간단한 형식이나 원근법의 사용에 관습적인 방법을 넘어서는 일이 거의 없다. 예술가가 되는 사람들은 잘 알려진 기술들을 통달해야 할 뿐만 아니라 자신만의 새로운 것을 발명해야 한다. 연구와 스케치에 자신이 이해한 색상과 형식을 연마해야 하며, 원했던 효과를 얻을 때까지 지속적으로 결과를 평가해야 한다.

　피카소가 어린아이였을 때 그린 끊임없는 그림에 의하면, 그는 시각적 세부사항과 배치, 그리고 그가 목격한 살아 있거나 그려진 거의 모든 풍경을 기억해 내며 상당한 공간 능력을 보여 주었다(Gardner, 1993a). 그러나 수동적 기교를 초월해야 하는 음악 영재들처럼 피카소는 기술적 기교를 넘는 개발을 해야 했다. 피카소가 받은 교육의 일부는 미술 학교에서 정규적으로 이루어졌지만, 그가 학습한 대부분이 비정규 방식으로 이루어졌다. 미술관 방문을 통해 피카소는 고야(Goya)나 벨라스케스(Velázquez) 같은 이전의 유명인들의 작품을 답사했다. 그의 일기장에 그는 새로운 아이디어를 시도하고 유명인들의 작품을 반영한 것이 보인다. 〈아비뇽의 처녀들(Les Demoiselles d'Avignon)〉 같은 그림을 그리기 위한 셀 수 없이 많은 스케치와 연구에서, 피카소는 특정 미적 효과를 얻기 위해 다른 모양, 색깔, 배치를 여러모로 활용했다. 조르주 브라크(Georges Braque)와의 합작에서, 피카소는 표현의 전통적인 방식을 실험했다. 이러한 경험에서 피카소는 전통적 교육에 맞서며 2차원에서 사물의 특성을 어떻게 표현할지와 대상의 정신과 모든 종류의 장면의 근본적인 감정을 어떻게 이끌어 낼지에 대한 깊은 이해를 하게 된다.

　그러한 '비공식' 학습 경험을 넘어 많은 예술가들이 음악가가 수행하는 것과 같은 유사한 견습생 혜택을 보았다. 종종 시각예술 견습생은 뛰어난 마스터의 스튜디오에 참여하고, 관찰을 통해 간단하게 훈련을 시작한다. 캔버스를 펴고, 물감을 혼합하고, 다른 간단한 작업들을 수행하면서, 그들은 마스터 예술가들이 그림과 데생 작업에 어떻게 접근하는지, 전통 방식과 어떻게 씨름하는지, 그리고 작품 수정은 어떻게 이루어지는지 볼 수 있는 기회를 갖게 된다. 동시에, 견습생들은 복사를 하거나 스케치를 채우거나 가르침에 따라 작품을 만들어 내는 작업을 하며 마스터를 모방할 기회를 갖게 된다. 작가의 스튜디오 내에서 코칭이 얼마나 이루어지는지 알 수는 없지만, 견습생은 마스터에게 어떠한 가르침을 얻을 수 있는 충분한 기회가 있다. 덧붙여, 마스터에 의해 점진적으로 증가하는 과제의 복잡성은 견습생의 증가하는 공간 능력의 뼈대를 이루는 코칭 행위이다.

혼자서 하든 아니면 동료나 멘토와 공동 작업을 하든, 예술가와 지리학자들은 그들의 교육에 있어 문제와 관습과 씨름하며 능력을 개발한다. 어떤 사람은 생물학적 유산이 인간이 간단한 지도를 읽고 그릴 수 있도록 준비되었다고 주장할 수 있다. 그러나 우리 문화에서 예술가들은 무엇이 '좋게' 보이는지의 초기 인식을 넘어야 하고, 미학적 성과에 기여하는 움직임과 전략을 마스터하기 위해 일반적인 표현에 대한 무분별한 친밀감을 극복해야 한다. 마찬가지로 지리학자는 오해로 이어질 수 있는 표면적 유사성의 밑바탕을 봐야 하고 표기법과 추상적인 공간 관계를 나타내는 2차 기호를 어떻게 사용하고 해석하는지에 대해 알아야 한다. 훈육을 통해 젊은 예술가들과 지리학자를 인도한 공식 및 비공식적 교육 경험과 그들이 망라한 기호 시스템이 없으면, '자연' 재능은 실현되지 못하게 될 가능성이 높다.

교육에서 보는 시각

교육은 심리학에서 발견한 연구 결과들이 교육 실습과는 직접적인 관련이 없다고 주장하고 있다(Egan, 1992). 거의 모든 사회과학적 발견이나 수많은 교육적 영향력이 있을지 모르는 관점의 항구에서, 모든 것이 다른 것과 반드시 일치할 필요는 없다. 더욱이 교육 실무자들이 과학 잡지를 정독해야 하고, 이론가의 연구 또는 실험자의 실험실에서 나온 최신 발견을 소화할 때까지 교실을 피해야 하는 경우는 거의 없다. 플라톤(Plato)의 아카데미는 '연구 기반' 없이 매우 강력한 교육 개념을 도입했다. 로크나 루소(현대 교육 실습의 조상들)도 정식 실험을 실시한 적이 없다. 그리고 대부분의 교육자들이 강의나 논문 못지않게 그들의 또는 다른 사람들의 사례를 주의 깊게 관찰하는 데 많이 의존한다.

그러나 심리적 통찰력에서 교육적 실습으로 가는 단일 방향 경로가 없다 하더라도 양측의 대표자들은 원칙과 실제에 대한 지속적인 대화에 마땅히 참여한다. 앞에서 언급한 심리학자의 거의 대부분이 교육 문제에 관심이 있다. 그리고 이 시대에 영향력이 있는 교육자들 중 최근의 심리학적 연구를 무시해 온 사람들은 거의 없다. 심리학자나 교육자들 모두 당대의 지배적인 지적 경향을 반영한다고 생각하는 편이 낫다. 이러한 생각에 입각하여 상징화를 포함한 현대의 많은 심리학적 아이디어가 교육자들의 믿음과 실습에 영향력을 행사해 왔다.

우리의 사례에서, 우리는 진보적인 움직임의 영향력을 이용하고, 전통적인 접근을 소중히 여기고, 인간의 인지 기능에 관한 새로운 통찰을 유념하는 교육적 실습 접근 방식을 구축하려고 노력해 왔다. 이러한 생각은 부분적으로는 이론적인 수준에 그쳤다. 그러나 우리가, 그리고 대학들이 구축한 실험 프로그램의 구현으로 이러한 생각들은 시범학교 프로그램의 일환으로 교육자들에 의해 '현장에서' 시험되었다. 최근의 교육 개혁가들에 의한 협업으로, 가장 특징적으로 ATLAS 프로젝트에서 R&D 그룹 연합인 브라운 대학교에 있는 테오도르 사이저(Theodore Sizer)의 이세션 스쿨연합, 예일 대학교에 있는 제임스 커머(James Comer)의 학교 개발 프로그램, 재닛 휘트라(Janet Whitla)의 교육개발센터 등이 있다(ATLAS, 1994; Comer, 1980; Gardner, 1991c, 1993c; Sizer, 1984, 1992).

이상에서 그려진 것 같이, 새로운 진보주의의 기본적인 특징에는 무엇이 있는가? 시작하기에 앞서, 학교와 학교 시스템에서 채택된 목표와 과정은 교육자, 가족, 사회 구성원 등 주요 관계자들과 먼저 논의되어야 한다. 그들의 조언이나 지역사회 삶을 위한 책임감을 나누는 것 등을 반영하지 않는 이상 학교는 효과가 없기 쉽다. 이러한 관계자들은 학생들이 교육을 끝마쳤을 때, 어떠한 지식, 기술, 이해를 보여 주어야 하는지에 대한 동의가 필요하다. 우리 관점에서 말하자면, 폭넓은 대화와 습득되고 전시되어야 하는 상징적 능력에 대한 궁극적인 합치가 이루어져야 한다. 여기서 '전시'라는 단어가 중요하다. 학생들은 피아노 작품을 작곡한다거나, 생소한 다른 지역의 지도를 그릴 수 있다거나 하는 등의 그들이 이해하고 통달한 업적의 일정 허용 수준을 보여 줄 수 있을 때 교육되었다고 말할 수 있다. 물론, 평가를 하는 방법으로 전시를 선택하는 것은 다음과 같은 두 가지를 전제한다. 첫째, 무엇이 허용 수준을 구성하는지에 대한 감각을 발달시킨 커뮤니티의 존재, 둘째, 믿을 수 있게 기준을 적용할 수 있는 판단 그룹의 설립이다.

그러한 교육에서는 어떠한 점에 초점을 맞추어야 할까? 우리가 살펴본 것과 같이 모든 인간은 특정한 근본적 문제와 질문을 이해하는 데 동기화되어 있다. 우리는 누구인가? 우리는 어떤 그룹에 속하는가? 우리는 어디서 왔는가? 우리는 어디로 가는가? 다른 그룹과는 어떻게 관련이 되어 있는가? 물리직 세계는 무엇으로 만들어져 있는가? 생물적 세계와 사회적 세계는 무엇으로 만들어져 있는가? 무엇이 옳고, 무엇이 아름다우며, 무엇이 좋은 것인가? 아이들은 이러한 질문을 학교에 가져오고, 학교를 졸업한 사람들과 나이 든 개인들은 이러한 '근본적인' 질문에 만족할 만한 대답을 찾아낼 수 있기를 바란다.

심지어 다섯 살 아이도 이러한 질문에 대한 접근법을 구성하였지만, 우리가 살펴본 바와 같이 이러한 접근법은 한정되어 있고 결함이 있다. 인류는 수 세기에 걸쳐 이러한 '근본적인 질문'에 정교한 접근법을 고안해 왔고, 총체적이고 만족할 만한 수많은 답변을 만들었다. 이런 접근법으로 가는 주요 경로는 현재 사용되는 상징체계를 이용하고 필요시에 체계를 수정하고, 또는 새로운 것을 고안해 내는 것과 훈육을 마스터하는 것이다.

학교의 주요 목적은 교육적인 상징체계, 움직임과 이해를 사용하는 것과 이에 능숙해지는 데 있다. 과정에서 기술이 보상으로 얻어질 수 있지만, 단순히 자신만을 위해서가 아니라 축적된 지혜의 핵심은 깊고 미묘한 질문과 이슈에 영향력을 얻기 위해 인간이 어렵게 얻은 노력을 대표하기 때문이다. 개인은 수 세기에 걸쳐 온 접근법을 이해하고 해결책을 전시함으로써, 그리고 근본적 질문에 가능한 정도까지 교육에 근원을 둔 그들만의 답변들을 펼치며 그들의 교육을 보여 준다. 이 활로를 가는 데 있어 그들은 상징적 과정과 교육에 종사한 사람들이 만들어 낸 결과물을 마스터한다.

지금까지의 교육 정책은 꽤 전통적인 것으로 보이고, 이러한 사실에 대해 누구도 책임지려 하지 않는다. 전통을 부정하는 것은 수백 년간 수많은 사람이 만든 최고 작품을 무시하는 것이다. 그러나 교육을 통해 대가가 되는 프로그램이 우리가 지지하는 방법이고, 우리는 대부분의 기존의 교육 방법, 예를 들면 일련의 강의, 내용을 암기하고 단답형 시험을 보는 것이 교육을 측정하는 것이라는 데 동의하지 않는다.

우리는 여기서 새롭게 제작된 열쇠를 이용하여 진보적인 움직임의 주요 실습들을 다시 살펴볼 것이다. 먼저, 어린아이들은 각기 다른 흥미를 가지고 있고, 그들이 물리적이고 상징적인 세계를 탐험하는 기본적인 경험에 완전히 관여하기를 원한다면, 이것은 진지하게 여겨져야 한다. 반복적으로, 그들은 또한 다른 믿음과 인과론을 지지하고 명확성에 다양한 각도를 지녔다면, 이것 또한 진지하게 여겨져야 한다. 끝으로, 어린아이들은 서로 다른 프로필과 다른 지식체계 묘사를 야기하는 지적 능력의 조합을 보여 주는 등의 여러 방법을 통해 배운다. 이러한 관점에서 교육은 개인 맞춤형이 되어야 한다.

화이트헤드(Whitehead, 1929)의 말에 따라, 초창기 로맨스가 지나면 관심이 확고해지기 시작하는 때가 교육적인 훈련을 아무것도 대신하지 못하는 때이다. 유명 예술가나 명장의 밑에서 몇 년간 일하게 되는 전통적인 견습생

제도는 훈육의 통달에 타의 추종을 불허하는 길이다. 여전히 무엇이 됐든 간에 기술 획득에 이러한 경험은 도움이 된다. 사람들은 다른 사람과의 작업이나 대규모 프로젝트 또는 유용한 정보를 주고 건설적인 피드백을 주는 공공 전시를 통해 교육적 기술이나 중간 교육적 기술을 획득할 수 있다. 견습생 제도는 다양하다. 전통적인 학교나 교회, 공장에서 보낸 시간에서 배운 만큼이나, 어린이 박물관에서 보낸 시간에서도 배울 점이 많다. 개인 맞춤형의 힘과 동기 부여의 기적은 교육 통달의 끝까지 모아질 수 있다.

창조성이나 개성을 버려 가면서까지 대가가 될 필요는 없다. 각각의 개인이 통달해야 할 기본적인 요소들이 있지만, 모두가 간 길과 모두가 버린 길의 비용과 편익을 포함해 통달의 길엔 우회 도로도 있다. 학생과 대가들이 여러 가지 점과 거래에 대해 인식하고 있는 한, 창조성의 목표는 기술 개발과 훈육 마스터를 하는 것과 함께 지속될 수 있을 것이다.

흥미로운 자료와 고무된 교사들이 있는 잘 만들어진 교육 환경에서도 진정한 이해를 얻기에는 충분하지 않을지도 모른다. 앞서 언급된 오해에 관한 연구는 초기 개념에 대해 건장함을 뒷받침하고, 진정한 교육적 이해의 앞에 있는 압도적인 장애물들을 마주친다(Gardner, 1991c).

우리나 다른 사람들도 진정한 이해로 가는 왕도를 발견하지 못했다. 그러나 우리의 연구는 몇 가지 방법을 제시했다. 우선, 개인들은 그들의 오해와 고정관념에 직면해야 한다. 그러한 것들은 무비판적인 믿음의 말도 안 되는 결과에 반복적으로 노출되어야 한다. 동시에 그들은 좀 더 복잡한 개념을 개발하기 위한 다양한 기회가 필요하고, 이러한 개념들이 질문과 이슈를 어떻게 하면 좀 더 충분하게 다룰 수 있는지 살펴보는 것이 필요하다. 이해하는 과정을 숙지하는 것과 사람의 믿음과 개념을 실현할 기회를 장기적으로 주는 것은 더 깊은 이해를 위한 필수적인 전제조건으로 보인다.

지금까지 이 연구에서, 우리는 가장 성가신 문제인 교육과정에 대해 회피하고 있는 것처럼 보인다. 어떤 주제들이 다루어져야 하며, 어떤 책을 읽어야 할지, 어떤 과목들이 필수적이고, 선택적이고, 소모적일까? 특히 우리가 범위를 급격하게 좁힐 때, 대부분의 중요한 주제, 과목, 테마들의 목록을 작성하는 것을 피하기 위해 방치하는 것처럼 보일 것이다.

여기서 우리는 뚜렷하게 비전통적인 접근법을 따른다. 기본적으로 읽고 쓰는 기술이 확보되고, 읽기, 쓰기, 계산하기의 중대한 상징체계에 익숙해지면, 우리는 하나의 과목이 다른 과목과 대조적이라는 것(생물학과 화학, 미국 역사와 세계의 역사, 특정 주제에 대해서는 빛과 중력, 문학에서는 호메로스와 햄릿 등)에 특별한 프리미엄을 배치할 필요성을 못 느낀다. 우리 시각에서 더 중요한 것은 주요 주제에 깊게 접근하는 경험과 광범위한 교육 분야—수학과 과학, 역사와 철학, 문학과 예술—의 테마에 접근하는 경험이다. 학생들은 어떻게 배우는 것인지를 배워야 하고, 어떤 주제에 대해 깊게 캐묻는 것이 어떤 것인지를 배워야 한다. 그들이 이러한 귀중한 통찰력을 얻는다면, 그들은 자신만의 교육을 무한히 지속할 수 있는 입장이 된다. 만약 그들이 이러한 교육을 통달하지 못했다면, 모든 진리, 증명되지 않은 사실, 의무적인 시험은 그들의 영혼을 구하지 못한다. 평가는 깊은 이해에 대한 증거를 찾기 위해 행해져야 하며 교사와 학생들은 평가될 주제에 대해 재량권이 주어져야 한다(제17장 및 19장 참조).

진보적인 교육은 천진하게도, 교육에 너무 낙관적인 관점을 지녔다. 모든 학생이 배울 수 있다는 믿음을 확산시켰고, 풍부한 발판 없이 과정에서의 개념적인 방해물을 무시하고, 교육적인 통달, 기술 확보나 그 길에 있는 이정표나 표시의 필요성을 너무 자주 축소시켰다(Gardner, 1993b; Graham, 1967). 이러한 누락에 대한 죄를 시인하는 데 있어 우리는 전례자들에게 비판적인 시각을 보낼 수 있다. 그러나 큰 그림—흥미를 확립하고, 다양한 배움의 길에 마음이 열려 있는 것, 의도된 다양한 경험에서 혜택을 받을 수 있다는 것, 민주주의 사회에서 인지된 배움의 조건과 시민 조건 사이의 관계—에서 존 듀이와 그의 동료들은 심오하고 지속되는 진리에 이르렀다.

끝맺음: 순수함의 회복

우리에게 어마어마한 과제가 주어졌음에도, 우리는 광범위한 범위를 다루려고 노력하였다. 여정의 끝에서 우리가 무엇을 얻었기를 희망하는가? 학문과 (교육)실습은 세계 거물들—같은 시대와 이웃한 지적 영역을 살다 간 장 피아제와 존 듀이의 아직 더 발전되어야 할 게 많은 일생에 걸친 작업—에게 은혜를 입었다. 우리가 비평하는 데 많은 에너지를 사용한 반면, 우리는 이러한 비판이 그들의 업적에 대한 깊은 존경을 가리지 않았음을 믿는다.

아마 참회로, 아마 증거로, 어느 정도의 두려움을 가지고 인정하건대, 우리는 개발론자들과 중세기의 교사들은 우리가 여기에 그린 그림을 거부하지 않을 것이라고 주장한다. 새롭게 변형된 것에 여러 의견이 분분하지만—반대를 일으킨다거나 새로운 방향을 가리키거나—근본적인 차원에서는 아마도 도전하지 않을 것이다. 그리고 그 이유는 대체로 인간 본성에 대한 신선한 통찰력과 교육의 복잡성에 있어 더 날카로운 민감성은 근본적인 차원에서 중세기에 그려진 그림에 반박하지 않고, 오히려 적합한 방법으로 더 깊어지게 하고, 더 복잡하게 하기 때문이다. 게다가 연구자들과 학교 교직원들 사이에서 새롭게 등장하는 변증법은 피아제와 듀이, 브루너와 그의 동료들이 수용한 사회와 지식에 관한 시각에 깊은 존경을 표한다.

상징체계 접근법을 펼치는 데 있어 인간 발달의 더 넓은 이해에 대한 특혜 관점으로서 그리고 교육의 목표 개념화에 있어 중요 요소 중 하나로, 우리는 혁명적인 방향의 전환을 주장하지 않는다. 심리학적인, 교육적인 전통은 상징적인 수단과 체계의 중요성에 대해 민감하게 반응해 왔다. 그러나 우리는 여기에서 말한 상징화가 지금까지 가능했었던 그 어떤 것보다 더 높은 등급의, 더 신뢰할 수 있는 지식의 통합과 실습을 야기하는 잠재력이 있다고 믿는다.

우리는 인간의 마음이 새로운 생각을 받아들일 준비가 되었다고—심지어 우리는 "준비가 철저히 되었다."라고 말할 수 있다고도—굳게 믿는다. 개방성을 유지하는 것과 새로운 통찰과 새로운 이해에 대한 길을 촉진시키는 것은 우리가 살고 있는 어떤 사회에서도 의무이고 책임이다. 우리는 그러한 개방성을 위협하거나 개방성의 중요성이나 심지어 개방성의 존재를 부정할 것을 미리 정한 어떠한 심리적·교육적 접근을 반대한다. 우리가 구축하기로 정한 접근법은 이러한 기본적인 테마와 '세계적 가설'을 공유하는 것이다 (Holton, 1988; Pepper, 1942). 왜냐하면 우리는 교육과 훈련 없이는 창조가 가능하지 않다고 믿고, 새로운 지식은 전통에 대한 깊은 통달—진보주의의 순수한 측면을 남기고 핵심 시각을 보존하는 것—을 바탕으로 해야 한다고 믿기 때문이다.

제 21 장
교육이 어떻게 변화하는가:
역사, 과학, 가치들을 고려하여

Suarez Orozco, M., & Qin-Hilliard, D. (Eds.),
Globalization: Culture and education in the new millennium.
Berkeley: University of California Press, 2004.

지식과 기술을 다음 세대에 전파하는 것과 공식적 · 비공식적 환경에서의 교육과정은 수십만 년 전에 출현한 인류와 불가분하게 묶인다(Bruner, 1960; Donald, 1991; Tomasello, 2000). 그러나 공식 학교는 고작 수천 년의 역사를 지녔고, 사회의 모든 젊은이가 적절한 교육기관에서 수년 동안 받는 보편적인 교육의 개념은 아직 세계 여러 나라에서 먼 꿈이다(Bloom, 2003; Bloom & Cohen, 2001).

대개 교육제도는 천천히 변화한다. 그러한 점진적인 변화는 긍정적인 부분일지도 모른다. 교육제도에서의 실습은 오랫동안 시행착오를 걸쳐서 진행된 경향을 보인다. 그러한 실험이 더 강력하고 효과적인 교육제도를 보장하지 않음에도, 최소한 가장 문제인 구조와 절차들은 제거되었다. 다음 세대의 지적이고 화(話)적인 건강의 주요 책임을 떠맡게 된 교육적인 제도들을 말하는 데 있어서는 그러한 보수적 성향이 권장된다. 우리는 우리 아이들이 최신 유행에 희생되는 것을 원하지 않는다. 최소한, 원하지 말아야 한다. 가끔 충격 요법이 교육체계에서 시행된다. 예를 들면, 제2차 세계 대전 후 일본이나 1949년 공산혁명 이후 중국에서 교육체계는 대변화가 일어났다. 그러한 변화가 그들의 초기 목적을 달성할 수 있을지는 모른다. 그러나 더 환영받지 못하는 결과를 불러올 수도 있다. 예를 들면, 일본의 경우 역사의 많은 부분을 감춘다든지, 중국의 문화 혁명 같은 경우 부모와 자식 간의 사이를 소원하게 만들기도 하였다.

교육은 대부분의 다른 사회제도 중에서 하나의 중요한 방법으로 두드러진다. 직접적으로 말해, 교육은 기본적으로 그리고 주요하게 '가치 사업'이다. 그리고 교육적인 가치는 지속적으로 논쟁이 된다. 사회 구성원들은 의약품의 목적—고품질의 건강관리를 모든 시민에게 전달하는 것—에 대해 쉽게 합의를 달성할 수 있고, 군대나 통화제도의 목적에 대해서는 논쟁을 할 필요성을 못 느낀다. 그러나 특정 기본적인 문제를 제외하곤 교육의 목적이나 교육된 사람이 어떤 사람인지에 대한 개념은 전문가이거나 아닌 개인들이 각기 다른 특성을 가지며 종종 충돌하는 견해가 있다. 분명하게, 제국시대의 일본이나 중국에서의 교육 체계를 뒷받침하는 가치들은 민주주의가 발현된 지얼마 되지 않은 1950년대의 일본과 사회주의 실험 시대의 중국에서의 가치들과는 근본적으로 다르다. 여기에서 내가 즉흥적으로 덧붙이면, "21세기 초 미국에서 세 명의 제시—보수적인 남부 캐롤라이나 상원의원인 제시 헬름스(Jesse Helms), 카리스마 있는 리더인 제시 잭슨(Jesse Jackson), 레슬러에서 미네소타 주지사가 된 이색적인 경력을 가진 제시 벤추라(Jesse Ventura)—를 만족시킬 교육체계를 어떻게 만들 수 있었을까?"

교육제도의 점진적인 변화는 손쉽게 정의될 수 있는 반면, 현재의 잔잔한 사회에서 극적인 변화가 일어났을 때 교육제도에서는 어떤 것이 그리고 반드시 행해져야 하는지에 대한 물음을 우리는 가져야 한다. 그러한 변화는 (반세기 전 동아시아에서 즉각적인 변화를 가져온 것처럼) 가치 변동의 결과로 발생할 수 있다. 그러나 변화는 과학적인 발견—인간 마음에 대한 우리의 이해를 변화시킨 것과 같은—의 결과로 인해 발생할 수도 있고 세계화 같은 전 세계에 걸친 더 넓은 역사적인 영향들로 인해 발생할 수도 있다. 그러한 때에 긴장감은 제도적 변화의 속도와 과학적 발견이나 역사적인 영향들의 속도 사이에 고조될 수 있다.

상대적으로 짧은 역사의 대부분 동안, 정식 교육은 종교에 의해 특징지어졌다. 교사들은 대개 종교집단의 일원이었고, 읽히고 통달되어야 하는 책들은 성경책들이었으며, 학교 수업은 성경에 맞게 윤리적이고 도덕적인 것이었다. 학교의 대표적인 예로는 이슬람교 고등교육 시설인 마드라사, 최근 수십 년 동안 이루어진 유대인들의 집단 이동으로 인해 생긴 케데르(유대교의 초등학교) 그리고 몇 세기 전에는 그렇게 이례적이지 않았던 미국의 근본주의적 기독교 학교 등이 있다. 종교적인 가르침이나 국교는 여전히 많은 유럽 국가에서 흔하지만, '국교'로서의 공산주의는 중국 본토에서 서서히 줄어드는 추세이다. 쿠바에서는 여전히 잘 살아남아 있지만 말이다.

그러나 그러한 종교적 또는 유사 종교적 특성이 지속됨에도 많은 선진국이나 개발도상국에서 대학 이전 교육의 많은 부분이 비종교적인 것을 요지로 한 형태로 수렴하였다. 1학년 교육에서 세 가지의 주요 부담스러운 점이 있다. 첫째, 아이들에게 잔잔한 문화에서의 영문 어법을 사용하여 기본적인 읽고 쓰는 능력 체계를 알려 주는 것[세 가지 R(Reading, wRiting, aRithmetic)], 둘째, 인간이 가장 손쉽게 얻는 배움의 방식과 다르게, 아이들을 탈맥락화된 배움의 환경에 순응시키는 것(아이들은 자연적으로 발생한 맥락 밖에서도 사건과 개념을 배울 수 있다; Bruner et al., 1966; Resnick, 1987). 셋째, 아이들이 일과 놀이에서 자신이 자라서 성인이 된 후 시간을 같이 보내게 될 사람들과 예의 바르게 함께할 기회를 주는 것이다. 그러한 과정들이 대개 6세나 7세에서 시작하는 반면, 많은 국가가 현재 이러한 기술들을 미취학 아동, 빠르면 4세에서 5세 정도의 아이들에게 심어 주려고 시도하는 점은 주목할 만하다.

한 세기 전만 해도 '기본 교육'이 농장이나 공장에서 시작되기 전, 인구에서 아주 낮은 비율의 사람만이 이만한 교육을 받을 수 있었다. 블룸과 코헨 (Bloom & Cohen)은 "보통 교육에 대한 최근 수십 년간의 진전은 전례 없는 일이며 한 세기 전 개발도상국의 문맹률이 75%에서 현재 25% 미만으로 떨어졌다."(2001, p. I)라고 말했다. 그러나 개발도상국에서의 교육의 양은 여전히 대단하지 않다. "개발도상국의 25세 이상 학생들이 학교에서 보내는 시간의 평균은 1965년 2.1년에서 1990년 4.4년으로 두 배가 넘게 증가했다." (Bloom & Cohen, 2001, p. I) 이와 대조적으로, 선진국에서 거의 모든 아이들이 최소한 중등 교육을 받고, 어떤 나라에서는 3분의 1 또는 절반이나 그 이상의 학생들이 중등 과정 이후의 교육을 받는다.

초등학교 이후의 과정에서는 다른 교육적 부담이 생긴다. 앞에서 언급된 미션들에 덧붙여, 대부분의 정식 교육 기관들에서는 학생들이 모든 종류의 텍스트를 손쉽게 다룰 수 있도록 기본적인 읽고 쓰는 능력 획득을 위해 노력한다. 더불어 학생들이 몇 가지 주요 교육의 기본 원칙을 통달할 수 있게 도와주고, 도구를 제공하여 수학과 과학에 있어 학생들이 이해할 수 있고 공식·비공식적인 사회, 경제, 정치 체계에 참여할 수 있도록 한다. 이 후자의 목표는 역사, 문학, 윤리의 직접 교육을 통해, 그리고 학교가 실시하고 있는 이러한 과정의 입증을 통해서 달성된다. 특히 권위주의 문화권에서는 모든 교육과정이 교육부나 주요 종교 집단 같은 중앙 권력에 의해 통제된다. 좀 더 민주적인 국가에서는 학생과 선생님이 학교의 지배 구조와 활동에 상당한 발언권이 있고, 때로는 교육과정의 선택이 지역의 교육시설에 달려 있다.

선진국에서의 교육은 중앙에서 조작된다고 주장한다면 과장일 것이다. 방대하고 모래알 같이 많은 차이가 있고, 심지어는 한 국가 내에서도 그러한 차이점들이 존재한다. 그러나 도쿄, 텔아비브, 부다페스트나 보스턴에서 합리적이라고 여겨지는 대학 이전 교육을 보면 놀라운 공통점이 있다. 10~13년의 교육 기간 동안, 학생들은 몇 개의 과학과목과 기초미적분학을 통해 수학을 마스터하고, 그들 나라의 역사와 지배 구조를 많이 알며, 모국어로 유창하게 읽고 쓸 수 있도록 기대된다. 대부분의 국가가 이러한 영역에 있어 정형화된 교육과정과 평가방법을 채택하거나 채택하는 중이다. 이것은 또 다른 세계화 속도의 지표이다. 각 나라들은 모국어를 제외한 다른 언어의 통달성, 다른 나라의 역사와 문화의 지식, 그리고 예술이나 문학 같은 '가벼운'과목들의 지식 요구 수준이 현저히 다르다. 국제수학과학성취도평가(TIMSS)나 PISA 테스트 같은 국제적인 비교는 교육부 장관이나 의원들을 구성하는 데 강력한 압박을 행사한다. 그리고 국제 학력 평가 시험(International Baccalaureate: IB) 같은 프로그램은 많은 전 세계 선진국이나 개발도상국에 급격히 퍼지고 있다(Walker, 2002a, 2002b).

이러한 서술에서 세계의 많은 국가들이 교육의 종교적 색채를 벗겨 냈을 뿐만 아니라 상충하는 가치의 충돌에서 벗어난 것처럼 보인다. 어느 정도까지는 이러한 묘사가 유효하다. 미래 세대가 글을 읽고 쓸 줄 알아야 하며, 계산을 할 줄 알고 과학적 생각을 할 수 있으며 역사, 전통, 그들이 교육되는 정부 체계에 대해 많은 지식을 가지고 있어야 한다는 것에 전 세계적으로 이의가 거의 없다. 그러나 가치의 유령이 크게 두 부분에서 흐릿해 보인다.

첫째, 과학, 수학, 엔지니어링, 그리고 기술적인 과목들의 숙련도는 점점 가치 있게 되었으나 예술, 문학, 교육, 또는 철학에 비해 지나치게 가치를 두게 되었을지도 모른다. 이러한 맥락에서, 기술 교육은 근본주의 무슬림, 힌두교, 기독교, 유대교와 동일하게 중요하다. 여력이 있는 사람들을 위해 피아노와 캘리그래피 수업은 방과 후 또는 주말에 열린다. 둘째, 특히 민주주의 사회에서 능숙함의 의미에 대해 크고 풀리지 않은 분쟁들이 있다. 즉, 과학 숙련도는 방대한 양의 사실 정보를 통달한다거나, 실험 과정에 능숙하다거나, 선정된 주요 개념에 대해 깊은 이해가 있다거나 또는 새로운 발견을 만들어 낸다거나 새로운 질문을 던질 수 있는 능력이 있다는 것을 의미할 수 있다. 그리고 교육 정책 입안자들은 미래 시민이 반드시 정치적·사회적 역사에 대해 알아야 한다거나, 승리주의자를 수용해야 한다거나, 그들의 역사를 비판적으로 여겨야 한다거나, 현재의 상황을 옹호하거나 비판하는 것을 배워야 한다거나 하는 것들에 대해 동의하지 않는다. 가치의 영역은 여전히 교육에 잘 살아남아 있다.

30년 전까지 최고급 교육을 받은 학생들도 대부분 청소년기 때 학교를 떠났다. 그러나 오늘날 특히 선진국에서 제3차(대학)교육이 점점 보편화되었고 기대되었다. 미국의 몇 년 동안의 '교양대학' 선택권은 이례적이며, 미국 내에서조차 사라질 위기에 처해 있다. 이 과정은 (어떤 국가들에서는 상당히) 대학입학 전에 충분한 교양과목을 제공하여 3차 교육과정은 기술적 전문성을 중시하여 전문적이거나 최소한 준전문적인 수업이 이루어질 수 있도록 한다. 청소년기 말경에 3차 교육이 이루어지든 그렇지 않든, 직업과 관련된 범위 전체에 걸쳐 성인 혹은 '평생' 학습의 형태가 필요해질 것이라는 사실은 널리 알려졌다. 어떠한 교육기관이 그러한 교육을 담당하며 어떤 가치 체계가 수용될 것인지는 곧 다가올 시기에 다루어야 할 필요가 있는 질문들이다.

지난 세기 동안 교육체계에서의 현저한 변화는 대부분 역사적 사건들 때문이었다. 유럽에서 도시 중심의 출현은 중세 시대 후반 대학교를 성장하게 하였다. 인쇄기 발명은 광범위하게 읽기와 쓰기를 가능하게 하였으며 점점 더 개인들이 자신의 교육을 담당할 수 있게 하였다. 여성의 지위 변화는 더 많은 어린 여자아이들이 교육 체계에 들어갈 수 있도록 하였고, 궁극적으로 가르친 수보다 더 많은 여성에게 직업 선택권이 수여되도록 하였다.

19세기 후반 심리학과 다른 사회과학의 증가로, 교육 정책가들은 새롭게 등장하는 인간에 대한 지식에 그들의 추천 근거를 두려고 하였다. 이것은 이 자체로 가치 선언문이라는 사실에 유의하라. 인간 본성에 대한 과학적 발견이 교육적 변화의 기반이 되어야 한다는 주장은 종교적 생각이 주요했던 교육 환경에서 괴상하게 보였을지 모른다.

의심 없이 최근의 교육 정책 수립에 주요하게 영향을 끼친 것은 심리측정학의 결과로 인한 것이다. 실험은 긴 역사를 지니고 있으나, 20세기 초반에 그 근거가 급격한 방향 전환을 하였다. 이러한 전환의 추진력은 개개인의 지적 잠재력이 다르다는 성장하는 믿음과 심리학자들이 그러한 차이성을 IQ 테스트를 통해 신뢰할 수 있게 측정한 것으로부터 온 것이다.

흥미롭게도, 실험 설계자들은 당초 다양한 정치적·사회적 위치를 아울렀다. 첫 번째 지적 테스트를 만든 프랑스 심리학자인 알프레드 비네는 잠재적으로 배움에 어려움을 가진 사람들을 찾아 그들이 특별한 도움과 지원을 받을 수 있도록 하려고 시도했다. 지적 테스트를 수용한 미국 진보주의자들은 지적 테스트를 더 과학적인 기반으로 교체하여 일반적인 교육을 발전시키는 수단으로 보았다. 제1대 켈빈 남작(윌리엄 톰슨)이 지적했듯이, 측정은 어떠한 과학적인 실습에서건 핵심 요소이다. 그러나 실험은 긍정하는 정치적이고 사회적인 안건에 의해 수용되었다. 20세기 초의 많은 과학자와 정책 입안자들에게 있어, 실험은 재능을 지닌 사람을 선택하고 낮은 점수를 받은 사람들을 학교와 사회의 벽지로 보내 버리는 과학적으로 유효한 방법이었다 (Gould, 1981).

심리학에서 등장한 인간 학습의 모델은 교육 정책과 실습에 강력하게 기여해 왔다. 각 주요한 모델은 초기 철학적 위치에서 유래를 찾을 수 있지만, 데이터와 과학적인 생각 방법에 의한 연구자들에 의해 강화되었다. 예를 들면, 행동주의 심리학자인 스키너는 배움은 주의 깊은 보상 스케줄과 처벌(더 정확하게 말하자면 강화의 스케줄)이 있을 때 가장 효과적이라는 주장을 하기 위해 동물과 인간의 연구에 의지했다. 17~18세기 경험주의적 철학자들까지 거슬러 올라가는 이런 인식론적인 입장은 교육과정에 조심스럽게 눈금을 매기는 것―학생들이 하나의 개념이나 실습에서 약간 더 복잡한 다음 단계로 순조롭게 넘어가는 것과 그 과정에서 오류를 최대한 줄일 것을 지도하는 것―을 요청하였다.

심리학의 인지 발달에서 유래된 인간 본성에 대한 두 가지 대조적인 그림을 고려해 보자. 저명한 스위스 심리학자인 장 피아제(Jean Piaget, 1983)에 의하면, 많은 교육자가 어린아이들이 신체적, 생물학적, 사회적 세계를 지배하는 법칙을 스스로 찾을 수 있는 체계를 요청했다. 루소 옹호자들의 감성에 반향을 불러일으키는 이러한 입장에 따르면, 사실과 개념을 직접적으로 머릿속에 심어 주는 시도는 잘못된 것이며, 깊이 없는 배움을 낳게 된다. 학생들에게는 루소(Rousseau)의 『에밀』같이 그들이 스스로, 예를 들면 레버나 주판의 사용법 또는 당구공 사용 법칙을 탐구하고 작동 원리를 알아내는 편이 더 나을 것이다. 피아제 학파의 견해를 완전히 거절하지 않으면서, 영향력 있는 러시아 심리학자 레프 비고츠키(Lev Vygotsky, 1978)는 두 가지 중요한 요소를 덧붙였다. 첫째, 그는 사회에서 알려진 그러한 개념에 대해 상당량의 지식이 존재하고 있고, 교육의 도전은 학생들이 이전 세대가 설립한 것을 내면화하도록 도와주는 것이라고 언급했다. 둘째, 그는 배우는 학생들을 위해 언제나 적절한 근거와 발판이 있는 것이 바람직하며 때때로 더 정교한 이해와 기술을 달성하기 위해 그것들이 필요하다는 것을 보여 주었다. 아이들이 뚜렷한 교육 없이 특정 우주적 이해를 통달할 수 있을지 모름에도 그들 스스로 전문적인 교육에서 천천히 등장한 주요 아이디어를 알아낼 수 있다고 믿는 것은 환상에 불과하다.

대부분의 교육자들이 비네(Binet)나 스키너(Skinner), 피아제나 비고츠키 원본(그리고 대부분의 부모님이 이러한 권위자들을 들어 보지 못했다)을 읽지 않았음에도, 이러한 지적 거인들이 남긴 유산은 전 세계의 교육에 영향력을 행사해 왔다. 적어도 한 세기 동안, 선택하고 비교하는 수단으로서의 공식 시험에 관한 믿음은 엄청나게 강력한 20세기 바이러스라는 것을 증명했다. 행동주의 학습법은 특히 인지나 감정 문제를 보이는 사람들을 포함하여 넓게 사용된다. 그러나 발견 학습법은 적절한 지지의 형태나 교육에 관한 토론의 발판을 염려하며, 과학 실험실이나 의과 학교의 헤드스타트 프로그램에서 견습까지 많은 과학 또는 수학 수업에서 주요하다.

장군들이 종종 제일 마지막 전투에서 싸우는 것처럼 많은 교육자는 그들의 잘 의도된 실습을 인간 인지의 뒤떨어진 아이디어에 기반을 둔다. 지난 25년간 나는 과학자들이 인간 학습에 대해 어떻게 생각하는지와 세 번째 출현을 어떻게 예측하는지에 대한 두 가지 주요한 변화를 관찰할 기회가 있었다. 각 경우에, 이러한 패러다임의 전환은 어떻게 교사들이 학생들과 같이 일할 수 있을지에 대한 재창조 같은 주요한 교육적 시사점이 있었다. 과정과 이러한 이해의 운명을 밝혀냄으로써 우리는 과학적인 발견이 교육적 실습을 만나면 무슨 일이 일어나는지에 대한 중요한 통찰력을 얻을 수 있다.

단일한 지능에서 복수의 지능으로

지능의 예부터 들어 보자. 거의 한 세기 동안 지능에 대해 생각할 책임이 있는 사람들 사이에는 의견이 일치했다. 간결하게 말하자면, 일치된 의견에 따르면 인간의 지능이라고 불리는 존재는 단일한 존재라고 보았다. 즉, 개개인은 태어날 때부터 똑똑한 정도가 다르고, 개인의 지적 잠재력은 대체로 그 사람의 유전적 부모에 의해 결정되며, 심리학자들은 한 사람의 지적 능력을 지능검사를 실시함으로써 평가한다. 이런 관점은 20세기로 접어들던 당시의 찰스 스피어만(Charles Spearman, 1904)과 루이스 터먼(Lewis Terman, 1916)의 주장으로 거슬러 올라가며, 최근까지도 영국의 심리학자인 한스 아이젱크(Hans Eysenck, 1986)와 미국의 사회 과학자인 리처드 헌스타인과 찰스 머레이(Herrnstein & Murray, 1994)와 같은 전문가들이 지지했다.

이 합의 내용은 초기에 학자들(Thurstone, 1938)과 해설자들(Lippmann, 1976)이 이의를 제기한 바 있지만, 최근에서야 비로소 다양한 분야의 과학자들에게 좀 더 결연한 비판을 받고 있다. 인공 지능을 연구하는 학자들은 '일반적인 문제 해결'과 같은 생각에 대한 기반이 약하며 성공적인 컴퓨터 프로

402

그램들은 특정한 형태의 전문성에 대한 특정한 지식을 보유한다고 점차 인정하고 있다. 신경과학자들은 뇌가 일반적이고 동등한 잠재력을 가진 기관이 아니라, 오히려 (언어, 공간적 방향, 다른 사람들에 대한 이해 등) 특정한 능력이 뇌의 특정 영역과 관련이 있으며, 특정한 유형의 정보처리를 수반하는 무수한 형태로 진화한다는 데 동의한다(이와 관련된 사항은 Gardner, 1983, 1985a, 1993a 참조). 인류학자와 심리학자 중에서 점차 목소리가 커지고 있는 소수가 몇 가지 상대적으로 독립된 형태의 지능이 존재한다는 점을 주장하고 있다(Battro, 2003; Goleman, 1995; Mithen, 1996; Rosnow et al., 1994; Salovey & Mayer, 1990; Sternberg, 1985; Tooby & Cosmides, 1991).

20여 년 전에 발전시킨 표현에 따르면, 나는 인간이 대여섯 가지 혹은 그이상의 구분된 능력, 즉 '다중지능(multiple intelligences)'을 보유하고 있다고생각된다고 주장했다(Gardner, 1983, 1993a; 제6~12장 참조). 그 후 '다중지능이론(MI theory)'라고 지칭된 이론은 두 가지 매력적이고 보완적인 측면을 지니고 있다. 이 두 가지 측면은 교육 영역에서 발생할 수 있다. 첫 번째 시사점은 우리 모두가 몇 가지 지능을 보유하고 있고, 그 지능들이 우리를 인간답게 그리고 인지적으로 말할 수 있도록 만들어 준다는 것이다. 따라서 아이의 장애가 심각한 경우가 아니라면, 어떤 교사라노 학생들이 이러한 지능들모두를 보유하고 있다고 추정할 수 있다. 만약 선택한다면, 특정한 지능을가르치고 발전시키며, 그 지능을 기반으로 중요한 교육 자료를 전달하는 것이 가능하다.

두 번째 측면은 각 개인이 자신만의 특유한 지능들을 보유하고 있다는 점이다. 일란성 쌍둥이라고 하더라도—동일한 유전적 특징을 가지고 있는 말그대로 복제판이라고 할지라도—각각 지적인 강점과 약점은 본인만의 특유의 특징을 보인다. 이런 차이점은 짐작건대 다양한 요소 때문이다. 예를 들어, 두 명의 인물이 동일한 유전 정보를 가지고 있다고 하더라도 (자궁 안에서뿐만 아니라) 세상에서 같은 경험을 하지는 않는다. 그리고 신체적으로 구별하기 어려워 보이는 두 명이라면 다른 영역에서 서로 구별되고 싶은 동기부여를 강하게 받을 수도 있다.

각각의 개인이 특유의 특징을 가지고 있으면서 수많은 지능을 보유하고 있다는 주장은 즉시 교육적인 딜레마를 제기한다. 한 가지 딜레마는 이런 차이점을 무시하거나 심지어 지우려고 노력해야 한다고 주장한다. 반대편에서는 차이점을 인정하고 가능한 한 교육적 이점으로 활용해야 한다고 주장한다.

인간의 역사 대부분을 통틀어 개인 간의 차이는 교육계에서 성가신 요소로 여겨져 왔다는 사실을 기억하는 것이 중요하다. 우리는 획일적인 학교에서 각 개인이 다른 사람들과 똑같은 대우를 받는 것을 선호해 왔다. 게다가 이런 '동등한 대우'는 표면적으로 공정해 보인다. 왜냐하면 누군가를 편애하는 것으로 보이지는 않기 때문이다. 그러나 나처럼 다음과 같이 주장할 수도 있다. '획일적'인 학교들은 사실상 공정하지 않다고 말이다(Gardner, 1993b, 1999). 획일적인 학교는 특정 지능에 대해 특혜를 제공한다—거의 항상 언어 및 논리가 지능검사의 대상이다. 그리고 그 밖의 지능은 무시하거나 축소한다. 완전히 다른 입장—'개인 중심적 교육'을 옹호하는 입장—을 취할 수도 있다. 이와 같은 대체 철학하에 개별 학생에 대해 가능한 한 많은 것을 알아내며, 각 학생에게 맞는 방식을 통해 최대한 많이 배울 수 있도록 돕는 교육을 고안한다. 이와 같은 개인 맞춤형 교육이 머지않아 결실을 맺을 것이라 생각한다. 그리고 이런 결과는 내 이론이나 설교 때문이 아니라 기술이 최대한 우리가 원하는 방식으로 개인 맞춤형 교육을 하는 것을 가능하게 하기 때문일 것이다. 대수학이나 프랑스어 혹은 경제학, 음악 이론이 많은 방식으로 설명될 수 있다는 점이 일단 분명해지면, 획일적인 교육 방식을 이용할 때 과실이 지속될 것이다(Turkle, 1997).

다중지능이론의 경우 과학적 연구 결과가 교육적인 결과를 손쉽게 낳을 수 있다는 사실을 분명하게 드러낸다. 사실, 일단 다중지능이론이 명확히 설명된 이후, 전 세계 많은 지역의 교육학자들이 다중지능이론을 감안하여 수업 또는 학교를 재구성하고 있다고 주장하기 시작했다. 나는 이런 생각—심리학적인 아이디어—이 교육학자들의 사고에 자극을 주었다는 사실이 기뻤다. 그러나 다중지능이론은 잉크 얼룩 테스트—매우 특이한 방식으로 해석될 수 있는 모호한 자극—와 같다는 것이 오래 지나지 않아 분명해졌다. 일부 교육학자들은 다중지능이론을 예술교육 혹은 특별 교육의 근거로 여겼다. 다른 이들은 다중지능이론을 다양한 지능 면에서 길을 창조하는 구실로 보았다. 그러나 또 다른 이들은 다중지능이론을 일곱 내지 여덟 가지 주제를 가르치되, 일곱 내지 여덟 가지 방식으로 가르치는 제안으로 보았다. 심지어 계량 심리학자들도 조치를 취했다. 출판사 몇 곳이 나에게 접근해서 각 지능에 대한 테스트를 개발하고 싶지 않은지 물어보기도 했다.

그와 같은 경우에 내리는 결정은 본인의 가치 체계를 분명히 반영한다. 절대로 과학적인 연구 결과로부터 교육적인 실무로 직접적이면서도 모호하지 않게 진행할 수 없다. 사실, 이런 제약은 심지어 지능에 대한 전통적인 관점과 관련이 있다. 나는 『종형 곡선(The Bell Curve)』(1994)의 연구 결과에 대해 그 책의 선임 저자인 리처드 헌스타인이 때 이른 죽음을 맞이하기 전에 논의할 기회가 있었다. 헌스타인과 나는 그 책의 전제 한 가지—IQ를 바꾸기 어렵다는 점—가 옳나면 두 가지 선혀 다른 성반대의 추론을 할 수도 있다는 데 동의했다. 헌스타인-머레이 추론(Herrnstein-Murray inference)은 IQ를 올리려고 노력할 가치가 없으며 사람마다 IQ에 차이가 있다는 점을 인정하고 최대한 활용해야 한다는 것이다. 그러나 반대로, 보다 낙관적인 추론은 사람들은 IQ를 높이기 위해 최선을 다해야 하고, 그럼으로써 성공적인 방식을 생각해 낼 수도 있다고 본다.

다중지능이론을 지지하는 것은 최소한 명목적인 수준으로 과학적 연구 결과가 교육계에서 얼마나 쉽게 입증될 수 있는지 보여 주는 예이다. 그러나 언제나 우호적으로 수용되는 것은 아니다.

학문적 이해의 도전

어떤 사람이 기본적으로 읽고 쓰는 능력을 일단 갖추게 되면, 그다음 단계의 교육적 지표는 다양한 과목 혹은 학문의 숙달을 수반한다. 가치를 인정받는 학문의 목록은 사회마다 다르지만, 일반적으로 과학(생물학, 물리학, 화학), 몇 가지 수학 분야(대수학, 기하학, 미적분학 준비 코스)와 인문학(역사, 지리학 및 한 가지 이상의 예술 형태 등) 등이 포함된다. 만약 글을 읽고 쓰는 능력이 초등학교 단계의 합의된 커리큘럼이라면, 학문적 숙달 및 이해는 중등학교와 아마 대학교의 커리큘럼이 포함될 것이다.

각 용어에 대해 설명해 보겠다. 학문(disciplines)이라고 지칭할 때, 나는 과목(특정한 과목의 이름, 사실 및 개념을 배우는 것)과 학문(과학자, 역사학자, 인문학자 혹은 예술의 특징적인 특유의 사고방식을 숙달하는 것)을 구분하고자 한다. 과학자와 역사학자는 모두 사건에 대한 설명을 제공하지만, 그들이 검증하는 데이터의 속성과 제공하는 설명의 종류는 명백하고 교육적으로 다르다. 내가 이해에 대해 이야기할 때, 나는 누군가가 읽거나 들은 것을 회상하는 단순한 능력 그 이상에 대해 이야기한다. 학문적 주제를 이해하는 사람이라면 과거에 전혀 경험한 적이 없는 새로운 상황에 이해한 바를 적용할 수 있다. 그와 같은 이해가 없는 경우에는 획득한 지식을 활용할 수 없다. 즉, 유용한 목적에 이용할 수 없다.

과거에는 전통주의자와 진보주의자 모두 학문적 이해에 수반되는 어려움을 한심하게도 과소평가했다. 전통주의자들은 학문적 연구를 주로 다양한 주제에 대한 사실적이고 명확한 정보를 숙달하는 것이라고 보았다. 그리고 그와 같은 숙달에는 주로 반복, 연습 및 미리 구성된 문제 풀이가 수반된다(Bereiter & Engelmann, 1966; Hirsch, 1987, 1996). 진보주의자들은 주제를 자연스러운 환경에서 자신의 속도에 맞춰 깊이 있게 탐구하는 기회를 가짐으로써 자연스럽게 학문적 이해를 성취하는 것이 가능하다고 믿었다(Bruner, 1960; Dewey, 1964a, 1964b; Jervis & Tobier, 1988). 글을 읽고 쓰는 환경에서 연습할 기회가 주어지면 그 과정에서 읽고 쓸 줄 알게 되는 것과 마찬가지로, 학문적 숙달도 관련 주제에 깊이 몰입하면 자연스럽게 얻게 된다.

　그러나 이와 같은 학문적 관점은 결국 옳지 않은 것으로 증명되었다. 지난 몇십 년간의 인지과학 분야의 많은 연구 결과가 이 관점에 의문을 제기하고 있다. 다양한 학문 분야의 주요 아이디어에 대한 이해는 대부분의 교육학자들이 믿었던 것보다 훨씬 더 어려운 일이라는 점이 밝혀졌다. 명백한 증거는 과학 학습에서 발견된다. 상급 중등학교 및 대학교에서 좋은 과학 성적을 거두는 학생들조차 다양한 주제 영역에 대한 주요한 아이디어를 이해하는 정도가 아주 미미한 것으로 드러났다. 이 결과는 이 학생들을 교실 환경이 아닌 바깥에서 검증하면서 확실해졌다. 대부분의 학생이 수업 중에 배운 내용을 적절하게 적용하지 못했을 뿐만 아니라, 문제와 질문에 대해 애초부터 그 수업을 듣지 않은 학생들과 똑같은 답을 하는 경우도 많았다(관련 문헌 내용의 요약에 대해서는 Gardner, 1991c, 2000 및 제16~18장 참조)! 따라서 예를 들어, 성적이 상위권인 고등학생과 대학생조차 지문에 기반을 둔 시험 맥락 밖에서 진화, 운동 법칙 혹은 경제 원칙에 대해 이해했다고 증명하는 데 실패했다.

　다시 한 번 밝히지만, 사람의 정신에 대한 새로운 데이터를 인식한다는 것은 교육학자들에게는 도발적인 것일 수도 있다. 그러나 이 경우에 착오를 표현하는 것이 그에 상응하는 교육적 실무가 이루어지도록 즉시 영향을 미치는 것은 아니다. 예를 들어, 어떤 사람은 학문적 숙달을 단순히 피하고 피상적인(Hirschian) 사실을 숙달하는 수준에 머물 수도 있다. 어떤 사람은 어린 사람들이 가지고 있는 오해에 직접 의문을 제기하고 그 자리에 적절한 개념이 쉽게 자리 잡을 수 있는지 보기로 결정할 수도 있다. 또 어떤 사람은 오해를 유발하고, 그 오해가 부적절하다는 점을 볼 수 있게 해서, 아이들이 스스로 더 나은 이해를 할 수 있도록 해 줄 수도 있다. 어떤 사람은 특정 형태의 학문적 이해를 지원할 수 있는 커리큘럼을 목표로서 개발할 수도 있을 것이다. 현재 사용되고 있는 지역 및 국가적 평가도구들이 추후의 교육 전략에 강력한 영향을 미칠 것이라는 점은 거의 말할 필요도 없다. 그 도구가 많은 범위를 다룰 것을 요한다면 오해를 없앨 기회도 줄어들 것이다. 그리고 내 생각에 후자의 시나리오가 지금까지 벌어지고 있는 상황이다. 진정한 학문적 이해를 이루는 경우는 가장 성적이 좋은 학생들 사이에서도 자주 있는 일이 아니라는 점이 심각하게 시사하는 바를 기꺼이 마주하고자 하는 교육학자들은 거의 없다.

2002년 가을 로즈장학금과 마셜장학금 수혜자가 발표되었다. 하버드 대학교 재학생 일곱 명이 이 상을 받아, 영국의 대학교에서 공부하는 데 지원을 받게 되었다. 내가 주목한 점은 일곱 명의 학생 모두 학부생 시절에 여러 학문 분야가 관련된 수업에 참여했다는 사실이었다. 한 학생은 역사와 문학 수업을 들었고, 두 번째 학생은 물리학과 생화학 수업을 들었으며, 세 번째 학생은 철학과 국제 관계 수업을 들었다. 세 명의 학생은 또한 모두 진지하게 예술 분야에 관여하고 있었다.

유명한 언론에서는 거의 다루어지지 않은 사실이지만, 지난 50여 년 동안 학계에서는 상전벽해가 일어났다. 중학교에서 대학교 및 대학교 커리큘럼에 이르기까지 교육 지형 전반에 걸쳐서 수많은 여러 학문이 연관된 센터, 프로그램, 프로젝트 및 부서가 생겨나 과학, 인문학 및 정치 과학 분야에서는 고급 싱크 탱크까지 마련되었다. 이런 경향은 진지한 요인(다수의 학문이 요구하고 있는 현대 문제점)부터 재미없는 요인(자신이 관심 있는 이슈를 자신이 고른 동료들과 적합한 방식으로 탐구할 수 있는 본인만의 센터를 갖고 싶어 하는 교수에게 매력적이라는 점)에 이르기까지 다양한 요인을 반영하고 있다. 그리고 선구적인 방식, 자신에게만 몰두하는 방식 및 하찮은 방식에 이르기까지 여러 학문을 연관 짓는 다양한 기준 아래 실제 작업이 진행된다.

　　지난 몇 년 동안 동료들과 나는 학문적 이해에 대한 우리 연구를 보완하면서 학제 간 연구의 속성에 대해 탐구해 왔다(Boix-Mansilla & Gardner, 1997; Gardner & Boix-Mansilla, 1994a, 1994b). 학제 간 연구는 아직 불분명한 면이 있고 이러한 기치 아래 많은 작업이 진행되고 있다는 것에 대해서는 의문의 여지가 없다. 우리가 놀란 점은 적절한 학제 간 연구라고 볼 수 있는 기준이 전무하다는 사실이었다. 전통적인 학문 내 연구의 질을 판단하기 위한 기준은 자리를 잡은 반면, 다양한 학제 간 합병에 있어서 질 좋은 연구가 무엇인지에 대한 유사한 기준점이 만들어질 시간이 충분하지 않았다. 아마도 그런 기준을 마련하기 위한 동기도 없었던 것으로 생각된다. 따라서 학제 간 연구를 진행하는 사람은 불편한 상황에 놓인다. 모든 연구를 무비판적으로 받아들이거나("만약 이것이 여러 학문을 엮은 것이라면, 칭찬할 만하다") 혹은 적절하지 않을지도 모르는 학문적 세계의 기준을 적용하거나, 혹은 그 가치를 꼭 반영하지 않을 수도 있는 연구의 영향을 측정하고자 할 수도 있다.

　　학제 간 연구의 등장은 과학적인 현상이 아니다. 오히려 우리 시대의 역사적인 사실이다. 점점 더 세계화되어 가는 사회의 추세가 학제 간 연구를 눈에 띄게 만든 것이다. 빈곤의 감소, 반테러리즘, 프라이버시, 질병의 예방, 에너지 보존, 생태학적 균형과 같은 이슈들—목록은 원하는 바에 따라 더 확장될 수도 있다—은 모두 다양한 형태의 학문적 지식 및 수단의 투입과 합성이 필요하다. 교육 기관들은 자신의 방식대로 이런 종류의 기술의 요구에 부응하고자 노력한다. 그리고 더 많은 모험심이 강한 학생들은 여러 학문적 전문성을 혼합할 필요가 있는 연구에 매력을 느끼고 있다. 그러나 지능에는 한 가지 종류가 있다고 믿으며 한 가지 학문을 이해하는 것도 어려운 일이라는 사실을 이해하지 못하는 세계에서, 우리는 학제 간 프로그램을 시작하고 그 프로그램의 성공을 자신 있게 평가할 수는 없는 상황이다. 아마도 우리는 여러 학문을 복합하거나 연관 지을 수 있는 정신에 대한 연구부터 시작해야 할 것이다.

거의 모든 사람은 오늘날 아이들이 1900년, 1950년, 심지어 1975년과 근본적으로 다른 세계에서 살아갈 준비를 하고 있다고 인정한다. 정치적 지지와 기술적 정교함에 분명한 차이가 있을 뿐만 아니라, 오늘날 젊은 사람들은 미국이 내뿜고 있는 강력한 헤게모니적인 문화적 메시지를 취하고, 주요 사회로부터 강력하며 미국과 다른 경향도 취한다. 이런 세계에서 성장하고 있는 학생이라면 누구나 이와 같이 다양하고 강력한 메시지 사이를 헤쳐 나갈 수 있어야 한다(Friedman, 2000; Giddens, 2000 참조). 그러나 이렇게 변화한 세계가 교육에 어떤 영향을 미칠지, 특히 초등 및 중등 수준의 교육에 어떤 영향을 미칠지에 대한 학제 간 통합은 시작되지도 않았다(Suarez-Orozco & Qin-Hilliard, 2003). 여기에 세계화 시대에 적합한 커리큘럼에 대해 몇 가지 제안을 하고자 한다. 모든 교육적 제언은 일정한 가치를 전제로 한다는 점을 분명히 인식하고 제안하겠다. 나의 의견은 민주 사회에 적합한 교육에 기반을 둔 것으로서, 민주 사회란 개개인이 자신이 사는 곳에서 그리고 자신이 어떻게 사는지에 대해서 보유하고 있는 곳이다. 민주 사회란 한 사람의 정신을 최대한 이용하는 것이 중요한 가치가 있다고 평가되는 곳이다. 그리고 모든 튼튼한 개인은 본인 가족의 안전과 평안뿐만 아니라, 그들이 살고 있는 더 큰 공동체의 건강을 위해서도 기여할 것으로 기대되는 곳이다.

보수적인 견해를 피력하면서, 나는 오랜 시간 동안 연구해 온 방식과 절차에 대해서 등을 돌려서는 안 된다고 생각한다. 언제나 개선의 여지는 있지만, 우리는 평범한 방식으로 배울 수 있는 사람과 특정한 학습 문제가 있는 사람—예를 들어, 지문으로 쓰인 글을 이해하는 데 어려움을 겪는 사람들—을 포함한 모든 아이의 읽고 쓰는 능력을 어떻게 개발시켜야 하는지에 대해 상당히 많은 지식을 가지고 있다.

그러나 일단 학문의 숙달 문제를 생각하면, 다른 것과 마찬가지로 다룰 수 없다. 학문적 숙달이 어렵다는 점을 이제 알고 있기 때문에, 이 문제가 교육에 대한 노력의 상당 부분을 차지해야 한다는 사실을 인정할 필요가 있다.

내가 이 영역에서 제안하고 싶은 점은 대학 입학 전에 배우는 과목의 수를 근본적으로 줄이라는 것이다. 모든 학생이 최소한 한 가지 과학, 역사의 한 영역, 하나의 예술 형태, 모국어의 표현 및 이해, 그리고 모국어가 외국에서 널리 사용되지 않는 국가의 학생들의 경우에는 영어 또는 다른 널리 통용되는 언어의 표현 및 이해를 배우기를 바란다.

일단 집중의 폭을 줄이면, 진실로 학문적 이해를 위해 가르치는 것이 가능해진다. 이러한 교육은 해당 학문의 주요한 깊이 있는 아이디어에 집중하고 수많은 각기 다른 앵글에서 접근함으로써 가장 잘 이루어질 수 있다(Blythe, 1998; Cohen et al., 1993; Wiske, 1998). 제한된 수의 주제와 학문에 대한 깊이 있는 학습은 오해를 줄이고 깊이 있고 강력한 형태의 이해를 구축할 수 있게 해 줄 가능성이 높다. 흥미로운 점은 다중지능 아이디어가 여기서 적용될 수 있다는 것이다. 어떤 사람이 제한된 수의 개념에 뚜렷하게 집중한다면 다양한 인간 지능을 이용하여 몇 가지 방식으로 이런 개념들에 대해 접근해 볼 수 있을 것이다. 그와 같은 다중 관점적 접근법은 두 가지 보상이 주어진다. 이런 접근법을 이용하면 더 많은 수의 학생에게 접근할 수 있으며, 전문성을 가지고 있다는 것이 무엇을 의미하는지 보여 줄 것이다(Gardner, 2000). 결국 전문가는 한 가지 주제에 대해 수많은 다른 방식으로 생각할 수 있는 사람이다.

소수의 주요 학문에 집중한다는 점은 내가 핵심 커리큘럼에 대한 개념을 믿고 있다는 점을 드러낸다. 그런 관점에서 본다면 나는 전통주의자이다. 그러나 나는 다양한 방식으로 커리큘럼을 제안하는 것과 다수의 다양한 방식으로 학문의 숙달을 평가하는 것에 대해 전적으로 열려 있다. 교육학과 평가의 측면에서 나는 다원주의자이다. 이는 획일적인 학교의 이상으로 회귀하고 싶어 하는 사람들과는 대립되는 의견이다. 이들은 마음에 맞는 방식으로 최대한의 잠재력을 실현할 수 있도록 각 학생을 돕는 것이 본인의 역할이라고 여기는 이들과 잘 맞는다.

학문에 대한 충성 서약 때문에 나는 학제 간 작업을 하려면 수많은 개별 학문을 숙달할 때까지 기다려야 한다고 강력하게 믿고 있다. 어떤 사람이 한 가지 이상의 언어를 숙달하지 않는다면 두 개 국어를 사용할 수 있다는 말을 진지하게 받아들이지 않을 것이다. 따라서 한 가지 이상의 학문을 숙달했다는 점을 보여 주기 전에는 학제 간이라는 용어를 언급하지 말아야 한다고 생각한다. 이를 실현하기 위해 학문적 교육은 중등 교육의 과제가 되어야 하며, 학제 간 교육은 제3차 및 대학원 교육과 연관되는 상부 구조가 되어야 한다.

그러나 최근에 나는 이 입장을 완화했다. 학제 간 작업이 우리 세계에서 매우 중요해졌기 때문에, 특정한 학문 분야를 완전하게 숙달할 때까지 학제 간 작업의 실무를 진행하지 않는 것은 현실적이지 못할 수도 있기 때문이다. 아마도 개인이 한 가지 학문을 충분히 숙달한 후에 학제 간 연구팀의 일원이 될 수는 있을 것이다. 이 새로운 팀원의 과제는 하나의 문제와 관련이 있는 특정한 학문적 관점을 적용하고 스스로 충분한 전문성을 발휘하여 다른 학문에 기여하고, 통찰력 있는 문제를 제기하며, 자신의 이해에 그 질문들을 통합해 내는 것이다. 초보자들이 이와 같은 학제 간 교환을 관찰하고 그로부터 도움을 받지 말아야 할 이유는 전혀 없다고 생각한다. 그러나 초보자들은 본인의 학문적 책임을 다하지 않는다면 궁극적으로 학제 간 연구팀에 정당한 방식으로 참여할 수 없으리라는 점을 이해하는 것이 중요하다.

학제 간 연구팀에 소속되는 것은 글로벌 사회에 참여하기 위한 또 다른 중요한 필요조건을 의미한다. 단순히 자신의 학문 분야에서 가장 똑똑한 인물이 되는 것은 더 이상 충분하지 않다. 개개인은 다른 전문성을 가지고 있는 인물들 그리고 다른 문화적 배경을 가진 사람들과 효과적으로 정중한 태도로 작업하는 것이 가능해야 한다(Murnane & Levy, 1996; Resnick, 1987; Suarez-Orozco & Qin-Hilliard, 2003). 개개인이 대인관계 지능과 다문화적 이해를 발달시켜야 할 필요가 있다고 볼 수 있다. 이와 같은 영역에 대한 직접적인 교육이 가능한 한편, 하루하루 아이들이 주변에서 관찰하는 예로부터 가장 강력하게 영향을 받는다는 점에 대해서는 의문의 여지가 거의 없다. 부모, 교사 및 공동체가 강력한 형태의 개인적 관계 및 문화적 감수성을 보여주는 한, 아이들이 팀을 이뤄 작업하고 노는 데 효과적으로 참여할 준비를 갖출 것이라고 기대할 수 있다. 그러나 그와 같은 형태의 감수성이 아이들에게 가장 가까운 사람들에 의해 규칙적으로 표현되지 않는다면, 교육 기관과 직무 기관들은 상당한 어려움을 겪게 된다.

많은 사람이 지금의 고도로 경쟁적인 글로벌 사회에서 창의력, 독창성 및 '틀을 깨는' 사고방식이 가장 중요하다고 이야기한다. 실리콘 밸리는 고도로 창의적인 분위기의 중요성―뿐만 아니라 위험도 함께―을 유려하게 증언하고 있다. 그러나 창의성을 고취시키는 것이 학교의 과제인지에 대해서는 의문이다. 이 점은 창의력 수업이―마치 실리콘 밸리나 홍콩에서처럼―'거리에서' 그리고 상업적 기업에서 분명하게 나타나는지, 혹은 거리와 가정에서 매일 마주하는 체제 순응주의와 전통이 교육제도 내에서 대담하게 반박될 필요가 있는지 여부에 상당 부분 좌우된다.

나는 대학 이전의 교육은 미래에 다음에서 서술할 상대적으로 새로운 기술과 이해를 포괄하기를 바란다(Suarez-Orozco & Qin-Hilliard, 2003). 이러한 새로운 기술과 이해는 학교에 의해서 혹은 오로지 학교에 의해서 전달될 필요는 없다. 그러나 한 사회의 다른 영역에서 이 정보가 전달되지 않는다면, 새로운 기술과 이해의 전달은 대학 전 교육제도가 수행해야 할 탁월한 과제가 될 것이다.

1. 글로벌 시스템의 이해   세계화 추세―인간, 자본, 정보 및 문화적 삶의 형태의 전례 없고 예측할 수 없는 움직임―는 글로벌 공동체에서 살고 있으며, 앞으로도 늘 살아가게 될 젊은 사람들이 이해할 필요가 있다. 일부 시스템은 매체를 통해 분명하게 나타나겠지만, 다른 많은 측면―예를 들어, 전 세계적 시장의 작용―은 좀 더 공식적인 태도로 교육되어야 한다.

2. 각 학문 내에서 분석적이고 창의적으로 사고하는 능력   정보, 개념 및 정의에 대한 단순한 숙달만으로는 충분하지 않을 것이다. 학생들은 학문적 움직임을 충분히 숙달해야 하며, 그럼으로써 학문을 융통성 있게 적용하고 교과서 저자들이 예측하지 못했던 이슈들을 창의적으로 다룰 수 있게 된다.

3. 학문적 경계를 지키지 않는 문제와 이슈를 다루는 능력   세계가 오늘날 직면하고 있는 가장 성가신 이슈(세계화 이슈를 포함하여!) 중 다수—아마도 대부분—는 학문적 경계를 존중하지 않는다. AIDS, 대규모 이민 및 세계 온난화가 학제 간 사고가 필요한 문제의 예들이다. 각각의 개별 학문을 숙달하는 것이 우선 필요하다는 입장을 취하는 사람도 있을 수 있다. 그럴 경우 학문 사이, 그리고 학문 너머로 움직이는 것은 제3의 혹은 전문 교육의 과제가 된다(Gardner, 2000). 그러나 학제 간 작업 과정을 초기 단계 교육에서 시작하는 데 대해서는 의견이 분분하다. 예를 들어, 국제 학력 평가 시험(IB)에서 학생들에게 요구하는 '지식의 이론' 과정 혹은 일리노이 수학과학 영재학교(Illinois Mathematics and Science Academy)의 '문제 기반의 학습' 과정이 조기에 실시되는 학제 간 작업 과정이다. 어떻게 하면 엄격한 다중 관점의 사고를 교실에 도입하기 시작할 수 있는지는, 이제 막 고민하기 시작한 문제이다. 그리고 앞서 언급한 바와 같이 복합이라는 기능을 가진 정신에 대한 심리학적 이해도 아직 합쳐지지 않았다.

4. 상당히 다른 문화 배경—본인의 사회 내부뿐만 아니라 전 세계에 걸쳐서 다른 문화적 배경—을 지닌 인물들과 정중하고 생산적으로 상호작용하기 위한 지식 및 능력   세계화는 대인관계 능력을 필요로 한다. 대인관계 능력은 매우 다른 인종적, 언어적, 종교적 및 문화적 배경을 가진 타인과 함께 생각하고 일할 수 있는 능력을 포함한다(Maira, 2003; Suarez-Orozco, 2003 참조). 이와 같은 능력의 숙달과 배양은 21세기 가장 성공적인 민주주의

사회의 교육 시스템의 초석이 될 것이다(Suarez-Orozco & Qin-Hilliard, 2003 참조).

5. 자신의 문화적 전통에 대한 지식 및 존경   2001년 9월 세계무역센터 쌍둥이 빌딩을 들이받은 테러리스트들은 세계화가 접근 가능하게 만들어 준 과학 및 기술 지식과 인지적 기술의 혜택을 받았다. 동시에, 이들은 서구의 (특히 미국의) 가치, 정신 및 세계관 등 세계의 많은 지역—서유럽의 대부분을 포함한—에서 세계화의 바탕으로 통용되는 것들을 경멸했다. 번영을 위해 필요한 도구적 기술의 부상을 지향하고 문화의 표현적인 영역—가치, 세계관, 특히 신성하게 여겨지는 영역 등—을 전복시키거나 약화시키지 않는 사회들은 지속적으로 유지될 것이다. 또한 세계화 시대의 새로운 체제 내에서 심지어 경쟁력을 가지게 될 것이다. (문화의 도구적 영역 내) 수렴과 (문화의 표현적인 영역의) 확산의 이중 과정을 제어하는 것은 세계화를 위한 교육의 가장 중요한 과제 중 하나가 될 가능성이 높다. 이러한 초자연적인 주지츠를 해낼 수 있는 사회는 번영할 것이다.

6. 혼종적 혹은 혼합적 정체성의 발전   세계화를 위한 교육은 문화적 경계에 걸쳐서 작업하고, 생각하며 놀기 위해 필요한 혼종적 정체성을 민들고 수행할 필요가 있다(Suarez-Orozco, 2003 참조). 이 점은 아이들이 단속적인 문화적 의미 체계를 가로지르고, 분명히 구별되고 때로는 비교할 수 없는 문화적 공간 및 사회적 분야에서 대사 작용을 하고, 의미를 해석하며, 뜻을 분명히 할 수 있도록 해 주는 다중 언어 구사 능력과 두 개 이상의 문화에 걸친 감수성을 통해서 점차 연동될 것이다. 외부 문화의 도입과 혼성을 통해 혜택을 입는 사회가 번영할 수 있는 더 좋은 위치에 자리하게 될 것이다. 한편, 강압적인 단일 문화 체제와 강압적인 단일 언어 제도를 실시하는 사회는 세계화를 통해 부상하는 체제에서 손해를 볼 가능성이 높다.

7. 관용의 함양   세계화를 위한 교육은, ① 인내하거나 더 나아가 반대의
견에 특혜를 주고, ② 건강한 회의주의를 배양하고, ③ 평등한 기회를 제
공하는 경향이 있는 사회가, 반사적인 동의에 특혜를 주고 다양하게 주
어진 특징에 따라 불평등한 기회를 제공하는 경향이 있는 사회에 비해
훨씬 더 유리한 입지를 제공할 것이다. 더욱 확실한 점은 국가 내부적으
로나 각 나라 사이에서도 관용적인 태도를 더욱 성공적으로 배양하지 않
는다면, 우리 세계가 생존할 가능성이 낮아진다.

많은 이들이 세계화가 없었으면 하고 바라지만, 세계화는 이미 우리 곁에
와 있다. 과거 몇십 년 동안의 경제적인 트렌드, 커뮤니케이션 기술, 인구의
이동 및 문화적 메시지가 어떻게든 정반대 흐름을 보일 것이라고 상상하기
는 어렵다. 2001년 9월 11일의 사건과 같이 중요한 사건일지라도 세계화의
세기를 조절할 수는 있어도 근본적인 방향을 바꿀 수는 없다.

그러나 지역적인 혹은 국가적인 기관들, 관습 및 가치가 사라질 필요는 없
다. 사실 세계화의 힘 자체가 많은 경우에 강한 반작용을 야기할 것이다. 반
작용은 때때로 폭력적이고 때로는 효과적일 수도 있다. 세계화 세력에 반응
하는 동시에 문화와 신념 체계의 다양성을 존중하는 새롭게 등장하는 제도
의 반감기가 가장 길 가능성이 높다.

그중 가장 중요한 것이 예측할 수 있는 미래에 대해 막대한 중요성을 가
정하는 대학교 전 교육을 담당하는 교육 시스템이다. 교육제도는 선천적으
로 보수적인 제도이다. 그리고 이와 같은 보수주의는 많은 면에서 정당화된
다. 그러나 교육 시스템이 농경 및 산업 혁명에 결국 적응했던 것처럼, 그리
고 확고했던 종교의 쇠락과 인쇄 및 시청각 기술의 발명에 대해 결국 반응했
던 것처럼, 세계화되고 지식 중심적인 경제와 사회의 사실에도 적응해야 할
것이다. 적응하는 동안 교육제도는 새로운 과학적 연구 결과와 그 연구 결과
의 다중적 (일면 모순되어 보이는) 교육적 함의를 과거와 현재의 역사적인 트

렌드 내에서 어떻게든 통합하고, 그 과정에서 가장 중요하게 여기는 가치를 반영해야 할 것이다. 이 과제는 100년 혹은 그 이상이 소요될 수도 있다. 그러나 어느 프랑스 군 지휘자가 힘든 과제를 마주하고 말했던 유명한 말처럼 "그럴 때는 오늘 바로 시작하는 편이 낫다."

제22장
미래를 위한 교육:
과학과 가치의 기반

Paper presented to symposium of the Royal Palace Foundation,
Amsterdam, March 14th, 2001.

서론

우리 시대가 대단한 돌파구 중 하나라고 말하는 것은 이미 상투적인 표현이다. 기술, 나노 기술, 유전학 혁명, 로봇, 인공 지능과 우연히 혹은 의도적으로 만들어진 새로운 종의 창조의 새로운 연구에 대해 언급할 것이다.

교육이 점차 중요해지고 있다고 말하는 것도 상투적이다. 예측 가능한 어떤 것이라도 그리고 지배하는 규칙도 자동화될 것이다. 잘, 폭넓게, 융통성 있게 교육받은 사람들만이 새로운 세계에서 생산적으로 기능할 수 있을 것이다. 세계적으로 교육은 공공의 관심사이다. 제22장에서 나는 아동과 청소년 교육에 대한 내 생각을 밝히고자 한다.

두 가지 딜레마

나는 심리학적 연구자로서 마음과 뇌를 학습과 교육 측면에서 특히 연구해 온 배경을 가지고 있다. 방금 교육의 중요성에 대해서 사람들이 대부분 동의하고 있다고 언급한 바 있다. 하지만 교육이 어떤 모습이어야 하며, 어떻게 성취해야 하는지에 대한 이와 비슷한 수준의 합의점은 존재하지 않는다. 나는 두 가지 딜레마를 언급하고 싶다. 두 가지 모두 인지 혹은 지식, 즉 학교교육의 주제와 연결되어 있다.

첫 번째 딜레마: 무엇을 가르쳐야 할까

무엇을 강조해야 할까? 사실, 정보, 데이터? 그렇다면 셀 수 없이 많은 사실 중에 어떤 것을 강조해야 할까? 과목과 학문 문제와 관련해서, 어떤 과목과 어떤 학문을 가르쳐야 할까? 어떤 과학, 어떤 역사를 가르쳐야 할까? 우리는 창의성과 비판적인 사고력을 길러야 할까? 추가로 집중해야 할 부분이 있다면, 예술, 기술, 사회적 문제, 도덕적 문제 중 어느 것에 집중해야 할까? 만약 여러분이 언급된 모든 측면을 실현하고자 한다면, 기존의 힘든 초·중등학교 커리큘럼을 고려한다고 하더라도 학생과 교사가 견디지 못할 것이다. 지식이 매년 혹은 2년에 한 번씩 두 배로 증가한다면, 가르치는 시간을 늘리거나 두 배로 더 빨리 가르치는 것은 분명히 불가능하다. 무엇을 생략할 수 있을지에 대한 선택과 결정이 필수적이다.

두 번째 딜레마: 어떻게 가르쳐야 할까

무엇을 강조할지에 대해 우리가 합의점을 찾는다고 하더라도, 모든 과목을 가르칠 것인지, 혹은 모든 학생을 동일한 방식으로 가르칠지, 혹은 각 학생 또는 학생 집단마다 커리큘럼을 맞춤형으로 만들 것인지 여전히 결정해야만 한다. 컴퓨터, 원거리 교육 및 다양한 매체에 대해 얼마나 강조해야 할까? 가정, 학교, 교회, 매체 혹은 과외 활동의 역할은 무엇인가? 교사, 학생, 동기, 부모, 공동체에게는 얼마나 큰 책임이 주어져야 할까? 교육학/교육의 문제도 커리큘럼/내용의 문제만큼이나 성가시다.

두 가지 견고한 기반

지나치게 많은 가능성이 존재하기 때문에 우리는 어려운 결정을 해야 한다. 이와 같은 결정을 할 때, 주로 두 가지 기반 혹은 기초에 의존해야 한다. 즉, 학습의 과학과 공동체에서 살아가는 인간으로서의 우리의 가치에 의존해야 한다. 이 두 가지에 대해 설명해 보자.

학습의 과학을 살펴볼 때, 인지 연구 분야의 두 가지 주요 연구 결과를 고려해야 한다. 해당 연구에는 나도 개인적으로 참여하였다.

첫 번째 연구 결과   인간으로서 우리는 의미를 표현하는 수많은 방식과 다양한 종류의 지능을 가지고 있다. 지난 세기가 시작될 때부터 심리학자들은 IQ 테스트로 측정할 수 있는 단일한 지능에 대해 이야기해 왔다. 내 연구에 따르면 여덟 내지 아홉 가지 지능을 정의할 수 있다. 우리는 이와 같은 지능 몇 가지를 모두 보유하고 있다. 그러나 누구도—일란성 쌍둥이라고 하더라도—동시에 동일한 지능적 특성을 보유하지 않는다. 역사적으로 대부분의 국가에서 학교는 언어와 논리에 거의 배타적으로 집중해 왔다. 공식적인 교육은 다른 형태의 정신적 표현—예술적 형태(음악), 운동(신체적), 개인적(다른 사람과 자아에 대한 지식)—과 자연 세계에 대한 지식, 큰 문제에 대한 지식을 사실상 무시해 왔다. 이러한 모든 '마음의 틀(Frames of Mind)' 모두가 동원되어야 한다. 모두 동원되지 않는 교육은 '반쪽'짜리에 불과하다(제6~9장 참조).

두 번째 연구 결과   사실은 외우기 쉽다. 그리고 우리 중 일부는 사실을 아주 잘 외운다. 이런 능력은 돈을 버는 데 도움이 될 수도 있다. 실제로 오늘날 미국의 텔레비전 퀴즈 쇼에 나가서 수백만 달러를 상금으로 벌 수도 있다. 그러나 학문적 이해는 훨씬 더 획득하기 어렵고, 이루기 어렵다. 수천 년이 넘는 기간 동안 인류는 몇 가지 강력한 학문 또는 세계를 이해하는 방법을 발전시켜 왔다. 이 중 중요한 것이 과학적, 인본주의적, 역사적, 예술적, 수학적 형태의 사고방식이다("여기에 과학적으로 생각하는 세 가지 단계가 있다."라거나 "역사적으로 생각하는 데 필요한 것이 이것이다."와 같은 방식으로). 우리가 단순히 이 내용을 젊은 사람들에게 설명할 수 있다면 얼마나 좋을까?, 우리가 아이들에게 알약 한 알을 주고 ("자, 이 수학 알약을 줄 테니 수요일 저녁에 잠자리에 들기 전에 먹어라.") 알약을 먹은 학생은 해당 학문을 숙달하게 된다면 더욱 좋을 것이다. 그러나 사실 학문적 학습은 어렵고 수년간의 지도와 견습제도가 필요하다.

우리가 연구한 바, 그 이유 중 하나는 다음과 같다. 아이들이 어릴 때는 다른 이들의 도움 없이 세계에 대한 강력한 이론을 발전시킨다(제16장 참조). 어린이들이 지지하는 많은 이론은 놀랍고, 일부는 매력적이다. 그러나 일부는 물리학, 생물학, 심리학, 역사학의 관점에서 볼 때 완전히 잘못된 것들이다. 불행히도 이런 잘못된 이론들은 매우 강력하기도 하다. 최고의 학교에 다니고 있는 우수한 학생들조차 이런 이론을 집착한다. 사실 학교의 맥락 밖에서 학생들이 어떤 현상에 대해 설명해 보라는 질문을 받을 때, 아이들은 그 과목을 전혀 공부한 적이 없는 학생들과 동일한 방식으로 대답한다. 교육에서 우리가 좀 더 나은, 그리고 훈련받은 사고방식을 개발하고자 원한다면,

아이들이 스스로 구축한 잘못된 이론을 제거하는 작업부터 진행해야 한다. 그런 후에 많은 경우 상식에 직접 반하는 현대 생물학자 혹은 물리학자들이 사용하는 과학적 이론과 같은 더 나은 이론들을 아이들이 수용―보다 정확하게 말하자면 '구축'―하도록 점진적으로 도와주어야 한다. 인류가 초기 영장류에서 진화했다는 말은 합리적이지 않아 보인다. 맨눈으로 보이지 않을지라도 물질이 존재한다거나 눈에 보이지 않는 세균에 노출됨으로써 많이 아플 수도 있다는 사실은 합리적이지 않아 보인다. 우리와 매우 다르게 보이는 사람들이 친구가 될 수 있다는 사실이 합리적이지 않아 보인다. 그러나 각 문장은 진실이다. 우리는 학생들이 잘못된 이론을 지우고 보다 적절한 학문적 사고방식으로 점차 대체할 수 있도록 도와야 한다.

지금까지 내가 소개한 것을 요약하자면, 학문적 이해는 중요하다. 사실, 이 말이 10년 내지 15년간의 학교교육을 가장 잘 정당화한다!(우리는 훨씬 더 적은 돈을 들여서 아이들이 하루 여덟 시간 동안 거리에 있도록 할 수도 있었다.) 학문적 이해는 성취하기도 어렵다. 다음으로 인간으로서 우리 모두는 세계를 표현하는 서로 다른 방식, 즉 서로 다른 지능을 보유하고 있다. 질문은 교육학자들이 인간이 어떻게 배울까에 대한 최근에 확립된 지식을 구축할 수 있느냐이다. 한마디로 말해서, 나는 이 질문에 대한 답은 "그렇다."이다. 나의 답을 간단히 정당화해 보겠다.

학습의 과학을 보완하는 두 번째 주요 기반, 즉 가치의 영역을 알아보자.

교사 혹은 교육 정책 입안자로서, 여러분은 학습에 대한 모든 과학적 사실을 알고 있지만 그렇다고 해서 이번 돌아오는 월요일 아침 수업시간에 무엇을 해야 하는지 알려 주는 것은 아니다. 왜냐하면 과정에 대한 그와 같은 결정은 항상 가치 판단을 포함하기 때문이다. 예를 들어, 다중지능이 존재한다는 주장을 여러분이 수용한다고 해 보자. 그럼에도 여러분은 개개인이 가능한 한 비슷하도록 만들기 원한다고 결정하고, 지성의 다중성을 축소하거나 무시할 수도 있다. 다중지능은 이때 방해물처럼 보인다. 많은 이들이 그와 같은 '획일적인' 입장을 취한다. 다중지능에 대한 연구 결과를 존중하기 위해 모든 주제를 일곱 내지 여덟 가지 방식으로 가르치기로 결정할 수도 있다. 주어진 지능에 강점을 보이는 모든 아이를 한곳에 모으기로 결정할 수도 있고, 혹은 여러분이 이 문제에 대해 비관주의자라면, 해당 지능이 약한 아이들을 한 곳에 모으기로 결정할 수도 있다. 각 아동에 대해 배우고 가능한 한 교육을 개인에 맞게 고치기로 결정할 수도 있다. 내가 개인적으로 선호하는 마지막 옵션은 컴퓨터 시대인 요즘 실현 가능하다. 즉, 최신 하드웨어와 소프트웨어를 구할 수 있을 정도로 부유한 가정의 아이들뿐만 아니라 모든 아이에게 개인 맞춤형 교육을 제공하는 것이 가능할 것이다. 주의할 점은 이와 같은 모든 결정은 가치 판단을 수반한다는 사실이다. 다중지능이 존재한다는 사실을 확립했다고 해서 단순히 결정할 수 있는 것은 아무것도 없다.

걱정은 접어 두고, 미래의 교육에 대한 나의 바람과 가치체계에 대해 밝히고자 한다. 나는 가장 좋은 교육은 과거에 구축되어 온 것에 기반을 두어야 한다고 생각한다. 동시에 가장 좋은 교육은 가장 최신의 연구 결과와 미래 세대의 필요를 고려해야 한다. 나는 이것이 옳다고 확신해서 이런 관점을 제시하는 것이 아니라 이 문제에 대한 논의와 토론을 격려하기 위해서 제시하는 것이다.

양쪽 방향 모두를 살펴보다

과거에 의존하다

우선 과거의 유산을 먼저 살펴보자. 나는 아이들을 위한 교육의 중요한 인지적 목적은 학생들이 그들을 둘러싸고 있는 세계—물리적 세계, 생물학적 세계, 사회적 세계, 개인적 경험의 세계—를 이해할 수 있도록 돕는 것이라고 생각한다. 이 작업은 세 가지 기본적인 읽고 쓰는 능력(읽기, 쓰기, 계산)—
요즘은 컴퓨터 다루는 능력을 더할 수도 있을 것이다—을 처음 교육할 때, 그
리고 주요 학문 분야를 소개할 때 이루어지는 것이 가장 좋다. 주요 학문 분
야는 다음을 포함한다. 물리적, 사회적 및 생물학적 세계의 진실을 탐구하고,
수학의 강력한 도구를 사용하는 과학, 자연과 인간이 만든 세계의 아름다움
에 대해 알려 주며 우리가 소중하게 여기는 대상을 만드는 도구를 제공하는
예술과 자연에 대한 연구, 인간의 과거에 대해 이야기하고 인간의 선하고 악
한 선택과 그 선택의 결과들을 기록하며 딜레마에 봉착했을 때 우리는 무엇
을 해야 할지 결정하도록 도와주는 역사와 문학이 그것이다. 요약하자면, 학
문들은 무엇이 진실이고, 아름답고 선한지 배우고 이해하고, 거짓과 혐오스
러운 것은 버리고, 악행은 피하겠다는 인간의 가장 단호한 노력을 보여 준다.

　지금까지 나의 대학 이전의 교육에 대한 처방은 전통적이고 보수적이다.
그리고 이에 대해 사과한다. 그러나 '교육적 보수주의자'로서 주장한 바는 오
래 지속되지 않았다. 나는 학생들이 제한된 수의 주제를 깊이 있게 탐구할
때 학문적 이해를 가장 잘 발전시킬 수 있다고 믿는다. 즉, 만약 '범위'[플라톤
(Plato)으로부터 NATO까지 36주 만에 다룬다는 식의]에 대한 헛된 꿈을 버리고
제한된 수의 진짜 중요한 이슈들—예를 들어, 생물학의 진화이론 혹은 역사
의 정치적 혁명의 의미, 또는 한 가지 예술 혹은 기예의 숙달—에 대한 깊이
있는 지식을 가르친다면, 학문적 이해를 가장 잘 발전시킬 수 있을 것이다.
또한 방대한 양의 정보를 외우는 것도 가치 있다고 보지 않는다. 우리가 필
요한 모든 정보는 단 한 장의 CD 혹은 한 손에 들고 다닐 수 있는 팜 파일럿
(Palm Pilot)에 넣을 수 있기 때문에 그런 방식으로 쉽게 '담을 수' 없는 중요한
정보, 중요한 이해, 중요한 지혜에 집중할 수 있다. 여러분은 모든 유럽 군주
혹은 총리의 목록을 손가락 끝에 보유할 수 있다. 그러나 마우스를 한 번 클
릭함으로써 갑자기 과학적으로 혹은 역사적으로 생각할 수는 없다. 이러한
영역에서 신중한 결정을 내릴 수 없는 것은 물론이다. 나는 문화적으로 읽고

쓰는 능력에 반하는 주장을 하는 것이 아니다. 나는 주요 학문의 지적인 도구를 숙달하는 것을 지지하는 입장이다.

지적으로 생각하는 능력은 많은 지식을 알고 있는 것과 크게 다르다. 그와 같은 지적인 사고, 그와 같은 이해는 한 가지에 대해 3차원적으로 친밀해진 후에 수많은 서로 다른 방식으로 탐구할 수 있게 된 후에야 성취할 수 있다. 그리고 마지막으로 여기서 다중지능이 기여한다. 만약 우리가 한 가지 주제에 대해 시간을 들이고 날카롭게 탐구할 의사가 있다면, 우리는 단 한 가지 방식으로 그 주제에 접근할 필요가 없다. (거의 항상 단일한 방식은 글 또는 강의를 통한 방식이다.) 대신 다중지능을 이용해서 수많은 다른 방식으로 학습할 수 있다. 결과적으로 해당 개념 혹은 주제는 우리의 신경 체계에 각인되어 유지될 가능성이 훨씬 더 높아진다. 그리고 유연하고 혁신적인 방식으로 사용할 수 있게 된다. 만약 영국 역사에 대한 자료를 기억하라는 요청을 받는다면, 여러분은 장기간의 연대기를 외우지는 못하고 오히려 상세히 배우거나 다양한 맥락에서 반복해서 마주쳤던 몇 가지 사건—헤이스팅스 전투, 17세기 보호국, 혹은 제2차 세계 대전의 브리튼 전투—을 기억할 것이다.

한 가지 예를 들어 보자. 여러분은 진화 이론을 단순히 정의를 외워 이해할 수 없다. 정의(진화란…), 이야기(다윈의 비글호 항해 이야기나 쥐나 사람과 같은 특정한 현대 종의 이야기), 그리고 정적인 회화적 설명(인류의 각기 다른 혈통의 수형도), 컴퓨터상의 역동적인 그래픽 오락(종이 진화하고, 다른 형태로 변형되고, 호모 사피엔스처럼 때때로 번영하며, 때로는 네안데르탈인처럼 줄어드는 모습을 볼 수 있다)에 노출됨으로써 진화 이론을 숙달할 수 있다. 진화에 대한 '입구'로서, 예술작품과 숫자 퍼즐과 설명을 언급할 수도 있고, 가장 심오한 존재론적 질문을 제기할 수도 있다. 우리는 어디서 왔나, 우리는 왜 여기에 있나, 우리와 미래에 우리 종에게 무슨 일이 벌어질까? 이러한 각각의 '입구'는 서로 다른 지능을 자극하여 진화 과정에 대한 좀 더 풍성한 이해를 할 수 있게 해 준다. 종합해 보면, 한 가지 주제를 진정으로 이해한다는 것이 무엇을 의미할지에 대한 하나의 모델이 될 것이다.

따라서 내 조언은 간단히 말할 수 있다. 첫째, 읽고 쓰는 능력을 갖추라. 그 후에 주요 학문 분야의 핵심 주제를 깊이 있게 학습하라. 그 주제를 다양한 방식으로 접근하라. 그리고 아이들에게 숙달할 수 있는 기회를 많이 부여하고 본인의 이해한 바를 표현할 수 있는 많은 수단을 제공하라. 아이들이 진화에 대한 지식을 이용해서 새로 발견된 공룡 뼈를 평가하거나, 적어도 내 컴퓨터에서는 매주 한 번꼴로 생겨나는 것처럼 보이는 컴퓨터 바이러스의 확산에 대해 평가해 보도록 한다. 다양한 과제는 대학교 과정에서 진행되도록 한다. 학문에 대한 전문화, 즉 다중적 혹은 상호-학문적으로 보이는 작업과 이를테면 식물학 전문가나 중세 역사 분야의 전문가가 되고자 원한다는 것을 알았을 때, 그리고 정보 목록이 저장되어 있는 팜 파일럿을 잃어버렸거나 못 찾고 있는데 간밤에 '동기화'하는 것을 잊었을 때 유용할 만한 사실을 숙달하는 등의 과제는 대학생이 되었을 때 해도 된다.

미래를 응시하다

마지막으로 교육이 미래에 어떻게 달라질 것인가에 대한 질문을 살펴보자. 강력한 기술이 널리 보급되는 것은 큰 이점이 될 것이다. 학생들은 스스로 많은 정보를 종종 생생한 형태로 얻을 수 있을 것이다. 학생들은, 예를 들어 하이퍼텍스트 링크를 통해서 월드와이드웹을 서핑하거나 가상현실을 탐구하는 등 다양한 형태의 자료를 만날 수 있을 것이다. '고지식하고 준비된 강의'를 생생하게 전달하라는 요구는 줄어들 것이다. 왜냐하면 그런 강의는 녹음할 수 있고 원한다면 인터넷에서 낮이든 밤이든 관계없이 언제든지 볼 수 있기 때문이다. 사실, 지금 나는 내 웹사이트에 강의를 올리고 있다. 그리고 내가 함께 가르치고 있는 '인지 발달, 교육 및 뇌' 강의는 모든 코스를 올려놓았기 때문에 우리 대학교의 인트라넷에서 학생들이 수강할 수 있다.

　　미래에는 학생과 부모가 교사들과 대면하든지 혹은 인터넷을 통하든지 상호작용할 수 있을 것으로 기대된다. 상호작용하는 대상은 전혀 만나 본 적이 없는 강사와 전문가도 포함된다. (교사들은 지금보다 잠을 줄여야 할 것이다!) 홈스쿨링이 많아지고, 특정한 활동만 하나의 건물 안에서 이루어지고, 더 많은 활동을 집에서, 그리고 부모와 함께하며, 즉석에서 만들어지거나 계획된 집단과 더 많은 활동을 하는 혼합된 형태의 학교교육도 많아질 것이다. 직장에서 유연성이 지배적인 경향이 되기 시작한 것처럼 학교에서 유연성이 지배적인 경향이 될 것이다.

　　나는 이런 전망에 대해 신이 난다. 어린아이들을 가르치는 일은 해가 갈수록 점점 더 어려워질 것이다. 학생들이 기술을 통해 화려한 설명을 접할 수 있게 될 뿐만 아니라, 내가 처음에 언급한 바와 마찬가지로, 세계 자체도 기술적인 면에서 어지러울 정도로 빠른 속도로 계속 변화할 것이다. 우리는 역사상 처음으로 인간이 핵무기로 세계를 파괴할 수 있는 시기에 살고 있다. 우리는 역사상 처음으로 유전자 기술 혹은 나노 기술을 통해 새로운 독성 물질이나 새로운 형태의 바이오테러를 일으켜 지구를 파괴할 수도 있는 곳에서 살고 있다.

　　또한 우리는 역사상 처음으로 기계가 다양한 면에서 최소한 우리만큼 똑똑한—경제, 임금 외교를 계획하고, 정치를 수정하며, 레저 생활과 애정 관계, 죽음과 부활의 장소와 태도, 즉 우리가 기억될지, 그리고 어떻게 기억될지에 대해 계획할 수 있는—시대에 살고 있다. 기관이나 인간 자체를 복제하는 실험이 이루어지고 인간과 로봇을 결합하려는 시도가 이루어질 것이다. 예를 들어, 뇌에 실리콘 칩을 이식하는 것처럼 말이다. 어떤 사람들은 이런 방식으로 광대하고 건조한 데이터베이스에 자신의 축축한 뇌를 다운로드함으로써 불멸을 얻기 원할 것이다. 이렇게 무한히 지속되는 삶이 꿈에 가까운지 혹은 악몽에 가까운지는 여러분의 판단에 맡기겠다!

　　지금 나는 예전에 공상과학 소설의 주제였던 이러한 이슈들이 학교의 커리큘럼을 지배해야 한다고 말하는 것이 아니다. 나는 좀 더 근본적인 무언가를 이야기하고 있다. 나는 이러한 것이 이미 매일의 커리큘럼을 구성하기 시작했다는 점을 지적하고 있다. 학생들은 복제된 기관 및 유기체나 해마 속에 이식한 실리콘에 대해서 학교에서 배울 필요가 없을 것이다. 왜냐하면 텔레비전이나 인터넷에서 볼 수 있거나 저녁 식사 중에 혹은 길가에 있는 사이버 카페에서 그런 주제에 대해 논의하는 것을 듣게 될 것이기 때문이다.

교육학자들의 과제는 이중이 되고 이중으로 어려워질 것이다. 한편으로는 전통적인 학문과 내가 설명한 사고방식을 포함하면서, 또 다른 한편으로는 학생들이 이와 같이 더 이상 공상과학 소설 속에서만 일어나는 일이 아닌 화려한 발전 상황을 어떻게 다루어야 할지 결정하는 과정에 대처하고, 아마도 적극적인 역할을 담당하도록 도와야 한다.

대학 이전 단계의 교육의 미래에 대한 내 생각을 몇 가지 더 나누고자 한다.

1. 공공 vs. 민간 교육　　전 세계적으로 각 사회는 교육의 세계와 시장 간의 관계를 재고하고 있다. 미국에는 수많은 민간 교육 계획이 존재한다. 일부 사람들은 본인의 학교교육에 대한 대가를 지불할 휴대용 쿠폰에 의해 모든 교육에 대해 선택하고 싶어 하고, 이를 옹호하는 사람들은 우리가 알고 있는 공공 교육이 심지어 사라지기를 기대하기도 한다.

교육을 시장이 제어하는 것은 심각한 실수가 될 것이라 생각한다. 공공 교육은 비즈니스로부터 배울 것이 많고, 기업들이 제공할 수 있는 다양한 재정 및 조언적 지원에 대해서도 인정한다. 그러나 비즈니스의 목표(수익 창출)는 독립적인 분석과 결정을 할 수 있는 지식을 갖춘 시민을 기른다는 교육의 목표와 근본적으로 조화를 이루지 못한다. 교육은 또한 전문성의 영역이며 점점 더 그렇게 되고 있다. 사업가들이 의학적인 결정을 하도록 맡겨서는 안 되는 것과 마찬가지로, 사업가들이 교육적인 결정을 내리도록 해서는 안 된다.

2. 다문화 이슈   한 국가가 주로 단일 문화로 구성되어 있을 때, 문화 교육의 문제는 상대적으로 간단하다. 시민은 역사, 통치, 예술 형태 및 본인의 특정한 문화의 가치를 이해할 수 있어야 한다. 그러나 오늘날 두 가지 새로운 이슈가 발생한다. 첫째, 미국과 여러 유럽 사회와 같은 많은 국가들이 더 이상 지배적인 하나의 문화는 없고 아주 아름답게 다문화적이다. 이와 더불어 우리는 모두 글로벌 사회의 일원이며 다양한 배경 출신의 개인들을 상대할 준비를 갖출 필요가 있다.

자신의 배경이 되는 문화에 대해서 배우는 것은 중요하다. 그러나 내 생각에 다문화 사회에서는 이런 과제를 학교 시스템 내에서 소화하는 것이 거의 불가능하다. 50개 내지 70개 언어로 이야기하는 사람들이 다니는 로스앤젤레스의 고등학교에서, 이런 문화들의 일부분일지라도 진정으로 소개한다는 것이 가능할까? 문화적인 교육은 방과 후나 주말에 이루어지도록 맡기는 것이 훨씬 낫다.

문화 교육이 선택이라면, 글로벌 사회에 대한 소개는 필수가 되어 가고 있다. 학생들이 세계의 경향과 현실을, 그리고 다양한 배경과 종종 충돌하는 가치 체계를 지닌 사람들을 어떻게 대해야 하는지 어느 정도 이해하지 못한다면, 미래의 생존을 위한 준비를 갖추지 못하게 될 것이다. 이와 같은 영역에서 우리는 미국에서 어떤 면에서는 수 세기 동안 '세계적으로 알려져 있는' 서유럽과 남아시아 사회로부터 많은 것을 배울 수 있다.

3. 학문 vs. 실질적인 훈련   과거에 대부분의 사회는 상당히 일찍부터 가장 성공적인 학생들이 학문적 '김나지움'이나 '(프랑스의) 국립 고등학교 스타일'의 커리큘럼을 듣고 상급 교육을 받을 기회를 가지는, '추적 메커니즘'을 시작했다. 이들 외에 나머지 학생들은 학교를 벗어나거나 농장 또는 공장에서 일하거나 직업 훈련을 받기 시작한다.

오늘날 그와 같은 추적 시스템을 지지하는 것은 의문스러운 것으로 여겨진다. 결국 대부분의 직업은 자동화될 위기에 처해 있다. 그리고 우리는 현재 개개인이 상징 혹은 기호법 체계에 반드시 익숙해져야 하는 '학습' 혹은 '지식 사회'에 살고 있다. 그렇지 않다면 기술적으로 정교한 환경에서 가능한 기회로부터 충분히 이득을 볼 기회가 거의 없을 것이다.

그러나 모든 학생이 15~16세 이후에 학교 공부를 지속하고 싶어 하는 것은 아니라는 점도 명백하다. 삶의 그 단계에서 깨어 있는 시간의 절반을 지내기에 학교가 최적의 장소일 필요도 없다. 많은 경우에 무역을 익히고, 공동체 서비스에 종사하고, 예술 극단에 참여하거나 개발도상국에서 일하는 것이 학생들과 사회에게 훨씬 더 좋을 것이다.

내 생각은 모든 젊은 사람에게 스무 살이 되기 전까지 고등 교육을 받으라고 강요할 필요는 없고, 일생 동안에 걸쳐서 교육을 받을 선택권을 연장해 주어야 한다는 것이다. 모든 선진국의 학생들이 무상으로 초 · 중등 교육을 받을 기회를 부여받는 것과 마찬가지로, 우리는 이런 특권을 제3의 수준까지 점차 확대해야 한다. 보편적으로 접근 가능한 대학교 교육이 목표가 되어야 한다. 그러나 그런 선택지를 언제 그리고 실제로 선택할지의 여부는 학생이 결정해야 한다. 학습의 기회가 폭발적으로 증가하고(예: 원거리 교육, 실무 학습, 관심을 불러일으키는 학습 등), 교육을 제공하는 기관이 급증하면서(예: 영리 기관, 기업형 기관, 군사 기관 등), 유치원에서 대학원에 이르기까지 모든 사람이 단 한 가지로 정해진 과정을 따를 이유는 전혀 없다.

마지막으로 우리는 학문적 학습과 실용적 학습 간의 구분을 지나치게 예리하게 존중해 왔는지도 모른다. 많은 학문적 학습은 '실생활' 요소 혹은 생생한 멀티미디어 측면을 가지고 있다면 더 생동감 있게 향상될 수 있다. 프로젝트 기반의 커리큘럼과 주제 관련 커리큘럼과 관련된 최근 실험은 학습자의 다중지능을 활성화하는 교육의 힘을 보여 준다. 그리고 마찬가지로 현장 훈련과 현재 연마하고 있는 특정 과제 너머까지 연장되는 일반 개념 및 원칙에 대한 노출을 융합하는 것이 좋다. '다중지능 접근법' 교육에 대한 한 가지 장점은 언어-논리 지능을 갖춘 인물을 단지 골라내기 위해 설계된 장애물들로 단순히 구성된 것이 아니라는 점이다. 이 문장을 읽는 독자에게 이 의미가 잘 설명되었는지는 모르겠지만 말이다!

4. **학문 및 학제 간 연구**　　일전에 나는 대학 이전 단계의 교육은 주요 학문 분야에 집중해야 한다는 입장을 취했다. 나는 그 입장을 유지하고 있다. 동시에 우리 모두는 세계의 너무도 많은 최첨단 연구가 문제에 집중하고 있지, 학문에는 집중하지 않고 있다는 사실을 알게 되었다. 그리고 상당 후의 최고의 연구는 수많은 학문을 결합하고 있다. 유전학과 정보 과학 간의 교차일 수도 있고, 인지 과학과 신경 과학, 경제학과 행동 과학, 또는 예술과 컴퓨터 간의 교차일 수도 있다. 대학원 교육은 점차 더 많은 학제 간 연관성을 구하는 입장을 취할 필요가 있는데, 대학 이전 단계의 교육에는 어떤 시사점이 있을까?

　미국에서는 많은 중·고등학교가 학제 간 수업을 진행하고 있다고 주장한다. 그러나 더 자세히 들여다보면, 이런 프로그램들은 수많은 앵글로부터 한 주제를 다루고 있을 뿐, 복잡한 주제나 문제를 실명하려는 노력하에 한 가지 이상의 학문을 진정으로 혼합하고 있지는 않다. 사실 어떤 사람이 한 가지 이상의 학문을 숙달하지 않았다면, 학제 간 연구에 대해서 제대로 이야기할 수 없다. 이는 어떤 사람이 한 가지 언어를 숙달하기도 전에 두 가지 언어를 구사할 수 있다고 칭하는 것과 비슷하다.

　그렇다면 제3의 교육 전의 학제 간 연구를 위한 노력은 어떠한가? 나는 최소한 세 가지 방식으로 학제 간 교육에 대한 기반을 마련할 수 있다고 생각한다.

a. **어린아이들에게** 폭넓은 독서를 권장한다(혹은 광범위한 웹 서핑이라도 권한다). 이것은 문화적으로 읽고 쓸 수 있는 능력을 갖추기 위한 최선

의 방법이다. 아이들이 많은 앵글에서 접근한 많은 주제에 대해 비공식적으로 생각을 갖게 될 때, 나중에 활용할 수 있는 지식의 원천을 축적하게 된다.

b. **중등학교 시절에** 수많은 서로 다른 학문적 관점에서 고려해 볼 필요가 있는 복잡한 문제들을 다루도록 한다. 예를 들어, 학생들에게 지구에서 원유가 고갈되거나 컴퓨터가 외계 생명체에 '해킹' 당한다면 어떤 일이 벌어질지 생각해 보도록 요청해 본다. 학생들이 한 가지 학문에 완전히 통달하지 않은 때일지라도, 해결책을 도출하기 위해 한 가지 이상의 관점—그리고 한 가지 이성의 지능—을 이용해야 한다는 점을 깨닫는 것은 교육적으로 도움이 된다.

c. **중등학교에서** 상당한 시간을 들여 학문 간의 복합을 위한 결연한 노력을 기울인다. 대부분의 학생은 중등학교를 일련의 무관한 주제들처럼 여긴다. 한 수업이나 시험에서 다음 수업이나 시험으로 스케줄에 따라 이동하기 때문이다. 이와 같은 학문 사이의 구분은 필수적이지 않다. 특히 교사들이 협력한다면, 일부 동일한 주제(예: 빛, 르네상스, 패턴 등)를 한 가지 이상의 학문적 관점으로 접근하는 것도 가능하다. 이때, 이러한 관점들을 연결하려는 노력을 특별한 몇 주 혹은 몇 개의 수업을 통해 배운다면, 학생들은 진정한 학제간 연구란 무엇인가에 대한 감을 얻을 수 있다. 국제 학력 평가 시험(IB) 프로그램의 '지식의 이론' 과정은 중등학교 단계에서 지식을 합성할 수 있는 기회의 좋은 예이다.

다양한 주제에 대해 의견을 제공할 때 나는 무관심한 전문가로서 이야기하고 있지 않다는 점을 강조하고 싶다. 사실, 본인의 가치체계를 적용하지 않는다면 그와 같은 이슈들에 대해 생각하기 시작할 수도 없다. 이 대답들은 연구 결과로 설명할 수 있다. 그러나 모든 답이 오로지 과학 혹은 사회과학적 연구 결과에 의해 좌우될 수는 없다.

두 가지 중요한 가치

가치를 다룰 때, 나는 책임의 인수와 인간성에 대한 존중이라는 두 가지 가치의 지속적인 중요성을 강조하고 싶다. 우리는 학생들에게 일하라고 권한다. 그러나 그 일은 두 가지 측면에서 좋은 것이어야 한다. 질적으로 모범적이지만 또한 책임감이 있어야 한다. 더 자세히 말하자면, 우리가 성인으로서 하는 일은 다섯 가지 각각 다른 측면에서 책임을 고려해야 한다. 본인의 개인적인 가치, 직업/소명, 우리가 속한 기관, 그리고 더 넓은 세계(알지 못하는 사람들, 미래에 살아갈 사람들), 지구의 건강과 생존의 측면이다. (어떤 이들은 신에 대한 책임을 추가할 수도 있다.) 이와 같은 책임에 대한 관심은 어떤 노동자에게라도 중요하다. 그가 의사이든, 물리학자이든, 물리치료사이든 어부이든 직업은 관계없다.

이와 같은 책임감 있는 교육은 생애 초기에 완성될 수 없지만, 초기에 반드시 시작되어야 한다. 성인이 되어서 시작하는 것은 너무 늦다. 따라서 부모와 교사는 자신의 삶 속에서 반드시 책임감을 구현하고 모든 젊은 사람에게 유사한 책임감을 배양해 주어야 한다. 이는 요즘과 같이 불확실하고 격변하는 시대에 특히 어려운 일이다. 요즘은 모든 것이 빠르게 변하고, 시장의 세력이 매우 강력하며, 그에 상응하는 대항 세력도 없고, 시공간 감각이 월드와이드웹과 같은 기술로 대체되고 있다.

미국을 포함해서 곳곳에 있는 많은 사람은 수많은 젊은 사람이 경험하고 있는 소외감—학교 세계로부터의 소외, 그리고 일부 슬픈 경우에는 세계 전체로부터의 소외—에 대해 우려한다. 나는 이와 같은 국가적인, 아마 전 세계적인 현상을 논할 만한 전문성을 가지고 있지 않다. 그러나 우리가 학생들이 일상생활에서 의미를 찾을 수 있도록, 다른 사람들과 공동체—과거, 현재, 미래의—그리고 자신의 행동이 초래한 결과에 대해 책임감을 가질 수 있도록 도와야 한다는 점은 알고 있다. 우리는 학생들이 몰입의 상태—기술과 도전 간의 균형—를 성취하도록 반드시 도와야 한다. 몰입의 상태는 개인이 되풀이해서 추구하는 바로 돌아올 수 있도록 동기 부여한다. 플라톤은 이 점을 2,500년 전에 이해하고 다음과 같이 말했다. "교육을 통해서 우리는 학생들이 본인이 배워야 하는 것에서 즐거움을 찾을 수 있도록 도와야 할 필요가 있다."

두 번째 가치는 인간에 대해 특별한 것이 무엇인지 평가하는 것이다. 인류는 수많은 끔찍한 일을 저질렀지만, 셀 수 없이 많은 사람이 훌륭한 일들—예술작품, 음악, 과학과 기술의 발견, 용기와 희생을 보여 준 영웅적인 행동 등—을 한 것도 사실이다. 네덜란드의 레이크스 미술관이나 이집트 피라미드, 혹은 인도의 타지마할, 중국의 만리장성 주변을 걸어 보기만 해도 수 세기 동안 인류가 무엇을 성취해 왔는지 알 수 있다. 어린아이들은 이와 같은 성취에 대해 배우고, 존경하며, 그것들(그리고 성취하기 위해서 어떤 것이 필요했을지)에 대해서 생각해 볼 시간을 갖고, 동일한 전통 아래 새로운 성취를 언젠가 이루어 내기를 염원해야 한다—혹은 새로운 전통을 확립할 수도 있다. 인간의 영웅적 행위에 대해 배우는 것은 긍정적인 가치를 구현하는 아이들을 어떻게 기를 수 있을지에 대한 또 다른 실마리가 될 수 있다. 우리는 우리가 가진 가치에 대해 이야기하는 것을 두려워해서는 안 된다. 그러나 물론 그 가치를 구현하고, 일상생활에서 가치를 실현하는 것이 훨씬 더 중요하다. 학문은 가장 놀라운 인간의 업적에 속한다. 그리고 우리는 업적을 쌓는 것보다 파괴하는 것이 훨씬 더 쉽다는 점을 기억해야 한다. 전체주의 사회들은 처음에 서적을 불태웠다. 그리고 학자들에게 굴욕감을 주었다. 그리고 나서 굴복하지 않는 사람들은 죽였다. 지난 세기의 사건들이 우리에게 일깨워 주는 바와 같이 암흑 시대는 언제든지 찾아올 수 있다.

우리는 가장 아름다운 인간의 발명 중 하나가 교육의 발명이라는 점을 기억해야 한다. 어떤 종도 우리처럼 아이들을 교육하지 않는다. 지금과 같은 엄청난 변화의 시기에, 우리는 교육의 고대 가치를 기억하고 보존해야 한다. 단순히 사실, 데이터, 정보뿐만 아니라 지식, 이해, 판단, 지혜를 포함해서 말이다. 우리는 자연적 진화를 기대할 수 없고, 의식이 있는 우리도 완전히 상상할 수 없는 세계에 대해 아이들이 대비할 수 있도록 반드시 고대의 교육 기술 및 기예를 활용해야 한다. 과거에는 글을 읽고 쓰는 능력에 기초하고 있으며, 주요한 학문을 탐구하고, 학생들에게 자국 문화를 가르치는 교육만으로도 충분히 만족할 수 있었다. 이와 같은 세 가지 측면은 반드시 유지해야 한다. 그러나 학제간 연구에 대한 대비 및 글로벌 문명 내 인생에 대한 대비라는 두 가지 측면을 덧붙여야 한다. 그리고 과학과 기술이 점차 우리 삶과 정신에 점차 더 많은 헤게모니를 차지하게 됨에 따라 책임과 인간성의 중요한 가치를 반드시 살려야 한다.

위대한 프랑스 희극작가인 장 뱁티스트 몰리에르(Jean-Baptiste Moliere)는 한때 다음과 같이 선언했다. "우리는 우리가 한 일에 대해서 책임이 있을 뿐만 아니라 우리가 하지 않은 일에 대해서도 책임이 있다." 우리는 우리가 마치 어두운 유리를 통해 겨우 엿볼 수 있을 정도인 미래를 위해 아이들과 청년들을 대비시킬 책임을 회피하지 말아야 한다. 이는 오늘날 교육이 전례 없이 마주하게 된 도전이다. 최고의 물리, 자연 및 사회 과학을 가장 중요한 인간의 가치와 결합하자. 그 일은 세계적인 규모로 하도록 하자. 그런 후에야, 오직 그런 후에야 우리는 인간 조건의 최선의 측면들을 반영하는 교육제도를 가질 수 있을 것이다.

제23장
전문가들의 윤리적 책임

Hetland, L., & Veenema, S. (Eds.),
The Project Zero classroom: Views on understanding, 169-176.
Cambridge, MA: Harvard Project Zero, 1999.

　19세기 중반에 모든 위대한 발명품이 만들어졌다는 이유로 미국 특허청을 닫자는 제안이 진지하게 제기되었다. 그 후에 전신, 전화기, 라디오, 텔레비전, 비행기, 컴퓨터들이 출현했다는 사실을 고려하면, 특허청을 닫자는 제안이 얼마나 순진한 것인지에 대해 웃음을 참을 수 없다. 몇 년 전에 존 호건(John Horgan)이라는 미국 저널리스트가 『과학의 끝(The End of Science)』(1996)이라는 책을 썼다. 이 책에서 그는 물질과 생명의 속성에 대한 중요한 질문들에 대한 답변이 이루어졌다고 추측하며, 자연의 섭리와 마음에 관한 대부분의 다른 질문들은 과학적 답변에 허용되지 않는다고 언급한다. 지금으로부터 10년 전, 1990년대에 과학이 끝났다는 의견은 잘못된 정보에서 비롯된 것으로 보인다.

　확실히 우리는 과학과 기술 안에서 어떤 특정한 발전이 이루어질지 예측할 수 없다. 19세기 말에 누가 상대성이론 또는 판구조론, 또는 양자역학을 예측할 수 있었겠는가? 물리학으로부터 생물학 세계로 전환해서 살펴본다면, 누가 분자생물학의 혁명, 유전자와 염색체 속성, 유전자 구조를 예측할 수 있었겠는가? 현재 과학자들은 유기체를 통째로 복제하고, 인간의 유전적 연속성을 변형시키며, 유전적 특징을 완전히 그들 손에 쥐게 될 것이라 예상할 수 없었던 것은 물론이다. 그리고 신경계와 인지과학에서 만들어지고 있는 진전을 살펴볼 때, 연구자들은 사고, 문제 해결, 관심, 기억 그리고 가장 찾기 힘든 의식의 속성에 대한 미스터리를 계속해서 풀어 갈 것이다. 이 연구의 결과는 평생에 걸쳐 가르치고 배움에 연관된 우리 모두에게 아주 중요한 것이 될 수도 있다.

이런 일이 신나는 일이라는 점을 부인하기 어렵다. 한때 시인들과 탁상공론을 하는 철학자들의 영역이었던 수많은 이슈와 질문은 이미 과학자들이 답했거나 최소한 그들의 손 안에 머물고 있다. 수수께끼들은 현재 문제가 되었고, 문제들은 해결책을 도출할 수 있다. 그리고 아직은 너무 낙천적인 관점으로 바라보기에는 위험하다. 과학은 똑똑하지만 맹목적으로 진보한다. 과학이 진보함에 따라 해결 가능한 문제들은 자연스럽게 공공의 선에 기여할 것이라거나 향후에 자비로운 힘이 될 것으로 증명되리라는 보장은 없다.

과학, 사실 더 일반적으로 말하자면 학문은 도덕적으로 중립적이다. 우리를 열광하게 하는 실존주의적 질문들에 신뢰할 만한 답변을 제공하려는 인간의 최선의 노력을 대변한다. 우리는 누구인가? 세상은 어떻게 만들어졌는가? 무슨 일이 일어날 것인가? 언제? (그날을 내 달력에 표시해 놔야 하는 건가?) 어떤 생명체가 이런 질문들을 던지겠는가?

그런데 이런 질문들이 답변되었을 때 무슨 일이 생길까? 때로는 그 답변들이 단순히 인간의 호기심을 만족시킨다. 이것은 중요하고 유효한 목표이다. 그러나 다른 경우에 구체적인 조치로 이어진다. 일부는 통찰력 있는 조치이고, 일부는 무서운 조치가 될 수도 있다. 겉보기에 순수한 아인슈타인의 방정식 $E=MC^2$은 사실 수많은 결과를 자극했다. 결과는 핵에너지로 도시들을 지배하고, 히로시마와 나가사키에 핵폭탄을 투하해 수천 명의 사상자를 내고, 체르노빌 원자력 발전소 사고로 방사능 낙진이 퍼진 사례를 포함한다. 항생 물질이 발견된 이후에, 끔찍한 질병을 퇴치할 수 있는 훌륭한 의약품의 생산뿐만 아니라 항생제의 효과에 저항력이 있는 것으로 증명된 새로운 독성 생명체의 출현도 목도하였다.

　다시 돌아와, 학문 그 자체는 어떤 방향으로 적용할지 적용하지 않을지 결정할 수 없다. 이런 결정은 자신에게 주어진 공식적·비공식적 능력 내에서 인류가 내리는 것이다. 여기서 아인슈타인(Einstein)은 좋은 예이다. 그가 물질 영역의 기본물성에 관한 아이디어들을 발전시켜 나갈 때, 그가 원자 이론이 어떻게 적용될지에 대해 생각해 보았는지는 의문이다. 그 당시에 정치적인 물리학자 레오 실라르드(Leo Szilard)는 이 나이 든 상대성 이론 제안자에게 1930년대 말에 접근했다. 이때 이미 핵에너지가 매우 강력한 무기로 이용될 수 있다는 점이 명백했다. 아인슈타인은 프랭클린 루즈벨트(Franklin Roosevelt) 대통령에게 보내는 서한에 사인하기로 동의했고, 그 조치는 결과적으로 맨해튼 프로젝트 시작과 첫 번째 원자력 무기의 건설로 이어졌다. 제2차 세계 대전이 끝나고 두 개의 핵폭탄을 일본에 투하하여 폭발함에 따라 아인슈타인은 평화와 궁극적인 군축을 위한 운동의 리더가 되었다.

　그런 선택과 딜레마가 오직 어려운 과학 분야에서만 있는 건 아니다. 20세기 전반에 걸쳐 심리학자들은 인간의 지능 능력 측면에서 개개인의 차이를 측정하기 위한 노력을 기울여 왔다. 대부분의 심리학자는 지능 테스트를 사용하는 것을 편안하게 느꼈다. 지능 테스트는 백여 년에 걸쳐서 개발된 것으로서 학교에서 성공할지 실패할지 예측하는 데 도움이 되었다. 연구원들이 직면한 쟁점 중에는 집단별로 지능의 차이가 있는지를 조사할지의 여부에 대한 문제가 있다. 예를 들어, 남자와 여자의 차이 혹은 인종 간의 지능의 차이를 조사하는 것이 해당된다.

　일부 학자들은 한 가지 또는 다른 이유로 이 쟁점을 회피해 왔다. 여기에 초점을 맞춰 왔다. 리처드 헌스타인(Richard Herrnstein)과 찰스 머레이 (Charles Murray)는 미국 백인과 미국 흑인의 지능 테스트 점수 간의 오래되고 널리 알려진 15점(표준편차) 차이의 쟁점에 대한 논의를 위해 그들의 도발적 책『종형 곡선(The Bell Curve)』(1994)의 상당 부분을 할애했다. 헌스타인과 머레이는 그 차이를 없애는 것은 어려울 것이며 그런 시도를 하는 것도 합리적이지 않다고 믿었다. 다른 사람들은 일반적인 의미에서 지능은 높일 수 있고 이와 같은 집단 간의 차이는 좁혀지거나 제거될 수 있다고 믿었다 (Neisser, 1998). 지능을 높이는 것이 어렵다고 생각하는 사람일지라도 여전히 선택지는 하나뿐이다. 지능을 높이기 위해 자원을 투입하지 않기로 선택하거나, 상당한 양의 자원을 직접 투입하기로 선택할 수도 있다. 이러한 결정 중 그 어떤 것도 과학적일 수 없다. 이 결정은 모두 가치 판단을 포함한다.

과거에 과학자들은 자신의 일은 영원한 인간의 지식과 이해를 더하는 것이며, 정책과 조치에 대해 결정을 내리는 것은 아니라고 주장했다. 그러나 그렇다면 어떤 요소가 소위 과학 진보의 산물이라 불리는 기술의 임의적인 사용, 오용 혹은 거짓 사용을 예방해 왔는가?

우리는 전통적으로 과학의 오용을 제약하는 역할을 수행해 온 세 가지 요소를 확인할 수 있다. 우선, 공동체의 가치, 특히 종교적인 가치가 있다. 예를 들어, 원칙적으로 과학자는 수형자들이 일정한 독성 물질에 노출되는 실험을 진행할 수도 있다. 그러나 종교는 모든 인간의 생명이 존엄하다고 조언한다. 두 번째 균형을 위한 힘은 법이다. 많은 국가에서 수형자는 비정상적인 형태의 대우 혹은 형벌로부터 보호를 받는다. 셋째, 전문가의 소명의식 혹은 윤리적 기준이다. 예를 들어, 어떤 과학자가 인간이나 동물의 복지를 희생하면서까지 지식을 추구해서는 안 된다는 입장을 취할 수도 있다. 사실 일부 과학자는 나치(Nazis)가 비윤리적인 실험의 결과로 얻은 연구 결과를 활용하는 것을 거부해 왔다. 또는 교도소장이 교도소 내 수형자들에 대한 비인간적인 처우를 활용한 연구를 진행하기를 거부하기도 한다. 심지어 사회적이거나 재정적인 압박을 겪을지라도 거부한다.

이와 같은 각각의 제약 요소는 여전히 작용하고 있긴 하지만, 요즘은 각 요소가 힘이 약해지고 있는 것으로 보인다. 빠른 변화의 시기에 가치는 취약하고 종교적 신념은 시대착오적으로 보일 수도 있다. 법은 폐지되지 않는 한 유지된다. 그러나 종종 사건들이 너무 빠르게 벌어져 법이 따라갈 수 없는 경우도 있다. 시장 모델이 사회 구석구석 모든 곳에서 우세한 시대에 개별 전문가가 자신의 소명의 기준을 유지하기란 종종 상당히 어렵다. 1980년대에 프랑스의 의사들은 HIV 바이러스에 오염되었다는 사실을 알고 있는 혈액의 판매를 공모했다. 이러한 소명의식은 혈액에 대한 재정적·사회적 수요를 물리칠 만큼 강력하지 못했던 것 같다.

시장의 압박은 교육학자에게도 또한 매우 친숙해지고 있다. 점점 더 교육은 경제적인 잣대에 의해 정당화된다. 강력한 정치인과 정책입안자들은 가족이 학교를 선택할 수 있도록 하는 수단으로서 바우처, 차터 및 기타 시장 메커니즘이 필요하다고 주장한다. 이런 기술은 원래 가치를 위해서라기보다 비즈니스 혹은 직업에 유용한 기술을 배우는 데 잠재적으로 도움이 된다는 점으로 정당화된다. 대학은 광고, 장학금, 스타 교수에 대한 높은 급여 등으로 서로 경쟁한다. 핵심이 아닌 다른 세력을 환기하는 목소리를 구분하는 것은 어려운 일이다. 요즘은 교육의 본질적인 가치를 강조하거나 비상업적인 공동의 가치의 필요성을 지적하는 교육학자가 드물다.

전문가들의 윤리적 책임

우리는 교착 상태에 도달한다. 한편으로는, 과학과 혁신은 새로운 한계를 정복하며, 빠른 속도로 나아간다. 또 다른 한편으로는, 부당한 실험이나 남용에 대한 전통적인 제약이 보잘것없어 보이기도 한다. 우리는 운에 맡겨야 할까? 아니면 과학과 교육―보다 광범위하게는 일의 측면에서―을 책임 있는 방식으로 추구할 수 있는 방법이 있을까?

전문가의 윤리적인 책임감으로 들어가 보자. 나는 전문가들과 그들이 살고 있는 사회 사이에 새로운 규약이 만들어져야 한다고 주장한다. 사회는 과학의 실행과 재정 지원에 의해 연구가 진행되고, 이를 바탕으로 과학적 전문가들은 연구를 통해 그것이 가능하게 만든다. 대신에, 내가 주장하는 바는, 과학자들은 추가로 하나의 의무를 더 받아들여야 한다. 그들은 과학적 적용 사례에 대해 책임이 없다는 주장을 버려야 하며, 과학의 산물이 현명하게, 어리석지 않게 적용될 수 있도록 선의의 노력을 기울여야 한다. 이것은 교육 분야를 포함한 모든 전문가에게 적용되는 것이다.

인지심리학자로서, 내 연구에서 하나의 예를 소개하겠다. 1980년대 초반에, 나는 다중지능이론이라 불리는 새로운 지능에 관한 이론을 개발했다(제6~9장 참조). 내가 이 다중지능이론이 주로 다른 심리학자들에게 흥미 있는 이론일 것이라고 생각한 한편, 얼마 지나지 않아 이 이론이 교육자들에게도 상당한 관심의 대상이라는 사실을 깨달았다. 교육자들은 다중지능이론의 모든 종류의 적용 사례들을 만들기 시작했다. 이런 관심은 흥미로웠고 나를 우쭐하게 만들었다. 그러나 다른 대부분의 과학자처럼 나는 이 적용 사례들 안에서 내가 개인적으로 개입되어 있다고 거의 생각하지 않았다. 정말로, 누군가 연관성을 느꼈는지 묻는다면 나는 다음과 같이 대답했을 것이다. "내가 이 아이디어들을 개발했고, 그것들이 옳은 것이기를 바란다. 그러나 다중지능이론이 어떻게 적용되는지에 대해서 나는 책임이 없다. 그냥 이것들은 세상에 발표되고, 그들이 그들 자신의 운명을 따라야만 하는 '비유전적 문화 요소(memes)'인 것이다."(Dawkins, 1976 참조)

약 10년 후 내 책 『마음의 틀(Frames of Mind)』이 출간되었을 때쯤, 나는 호주에 있는 동료로부터 메시지 하나를 받았다. 그는 실제로, "자네가 개발한

'다중지능' 아이디어가 호주에서도 사용되고 있어. 그런데 자네는 아마 그 아이디어들이 사용되는 방법이 맘에 들지 않을 걸세."라고 말했다. 나는 그에게 그 내용을 보내 달라고 부탁했고, 그가 보내 주었다. 그의 말이 100% 맞았다. 그 내용을 읽어 내려가면 갈수록 나는 그 내용이 더 마음에 들지 않았다. 소위 명백한 증거는 호주에 있는 모든 민족과 각기 다른 인종들이 적혀 있고, 그 구성원들이 약하다고 추정되는 집단의 지능과 강하다고 추정되는 집단의 지능이 명백하게 적혀 있었다.

이 고정관념은 내 개인적 신념의 완벽한 왜곡을 대변했다. 내가 더 크게 목소리 높여 말하지 않았다면, 누가 그랬겠는가? 누가 그러는 게 좋을까? 그래서 나는 호주 TV쇼에 출현해서 특정한 교육적 노력이 "사이비 과학"이라고 비판했다. 이 비평은 다른 사람들이 제기한 우려와 함께 해당 프로젝트의 종료로 이어졌다.

나는 나 자신을 미덕의 전형이라고 고집하지 않는다. 저 멀리 타국까지 가서 TV쇼에 출현한 것이 내 직업을 위태롭게 하기 위한 선택은 아니었다. 그리고 나는 생명과학이나 로켓과학—문자 그대로 생명을 살리고 파괴하는 일—을 연구하는 것이 아니었다. 그러나 내 생각을 기반으로 취한 행동은 중요한 것이었다. 적용 사례들을 다른 사람의 일이라고 보기보다, 나는 내 아이디어들이 가능한 한 건설적으로 사용되었는지를 확실하게 할 특별한 책임이 있음을 깨달았다. 그리고 진실로 그때부터 나는 내가 지지하는 다중지능 연구를 지원하고, 불법적이거나 정당화되기 어려운 연구는 비판하고 거리를 두는 데 에너지를 쏟았다(Gardner, 1995b).

전문가와 보다 큰 사회 사이에 새로운 계약을 형성하기 위해서 무엇을 할 수 있을까? 내 생각에 지금의 교착 상태는 각 당사자가 필요와 기대를 분명하게 하기 위한 노력을 훨씬 더 많이 기울여야 한다는 점을 드러낸다고 보인다. 전문가들은 자신의 전문성의 속성에 대해서, 그리고 자신의 영역에서 좋은 작업을 하기 위해 필요한 것은 무엇인지에 대해 대중을 교육할 의지를 지속적으로 가지고 있어야 한다. 전문가들은 자신의 전문성에 대한 어리석은 오해에 저항하고 지식을 검열받지 않기 위해 싸울 권리를 가지고 있다. 이와 동시에 전문가들은 비전문가로부터 자신의 일에 대한 의구심에 대해 기꺼이 그리고 신중하게 들어야 하며, 본인의 일이 오용될 가능성을 예상하고, 그와 같은 의구심, 사용 및 오용과 관련해서 자신의 입장은 무엇인지 기꺼이 강력하게 이야기해야 한다.

보통, 전문가나 일반 대중은 질문을 그치지 말아야 한다. 다른 사람에게 해를 끼치지 않는다는 전제하에, 개개인은 본인의 의문과 호기심이 어디로 이끌거나 따라갈 권리를 반드시 가져야 한다. 그러나 때로는 전문가들은 특정한 질문에 대해, 자신도 개인적으로 결과가 궁금함에도, 탐구하지 않고 싶어 할 수도 있다. 내 분야의 경우, 나는 지능의 인종 간의 차이에 대한 조사를 용납하지 않는다. 왜냐하면 이런 연구 결과는 자극적일 가능성이 있기 때문이다. 많은 생물학 과학자는 유전공학이나 인간의 복제 실험에 참여하기를 극도로 꺼린다. 그 결과에 대해 궁금하지 않기 때문이 아니라 그 연구가 암시하는 것 중 일부가 문제가 있기 때문이다. 이런 실험을 고려한다면 심각한 심리학 혹은 의학적 문제는 상상하기 어렵지 않다. 유전적 실험이 길을 잘못 들어서면 종의 생존도 위협할 수 있다는 것을 상상하는 것도 가능하다.

책임 있는 행동을 향한 발걸음

만약 사람들이 내 주장이 이점이 있다고 믿는다면─만약 사람들이 전문가들은 일반적으로 좀 더 윤리적인 고려를 해야 한다고 믿는다면─개개인은 그와 같은 신념에 대해서 어떻게 반응할까? 이것은 가까운 동료인 시카고 대학교의 미하이 칙센트미하이(Mihaly Csikszentmihalyi)와 스탠퍼드 대학교의 윌리엄 데이먼(William Damon), 그리고 우리 연구실의 몇몇 연구자와 함께 고심해 온 주제이다(Gardner, Csikszentmihalyi, & Damon, 2001; http://www. goodworkproject.org 참조). 우리는 선구적인 전문가들―자기 분야에서 최첨단으로 일하는 사람들―이 자신의 영역 내에서 다양한 유혹과 압박을 어떻게 다루는지 이해하고자 노력해 왔다. 우리는 언론, 비즈니스 및 예술 분야와 같이 빠르게 변화하는 영역의 과학자와 전문가들을 관찰하고 인터뷰해 왔다. 그들의 현재 일하는 상황이 그와 같이 전면에 있는 개인들에게 어떻게 비춰지는지 알아보고자 했다. 그리고 그 작업의 암시와 적용에 대한 책임감을 가지고 혁신적인 작업을 혼합하는 데 성공을 거두어 온 인물과 기관을 찾고자 했다.

우리 연구가 완전한 것과는 거리가 멀지만, 지금까지 알아낸 바에 대해 교육에 대한 특정한 관점을 가지고 이야기해 보겠다. 우선, 전문가들은 자신의 상황에 대해서 순진하지 않다. 그들은 본인에게 가해지는 거대한 압박과 21세기가 시작되던 무렵의 시장 모형의 헤게모니를 잘 알고 있다. 그들은 직업적으로나 사생활 면에서도 윤리적인 사람이 되고 싶어 한다. 그들은 언제나 옳은 일을 하고 선을 넘지 않는 것을 어렵게 하는 솔깃한 압박이 있다는 사실을 인정한다.

그러나 이와 같이 혁신적인 인물들이 윤리적인 감각을 유지하는 데 얼마나 성공적인지 분명한 차이점을 관찰할 수 있다. 놀랍지 않은 사실은, 초기 훈련과 가치가 중요하다는 것이다. 그리고 많은 경우에 종교적인 소속이 중요하다. 윤리적인 과학자의 연구실에서 일하고, 진정으로 뛰어난 기관에서 시간을 보내거나 본인의 가치를 구현하며 살고 있는 사람들과 동료들로 둘러싸이는 것은 모두 동일하게 중요한 형성적 요인들이다.

일단 사람들이 본인의 커리어를 본격적으로 시작하면, 창의적인 인물들은 두 가지 요소의 도움을 받는다. 첫째, 내부 원칙에 대한 강한 감각―무슨 일이 일어나도 건너지 않을 선―이다. 만약 어떤 과학자가 모든 데이터를 본인이 검토하지 않는다면 논문에 자신의 이름을 싣지 않겠다고 말한다면―믿는다면—사기성 데이터를 보고하는 데 본인이 이용될 가능성을 사실상 제거하는 것이다. 두 번째 요소는 직업이 오늘날과 같은 방식으로 받아들여져야 할 필요는 없다는 것을 인정하는 것이다. 인간으로서 사람은 해당 영역을 변화시키는 방향으로 일할 수 있다. 예를 들어, 보조금을 신청할 때 연구실의 수장이 사실은 이미 진행되었지만 아직 발표되지 않은 연구를 제안하는 일이 일상적인 실무가 되었다고 가정해 보자. 과학자는 그에 따라 이 연구를 진행하지 않기로 결정하고 해당 분야에 널리 퍼져 있지만 결함이 있는 절차를 바꾸기 위해 동료들과 함께 노력할 수도 있다. 사실, 선임 학자들이 향후 진행될 연구가 아닌 최근에 완료된 연구를 설명함으로써 지원을 받기 위해 신청하는 절차를 설치하는 것은 한 영역의 습관적인 관례의 중대한 변경을 의미할 것이다.

유사한 예를 창의적인 작업의 적용과 관련해서 찾아볼 수 있다. 예를 들어, 어떤 연구자는 자신의 모든 연구 결과를 공유하기로 결정하고, 어떤 것에 대해서도 특허를 거부하기로 결정할 수도 있다. 이 예는 개인적 이익에 대한 열망을 내적인 원칙이 이긴 것이다. 또는 연구자는 과학이 공공의 이익을 고려해야 한다고 주장할 수도 있다. 그렇게 하기 위한 한 가지 방법은 모든 연구실이 자발적으로 자문 위원회를 구성하여 주변 영역과 연구실 출신의 지식이 풍부한 인물들로 구성하는 것이다. 이 자문 그룹은 연구실의 연구 작업에 영향을 미치며, 적절한 때에 비평하고, 자애롭고 악의적으로 연구 결과를 사용할 수도 있다는 점에 대해 지적할 수 있을 것이다.

책임 있는 교육학자

곧바로 교육 문제를 직접 언급하자면, 학생들이 학문적 이해를 터득하도록 만들기 위해 자신의 에너지를 쏟기 원하는 교직 종사자에게 현재의 분석을 적용해 보고자 한다.

여러분이 10학년에게 미국 역사를 가르치는 교사라고 가정해 보자. 여러분은 본인의 소명을 진지하게 받아들인다. 여러분은 학생들에게 역사적인 사고의 깊이 있는 이해에 대해 알려 주기로 결정했다. 그리고 그렇게 하기 위한 최선의 방법은 상당히 깊이 있는 소수의 주제―예를 들어, 미국 독립 혁명, 시민 전쟁 및 20세기 초의 이민―에 대해 공부하는 것이라고 믿는다. 여러분의 학생들은 원본 문서를 다루고, 본질적인 문제에 대해 곰곰이 생각해 볼 것이다. 그리고 새롭게 습득할 역사적 이해를 바탕으로 최근 사건들 (예: 최근 캘리포니아로의 이민자, 예전의 유고슬라비아 내전)을 토론할 것으로 기대된다. 여러분은 그들이 어렵고 공경할 만하고 존경할 만한 역사 학문의 어려움과 힘을 이해하기를 원한다.

여러분이 살고 있는 지역사회 또는 나라에서 발전된 체제로 들어가 보자. 함께 참여하여 정치인들과 교육 정책을 만드는 사람들이 10학년을 위한 커리큘럼과 그에 맞는 시험을 개발해 왔다. 그 커리큘럼은 정확하고 자세한 정보로 가득 차 있지만 아이디어는 불안할 정도로 희박하다는 특징이 있다. 시험은 커리큘럼과 매치한다. 거기엔 생각할 수 있는 연구를 위한, 새로운 질문들을 양성해 내기 위한, 역사적인 관점을 최근의 현상에 적용할 만한, 역사적 기록의 취약성을 인정할 만한 여유 따위는 없다. 대신에 텔레비전 퀴즈 쇼에서처럼 자동적으로 대답하고, 정치인들, 군사 리더들, 조약들, 법 조항들과 논쟁들의 이름과 날짜를 기억하는 학생들이 뛰어난 성적을 거두게 된다.

강한 소명 의식을 가진 전문가로서 무엇을 해야 할까? 이 새로운 체계에 굴복해야 할까, 아니면 적극적으로 싸우고, 게릴라 작전 같은 것을 수행하고, 또는 지역 신문의 구인란(혹은 웹사이트)을 살펴보아야 할까?

환경과 개인적 성향은 모두 다르고, 이 수수께끼에 대해 모든 전문가에게 적용되는 해결책은 없다. 우리의 연구는 고려해 볼 만한 가치가 있는 이 이슈들에 관하여 생각하는 두 가지 방식을 찾았다.

첫 번째 접근은 여러분이 일하고 있는 영역 안에서 어떤 입장에 서기를 원하는지에 관해 생각해 볼 수도 있을 것이다. 이 경우에는 미국 역사를 가르치는 사례를 적용해 볼 수 있다. 여러분이 처음 직업을 선택했던 이유를 떠올려 보고, 여러분이 처음 배웠던 것처럼 해당 영역을 추구하기로 결정할 수도 있다. 그렇지 않으면, 그 순간의 압박을 인정하고, 다른 이들에 의해 정해진 해당 영역의 정의를 받아들일 수도 있다. 이 경우는 법과 규범을 만들거나 급여를 지급하는 사람들에게 적용된다. 세 번째 입장은 해당 영역을 바꾸려는 시도를 하는 것이다. 예를 들면, 10학년 커리큘럼의 대체 가능한 새로운 관점을 개발하고, 기준이나 평가를 완벽히 갖추기 위해 교사와 부모를 조직하는 경우가 해당된다. 다른 입장에서 새로운 환경에서 해당 영역을 재창조하고자 할 수도 있다. 예를 들면, 교과서 만드는 회사, 웹사이트, 케이블 텔레비전 프로그램, 새로운 종류의 테스트 또는 매우 다른 방법으로 여러분이 역사와 최근의 사건들을 가르치는 방과 후 프로그램을 위해 일하거나 그런 것을 만들어 내기로 결정함으로써 해당 영역을 재창조하는 것이다.

이 이슈에 대한 두 번째 접근 방법은 여러분의 책임에 대해 생각해 보는 것이다. 제22장에서 언급했듯이, 모든 개인은 본인이 지속적으로 협상해 가야만 하는 적어도 다섯 가지 책임이 있다. 첫 번째 책임은 자신이다. 여러분 자신의 목표, 가치 그리고 필요로서 이기적인 측면과 이타적인 측면 모두를 포함한다. 두 번째 책임은 여러분의 가족, 친구, 매일 보는 동료들과 같은 여러분에 관한 것들에 대한 것이다. 세 번째 책임은 여러분의 소명이다. 여러분의 직업을 규율하는 원칙들로, 이 경우에는 학생에게 학문을 가르치는 것이 무엇을 의미하는가가 해당된다. 네 번째 책임은 여러분이 속해 있는 기관이다. 여러분이 일원으로 있는 특정 학교, 또는 아마도 학교 시스템 또는 학교 네트워크를 말한다. 다섯 번째 책임은 보다 넓은 세상이다. 여러분이 알지 못하는 인물들에 대한 책임, 지구의 안전과 신성성에 대한 책임 및 미래에 세계를 상속받을 이들에 대한 책임을 의미한다. 이에 대해 미국 역사학자

헨리 애덤스(Henry Adams)는 강력하게 강조했다. "교사는 영원까지 영향을 미친다. 그는 자신의 영향이 어디까지 미칠지 절대로 말할 수 없다." 우리는 정말로 생각이 깊은 전문가라면 항상 이와 같이 서로 대립되는 책임들과 씨름하고, 가능하다면 각 책임을 합리적으로 잘 충족시키고자 노력할 것이라고 생각한다.

현자이건 과학자이건, 변호사이건 비전문가이건, 부모이건 교사이건 상관없이, 우리 모두는 이 강력하고 때로는 서로 경쟁적인 책임 가운데 우리의 길을 찾아야만 한다. 우리는 종교, 윤리, 친구들 그리고 동료들로부터 도움을 얻는다. 그러나 결국 우리는 스스로 균형을 잡아야만 한다. 개인적 책임을 누군가에게 위임할 수는 없다. 어린 친구들을 가르치는 특별한 특권을 가진 사람들은 교육과 이와 같은 서로 경쟁적인 책임 간의 타협에 대한 입장에 대해 숙고해야 할 의무가 있다. 한 번에 배울 것들이 정말 많을 때, 숙달해야 할 새로운 미디어가 너무 많고 절실한 필요가 많을 때, 이 책임들은 어마어마하게 보인다. 우리가 살 만한 가치가 있는 세상을 자손들에게 물려주고자 한다면, 우리의 책임에 대해 더 많이 신경 쓰는 것은 필수이다.

참고문헌

Aiello, R. (1994). Music and language: Parallels and contrasts. In R. Aiello & J. Sloboda (eds.), *Musical perceptions*. New York: Oxford University Press.

Aiken, W. (1942). *The story of the Eight Year Study*. New York: Harper & Brothers.

Arnheim, R. (1969). *Visual thinking*. Berkeley, CA: University of California Press.

Arnheim, R. (1974). *Art and visual perception: The new version*. Berkeley, CA: University of California Press.

Association of American Geographers (1965, 1979). *Geography in an urban age*. New York: Macmillan.

ATLAS (1994). *Authentic teaching, learning, and assessment for schools*. Cambridge, MA: Harvard Project Zero.

Bamberger, J. (1982). Revisiting children's drawings of simple rhythms: A function reflection-in-action. In S. Strauss (ed.), *U-shaped behavioral growth*. New York: Academic Press.

Bamberger, J. (1991). *The mind behind the musical ear*. Cambridge, MA: Harvard University Press.

Bamberger, J. (1994). Coming to hear in a new way. In R. Aiello & J. Sloboda (eds.), *Musical perceptions*. New York: Oxford University Press.

Basso, A., & Capitani, E. (1985). Spared musical abilities in a conductor with global aphasia and ideomotor apraxia. *Journal of Neurology, Neurosurgery, and*

Psychiatry.

Bates, E. (1976). *Language and context: The acquisition of pragmatics.* New York: Academic Press.

Battro, A. (2003). Digital skills, globalization and education. In M. Suarez-Orozco & D. Qin-Hilliard (eds.), *Globalization: Culture and education in the new millennium.* Berkeley, CA: University of California Press.

Battro, A., & Denham, P. (2002). *Hacia una inteligencia digital.* Buenos Aires.

Bereiter, C., & Engelmann, S. (1966). *Teaching the disadvantaged in the preschool.* Englewood Cliffs, NJ: Prentice Hall.

Bever, T. (1992). The logical and extrinsic sources of modularity. In M. Gunnar & M. Maratsos (eds.), *Modularity and constraints in language and cognition.* Hillsdale, NJ: Lawrence Erlbaum.

Bloom, A. (1987). *The closing of the American mind.* New York: Simon & Schuster.

Bloom, B., & Sosniak, L. (1985). *Developing talent in young people.* New York: Ballantine Books.

Bloom, D. E. (2003). Globalization and education: An economic perspective. In M. Suarez-Orozco & D. Qin-Hilliard (eds.), *Globalization: Culture and education in the new millennium.* Berkeley, CA: University of California Press.

Bloom, D. E., & Cohen, J. E. (2001). The unfinished revolution: Universal basic and secondary education. Paper presented at the American Academy of Arts and Sciences, Cambridge, MA, July.

Bluestein, N., & Acredolo, L. (1979). Developmental changes in map-reading skills. *Child Development, 50.*

Blythe, T. (1998). *The teaching for understanding guide.* San Francisco, CA: Jossey-Bass.

Boix-Mansilla, V., & Gardner, H. (1997). Of kinds of disciplines and kinds of understanding. *Phi Delta Kappan, 78*(5).

Bower, T. G. R. (1974). *Development in infancy.* San Francisco: W. H. Freeman.

Brainerd, C. (1978). The stage question in cognitive-developmental theory. *The Behavioral and Brain Sciences, 2.*

Brooks, L. R. (1968). Spatial and verbal components of the act of recall. *Canadian Journal of Psychology, 22.*

Brown, N. (1987). Pivotal points in artistic growth. Presentation at the 1987 ARTS PROPEL summer workshop, Pittsburg, PA, August.

Brown, R. (1973). *A first language: The early stages.* Cambridge, MA: Harvard University Press.

Bruner, J. S. (1960). *The process of education.* Cambridge, MA: Harvard University Press.

Bruner, J. S. (1965). The course of cognitive growth. *American Psychologist, 15*(1).

Bruner, J. S. (1966). *Toward a theory of instruction.* Cambridge, MA: Harvard University Press.

Bruner, J. S. (1971). *The relevance of education.* New York: Norton.

Brunder, J. S. (1983). *In search of mind: Essays in autobiography.* New York: Harper & Row.

Bruner, J. S. (1990). *Acts of meaning.* Cambridge, MA: Harvard University Press.

Bruner, J. S. (1996). *The culture of education.* Cambridge, MA: Harvard University Press.

Bruner, J. S., & Cunningham, B. (1939). The effect of thymus extract on the sexual behavior of the female rat. *Journal of Comparative Psychology, 7.*

Bruner, J. S., Olver, R. R., & Greenfield, P. M. (1966). *Studies in cognitive growth.* New York: Willey.

Carey, S., & Gelman, R. (eds.) (1991). *The epigenesis of mind.* Hillsdale, NJ: Erlbaum.

Carini, P. (1987). Another way of looking. Paper presented at the Cambridge School Conference, Weston, MA, October.

Case, R. (1991). *The mind's staircase.* Hillsdale, NJ: Erlbaum.

Cassirer, E. (1957). *The philosophy of symbolic forms.* New Haven, CT: Yale University Press.

Cheng, K. (1986). A purely geometric module in the rat's spatial representation. *Cognition, 23.*

Chomsky, N. (1975). *Reflections on language.* New York: Pantheon.

Cohen, D., McLaughlin, M., & Talbert, J. (1993). *Teaching for understanding.* San

Francisco, CA: Jossey-Bass.

Coles, R. (1997). *The moral intelligence of children*. New York: Random House.

Collier, G. (1994). *The social origins of mental ability*. New York: Wiley.

Collins, A., Brown, J. S., & Newman, S. E. (1989). Cognitive apprenticeship: Teaching the craft of reading, writing and mathematics. In L. Resnick (ed.), *Cognition and instruction: Issues and agendas*. Hillsdale, NJ: Lawrence Erlbaum.

Collins, J. (1998). Seven kinds of smart. *Time Magazine*, October 19.

Comer, J. (1980). *School power*. New York: Free Press.

Cronbach, L. (1984). *Essentials of psychological testing*. New York: Harper & Row.

Cross, K. P., & Angelo, T. (1988). *Classroom assessment techniques: A handbook for faculty*. Ann Arbor, MI: National Research Center for Research to Improve Postsecondary Teaching and Learning (NCRIPTL).

Csikszentmihalyi, M. (1988). Society, culture, and person: A systems view of creativity. In R. Sternberg (ed.), *The nature of creativity*. New York: Cambridge University.

Csikszentmihalyi, M., & Robinson, R. (1986). Culture, time, and the development of talent. In R. Sternberg & J. Davidson (eds.), *Conceptions of giftedness*. New York: Cambridge University Press.

Davidson, L. (1989). Observing a Yang Chin lesson. *Journal for Aesthetic Education, 23*(1).

Davidson, L. (1994). Songsinging by young and old. In R. Aiello & J. Sloboda (eds.), *Musical perceptions*. New York: Oxford.

Davidson, L., & Scripp, L. (1988). Young children's musical representations. In J. Sloboda (ed.), *Generative processes in music*. Oxford: Oxford University Press.

Davidson, L., Scripp, L., & Welsh, P. (1988). "Happy Birthday": Evidence for conflicts of perceptual knowledge and conceptual understanding. *Journal of Aesthetic Education, 22*(1).

Dawkins, R. (1976). *The selfish gene*. New York: Oxford University Press.

Deutsch, D. (1975). The organization of memory for a short-term attrivute. In D. Deutsch & J. Deutsch (eds.), *Short-term memory*. New York: Academic Press.

Deutsch, D. (ed.) (1982). *The psychology of music*. New York. Academic Press.

Dewey, J. (1899/1967). *The school and society*. Chicago, IL: University of Chicago Press.

Dewey, J. (1916). *Democracy and education*. New York: Macmillan.

Dewey, J. (1938). *Experience and education*. New York: Collier.

Dewey, J. (1958). *Art as experience*. New York: Capricorn.

Dewey, J. (1964a). John Dewey on education. In R. Archambault (ed.), *John Dewey on education: Selected writings*. New York: Random House.

Dewey, J. (1964b). The nature of subject matter. In R. Archambault (ed.), *John Dewey on education: Selected writings*. New York: Random House.

Donald, M. (1991). *Origins of the modern mind*. Cambridge, MA: Harvard University Press.

Dowling, W. (1994). Melodic contour in hearing and remembering melodies. In R. Aiello & J. Sloboda (eds.), *Musical perceptions*. New York: Oxford University Press.

Dowling, W., & Harwood, D. (1986). *Music cognition*. New York: Academic Press.

Dyer, F., & Gould, J. (1983). *Honey bee navigation*. American Scientist, 71.

Eco, U. (1976). *A theory of semiotics*. Bloomington, IN: Indiana University Press. Educational Leadership (February, 1994). 51(5).

Egan, K. (1992). Review of the unschooled mind. *Teachers College Record*, 94(2).

Ericsson, K. A., & Charness, N. (1994). Expert performance: Its structure and acquisition. *American Psychologist*, 49(88).

Erikson, E. H. (1963). *Childhood and society* (second edition). New York: Norton.

Eyenick, H. (1986). The theory of intelligence and the psychophysiology of cognition. In R. Sternberg (ed.), *Advences in the psychology of human intelligence*, Vol. III. Hillsdale, NJ: Lawrence Erlbaum.

Feldman, D. (1980). *Beyond universals in cognitive development*. New York: Ablex Publishers.

Feldman, D. (2003). The creation of multiple intelligences theory: A study in high-level thinking. In K. Sawyer (ed.), *Creativity and development*. New York: Oxford University Press.

Feldman, D., & Goldsmith, L. (1986). *Nature's gambit*. New York: Basic Books.

Feldman, D., Csikszentmihalyi, M., & Gardner, H. (1994). *Changing the world: A framework for the study of creativity*. Westport, CT: Greenwood Publishing Company.

Fischer, K. (1980). A theory of cognitive development: The control of hierarchies of skills. *Psychological Review, 87*.

Fodor, J. A. (1975). *The language of thought*. New York: Crowell.

Fodor, J. A. (2000). *The mind doesn't work that way*. Cambridge, MA: MIT Press.

Friedman, T. (2000). *The Lexus and the olive tree: Understanding globalization*. New York: Anchor Books.

Freud, S. (1950). *The future of an illusion*. London: The Hogarth Press.

Gallistel, C., Brown, A., Carey, S., Gelman, R., & Keil, E. (1991). Lessons from animal learning for the study of cognitive development. In S. Carey & R. Gelman (eds.), *The epigenesis of mind: Essays on biology and cognition*. Hillsdale, NJ: Lawrence Erlbaum.

Gardner, H. (1970). Children's sensitivity to painting styles. *Child Development, 41*.

Gardner, H. (1971). The development of sensitivity to artistic styles. *Journal of Aesthetics and Art Criticism, 29*.

Gardner, H. (1972). Style sensitivity in children. *Human Development, 15*.

Gardner, H. (1973a). *The arts and human development*. New York: Wiley. Reprinted by Basic Books, 1994.

Gardner, H. (1973b). Children's sensitivity to musical styles. *Merrill-Palmer Quarterly, 19*.

Gardner, H. (1973c). *The quest for mind: Jean Piaget, Claude Lévi-Strauss, and the structuralist movement*. New York: Knopf. Vintage paperback, 1974; reprinted by University of Chicago Press.

Gardner, H. (1974a). Metaphors and modalities: How children project polar adjectives onto diverse domains. *Child Development, 45*.

Gardner, H. (1974b). The naming and recognition of written symbols in aphasic and alexic patients. *Journal of Communication Disorders, 7*.

Gardner, H. (1975). *The shattered mind*. New York: Knopf.

Gardner, H. (1976). Unfolding of teaching: On the optimal training of artistic skills. In E. Eisner (ed.), *The arts, human development, and education*. Berkeley, CA: McCutchan Publishing Company.

Gardner, H. (1977). Senses, symbols, and operations. In D. Perkins & B. Leondar (eds.), *The arts and cognition.* Baltimore, MD: Johns Hopkins University Press.

Gardner, H. (1979). Entering the world of the arts: The child as artist. *Journal of Communication, 29*(4).

Gardner, H. (1980). *Artful scribbles: The significance of children's drawings.* New York: Basic Books.

Gardner, H. (1982a). *Art, mind, and brain: A cognitive approach to creativity.* New York: Basic Books.

Gardner, H. (1982b). Artistry following damage to the human brain. In A. Ellis (ed.), *Normality and pathology in cognitive functions.* London: Academic Press.

Gardner, H. (1983). *Frames of mind: The theory of multiple intelligences.* New York: Basic Books. A tenth anniversary edition, with a new introduction, was published in 1993, and a twentieth anniversary edition, with a new introduction, in 2004.

Gardner, H. (1985a). *The mind's new science: A history of the cognitive revolution.* New York: Basic Books.

Gardner, H. (1985b). Note on the project on human potential. *Frames of mind: The theory of multiple intelligences.* New York: Basic Books.

Gardner, H. (1985c). On discerning new ideas in psychology. *New Ideas in Psychology, 3.*

Gardner, H. (1986a). The development of symbolic literacy. In M. Wrolstad & D. Fisher (eds.), *Toward a greater understanding of literacy.* New York: Praeger.

Gardner, H. (1986b). Notes on cognitive development: Recent trends, future prospects. In S. Friedman, K. Klivington, & R. Peterson (eds.), *The brain, cognition and education.* New York: Academic Press.

Gardner, H. (1987a). An individual-centered curriculum. In *The schools we've got, the schools we need.* Washington, DC: Council of Chief State School Officers and the American Association of Colleges of Teacher Education.

Gardner, H. (1987b). Symposium on the theory of multiple intelligences. In D. Perkins, J. Lochhead, & J. Bishop (eds.), *Thinking: The second international conference*. Hillsdale, NJ: Lawrence Erlbaum.

Gardner, H. (1988). Mobilizing resources for individual centered education. In R. Nickerson & P. Zodhiates (eds.), *Technology in education: Looking toward 2020*. Hillsdale, NJ: Lawrence Erlbaum.

Gardner, H. (1989a). Balancing specialized and comprehensive knowledge: The growing education challenge. In T. Sergiovanni (ed.), *Schooling for tomorrow: Directing reforms to issues that count*. Boston, MA: Allyn and Bacon.

Gardner, H. (1989b). *To open minds: Chinese clues to the dilemma of contemporary education*. New York: Basic Books.

Gardner, H. (1989c). Zero-based arts education. *Studies in Art Education: A Journal of Issues and Research, 30*(2).

Gardner, H. (1991a). Assessment in context: The alternative to standardized testing. In B. R. Gifford & M. C. O'Connor (eds.), *Changing assessments: Alternative views of aptitude, achievements, and instruction*. Boston, MA: Kluwer.

Gardner, H. (1991b). The school of the future. In J. Brockman (ed.), *Ways of knowing: The Reality Club 3*. Englewood Cliffs, NJ: Prentice Hall.

Gardner, H. (1991c). *The unschooled mind: How children think and how school should teach*. New York: Basic Books.

Gardner, H. (1993a). *Creating minds: An anatomy of creativity seen through the lives of Freud, Einstein, Picasso, Stravinsky, Eliot, Graham, and Gandhi*. New York: Basic Books.

Gardner, H. (1993b). Educating for understanding. *The American School Board Journal, 80*(7).

Gardner, H. (1993c). *Multiple intelligences: The theory in practice*. New York: Basic Books.

Gardner, H. (1993d). Progressivism in a new key. Paper delivered at the conference on education and democracy, Jerusalem, June.

Gardner, H. (1994). How extraordinary was Mozart? In J. M. Morris (ed.), *On Mozart*. Washington, DC: Woodrow Wilson Center Press.

Gardner, H. (1995a). *Leading minds: An anatomy of leadership*. New York: Basic Books.

Gardner, H. (1995b). Reflections on multiple intelligences: Myths and realities.

Kappan, 77(3).

Gardner, H. (1997). *Extraordinary minds*. New York: Basic Books.

Gardner, H. (1999). *Intelligence reframed: Multiple intelligences for the 21st century*. New York: Basic Books.

Gardner, H. (2000). *The disciplined mind: Beyond facts and standardized tests. K-12 education that every child deserves*. New York: Penguin Putnam.

Gardner, H. (in press). A blessing of influences. In *Gardner under fire*.

Gardner, H. (n.d.). In his own words. Available at ⟨http:www.howardgardner.com/bio/bio.html⟩.

Gardner, H., & Boix-Mansilla, V. (1994a). Teaching for understanding in the disciplines—and beyond. *Teachers College Record, 96*(2).

Gardner, H., & Boix-Mansilla, V. (1994b). Teaching for understanding within and across the disciplines. *Educational Leadership, 51*(5).

Gardner, H., & Gardner, J. (1970). Development trends in sensitivity to painting style and subject matter. *Studies in Art Education, 12*.

Gardner, H., & Gardner, J. (1973). Developmental trends in sensitivity to form and subject matter in paintings. *Studies in Art Education, 14*.

Gardner, H., & Nemirovsky, R. (1991). From private intuitions to public symbol systems: An examination of creative process in Georg Cantor and Sigmund Freud. *Creativity Research Journal, 4*(1).

Gardner, H., & Perkins, D. (1989). *Art, mind, and education*. Urbana, IL: University of Illinois Press. Originally published as an issue of Journal of Aesthetic Education, 21(1), spring 1988.

Gardner, H., & Perkins, D. (1994). The mark of Zero: Project Zero's identity revealed. *Harvard Graduate School of Education Alumni Bulletin, 39*(1).

Gardner, H., & Winner, E. (1981). Artistry and aphasia. In M. T. Sarno (ed.), *Acquired Aphasia*. New York: Academic Press.

Gardner, H., & Winner, E. (1982). First intimations of artistry. In S. Strauss (ed.), *U-shaped behavioral growth*. New York: Academic Press.

Gardner, H., & Wolf, C. (1988). The fruits of asynchrony: A psychological examination of creativity. *Adolescent Psychiatry, 15*.

Gardner, H., & Wolf, D. P. (1983). Waves and streams of symbolization. In D. P.

Rogers & J. A. Sloboda (eds.), *The acquisition of symbolic skills*. London: Plenum Press.

Gardner, H., Csikszentmihalyi, M., & Damon, W. (2001). *Good work: When excellence and ethics meet*. New York: Basic Books.

Gardner, H., Feldman, D. H., & Krechevsky, M. (eds.) (1998). *Project Zero frameworks for early childhood education*, Vols. 1-3. New York: Teachers College Press.

Gardner, H., Howard, V., & Perkins, D. (1974). Symbol systems: A philosophical, psychological, and educational investigation. In D. Olson (ed.), *Media and symbols: The forms of expression, communication, and education*. Chicago, IL: University of Chicago Press.

Gardner, H., Wolf, D., & Smith, A. (1975). Artistic symbols in early childhood. *New York Education Quarterly*, 6.

Gardner, H., Kircher, M., Winner, E., & Perkins, D. (1975). Children's metaphoric productions mad preference. *Journal of Child Language*, 2.

Gardner, H., Winner, E., Bechhofer, R., & Wolf, D. (1978). The development of figurative language. In K. Nelson (ed.), *Children's language*. New York: Gardner Press.

Gardner, H., Silverman, J., Denes, G., Semenza, C., & Rosenstiel, A. (1977). Sensitivity to musical denotation and connotation in organic patients. *Cortex*, 13.

Geertz, C. (1983). *Local knowledge*. New York: Basic Books.

Gelman, R. (1969). Conversation acquisition: A problem of learning to attend to relevant attributes. *Journal of Experimental Child Psychology*, 7.

Gelman, R. (1972). The nature and development of early number concepts. In H. W. Reese (ed.), *Advances in child development and behaviour*, Vol. VII. New York: Academic Press.

Gelman, R. (1991). Epigenetic foundations of knowledge structures: Initial and transcendent constructions. In S. Carey & R. Gelman (eds.), *The epigenesis of mind*. Hillsdale, NJ: Lawrence Erlbaum.

Geschwind, N., & Galaburda, A. (1987). *Cerebral lateralization*. Cambridge, MA: Harvard University Press.

Giddens, A. (2000). *Runaway world: How globalization is reshaping our lives*. New York: Routledge.

Goldhagen, D. (1996). *Hitler's willing executioners*. New York: Knopf.

Goleman, D. (1995). *Emotional intelligence: Why it can matter more than IQ*. New York: Bantam Books.

Golomb, C. (1973). Children's representation of the human figure: The effects of models, media, and instruction. *General Psychology Monograph, 87*.

Gombrich, E. H. (1960). *Art and illusion*. Princeton, NJ: Princeton University Press.

Goodman, N. (1968). *Languages of art: An approach to a theory of symbols*. Indianapolis, IN: Bobbs–Merrill. Republished in 1976. Indianapolis, In: Hackett.

Goodman, N. (1988). Aims and claims. *Journal of Aesthetic Education, 21*(1).

Goodman, N., Perkins, D., & Gardner, H. (1972). Basic abilities required for understanding and creation in the arts. Final Report for the U.S. Office of Education. Cambridge, MA: Harvard University Press.

Goodnow, J. (1972). Rules and repertoires, rituals and tricks of the trade: Social and informational aspects to cognitive representational development. In S. Farnham–Diggory (ed.), *Information processing in children*. New York: Academic Press.

Gould, S. J. (1981). *The mismeasure of man*. New York: W. W. Norton.

Gould, S. J. (1993). *Wonderful life*. New York: Norton.

Graham, P. (1967). *Progressive education: From arcady to academe*. New York: Teachers College Press.

Grant, D. (1978). *On competence*. San Francisco, CA: Jossey–Bass.

Gregg, M., & Leinhardt, G. (1994). Mapping out geography: An example of epistemology and education. *Review of Educational Leadership, 64*(2).

Gruber, M. (1981). *Darwin on man*. Chicago, IL: University of Chicago Press.

Gunnar, M., & Maratsos, M. (eds.) (1992). *Modularity and constraints in language and cognition. The Minnesota Symposia on Child Psychology*, Vol. XXV. Hillsdale, NJ: L. Erlbaum.

Halberstam, D. (1972). *The best and the brightest*. New York: Random House.

Haley, M. H. (2004). Language–centered instruction and the theory of multiple intelligences with second language learners. *Teachers College Record, 106*(1).

Harris, L. (1981). Sex related variations in spatial skill. In L. Liben, A. Patterson, & N. Newcombe (eds.), *Spatial representation and behavior across the life-span*. New York: Academic Press.

Hauser, M., Chomsky, N., & Fitch, T. (2002). The faculty of langauge: What is it, who has it, and how did it evolve? *Science, 298*.

Head, H. (1926). *Aphasia and kindred disorders of speech*. London: Cambridge University Press.

Heath, S. B. (1983). *Ways with words*. New York: Cambridge University Press.

Herrnstein, R., & Murray, C. (1994). *The bell curve*. New York: Free Press.

Hewes, D. (1982). Pre-school geography. *Journal of Geography, 81*.

Hirsch, E. D. (1987). *Cultural literacy*. Boston, MA: Houghton Mifflin.

Hirsch, E. D. (1996). *The schools we need and why we don't have them*. New York: Doubleday.

Hirst, P. (1972). *Education and the development of reason*. London: Routledge & Kegan Paul.

Hirst, P. (1975). Education and reason. In R. F. Dearden, P. H. Hirst, & R. S. Peters (eds.), *Education and the development of reason*. Boston, MA: Routledge & Kegan Paul.

Holton, G. (1988). *Thematic origins of scientific thought*. Cambridge, MA: Harvard University Press.

Horgan, J. (1996). *The end of science*. Reading, MA: Addison-Wesley.

Howard, V. (1971). Harvard Project Zero: A fresh look at art education. *Journal of Aesthetic Education, 5*(1).

Huttenlocher, J., & Higgins, E. T. (1978). Issues in the study of symbolic development. Unpublished paper, University of Chicago.

Jackson, J. H. (1932). *Selected writing of John Hughlings-Jackson*. London: Hodder & Stoughton.

Jacobs, H. (1989). *Interdisciplinary curriculum: Design and implementation*. Alexandria, VA: Association for Supervision and Curriculum Development.

Jenkins, H. (2003). Pop cosmopolitanism: Mapping cultural flows in an age of media convergences. In M. Suarez-Orozco & D. Qin-Hilliard (eds.), *Globalization: Culture and education in the new millennium*. Berkeley, CA: University of

California Press.

Jervis, K., & Tobier, A. (1988). *Education for democracy.* Weston, MA: The Cambridge School.

Judd, T., Gardner, H., & Geschwind, N. (1983). Alexia without agraphia in a composer. *Brain, 106.*

Kagan, J. (1993). *Galen's prophecy: Temperament and human nature.* New York: Basic Books.

Kagan, J., Kearsley, R., & Zelazo, R. (1978). *Infancy. Its place in human development.* Cambridge, MA: Harvard University Press.

Kaplan, E. (1968). Gestural representation of implement usage: An organismic-developmental study. Unpublished doctoral dissertation, Clark University, MA.

Kaplan, E. (1983). Process and achievement revisited. In S. Wapner & B. Kaplan (eds.), *Toward a holistic developmental psychology.* Hillsdale, NJ: Lawrence Erlbaum.

Kaplan, J., & Gardner, H. (1989). Artistry after unilateral brain disease. In F. Boller & J. Grafman (eds.), *Handbook of neuropsychology.* Amsterdam: Elsevier Science Publishers.

Karmiloff-Smith, A. (1992). *Beyond modularity.* Cambridge, MA: MIT Press.

Kendler, H. H., & Kendler, T. S. (1962). Vertical and horizontal processes in problem-solving. *Psychological Review, 69.*

Kessen, W., Levine, J., & Peindich, K. (1978). The imitation of pitch in infants. *Infant Behavior and Development, 2.*

Kinsbourne, M. (1973). *The control of attention by interaction between the cerebral hemispheres in attention and performance.* New York: Academic Press.

Knox, R. (1995). Brainchild. *Boston Globe Magazine,* November 5.

Kohlberg, L. (1969). Stage and sequence: The cognitive-developmental approach to socialization. In D. Goslin (ed.), *Handbook of socialization theory and research.* New York: Rand McNally.

Kohnstamm, G. (1963). An evaluation of part of Piaget's theory. *Aeta Psychologica, 2.*

Kornhaber, M. (1999). MI theory in practice. In J. Block, S. T. Everson, & T. R. Guskey (eds.), *Comprehensive school improvement programs.* Dubuque, IA:

Kendall/Hunt.

Kornhaber, M., Fierros, E., & Veenema, S. (2004). *Multiple intelligence: Best ideas from research and practice*. Needham Heights, MA: Allyn & Bacon.

Krechevsky, M., & Gardner, H. (199). Approaching school intelligently: An infusion approach. In D. Kuhn (ed.), *Developmental perspectives on teaching and learning thinking skills*. Basel: S. Karger.

Krumhansl, C. (1990). *Cognitive foundations of musical pitch*. New York: Oxford.

Kuhn, T. S. (1970). *The structure of scientific revolutions*. Chicago, IL: University of Chicago Press.

Laboratory of Comparative Human Cognition (1982). Culture and intelligence. In R. J. Sternberg (ed.), *Handbook of human intelligence*. New York: Cambridge University Press.

Landau, B. (1988). The construction and use of spatial knowledge in blind and sighted children. In J. Stiles-Davis, U. Bellugi, & M. Kritchevsky (eds.), *Spatial cognition: Brain bases and development*. Hillsdale, NJ: Lawrence Erlbaum.

Landau, B., Spelke, E., & Gleitman, H. (1984). Spatial knowledge in a young blind child. *Cognition, 16*.

Langer, S. (1942). *Philosophy in a new key*. Cambridge, MA: Harvard University Press.

Lave, J. (1980). What's special about experiments as contexts for thinking? *Quarterly Newsletter of the Laboratory of Comparative Human Cognition, 2*.

Levy, M. (1968). *The family revolution in modern China*. New York: Atheneum.

Li, J., & Gardner, H. (1993). How domains constrain creativity: The case of traditional Chinese and Western painting. *American Behavioral Scientist, 37*(11).

Liben, L., & Downs, R. (1991). The role of graphic representations in understanding the world. In R. Downs, L. Liben, & D. Palermo (eds.), *Visions of aesthetics. the environment, and development*. Hillsdale, NJ: Lawrence Erlbaum.

Lippmann, W. (1976). Readings from the Lippmann-Terman debate (original work published in 1922-3). In N. Block & G. Dworkin (eds.), *The IQ controversy: Critical readings*. New York: Pantheon.

Lorenz, K. (1977). *Behind the mirror*. New York: Harcourt, Brace, Jovanovich.

Lowenfeld, V. (1947). *Creative and mental growth*. New York: Macmilllian.

Luria, A., & Yudovich, F. (1971). *Speech and the development of mental processes in the child*. London: Penguin Books.

McFarland, H., & Fortin, D. (1982). Amusia due to right temporoparietal infarct. *Archives of Neurology, 39*.

McLuhan, M. (1964). *Understanding media*. New York: McGraw Hill.

Maira, S. (2003). Imperial feelings: Youth culture, citizenship, and globalization. In M. Suarez-Orozco & D. Qin-Hilliard (eds.), *Globalization: Culture and education in the new millennium*. Berkeley, CA: University of California Press.

Mandler, J. (1983). Representation. In P. Mussen (ed.), *Handbook of child psychology*, Vol. III. New York: Wiley.

Margules, J., & Gallistel, C. (1988). Heading in the rat: Determination by environmental shape. *Animal Learning and Behavior, 10*.

Marzolf, D., & DeLoache, J. (1994). Transfer in young children's understanding of spatial representations. *Child Development, 65*.

Mead, G. H. (1934). *Mind, self, and society*. Chicago, IL: University of Chicago Press.

Mead, M. (1964). *Continuities in cultural evolution*. New Haven, CT: Yale University Press.

Meringoff, L. (1978). The influence of the medium on children's apprehension of stories. Unpublished doctoral dissertation, Harvard University, MA.

Messick, S. (1988). Validity. In R. Linn (ed.), *Educational measurement* (third edition). New York: Macmillan.

Mithen, S. (1996). *The prehistory of the mind*. London: Thames & Hudson.

Moran, S., & Gardner, H. (in press). The development of extraordinary achievements. In W. Damon (ed.), *Handbook of child psychology* (sixth edition), Vol. II: *Cognition, Perception, and Language*. New York: Wiley.

Murnane, R., & Levy, F. (1996). *Teaching the new basic skill: Principles for educating children to thrive in a changing economy*. New York: Free Press.

Neisser, U. (1998). *The rising curve*. Washington, DC: The American Psychological Association.

Newell, A. (1980). Physical symbol systems. *Cognitive Science, 4.*

Ogden, C. K., & Richards, I. A. (1929). *The meaning of meaning.* London: Kegan Paul.

Olson, D. (1970). *Cognitive development.* New York: Academic Press.

Olson, D. (1994). *The world on paper.* New York: Cambridge University Press.

Pascual-Leone, J. (1970). A mathematical model for the transition rule in Piaget's developmental stages. *Acta Psychologica, 63.*

Peirce, C. S. (1933). *Collected papers.* C. Hartshorne & P. Weiss (eds.), Cambridge, MA: Harvard University Press.

Pepper, S. (1942). *World hypotheses.* Berkeley, CA: University of California Press.

Perkins, D. (1981). *The mind's best work.* Cambridge, MA: Harvard University Press.

Perkins, D. (1992). *Smart schools.* New York: Free Press.

Perkins, D., & Leondar, B. (1977). *The arts and cognition.* Baltimore, MD: Johns Hopkins University Press.

Phenix, P. (1964). *Realms of meaning.* New York: McGraw-Hill.

Piaget, J. (1929). *The child's conception of the world.* New York: Harcourt Brace.

Piaget, J. (1962). *Play, dreams, and imitation.* New York: Norton.

Piaget, J. (1983). Piaget's theory. In P. Mussen (ed.), *Handbook of child psychology*, Vol. I. New York: John Wiley.

Piechowski, M. (1993). "Origins" without origins. *Creativity Research Journal, 6*(4).

Polanyi, M. (1958). *Personal knowledge.* Chicago, IL: University of Chicago Press.

Posner, M. I. (2004). Neural systems and individual differences. *Teachers College Record, 106*(1).

Pylyshyn, Z. (1973). What the mind's eye tells the mind's brain: A critique of mental imagery. *Psychological Bulletin, 80.*

Ravitch, D., & Finn, C. (1987). *What do our seventeen year olds know?* New York: Harper & Row.

Resnick, L. (1987). *Education and learning to think.* Washington, DC: National Academy Press.

Resnick, L. (ed.) (1989). *Knowing, learning, and instruction: Essays in honor of*

Robert Glaser. Hillsdale, NJ: Lawrence Erlbaum.

Rheingold. H., & Cook, K. (1975). The content of boys' and girl's rooms as an index of parents' behavior. *Child Development, 46*.

Richards, I. A. (1929). *Practical criticism*. New York: Harcourt Brace. Republished in 1956.

Rock, I. (1974). *Orientation and form*. New York: Academic Press.

Rogoff, B. (1982). Integrating context and cognitive development. In M. Lamb & A. Brown (eds.), *Advances in developmental psychology*, Vol. II. Hillsdale, NJ: Lawrence Erlbaum.

Rogoff, B. (1990). *Apprenticeship in thinking*. New York: Oxford University Press.

Rosnow, R., Skedler, A., Jaeger, M., & Rin, B. (1994). Intelligence and the epistemics of interpersonal acumen: Testing some implications of Gardner's theory. *Intelligence, 19*.

Rumelhart, D., & McClelland, J. (1986). *Parallel distributed systems*. Cambridge, MA: MIT Press.

Salomon, G. (1978). The "languages" of media and the cultivation of mental skills. Paper presented at the American Educational Research Association, Toronto.

Salovey, P., & Mayer, J. (1990). Emotional intelligence. *Imagination, Cognition and Personality, 9*.

Scarr, S. (1985). An author's frame of mind: Review of Frames of mind by Howard Gardner. *New Ideas in Psychology, 3*(1).

Schwab, J. (1978). *Science curriculum and liberal education*. Chicago, IL: University of Chicago Press.

Scribner, S. (1986). Thinking in action: Some characteristics of practical thought. In R. Sternberg & R. Wagner (eds.), *Practical intelligence*. New York: Cambridge University Press.

Scribner, S., & Cole, M. (1973). Cognitive consequences of formal and informal education. *Science, 182*.

Selman, R. L. (1974). *The development of conceptions of interpersonal relations*. Boston, MA: Harvard Judge Baker Social Reasoning Project.

Sergent, J. (1993). Music, the brain and Ravel. *Trends in Neurosciences, 16*(5).

Shotwell, J., Wolf, D., & Gardner, H. (1979). Exploring early symbolization: Styles of achievement. In B. Sutton-Smith (ed.), *Playing and learning*. New York: Gardner Press.

Sizer, T. (1984). *Horace's compromise*. Boston, MA: Houghton Mifflin.

Sizer, T. (1992). *Horace's school*. Boston, MA: Houghton Mifflin.

Skinner, B. F. (1938). *The behavior of organisms*. New York: Appleton Century Crofts.

Sloboda, J. (1994). Musical performance: Expression and the development of excellence. In R. Aiello & J. Sloboda (eds.), *Musical perceptions*. New York: Oxford University Press.

Smolensky, P. (1989). On the proper treatment of connectionism. *The Behavioral and Brain Sciences, 11*(1).

Spearman, C. (1904). General intelligence, objectively determined and measured. *American Journal of Psychology, 15*.

Squire, L. (1986). Mechanisms of memory. *Science, 232*.

Sternberg, R. (1985). *Beyond IQ: A triarchic theory of human intelligence*. New York: Cambridge University Press.

Stevens, A., & Coupe, P. (1978). Distortions in judged spatial relations. *Cognitive Psychology, 10*.

Stiles-Davis, J. (1988). Spatial dysfunctions in young children with right cerebral hemisphere injury. In J. Stiles-Davis, U. Bellugi, & M. Kritchevsky (eds.), *Spatial cognition: Brain bases and development*. Hillsdale, NJ: Lawrence Erlbaum.

Suarez-Orozco, C. (2003). Formulating identity in a globalized world. In M. Suarez-Orozco & D. Qin-Hilliard (eds.), *Globalization: Culture and education in the new millennium*. Berkeley, CA: University of California Press.

Suarez-Orozco, M., & Qin-Hilliard, D. (2003). Globalization: Culture and education in the new millennium. In M. Suarez-Orozco & D. Qin-Hilliard (eds.), *Globalization: Culture and education in the new millennium*. Berkeley, CA: University of California Press.

Swanwick, K., & Tillman, J. (1986). The sequence of musical development: A study of children's composition. *British Journal of Music Education, 3*.

Terman, L. (1916). *The measurement of intelligence*. Boston, MA: Houghton

Mifflin.

Thurstone, L. L. (1938). *Primary mental abilities*. Chicago, IL: University of Chicago Press.

Tomasello, M. (2000). *The cultural origins of cognition*. Cambridge, MA: Harvard University Press.

Tompkins, S. (1963). *Affct, imagery, and consciousness*, 2 vols. New York: Springer.

Tooby, J., & Cosmides, L. (1991). The psychological foundations of culture. In J. Barkow, L. Cosmides, & J. Tooby (eds.), *The adapted mind*. New York: Oxford University Press.

Torff, B., & Winner, E. (1994). Don't throw out the baby with the bathwater: On the role of innate factors in musical accomplishment. *The Psychologist*, August.

Traub, J. (1998). Multiple intelligence disorder. *New Republic*, October 26.

Turkle, S. (1997). *Life on the screen: Identity in the age of the Internet*. New York: Touchstone.

Tversky, B. (1981). Distortions in memory for maps. *Cognitive Psychology, 13*.

Viscott, D. (1970). A musical idiot savant. *Psychiatry, 33*.

Vygotsky, L. (1978). *Mind in society*. Cambridge, MA: Harvard University Press.

Walker, G. (2002a). Reflections on the International Baccalaureate. Paper presented at the Retreat on Education and Globalization, Tarrytown, NY, April 2002.

Walker, G. (2002b). *To educate the nations*. Suffolk, NY: John Cart Educational Limited.

Walters, J., & Gardner, H. (1986). The crystallizing experience: Discovery of and inteelectual gift. In R. Sternberg & J. Davidson (eds.), *Conceptions of giftedness*. New York: Cambridge University Press.

Wapner, W., & Gardner, H. (1978). *Symbol use in organic patients*. Chicago, IL: Academy of Aphasia.

Watson, J. (2003). Globalization in Asia: Anthropological perspectives. In M. Suarez-Orozco & D. Qin-Hilliard (eds.), *Globalization: Culture and education in the new millennium*. Berkeley, CA: University of California Press.

Watson, J. S. (1968). Conservation: An S-R analysis. In I. Sigel & F. Hooper (eds.),

Logical thinking in children. New York: Holt, Rinehart & Winston.

Werner, H. (1948). *Comparative psychology of mental development*. New York: Harper & Row.

Werner, H., & Kaplan, B. (1963). *Symbol formation*. New York: Wiley.

Wexler-Sherman, C., Gardner, H., & Feldman, D. (1988). A pluralistic view of early assessment: The Project Spectrum approach. *Theory into Practice, 27*.

White, J. with Rumsey, S. (1993). Teaching for understanding in a third-grade geography lesson. In J. Brophy (ed.), *Advances in research on teaching*, Vol. IV. Greenwich, CT: JAI Press.

White, S. (1976). Quotation from *Spencer Foundation Annual Report*. Chicago, IL: Spencer Foundation.

Whitehead, A. N. (1929). *The aims of education*. New York: Free Press.

Willats, J. (1977). How children learn to represent three-dimensional space in drawings. In G. Butterworth (ed.), *The child's representation of the world*. New York: Plenum Press.

Wiliams, W., Blythe, T., White, N., Li, J., Sternberg, R., & Gardner, H. (eds.) (1996). *Practical intelligence for children*. New York: Harper Collins.

Winner, E. (1982). *Invented worlds*. Cambridge, MA: Harvard University Press.

Winner, E. (ed.) (1992). *Arts PROPEL handbooks*. Cambridge, MA: Harvard Project Zero.

Winner, E. (n.d.). The history of Howard Gardner. Available at ⟨http://www.howardgardner.com/bio/bio.html⟩.

Winner, E., Rosenblatt, E., Windmueller, G., Davidson, L., & Gardner, H. (1986). Children's perception of "esthetic" properties of the arts: Domain-specific or pan-artistic? *British Journal of Developmental Psychology, 4*.

Wiske, M. S. (1998). *Teaching for understanding*. San Francisco, CA: Jossey-Bass.

Witelson, S., & Swallow, J. (1988). Neuropsychological study of the development of spatial cognition. In J. Stiles-Davis, U. Bellugi, & M. Kritchevsky (eds.), *Spatial cognition: Brain bases and development*. Hillsdale, NJ: Lawrence Erlbaum.

Witkin, H., Dyk, R. B., Faterson, H. D., Goodenough, D. R., & Karp, S. (1962). *Psychological differentiation*. New York: Wiley.

Wolf, D. (1986). All the pieces that go into it: The multiple stances of arts education.

In A. Hurwitz (ed.), *Aesthetics in education: The missing dimension*. Mattituck, MD: Amercon House.

Wolf, D. (1988a). Opening up assessment. *Educational Leadership*, 45(4).

Wolf, D. (1988b). Artistic learning: What and where is it? *Journal of Aesthetic Education*, 22(1).

Wolf, D., & Gardner, H. (1979). Style and sequence in early symbolic play. In N. R. Smith & M. B. Franklin (eds.), *Symbolic functioning in children*. Hillsdale, NJ: Lawrence Erlbaum.

Wolf, D., & Gardner, H. (1980). Beyond playing or polishing: The development of artistry. In J. Hausman (ed.), *The arts and the schools*. New York: McGraw Hill.

Wolf, D., & Gardner, H. (1981). On the structure of early symbolization. In R. Schiefelbush & D. Bricker (eds.), *Early language: Acquisition and intervention*. Baltimore, MD: University Park Press.

Wolf, D., & Gardner, H. (eds.) (1988). *The making of meanings*. Harvard Project Zero Technical Report.

Wolf, D., Davidson, L., Davis, M., Walters, J., Hodges, M., & Scripp, L. (1988). Beyond A, B, and C: A broader and deeper view of literacy. In A. Pelligrini (ed.), *Psychological bases of early education*. Chichester: Wiley.

Woo, E. (1995). Teaching that goes beyond IQ. *Los Angeles Times*, January 20, pp. A1 and A22.

찾아보기

□ 인명 □

◘ 내용 ◘

▪ 저자 소개

하워드 가드너(Howard Gardner)

미국 하버드 대학교의 교육심리학 교수이자 보스턴 의과대학 신경학과 교수이다. 창조적 거장들의 내면을 분석한 『열정과 기질(Creating Minds)』을 통해 국내에도 잘 알려졌으며, 다중지능론의 창시자이다. 저자의 교육심리 이론은 여러 나라에 도입되었으며, 그의 이론에 근거한 연구소와 단체가 우리나라를 비롯한 세계 여러 곳에 설립되어 운영되고 있다. 그는 하버드 대학교에서 인간의 예술적이고 창조적인 능력의 발달과정을 분석하는 프로젝트 제로(Project Zero) 연구소의 책임자이자 운영위원장으로서, 줄곧 인간의 정신능력에 관한 연구를 진행해 왔다. 30년 가까이 연구소를 이끌면서 지능과 창조성, 리더십, 교육방법론, 두뇌개발에 관한 연구 결과를 정리하여 지속적으로 발표했다.

■ 역자 소개

함정현(Ham, Joung Hyun)
미국 브리지포트 대학교 교육학 석사 · 박사
미국 하버드 대학교 Kennedy School Executive Education 수료
미국 하버드 대학교 Project Zero Classroom 수료
미국 코네티컷 대학교 Confratute Enrichment Teaching and Learning 수료
미국 하버드 대학교 교육대학원 Future of Learning 수료
현 한서대학교 교수, 미국 브리지포트 대학교 겸임교수, 한서대학교 대외부총장

〈대표 저서 및 역서〉
다중지능으로 풀어가는 영어과학동화 워크북 1~4(제이와이북스, 2005)
다중지능이론을 활용한 유아영어교육(공저, 동문사, 2006)
미국 엄마들이 아이에게 맨 처음 들려주는 영어 동요 32(공저, 삼성출판사, 2008)
Balanced Approach를 활용한 21세기 초등영어 지도방법(공저, 태영출판사, 2009)
글로벌 리더를 위한 다중지능적 사고와 표현활동(한서대학교출판부, 2013)
글로벌 리더를 위한 행복한 자기계발서 정직, 약속, 용서(한서대학교출판부, 2013)
English Reading and Discussion: Workbook(한서대학교출판부, 2013)
글로벌 CEO RAINBOW 워크북(한서대학교출판부, 2014)
The History and Trends of English(공저, 한서대학교출판부, 2014)
다중지능 이론을 활용한 사고와 글쓰기(한서대학교출판부, 2018)
다중지능 이론을 활용한 사고와 말하기(한서대학교출판부, 2018)
창의성: 이론과 주제(공역, 시그마프레스, 2009)
굿워크 굿워커: 책임감을 즐기는 굿워커가 되어라(역, 학지사, 2010)

〈주요 활동 및 수상〉
KBS 〈아침마당〉〈여성공감〉〈진품명품〉〈무엇이든 물어보세요〉 패널
2007년 교육인적자원부 장관표창 수상

하워드 가드너의
마음의 발달과 교육

The Development and Education of the Mind:
The Selected Works of Howard Gardner

2019년 4월 20일 1판 1쇄 발행
2019년 6월 20일 1판 2쇄 발행

지은이 • Howard Gardner

옮긴이 • 함 정 현

펴낸이 • 김 진 환

펴낸곳 • (주) **학지사**

　　　　04031 서울특별시 마포구 양화로 15길 20 마인드월드빌딩 5층

대표전화 • 02) 330-5114　　팩스 • 02) 324-2345

등록번호 • 제313-2006-000265호

홈페이지 • http://www.hakjisa.co.kr
페이스북 • https://www.facebook.com/hakjisabook

ISBN 978-89-997-1815-1 93370

정가 19,000원

이 도서의 국립중앙도서관 출판시도서목록(CIP)은 서지정보유통지원시스템
홈페이지(http://seoji.nl.go.kr)와 국가자료공동목록시스템(http://www.nl.go.kr/kolisnet)
에서 이용하실 수 있습니다.
(CIP제어번호: CIP2019010961)

출판 · 교육 · 미디어기업 **학지사**

간호보건의학출판 **학지사메디컬** www.hakjisamd.co.kr
심리검사연구소 **인싸이트** www.inpsyt.co.kr
학술논문서비스 **뉴논문** www.newnonmun.com
원격교육연수원 **카운피아** www.counpia.com